检察公益诉讼研究

——贵州司法实务样本

（修订版）

JIANCHA GONGYI SUSONG YANJIU

GUIZHOU SIFA SHIWU YANGBEN

贵州省人民检察院◎编

中国检察出版社

图书在版编目（CIP）数据

检察公益诉讼研究：贵州司法实务样本 / 贵州省人
民检察院编 . —修订版 . —北京：中国检察出版社，
2024.1

ISBN 978 - 7 - 5102 - 2961 - 9

Ⅰ. ①检… Ⅱ. ①贵… Ⅲ. ①诉讼 - 研究 - 贵州
Ⅳ. ①D927. 730. 504

中国国家版本馆 CIP 数据核字（2023）第 217066 号

检察公益诉讼研究——贵州司法实务样本（修订版）

贵州省人民检察院　编

责任编辑：王　欢

技术编辑：王英英

封面设计：徐嘉武

出版发行：中国检察出版社

社　　址：北京市石景山区香山南路 109 号（100144）

网　　址：中国检察出版社（www. zgjccbs. com）

编辑电话：(010) 86423780

发行电话：(010) 86423726　86423727　86423728
　　　　　(010) 86423730　86423732

经　　销：新华书店

印　　刷：北京联兴盛业印刷股份有限公司

开　　本：710 mm×960 mm　16 开

印　　张：21. 5

字　　数：336 千字

版　　次：2024 年 1 月第二版　　2021 年 1 月第一版

印　　次：2024 年 1 月第二次印刷

书　　号：ISBN 978 - 7 - 5102 - 2961 - 9

定　　价：68. 00 元

《检察公益诉讼研究
——贵州司法实务样本（修订版）》
编 委 会

主　　编　王永金

副 主 编　石子友　杜树生　张书铭　董　昕

撰 稿 人　（按姓氏笔画排序）

王东丽　田　猛　冯春梅　刘　茗

李悦爽　李　敏　肖　俊　吴开艳

吴俊伽　余　睿　宋国强　宋锡清

罗　斗　罗　蒙　袁石坚　贾欣雨

郭付明　潘忠玲

再　序

时光荏苒，距离《检察公益诉讼研究——贵州司法实务样本》出版已有两年。作为检察公益诉讼首部专业化实务教材，其实践样本具有较强的借鉴价值，尤其是在公益诉讼发展初期，对于规范和促进公益诉讼检察权的正确行使发挥较好的指导作用，一经出版受到广大检察同仁和公益保护热心人的密切关注。

短短数年，从蹒跚起步到稳步前行，从夯基筑台到厚基成势，从不被理解到广受赞誉，公益诉讼检察工作取得快速发展，公益司法保护的"中国方案"已日趋完善。新制定或修订实施的安全生产法、个人信息保护法、军人地位和权益保障法、未成年人保护法、反垄断法、反电信网络诈骗法、农产品质量安全法、妇女权益保障法等均对检察机关提起公益诉讼作出规定，检察公益诉讼法定领域大幅扩展到现在的"4+10"，且还在进一步规范、延展中，充分体现了检察公益诉讼的制度优势和发展潜力。特别是检察公益诉讼制度作为习近平法治思想的原创性成果和生动实践，鲜明昭示了新时代全面依法治国的巨大成就和中国司法文明建设的新高度。

功不唐捐，玉汝于成。一项改革制度的建立到完善，不仅需要切实可行的方案、办法，更需要持续不断的实践及推动实践的意志、勇气和毅力。贵州省检察机关与时俱进，在积极探索和创新的基础上进行了认真思考和总结，围绕办案能力和综合素质提升，对《检察公益诉讼研究——贵州司法实务样本》进行了修订，这是推动和落实检察工作现代化的积极实践。这次修订，主要是根据《人民检察院公益诉讼办案规则》对办案流程进行完善，增加了磋商、听证等与办案相关的内容，并结合贵州探索实践吸纳替代性修复碳汇、期间功能损失、司法确认等机制创新，围绕新增领域加入公民个人信息、军人权益及安全生产领域案件办理专题，进一步总结司法规律，完善理论体系。

新征程新起点，党的二十大报告明确提出"完善公益诉讼制度"，这既是对公益诉讼检察实践的充分肯定，更是对公益诉讼检察工作的更高期许和要求，为检察公益诉讼开启了里程碑式新起点。当前，公益诉讼检察工作欣逢最好发展时期，检察机关面临更高履职要求。如何贯彻落实好党的二十大精神，不断完善公益诉讼制度，为服务保障中国式现代化作出新的检察贡献？这是对公益诉讼检察提出的新时代课题，也对我们不断提高法律监督水平、高质效履行检察公益诉讼职责提出了更高要求。希望贵州省检察机关通过本书的修订，为进一步提升公益诉讼专项检察工作质效，为全国检察机关公益诉讼检察人提供更多有价值的理论参考和实践参考，为丰富检察公益诉讼创新实践、完善公益诉讼制度作出更大贡献。

最高人民检察院副检察长

张雪樵

二〇二三年七月八日

序　言

　　法者，治之端也。检察机关作为国家法律监督机关，在全面推进依法治国、建设社会主义法治国家中担负着非常重要的职责。检察公益诉讼制度作为列宁法律监督思想在中国土壤的具体实践、习近平法治思想对中国特色社会主义检察制度的伟大创新，顺应时代要求、呼应人民期盼。党的十八届四中全会通过了《中共中央关于全面推进依法治国若干重大问题的决定》，提出"探索建立检察机关提起公益诉讼制度"。2015年5月中央深改组审议通过《检察机关提起公益诉讼制度改革试点方案》，同年7月1日全国人大常委会决定，授权最高人民检察院在13个省市区检察机关开展为期两年的试点。2017年6月全国人大常委会修改《中华人民共和国民事诉讼法》《中华人民共和国行政诉讼法》，正式确立了检察公益诉讼制度。从试点迄今，在党中央的坚强领导和社会各界大力支持下，检察机关公益诉讼工作快速发展、成果丰硕，为世界提供了最大规模的公益诉讼制度中国样本。但我们也必须清醒地看到，作为一个新生事物，无论是理念、理论层面，还是实践、实务层面，仍面临很多困难和挑战。"行百里者半九十"，以问题为导向，抓紧解决这些制约检察公益诉讼发展的诸多理论及实践重大问题，赋予检察公益诉讼工作更加旺盛的生命力，已成为现实而急迫的任务。

　　检察机关要切实肩负起这一时代使命，建设一支高素质的检察公益诉讼队伍是实现这一目标的基本前提。检察公益诉讼队伍是一支年轻的队伍，同时也是一支高标准的队伍，需要全面熟练掌握民事、行政乃至刑事方面的各种法律法规。这对队伍建设提出了更高的要求，要下苦功夫，花大力气，倡导刻苦学习业务、努力钻研业务的风气，切实加强教育培训，使检察人员真正掌握和熟练运用各类专业知识和业务实战技能，全面正确履行法律监督职能，真正成为"公共利益的代表"。

　　建设检察公益诉讼队伍的当务之急，就是要想方设法全方位、大范围地提升检察公益诉讼业务能力。"种树者必培其根，种德者必养其心。"学习培训是提升检察人员办案能力的根基，如何用先进的专业理论和实用的业务技能培训干警，进一步增强检察机关维护国家利益和社会公共利益的战斗力，一直是我们思考的问题。贵州省检察机关创新设立了检察公益诉讼"培训＋办案＋研究"教育实践基地，推动培训、办案、研究三者的深层融合，把规范课程的研发作为教育实践基地的重要内容之一，形成了《检察公益诉讼研究——贵州司法实务样本》这本公益诉讼培训教程，这在全国尚属首次，是继金沙行政公益诉讼案件"破冰"之举后的又一创新。贵州省检察机关通过培训教程研发，将试点以来办理的优秀案件、积累的优秀经验进行了全面梳理，做到理论联系实际，将当中的养分一点一点萃取出来，浓缩成贵州检察公益诉讼优秀经验样本，从另一个角度为我们提供了素质提升的思路，也形成了公益诉讼教育培训的"续航力"。

　　借此机会，向《检察公益诉讼研究——贵州司法实务样本》的顺利付梓表示祝贺。希望大家能够以此为启发，树立起"以不息为体，以日新为道"的精神，坚持学以致用，继续夯实专业理论基础，注重增强办案能力，不断完善知识结构，把贵州经验转化为持续推动贵州检察公益诉讼工作更优发展的内生动力，推动检察公益诉讼工作再上新台阶，为检察公益诉讼制度完善作出新贡献。

最高人民检察院副检察长

2020 年 12 月 23 日

目　录

1

第一章　检察公益诉讼概述

第一节　检察公益诉讼的概念与性质

一、检察公益诉讼的概念

(一) 公益诉讼的概念

公益诉讼，不同国家、不同地区的认识并不完全一致。有学者认为，公益诉讼由来已久，最早始于古罗马时期。法国早在 1804 年《民法典》和 1807 年《民事诉讼法典》中就赋予检察官提起和参与民事诉讼的权力。德国、日本、英国和美国都有类似的规定，检察机关在法律授权的情形下可以提起民事诉讼。"二战"以后特别是 20 世纪六七十年代后，美国和西欧在自然资源、生态环境保护等领域出现了公益诉讼发展的高潮。

我国在 2012 年《民事诉讼法》正式建立公益诉讼制度之前，出现了一些具有公益诉讼案件性质的零星探索，既有社会组织或公民个人提起的，也有检察机关提起的。2014 年党的十八届四中全会提出"探索建立检察机关提起公益诉讼制度"后，特别是 2017 年修改的《民事诉讼法》和《行政诉讼法》规定检察机关可以提起民事公益诉讼和行政公益诉讼以来，我国对公益诉讼制度进行了广泛的研讨。

对于什么是公益诉讼，尽管国内外的学者都进行了持续探索，但目前学界尚未有统一的定义。一般认为，公益诉讼是与私益诉讼相对应的一个概念，其目的在于维护社会公共利益。公益诉讼可以分为广义和狭义两种，其共有特征是诉讼中涉及公共利益或具备公共因素，而其区别在于原告与案件是否具有直接的利害关系。①

（二）检察公益诉讼的概念

检察机关提起公益诉讼（以下简称检察公益诉讼）作为一项制度，最早源于法国。根据 1976 年修订的法国《民事诉讼法典》第 422 条、第 423 条的规定，检察机关可以在法律有特别规定的情形依职权提起诉讼或虽无法律特殊规定情形但事关公共秩序时，均可以主当事人或从当事人的身份参加民事诉讼。在德国，检察机关可以提起或者参加民事诉讼，享有启动类似民事公益诉讼的权力。② 日本的检察机关虽然没有提起行政公益诉讼的权力，但经过认证程序的消费者保护团体或组织能以当事人的资格提起以禁止某种营业行为的诉讼。在英美法系的英国或美国，私人基于公共利益而享有法律授权的类似于检察总长的起诉资格。

检察公益诉讼，在我国最早源于党的十八届四中全会通过的《中共中央关于全面推进依法治国若干重大问题的决定》提出的"探索建立检察机关提起公益诉讼制度"。在党的十八届四中全会上，习近平总书记专门就建立检察公益诉讼制度作了阐释。他指出，建立该制度，"目的就是要使检察机关对在执法办案中发现的行政机关及其工作人员的违法行为及时提出建议并督促其纠正"。在随后的中央深改组第十二次会议、第三十五次会议和中央深改委第三次会议等会议中，完成了检察公益诉讼制度的"形塑"，为该制度的实施奠定了坚定的基石。

检察公益诉讼是指检察机关为了维护公共利益而向人民法院提起的民事公益诉讼或行政公益诉讼。在我国，检察机关是专门的法律监督机关，按照有关法律规定提起公益诉讼前，应当先通过诉前程序。也就是说，在提起民事公益诉讼之前，检察机关应当依法督促或者支持法律规定的机关或有关组织向人民法院提起民事公益诉讼；提起行政公益诉讼之前，检察机关应当先向相关行政机关提出检察建议，督促其纠正违法行政行为或依法履行职责。经过诉前程序后，法律规定的机关和有关组织没有提起民事公益诉讼，而社会公共利益仍处于受侵害状态的，检察机关可以提起民事

① 陈亮：《环境公益诉讼研究》，法律出版社 2015 年版，第 9 页。
② 张雪樵：《检察公益诉讼比较研究》，载《国家检察官学院学报》2019 年第 1 期。

公益诉讼；行政机关拒不纠正违法行为或不履行法定职责，国家利益和社会公共利益仍处于受侵害状态的，检察机关可以提起行政公益诉讼。

可见，我国公益诉讼检察制度包括了检察机关提起行政公益诉讼、民事公益诉讼以及民事公益诉讼的特别形式——刑事附带民事公益诉讼。实践中，由于行政公益诉讼最能代表检察公益诉讼的性质特征，因此本书在编写过程中未就民事公益诉讼及刑事附带民事公益诉讼做具体论述的时候，均以行政公益诉讼代表检察公益诉讼。

（三）公益诉讼与检察公益诉讼的关系

"公益诉讼"原本是学术用语，而后逐步成为法律概念。我国《民事诉讼法》《行政诉讼法》关于公益诉讼的条款中都未特别明确是"公益诉讼"，而是笼统地表述为"提起诉讼"。近年来，《人民检察院组织法》《检察官法》也规定了公益诉讼的有关条文，而"检察公益诉讼"是党的十八届四中全会通过的《中共中央关于全面推进依法治国若干重大问题的决定》的用语。公益诉讼和检察公益诉讼均是从制度层面来表述的，两者的关系为包含与被包含的属种关系。二者的主要区别在于提起诉讼的主体范围不尽一致。

（四）检察公益诉讼与公益诉讼检察的关系

"检察公益诉讼"和"公益诉讼检察"这两个概念，目前在检察机关内部均被使用，并未作严格的区别，在公开发表的文献中也未见到对其作概念辨析。最高人民检察院第八检察厅原厅长胡卫列认为，在没有特别需要作出区分的场合，两个概念的区别并不大，很多情况下可以混用。要作严格区分的话，主要区别在于，"检察公益诉讼"是"检察机关提起公益诉讼"的简称，在规范性文件中最早见于最高人民法院和最高人民检察院于2018年3月1日公布的《关于检察公益诉讼案件适用法律若干问题的解释》（2020年12月29日修正，以下简称《检察公益诉讼解释》）中，它是在国家制度层面的一种表述。而"公益诉讼检察"多在检察机关内部的文件材料中使用，是在检察职能层面的一种表述，用于表示一项检察职能、检察业务、检察工作，其主体一般只限于检察机关。实践中也有使用"公益诉讼检察制度"这一表述的，这是从检察制度的一个分支来理解的，侧重点仍然是关于检察职能的制度安排，与"检察公益诉讼制度"还是有所区别。

二、检察公益诉讼的性质

检察公益诉讼与检察机关其他诉讼活动及其他职能相比，具有明显的特殊性，可以概括为主动性和全程性。主动性主要体现在：首先，检察公益诉讼中无论是程序启动还是流程跟进，检察机关都是主动出击、积极作为。其次，不管是线索收集、诉前建议还是诉讼监督、督促执行等，检察机关都是基于法律监督职能的主动行为。最后，工作的细致精致程度以及最终取得的成效也与承办案件检察官的个人综合素质尤其是主动性、能动性密切相关。全程性指检察公益诉讼广泛存在和涵盖于各项检察业务工作的履职全过程。

对于检察公益诉讼的特点，理论界和检察实务界众说纷纭并无通说，根据各自不同的理论进路和分析架构可以得出各不相同的概括总结。因本书的实务研究需要，故总体上以检察公益诉讼核心的实务运行规律作为主线来进行系统分析和阐释。在这一论域下，检察公益诉讼的特点主要包括如下几个方面：①

（一）监督性

作为国家的法律监督机关，监督，特别是对公权力行使是否符合宪法和法律规定所实施的法律监督，是我国检察权的基础性、本源性特性，这不仅基于苏俄检察和我国革命战争时期检察制度的历史源流，更始终植根和依托于新中国的政治体制，是由我国检察制度的历史发展和国家法律制度构架所共同决定的。根据党的十八届四中全会上习近平总书记对《中共中央关于全面推进依法治国若干重大问题的决定》所作的说明，检察公益诉讼的出发点就是监督行政机关依法履职。行政公益诉讼从诉前检察建议督促履职，到提起诉讼，都鲜明地体现了对行政机关不依法履职、损害公共利益行为的监督。然而，需要强调的是，检察公益诉讼所体现的监督并不是自上而下的层级式监督，也不是苏联模式的一般监督，而是依托于检察办案而开展的专门法律监督，亦即最高检提出的在办案中监督，在监督中办案。

---

① 胡卫列：《国家治理视野下的公益诉讼检察制度》，载《国家检察官学院学报》2020 年第 2 期。

（二）程序性

程序性，是现代法治社会中所有公权力运行所必须遵循的共同原则。换言之，就是所有的公权力都应当依照法定程序行使，并且要以法定程序来约束公权力不被滥用。检察公益诉讼中的检察权的程序性，固然应该符合和满足这一共性要求，但更强调和体现为一种程序性权力，即启动监督程序的权力，其实质是检察法律监督的功能发挥一般体现为法定监督程序的强制性启动。在公益诉讼检察中，提起公益诉讼是检察机关依法启动监督程序即诉讼程序，通过诉讼借由法院的裁判督促相关行政主体履职；而行政公益诉讼中的诉前检察建议，其本质也是通过检察建议的提出来启动督促相关行政机关自我纠错、依法履职的程序。这里需要强调的是，检察法律监督并不完全等同于简单的、狭义的程序性监督，或者说检察法律监督不能被程序性监督完全涵盖和限定。因为检察法律监督是一个国家政治层面的宏观概念，是法律术语更是政治术语，其监督对象是宪法和法律的统一正确实施，其监督方式是依照宪法和法律授权，依照法定程序所开展的专门性的法律监督，其逻辑起点和归宿都是宏观的国家政治架构层面，服从和服务于坚持党的领导、人民当家作主和全面依法治国三者的统一；而程序性监督作为一个专业法律术语，仅仅强调监督的作用方式和作用效果，故二者完全不是同一个层面的概念。此外，单纯从监督方式角度来考察，检察法律监督的手段和方式也不仅限于程序性监督，其监督领域和监督方式更为开放和开阔。

（三）法治性

法治，通常理解为良法善治，对"法治"的理解和分析可以有两种路径。其一，是字面意义上的经典法治理论，即依照法律对国家进行治理，所谓法治就是依法治国，是国家治理的一种方式；其二，是结合中华优秀传统文化意义上的系统认知，即从字义本源看，法治的"治"可以理解为一种国家和社会治理的状态。《易·系辞下》有语云："黄帝、尧、舜垂衣裳而天下治，盖取诸乾坤。垂衣裳以辨贵贱，乾尊坤卑之义也。"贾谊在《过秦论》中也曾说："先王知雍蔽之伤国也，故置公卿、大夫、士，以饰法设刑而天下治。"这里的"治"都可以理解为一种秩序井然、天下太平的状态，也就是"治世"中的"治"。在当代话语体系下理解的"法治"，更侧重于政治层面，指的是规则和秩序，强调的是一种国家、社会得到有效治理的状态——"法"就是依照宪法和法律，"治"就是政治清明、社会有序、人民安康。因此，法治既可以作治理国家的方式理解，也可以作国家治理的目标价值理解。治乃盛之基，没有治世难有盛世；没有法治之基，中华民族伟大复兴的盛世也难以完全实现。故而，盛世必首先为治世，中国式现代化也必先为法治之现代化。

在这一逻辑路径指引下，我们谈检察公益诉讼的法治性，就不再简单停留在职权法定、程序法定、依法监督等底层理解，而应上升到国家民族前途命运的高度来理解和把握检察公益诉讼的法治性。检察公益诉讼是为了推动全面依法治国进而实现民族复兴而进行的十分伟大的检察法治实践而开展的极端重要的检察法律监督。这不仅要求检察公益诉讼自身要依法，而且要通过检察公益诉讼职能的充分能动发挥和长远创新发展，持续推进法治国家、法治政府、法治社会三位一体建设，推动社会公众法治意识增强、法治文化浓厚，形成全社会学法用法守法尊法的良好氛围，从而在法治轨道上以中国式现代化推动实现中华民族伟大复兴。

从这个角度理解，中国检察公益诉讼的法治性特征，就具有了区别于欧美、领先于世界的极具时代性、民族性和世界性的鲜明特色，也有助于我们突破传统法治理论框架的束缚，强化系统观念、坚持胸怀天下，通过不断推进中国式检察公益诉讼的理论和实践创新，走出一条中国式检察公益诉讼道路，形成和完善中国式检察公益诉讼理论和制度体系，将全球公益诉讼理论和实践推上一个崭新高度，也让全世界人民能更多更好共享检察公益诉讼所带来的法治红利。

（四）有限性

检察公益诉讼职能的有限性，具体体现在以下四个方面：其一，履职范围有限，尽管党的十九届四中全会提出要拓展公益诉讼案件范围，但无论其怎么发展，在一定时间维度内考量，其范围依然是有限的。其二，履职手段有限。目前公益诉讼检察的法定手段主要是提出检察建议和提起公益诉讼两种。其三，履职程序有限。检察机关在履行公益诉讼职能过程中，受到很多程序性的限制。比如，要求案件线索必须是在履职中（通常指检察办案中）发现，这不仅是对检察机关履行公益诉讼职能的一种授权，同时也是对检察机关履行公益诉讼职能的一种限制，即检察机关不能也不应毫无目标、漫无边际、遍地撒网地去搜集公益诉讼线索，这不仅会造成检察公益诉讼权的滥用，甚至还会影响到行政机关的正常履职，因此国家立法中这种对检察公益诉讼既授权又限权的规定，其目的就是从范围、方式、手段等方面对检察公益诉讼进行合理限制。其四，履职效果有限。如前所述，检察机关履行公益诉讼检察职能，体现为启动一定的法律监督程序，其本身并不能实质性改变和决定相关单位和人员的实体权利，最终裁量权和裁决权分别由行政机关和审判机关行使，因此检察公益诉讼的履职效果并非由检察机关自身的行动所决定，其最终实现的效果必然也是有限的。

（五）兜底性（谦抑性）

检察法律监督的目标追求是保障宪法和法律的统一正确实施，其监督性决定了其与被监督对象的职能具有不同性质。检察机关的监督是保障法律实施，而作为被监督者的行政机关才是执法者，其职能正是具体实施法律。党的十九届四中全会通过的《中共中央关于坚持和完善中国特色社会主义制度推进国家治理体系和治理能力现代化若干重大问题的决定》将"拓展公益诉讼案件范围"置于"法律实施的监督"部分，正是将公益诉讼作为一种法律实施的司法保障手段。如前所述，有关公益诉讼的各个规范性文件，亦是如此对检察公益诉讼进行定位，即检察公益诉讼不能无条件地自行启动，而是在行政机关等其他相关主体不履职或履职不到位的情况下才能采取的一种兜底性司法保障手段，这体现出立法者对检察机关履行公益诉讼职能提出的谦抑性要求。

（六）协同性

一方面，检察公益诉讼具有监督性和兜底性的特点，决定了检察机关作为法律监督机关不能直接执法，其监督的功能是督促被监督者依法履职，其监督效果的实现也需要通过被监督者的积极履职来体现，需要被监督者的协同配合。因此，如果把视角放到法律实施的全过程来看，监督与执法其实是法律实施中落实纠偏纠错的互动过程，这就决定了检察公益诉讼的监督不同于人大监督和纪检监察机关监督，不具有单方决定性，而必须在双赢多赢共赢的新司法理念指引下，通过与被监督机关的互动协同来有效实现。因此，我们这里说的协同不等于妥协，而是检察法律监督职能的运行在我国政治架构、法律实践中所应当和实际处于的理想状态。如果在理论层面上自说自话，过于强调监督而忽视协同，恰恰会导致理论和实践脱节，导致实际运行过程中的混乱与冲突。

另一方面，从我国政治权力架构看，检察机关的法律监督仅仅是国家权力监督体系的一个组成部分；从检察机关内部权能架构看，检察公益诉讼也仅仅是检察法律监督中的一个组成部分。因此，检察公益诉讼职能作用的发挥，势必与其他国家机关的监督以及与检察机关其他监督职能的运行紧密联系在一起，必须与其他监督协同发挥作用，才能确保监督效果的有效实现和维护国家法律监督体系的妥善自洽。此外，从法律监督尤其是检察公益诉讼程序性特征看，其作用机理在某种程度上类似于"鲶鱼效应"，实践中一些公益被侵害，不仅有制度本身的缺位，也有制度执行的僵化、失效等方面原因，通过公益诉讼检察的促进、激活作用，可以使已有的制度和未充分履行的职能得到更好地发挥，这就要求检察公益诉讼的职能发挥应当游走于法律制定和法律实施之间，通过双向多头协同联动来确保某个领域公共利益受损问题的根本性解决。

第二节　检察公益诉讼的建立与发展

一、检察公益诉讼的发展历程

（一）公益诉讼起源

公益诉讼制度由来已久，最早可追溯于古罗马时期授权市民代表社会集体进行的起诉。在古罗马的程式诉讼中，就有公益诉讼、私益诉讼之分。公益诉讼的产生与维护公益的国家机关力量不足直接相关。"二战"以后，特别是20世纪六七十年代后，随着科技进步和生产规模的扩大，社会利益发生了显著变化，传统诉讼方式难以容纳新的要素，反映到诉讼法理论上就是直接利害关系原则制约的诉讼资格不断放宽，公益诉讼被赋予现代意义。公益诉讼作为维护社会公共利益的有效手段在西方国家得到空前发展。

20 世纪 90 年代，公益诉讼制度引入我国，随着邱建东、葛锐、乔占祥、胡安源等事件①而为人熟知。尽管国内外学者对公益诉讼的界定可谓众说纷纭，但其共有特征就是诉讼中涉及公共利益或具备公共因素。在我国，公益诉讼的兴起有两个重要事件，一是上述的邱建东 0.6 元话费案等事件，二是河南省南阳市某县检察院提起公益诉讼的事件（见下述）。

（二）检察公益诉讼的发展状况

检察机关代表国家为维护公共利益参与诉讼，最早起源于法国，后来在美国等地得到了迅速发展，但均未形成健全的法律体系。我国关于检察公益诉讼的探索始于 1997 年河南省南阳市某县检察院办理的国有资产流失案。1997 年前后，在国有企业转制和体制改革过程中，国有资产流失现象非常严重。当年 5 月，南阳市检察院接到群众举报，反映某县某镇工商所将价值 6 万余元的门面房，以 2 万元的价格卖给了私人。通过调查，确认该工商所确实低价转让了国有资产，但没有发现国家工作人员的职务犯罪线索。考虑到公共利益无人保护或保护不力的现状，国外比如法国、德国和美国等国家都规定检察机关可以代表国家对公益诉讼行使诉权，加之在新中国成立初期的法律和 1954 年的《人民检察院组织法》都规定检察机关的职权之一：对国家和人民利益重要的民事案件提起诉讼。于是，某县检察院以原告身份就本案向人民法院提起诉讼。其后，全国检察机关纷纷效仿，提起类似的民事公益诉讼达 200 多起。但是由于缺乏法律明确依据，2008 年最高人民法院下发批复指出，法院不再受理检察机关作为原告提起的国有资产流失案件。至此，所有检察机关提起的公益诉讼也都被叫停。

2014 年，贵州省金沙县检察院在审查金沙县环保局移送的环境执法工作相关材料过程中，发现某公司在修建宏圆大厦过程中，欠缴 2013 年 3 月至 2014 年 10 月期间排污费 1215 万余元，金沙县环保局分别于 2013 年 11

---

① 邱建东 0.6 元话费案，指的是 1996 年，福建省公民邱建东因打电话被多收 0.6 元钱而将电信局告上法庭，揭开了我国公益诉讼实践的序幕；葛锐事件，指的是 1998 年，郑州市民葛锐在火车站被多收 0.3 元钱的如厕费而与郑州铁路局对簿公堂；乔占祥事件，指的是 2001 年初，河北律师乔占祥因火车站售卖的火车票擅自涨价多收其 0.9 元钱而状告铁道部，该案虽败诉，但直接推动了 2002 年春运票价浮动的听证会；胡安源事件，指的是 2002 年，胡安源因机票退票不合理而起诉中国国际航空公司。

月26日和2014年8月19日向该公司发出《缴纳排污费通知书》《限期缴纳排污费通知书》，但是该公司均未按期缴纳排污费。金沙县检察院认为金沙县环保局没有及时追收排污费，也没有对其进行行政处罚，存在未依法履职情况。2014年10月20日，金沙县检察院依据贵州省高级法院《关于创新环境保护审判机制推动我省生态文明先行区建设的意见》及《关于环境保护案件指定集中管辖的规定（试行）》等规定，以行政公益诉讼原告身份将金沙县环保局诉至有管辖权的仁怀市法院，请求判令金沙县环保局依法履行处罚职责。

就在此时（2014年10月23日），党的十八届四中全会召开，会议通过的《中共中央关于全面推进依法治国若干重大问题的决定》中明确提出"探索建立检察机关提起公益诉讼制度"，"检察机关在履职时发现行政机关违法行使职权或不行使职权的行为，应该督促其纠正"。这不仅意味着"公益"在我国法律价值排序上的升格，更为金沙县检察院探索开展行政公益诉讼提供了强大政策依据。仁怀市法院经审查后认为金沙县检察院有诉讼主体资格，其起诉符合法律规定的受理案件条件，于同年10月27日决定立案受理，这是全国首例以检察机关为原告的行政公益诉讼案件。《人民日报》评价该案具有"破冰"意义，是检察机关先行先试取得成功的典型，破解了公益诉讼主体模糊和缺位难题，开启了检察机关提起行政公益诉讼先河。

2015年7月1日，全国人大常委会授权最高人民检察院在13个省区市检察机关开展为期两年的公益诉讼试点工作，同时设置了以诉前检察建议为核心内容的诉前程序。次日，最高人民检察院召开新闻发布会，发布了《检察机关提起公益诉讼试点方案》，为期两年的检察机关提起公益诉讼试点工作正式启动。

2017年6月27日，全国人大常委会通过了关于修改民事诉讼法和行政诉讼法的决定，对民事诉讼法和行政诉讼法予以修改，《民事诉讼法》第55条（2021年12月24日修正后为第58条）第2款规定"人民检察院在履行职责中发现破坏生态环境和资源保护、食品药品安全领域侵害众多消费者合法权益等损害社会公共利益的行为，在没有前款规定的机关和组织或者前款规定的机关和组织不提起诉讼的情况下，可以向人民法院提起诉讼。前款规定的机关或者组织提起诉讼的，人民检察院可以支持起诉"。《行政诉讼法》第 25 条第 4 款规定"人民检察院在履行职责中发现生态环境和资源保护、食品药品安全、国有财产保护、国有土地使用权出让等领域负有监督管理职责的行政机关违法行使职权或者不作为，致使国家利益或者社会公共利益受到侵害的，应当向行政机关提出检察建议，督促其依法履行职责。行政机关不依法履行职责的，人民检察院依法向人民法院提起诉讼"。2017 年 7 月 1 日，检察机关提起公益诉讼制度正式入法，公益诉讼工作全面铺开。党的十九大召开以来，在以习近平同志为核心的党中央坚强领导下，在全国人大及其常委会有力监督下，全国检察机关深入学习贯彻习近平法治思想，以高度的政治自觉、法治自觉、检察自觉狠抓落实，公益诉讼检察制度从顶层设计到实践落地，从局部试点到全面推开、健康发展，受到广泛关注。

2019 年 10 月，党的十九届四中全会进一步提出拓展公益诉讼案件范围；完善生态环境公益诉讼制度。检察公益诉讼制度再次迎来创新发展。

2021 年 6 月 15 日，《中共中央关于加强新时代检察机关法律监督工作的意见》出台，强调："积极稳妥推进公益诉讼检察。建立公益诉讼检察与行政执法信息共享机制，加大生态环境和资源保护、食品药品安全、国有财产保护、国有土地使用权出让和英烈权益保护、未成年人权益保护等重点领域公益诉讼案件办理力度。积极稳妥拓展公益诉讼案件范围，探索办理安全生产、公共卫生、妇女及残疾人权益保护、个人信息保护、文物和文化遗产保护等领域公益损害案件，总结实践经验，完善相关立法。"对检察公益诉讼的发展方针和发展方向作了进一步明确。

2022 年 10 月，党的二十大报告更是第一次在党的全国代表大会报告中明确提出"完善公益诉讼制度"，这既是对公益诉讼检察实践的充分肯定，更是对公益诉讼检察工作的更高期许和要求。这也为检察公益诉讼长远创新发展，为检察公益诉讼单独立法进程的推进奠定了坚实基础，指明了发展方向。检察机关作为国家法律监督机关和保护国家利益、社会公共利益的重要力量，必须贯彻落实好党的二十大精神，不断完善公益诉讼制度，为服务保障中国式现代化作出新的检察贡献。

二、检察公益诉讼制度确立的政策背景

检察公益诉讼改革承载着党和国家的殷切期望。进入新时代，我国社

会的主要矛盾已转变为人民日益增长的美好生活需要和不平衡不充分的发展之间的矛盾。人民群众从过去的"饱起来"到现在的"好起来"，包括民主、法治、公平、正义、环境和安全等，需要国家提供更多更优的公共产品，包括公共利益法治产品。可以说，这项改革是中央自上而下部署推动的一项重大改革，而且在改革的每一个关键节点，中央都提出了具体明确的要求，为改革定向导航。

第一，党的十八届四中全会为检察机关提起公益诉讼制度建立提供了政策依据。2014 年 10 月，党的十八届四中全会通过了《中共中央关于全面推进依法治国若干重大问题的决定》，提出"探索建立检察机关提起公益诉讼制度"。习近平总书记对此项改革作了专门说明："现在，检察机关对行政违法行为的监督，主要是依法查办行政机关工作人员涉嫌贪污贿赂、渎职侵权等职务犯罪案件，范围相对比较窄。而实际情况是，行政违法行为构成刑事犯罪的毕竟是少数，更多的是乱作为、不作为。如果对这类违法行为置之不理、任其发展，一方面不可能根本扭转一些地方和部门的行政乱象，另一方面可能使一些苗头性问题演变为刑事犯罪。全会决定提出，检察机关在履行职责中发现行政机关违法行使职权或者不行使职权的行为，应该督促其纠正。作出这项规定，目的就是要使检察机关对在执法办案中发现的行政机关及其工作人员的违法行为及时提出建议并督促其纠正。这项改革可以从建立督促起诉制度、完善检察建议工作机制等入手。""在现实生活中，对一些行政机关违法行使职权或者不作为造成对国家和社会公共利益侵害或者有侵害危险的案件，如国有资产保护、国有土地使用权转让、生态环境和资源保护等，由于与公民、法人和其他组织没有直接利害关系，使其没有也无法提起公益诉讼，导致违法行政行为缺乏有效司法监督，不利于促进依法行政、严格执法，加强对公共利益的保护。由检察机关提起公益诉讼，有利于优化司法职权配置、完善行政诉讼制度，也有利于推进法治政府建设。"

第二，中央深改组第十二次会议为改革试点指明方向。2015 年 5 月 5 日，习近平总书记主持召开中央深改组第十二次会议，审议通过了《检察机关提起公益诉讼试点方案》，会议指出，"党的十八届四中全会提出探索建立检察机关提起公益诉讼制度，目的是充分发挥检察机关法律监督职能作用，促进依法行政、严格执法，维护宪法法律权威，维护社会公平正义，维护国家和社会公共利益"。并强调"要牢牢抓住公益这个核心，重点是对生态环境和资源保护、国有资产保护、国有土地使用权出让、食品药品安全等领域造成国家和社会公共利益受到侵害的案件提起民事或行政公益诉讼，更好维护国家利益和人民利益"。2015 年 7 月 1 日，十二届全国人大常委会第十五次会议审议通过了《关于授权最高人民检察院在部分地区开展公益诉讼试点工作的决定》，授权最高人民检察院在 13 个省份进行试点。

第三，中央深改组第三十五次会议明确提出要为检察公益诉讼提供法律保障。2017 年 5 月 23 日，习近平总书记主持召开中央深改组第三十五次会议，审议了检察机关提起公益诉讼试点情况报告，会议认为，试点"办理了一大批公益诉讼案件，积累了丰富的案件样本，制度设计得到充分检验，正式建立检察机关提起公益诉讼制度的时机已经成熟。要在总结试点工作的基础上，为检察机关提起公益诉讼提供法律保障"。6 月 27 日，十二届全国人大常委会第二十八次会议审议通过了修改《民事诉讼法》和《行政诉讼法》的决定，在法律层面正式确立了检察公益诉讼制度。

通过中央一系列的政策性文件可以看出，建立检察机关提起公益诉讼制度，是在全面依法治国的时代背景下，运用法治思维和法治方式解决公益保护问题，推动国家治理体系和治理能力现代化的重要举措；是促进依法行政、建设法治政府的具体抓手，有利于优化司法职权配置，完善行政诉讼制度，也有利于推进法治政府建设；是推进生态文明建设的一项具体举措。中央印发《关于加快推进生态文明建设的意见》（2015 年 5 月 5 日）与审议通过了检察机关提起公益诉讼试点方案在同一天，之后的国务院《土壤污染防治行动计划》，以及福建、江西、贵州、海南 4 个省的《国家生态文明试验区实施方案》都对检察机关如何发挥公益诉讼职能作用提出具体要求。

三、检察公益诉讼是时代发展的必然反映

由检察机关履行公益诉讼职责，发挥出"公益诉讼保护的是公益，监督的是行政行为，手段是诉讼"的优势，展现并确保了在党的领导下依法有序、高效、科学开展监督，促进依法行政，保护社会公共利益的制度优越性。这是时代的呼唤、人民的心声、历史的选择。"检察官作为公共利益的代表"，这为检察公益诉讼的理论构建指明了方向。公益代表的定位是在

检察机关作为法律监督机关的宪法定位基础上产生的新的职责和使命，是在全面依法治国的时代背景下，通过运用法治思维、法治方式解决公益保护问题和完善法律监督的革命性制度设计，是加强国家治理体系和治理能力现代化的新实践。①

（一）党的领导

检察工作既是政治性极强的业务工作，也是业务性极强的政治工作。我国的检察公益诉讼从无到有，从小到大，都是在党的绝对领导下得以实现和推进的。党中央和习近平总书记亲自决策、亲自部署、亲自推进，从检察机关提起公益诉讼的最初设想，到作出顶层设计，随后从授权试点，到修改法律全面实施，再到机构设置，每一个发展阶段，每一个关键节点，都是经中央深改组（委）研究和决定的，都是中央直接谋划推进的。地方各级党委、人大、政府也高度重视，截至 2019 年 10 月，24 个省区市党委主要负责同志专门作出批示，25 个省区市党委、政府或"两办"联合下发支持检察公益诉讼工作的文件，河北、内蒙古、吉林、黑龙江、山东、河南、湖北、湖南、广西、云南等 10 个省级人大常委会作出专项决定。党的领导是公益诉讼检察制度的直接保障，也是公益诉讼检察工作的方向指引，始终坚持和紧紧依靠党的领导更是检察机关解决公益诉讼办案中具体问题的根本原则和方法。

（二）人民性

检察公益诉讼的人民性具有多重含义。其一，从价值追求层面看，我国社会主义国家的政体性质决定了国家利益、社会利益、人民利益根本上是一致的，因此检察公益诉讼的履职过程，即是从保护国家、社会公共利益出发，实现和维护了最广大人民的根本利益，这就是中国检察公益诉讼在价值追求方面所体现出来的人民性。我们把国家利益引入公益保护，从而对人民利益实现更充分、更广泛地保护。公共利益，说到底就是人民的利益；公益诉讼，归根结底是为了保护广大人民的利益。为了人民，是公

---

① 胡卫列：《国家治理视野下的公益诉讼检察制度》，载《国家检察官学院学报》2020 年第 2 期。

益诉讼的根本目的和价值追求。我国现行法律规定由检察机关提起公益诉讼，正是为了以强有力的专门法律监督机关来代表人民的利益，反映人民的呼声，"公益代表"的身份定位其实质也是代表人民。其二，检察公益诉讼必须依靠和不断拓展人民参与。在我国，无论是理论还是实践中，人民群众都是公益诉讼的参与者、监督者和推动者，在线索提供、案件办理、问题整改等各个环节，始终发挥着积极作用，更充分的公众参与，也是推动公益诉讼健康发展的必由之路。推进公众积极参与检察公益诉讼，即公民、法人或其他社会组织直接或间接地参与到诉前、诉中、诉后等阶段，有助于开拓公益保护新路径和形成公益保护合力，充分发挥行政公益诉讼司法治理、社会治理、公益保护的功能，是提升社会治理法治化的新举措，更是司法体制改革服务社会治理创新的突出体现。① 因此，为了人民，代表人民，依靠人民，不仅是马克思主义唯物史观的体现，是党为民初心宗旨的体现，更凸显了我国检察公益诉讼的人民性特点，也是检察公益诉讼实现长远创新发展的根本遵循。

（三）专门机关履职

在公益诉讼中引入专门机关和国家力量，由国家法律监督机关负责提起公益诉讼，是我国公益诉讼的一个突出特点。这种制度设计，被称为"国家公益诉讼"，与西方国家赋予社会组织、普通公民公益诉权不同。由于专门机关具有专业人员优势、法定职责优势、办案资源优势等，因此，我国取得了完全不同于西方国家的办案和监督效果。党的十九大召开以来，全国检察机关共办理公益诉讼案件71万多件，平均每年办理14万多件，形成了独具特色的公益司法保护"中国方案"。我们秉持"双赢多赢共赢"理念，以诉前实现维护公益目的作为最佳司法状态，以磋商、诉前检察建议促进行政主管部门主动履职。近年来98%的行政公益诉讼检察建议在诉前都得到了有效整改；检察建议不能落实的，提起诉讼3.5万件，99.7%的案件获得人民法院裁判支持，切实做到把公益诉讼案件都办成"法治样本"。从另一个方面看，国际范围内，公益诉讼作为一种补充性的诉讼制度，多

① 马怡梦：《如何提升行政公益诉讼中的公众参与度》，载《检察日报》2022年8月25日。

由社会公益团体（有的国家允许个人或特定机关）提起，案件数量比较少。以美国为例，每年涉及生态环境公益诉讼案件，基本稳定在70—80件。反观我国，检察公益诉讼试点铺开前，由社会组织提起的案件数每年不超过50件；法律明确授权检察机关提起公益诉讼后，由社会组织提起的案件数维持在60—70件。也就是说，检察机关介入公益保护后，不仅没有影响我国社会组织在公益保护方面继续发挥作用，反而促进了社会组织提起公益诉讼的规模扩展。

（四）多元主体协同

在我国，国家制度的性质决定了公益诉讼主体的利益是一致的。西方的公益诉讼是一种对抗性的制度逻辑，而我国的公益诉讼制度是协同性的。检察机关在公益诉讼办案中，与行政机关形成了既依法督促又协同履职的新型监督关系，与法院、监察委等机关加强了协调协作，实现双赢多赢共赢。如湖北省黄石市违章建筑破坏了磁湖生态环境长达14年，黄石市国土局主动要求检察机关进行监督，检察机关向5家行政机关发出诉前检察建议，督促联合执法，从而成功破解了难题。2018年全国两会召开时，140余位代表、委员提出建议、提案，要求检察机关充分发挥公益保护职能作用。人民群众在检察公益诉讼的线索提供、参与和监督案件办理、推动问题整改等各个实践环节，也发挥了积极作用。

综上，检察公益诉讼不仅是检察机关的职责，也是执政党、国家机关以及社会各界共同关注、共同参与的事业，这使得公益诉讼具有非常广泛的支持力量，也是推动检察公益诉讼长远创新发展的力量源泉。检察公益诉讼制度之所以能够充分发挥效能，关键在于中国共产党的宗旨与人民民主专政的国家性质是一致的，在于党的领导、依法治国、人民当家作主三者的有机统一。

在中国，我们的党和国家机关没有独立于人民利益的自我利益，在维护人民利益的根本目标上是一致的，因行动同行，从而使党的领导和社会主义制度的优势在检察公益诉讼制度中得到充分彰显。即便是检察机关与作为监督对象的行政机关，在维护公益这一点上也没有根本的利害冲突，而是拥有共同的终极目标。在检察公益诉讼中，检察机关与行政机关不是硬要一争高下、一分是非，而是完全有可能找到一个契合点，共同推动受损的公益得到恢复，实现双赢多赢共赢。这就使得中国式的检察公益诉讼能够突破传统的当事人对抗式诉讼构造的藩篱，在当事各方协商共赢的基础上取得更为显著和更为良好的政治效果、法律效果和社会效果；并且可以借由个案监督向类案监督和社会治理领域延伸，拓展检察公益诉讼的监督后效，使得监督成果能串珠成链、连线成面，有效拓展了公益诉讼保护的覆盖面、受益面和影响面，有利于公益保护的理念和价值在更广阔的社会层面上深入人心、形成共识，并反过来又成为推动公益诉讼事业长远创新发展的不竭动力源泉。因此，可以认为，正是在检察机关主导监督模式下多元主体的协同作为，有效形成和巩固了我国齐抓共管公益诉讼保护的良好工作格局，并形成了以检察公益诉讼高质量发展推动和促进经济社会高质量发展的良性互动循环，更为全世界有志于公益保护的国家、机构和组织提供了十分有益的道路指引和模式借鉴。

四、检察公益诉讼是法律监督的本质要求

中国共产党从成立之日起就高度重视权力监督问题。在中央苏区、延安时期，就探索了一套对苏维埃政府、边区政府和革命根据地人民政权组织及其工作人员的监督办法。1931年江西瑞金中华工农兵苏维埃第一次全国代表大会，宣告中华苏维埃共和国成立，并组成临时中央政府，选举产生了中央执行委员会，下设人民委员会，人民委员会内设中央工农检察人民委员部，标志着革命根据地检察制度初步形成。从中国共产党领导下的检察制度发展历史源流看，监督始终是检察制度的应有之义。

新中国成立后，党对加强权力监督进行了不懈探索和长期努力。党的十八大明确和强调，要把权力关进制度的笼子，其目的正是确保人民赋予的权力始终用来为人民谋幸福。具体到政法领域，无论是总体层面的司法体制改革，还是检察机关对法律监督职权进行的系统性重构，乃至延伸至国家层面设立国家监察委员会、统一反腐力量，都是为了保证公权力的正确行使，促进干部履职尽责、干事创业，更好地为人民服务，这一切都是源自于中国共产党的立党初心，源自于党的领导下自我革命、自我监督的实践和深化。

无论时代如何变迁，"法律监督"始终是人民检察制度的关键和核心，也是人民检察院安身立命的根基。一方面，"法律监督机关"是宪法对人民

检察院的明确职能定位，要求我们始终围绕"法律监督"来探究和实践检察机关的职能和功能定位；另一方面，人民检察制度的发展沿革和改革创新，也始终围绕着如何理解和完善"法律监督"的内涵外延这一核心问题展开。从借鉴列宁的法律监督思想创立我国社会主义检察制度以来，人民检察制度90余年的发展，就是一个不断探索、不断实践和不断展现法律监督精神实质内涵的过程。随着我国经济社会的发展，尤其是新时代对于实现国家治理体系和治理能力现代化的要求与日俱新，我们对检察规律的认识也不断深化、丰富和完善。检察机关新设和强化公益诉讼检察职能，正是我们在新时代加强法律监督职能、提供优质检察产品的一个缩影。

第三节　检察公益诉讼的目标、原则、理念和职能定位

一、检察公益诉讼的目标

作为国家法律监督机关，检察机关对于保护国家利益和社会公共利益，维护国家宪法和法律统一正确实施具有重要作用。虽然检察机关在宪法上被定位为国家法律监督机关，但过去在组织法和程序法上检察监督职能却长期局限在刑事、民事、行政诉讼监督领域。对于国家利益和社会公共利益的保护，检察机关主要通过追究直接侵害方刑事责任、民事责任或行政责任或支持起诉等方式来实现，法律监督在维护国家和社会公共利益方面的职能作用并未得到全面充分有效发挥。

检察公益诉讼制度的确立，明确了检察机关可以对损害国家利益和社会公共利益的违法行为向人民法院提起诉讼，包括民事公益诉讼和行政公益诉讼两项内容。维护公共利益是检察机关的基本价值追求和职能目标设定。检察公益诉讼制度从建立之初，其出发点和落脚点就在于维护国家利益和社会公共利益，就在于通过对行政行为的合法性进行监督，确保法律法规得到客观和公正的适用。因此，检察机关提起公益诉讼的目标和任务就是充分发挥法律监督职能作用，维护宪法法律权威，维护社会公平正义，维护国家利益和社会公共利益，督促适格主体依法行使公益诉权，促进依法行政、严格执法。

二、检察公益诉讼的原则

原则是行事依据的准则，检察机关在履行法律监督职能提起公益诉讼工作时也应当依据特定准则。在检察机关提起公益诉讼试点阶段，最高人民检察院就明确了"坚持改革正确方向、立足法律监督职能、有效保护公共利益、严格依法有序推进"四项原则。随着检察公益诉讼制度的建立和发展，检察公益诉讼的原则也在不断充实和完善。

（一）遵守宪法法律规定原则

检察机关提起公益诉讼是履行法律监督职责的职权行为。[①] 宪法明确了检察机关是国家的法律监督机关，《人民检察院组织法》明确检察机关的职责包括依照法律规定提起公益诉讼，《民事诉讼法》《行政诉讼法》等单行法律规定了检察机关提起公益诉讼的具体领域。因此，检察机关提起公益诉讼必须严格依照法律规定，对于法律规定没有明确的内容，也必须在政策依据和法理范围内进行。

（二）遵循诉讼制度原则

检察机关提起公益诉讼，代表的是国家，履行的是法律监督职责。检察机关提起公益诉讼作为制度创新也应当遵循诉讼法的大原则进行。但是遵循诉讼制度，不是机械地执行诉讼法律规定。由于检察机关提起公益诉讼在主体及利益方面与一般的私益诉讼具有明显的特殊性，而目前修改后的民事诉讼法和行政诉讼法及相关司法解释对于检察机关提起诉讼、履行法律监督职能的内容还不尽完善的情况下，就需要我们以更有效地保护国家利益和社会公共利益为出发点不断完善制度设计，这些设计既要符合诉的基本原则，也要符合检察工作规律。

（三）坚持有限监督原则

检察机关作为法律监督机关，在公益保护方面处于间接位次。对于行

---

① 徐全兵：《检察机关提起行政公益诉讼的职能定位与制度构建》，载《行政法学研究》2017 年第 5 期。

政公益诉讼，应当通过程序性监督，督促行政机关及时依法履职，而不能越俎代庖。对于民事公益诉讼，应当首先由法律规定的机关或组织提起诉讼，如果没有或者相关机关或组织不提起诉讼的，再由检察机关起诉。因此，开展检察公益诉讼工作过程中，要分轻重缓急，宜选取党委政府关注或人民群众最急、最忧、最盼的热点难点案件，注重办案政治效果、社会效果和法律效果的有机统一，争取实现办理一个案件、警示教育一片、规范一个行业的效果，有效促进社会治理。在办案方式方法上，要秉持谦抑审慎理念，能通过私益诉讼达到保护目的的，尽量不参与干涉。行政公益诉讼中，要坚持问题导向和结果倒查，认真帮助行政机关发现问题，并及时提出有分析、有对策且有可操作性的检察建议，保护受损的公共利益。

（四）遵循"积极稳妥"工作原则

"积极稳妥"不仅是对检察公益诉讼新领域探索的基本原则，也是适用于整个公益诉讼检察工作的发展原则，是整个公益诉讼检察工作的指引。推进公益诉讼检察工作要秉持积极进取的态度，在具体工作中落实好"积极"的要求。要加大办案力度，既要拓展案件的范围，又要注意办理具有重大影响、关系人民群众切实利益的案件，通过办案增强人民群众的获得感。上级检察院还要积极直接办理案件。积极推进制度机制建设，特别是一体化办案机制和跨区域协作机制等。积极深化基础理论研究，积极加强公共关系建设，积极加强检察机关内部协同。

在公益诉讼检察中坚持"稳妥"的原则，是对司法规律、公益诉讼制度特点、现状准确认识基础上的理性坚守、法治坚守。公益诉讼检察是司法性活动，要遵循司法规律，更重视程序性、规范性的要求。检察机关在公益诉讼具体工作中落实稳妥的要求，就是要以高度的责任感，注重发挥检察公益诉讼在国家治理体系和治理能力现代化过程中的积极作用，增强做好公益诉讼工作的责任感和使命感。树立稳妥慎重的态度，就是要坚持以办案为中心，秉持法治和理性的精神，牢牢把握办案规范性和质效性。坚持稳妥的要求，就是要处理好数量、质量和结构的关系，以"驰而不息"的精神、"啃硬骨头"的力度和"打持久战"的韧性保持监督力度。坚持稳妥原则，就是要遵循司法谦抑性规律，以公共利益为核心，不能将私益或部分群体的利益混同于公共利益，更不能有包揽全局、包打天下的想法。

三、检察公益诉讼的理念

理念是工作思路、着力点的集中体现，基本工作理念的确定，对于检察公益诉讼的规范、有序、持续发展至关重要。探求新时期检察公益诉讼的基本工作理念，特别是作为检察公益诉讼核心任务的行政公益诉讼工作理念，根本上就是要在实践的基础上不断总结、提炼，以更准确理解、把握和运用法律、司法解释和国家政策的规定，引导行政公益诉讼工作的主攻方向、着力点、切入点。

检察公益诉讼是督促之诉、协同之诉，在办案中又是如何体现？制度全面开展以来，最高人民检察院深刻领会习近平总书记关于检察公益诉讼的系列重要论述和指示精神，坚持理念引领实践并总结完善，形成了一系列公益诉讼检察工作理念：

（一）双赢多赢共赢

法律监督的实质是启动一个监督程序督促相关法定主体依法履职，本身不是一个单向、静止的行为，而是一个双向互动、多向交流、全流程关注的系统工程，必须将被监督者、监督的其他参与者和关联方都纳入视野，才能有效地实现监督的效果，这也是树立和践行双赢多赢共赢理念的制度内在要求。检察机关开展行政公益诉讼的目的是监督和支持行政机关依法行政，督促解决问题，其实质是启动法定程序，提醒、促进被监督者依法行政。检察机关与行政机关之间的根本目标和方向是一致的，只是法律上、工作中分工不同、职能不同，没有你输我赢、你高我低。树立双赢多赢共赢、支持与监督并重等新监督理念，坚持保护社会公益与促进经济发展并重、加强法律监督与促进依法行政并重、加大办案力度与确保办案质量并重，确保公益诉讼工作取得良好的政治效果、法律效果和社会效果。因此，在实践中要建立与执法部门更紧密的良性互动工作关系，共同研究解决对策，合力破解社会治理难题，为促进法治政府建设提供更加有力的支持和保障。要加强与法院沟通，共同完善案件受理、庭审等程序，形成共识，统一标准，助推公益诉讼案件质效有效提升，形成保护国家利益和社会公共利益合力。

（二）诉前实现保护公益目的是最佳司法状态

公益诉讼工作有很强的政治性，这种政治性体现为检察机关并不是单纯就案办案，而是与行政机关一同解决所面临的问题。因此，检察公益诉讼把诉前实现保护公益目的是最佳司法状态，检察机关通过诉前检察建议促使有关行政机关依法履职，不仅可以及时保护公益，更以最少司法投入获得最佳社会效果。设置具有鲜明监督属性的行政诉前程序，以检察建议的方式督促行政机关自我纠错、依法履职，确立"诉前实现保护公益目的是最佳司法状态"的目标追求，充分发挥其独特程序价值。实践中行政机关诉前整改率超过95%，实现良好监督效果的同时节约了司法资源。实践中，检察机关通过加强与政府机关的沟通联系，推动出台了政府层面的行政公益诉讼指导性文件；通过加强与有关部门的协作配合，推动了公益诉讼工作规范有序开展；通过加强社会舆论宣传引导，促进检察公益诉讼的社会认知度明显提高。这些努力和成效，为提升检察建议效果提供了良好保障，为诉前实现保护公益目的打下了良好基础。

（三）持续跟进监督

公益诉讼问题复杂、牵涉面广，有的旷日持久，有的是发展中的问题，有效解决往往没那么简单。因此，要进一步实现提起诉讼与跟进监督相结合，对已经提起诉讼或提出检察建议的公益诉讼案件进行持续跟进监督，法院的判决有没有得到执行，行政机关的承诺有没有得到兑现，尤其是对一些历史遗留的"老大难"问题，在监督中直击痛点难点，彻底解决公益损害问题。在坚持公益诉讼"回头看"常态化的同时，对公益诉讼办案质量和效果给予特别关切。检察机关的法律监督职能要在办案中实现，办案的每一个环节都应体现法律监督。把针对诉前程序、提起诉讼及判决执行全流程"回头看"作为"规定动作"，找准问题、精准施策、及时纠偏，把公益诉讼检察工作做得更实更规范。研究制定诉前检察建议指导性意见，提升精准性、规范性和实效性。这样才能在严格把握"公益"核心和确保案件质量的基础上，固化公益诉讼成果。

2023年的大检察官研讨班上，最高人民检察院提出公益诉讼检察重在突出"精准性""规范性"，突出抓好法定领域办案工作，多办有影响、效果好的案件，敢于以"诉"的确认体现司法价值引领。实践中，提起诉讼作为检察公益诉讼监督的"后手"，一方面增强了诉前检察建议的监督刚性；另一方面对于"硬骨头""老大难"案件，能够更有效推动问题整改。

起诉案件的办理能够以"诉"的确认更好实现司法价值引领，有利于推动公益诉讼办案各环节质效提升。

四、检察公益诉讼的职能定位

检察机关作为提起行政公益诉讼的唯一主体，其职能定位不同于提起民事公益诉讼的普通机关或组织，在行政公益诉讼中主要通过三个方面来体现：

第一，检察公益诉讼是法律监督职能的时代回应，具有时代特色，即以提起公益诉讼方式履行宪法赋予检察机关的法律监督职能，能更好地促进国家治理，从而维护国家利益和社会公共利益。中央始终高度重视检察公益诉讼制度，推动其更好地发挥作用，就是因为中国检察机关法律监督的法定职责与检察公益诉讼制度的定位、追求是完全契合的。

进入新时代，社会主要矛盾发生变化给整个社会带来的变化是全方位的，因应人民群众日益增长的美好生活需要，公权力包括司法职能的工作重心、运行方式等都需要适时做出调整和变化。公益诉讼检察职能就是在这样的时代背景下应运而生，这既是党和国家对检察机关在新时代更好发挥作用的新要求和新期待，也是检察机关积极、主动发挥法律监督职能服务大局、回应时代之需的责任担当。

第二，检察公益诉讼充分、完整体现了传统检察权的所有特点，是检察机关依法履行法律监督职责的职权行为。[1] 学界针对检察权的特性，存在不同概括，但主要包括监督性、程序性、有限性、兜底性和协同性，在公益诉讼检察职能中，检察权的这些主要特性均有清晰地体现。因此，检察机关提起检察公益诉讼，一方面要遵循民事诉讼、行政诉讼的一般原则，如审判独立、回避、合议等一般规定；另一方面在具体诉讼程序的设计和运行中，要充分考虑检察机关的职能特点和职权运行规律，如检察机关履职时的客观义务、受地域和级别限制等方面的要求。

第三，检察机关作为提起行政公益诉讼的唯一主体是符合我国国情的制度安排。[2] 我国 2017 年修改的《行政诉讼法》对提起行政公益诉讼的主

---

[1] 马怀德：《行政公益诉讼制度从理论走向现实》，载《检察日报》2015 年 7 月 3 日，第 3 版。

[2] 徐全兵：《检察机关提起行政公益诉讼的职能定位与制度构建》，载《行政法学研究》2017 年第 5 期。

体坚持了"一元化"的标准，仅规定检察机关才可以提起行政公益诉讼，这是符合我国国情的，也是世界范围内的首创。① 这是由我国的国情尤其是人民代表大会制度这一根本政治制度所决定的。在我国，包括检察机关在内的国家机关都负有保护公共利益的职责，而"检察官作为公共利益的代表，肩负着重要责任"②，因此在行政机关对公共利益保护不到位的情况下，检察机关提起诉讼就责无旁贷。检察机关作为唯一提起行政公益诉讼的主体，具有更优的制度安排。

根据宪法的规定，公民、法人或其他组织对于行政机关的行政违法行为有检举、控告的权利。检察机关本身就承担对行政机关行政违法行为的监督职责，提起行政公益诉讼只不过是检察建议等监督方式之外的另一种监督方式。同时，检察机关没有地方、部门利益的牵涉，而且拥有法定的调查权，可以在认真调查核实的基础上，对行政机关的行政行为是否违法作出初步判断，从而可以避免对正常行政秩序造成冲击。最后，还可以节约司法资源。检察机关提起行政公益诉讼需经诉前程序，既发挥了行政机关纠正违法行为的主动性，又有效节约了司法资源。

第四节　检察公益诉讼工作中需处理好的七大关系

检察公益诉讼是一项新制度和新业务，尤其是在办理行政公益诉讼案件中，对检察机关的监督能力和大局意识都提出了更高的要求。在检察工作实践，特别是行政公益诉讼办案中应注意处理好以下七个方面的关系。

一、大局与履职之间的关系

所谓"大局"就是国家根据一定时期的经济社会发展确立的中心工作，是党和政府高度重视、人民群众高度关心的工作，代表了发展大势、代表了人民群众根本利益。检察工作是政治性极强的业务工作，也是业务性极

---

① 张雪樵：《检察公益诉讼比较研究》，载《国家检察官学院学报》2019 年第 1 期。
② 习近平总书记在 2017 年 9 月 11 日第二十二届国际察官联合会年会暨会员代表大会发来的贺信中提出。

强的政治工作，服务大局是检察机关义不容辞的政治责任和职责担当。服务大局是检察履职的重要内容，大局中有乾坤、大局中有文章、大局中有舞台；特别是公益诉讼检察以公益为核心，与党和国家的关注点、人民群众的聚焦点天然紧密相连，更体现出与大局的高度融合。

这里必须强调的是，大局和履职之间是"一体两面"的关系，一方面检察履职必须围绕和服务大局；另一方面，检察机关要顺利、有效、能动、创新履职又需要大局的指引和支撑，正所谓借大局之势，履大局之职，成大局之功。我们要更加善于借势成事，破解检察工作中的难点、痛点；要更加善于据势定准，打造检察工作的亮点、特点，要始终坚持党的领导，推动公益问题的精准有效解决。我们要更加强调主动、全面、深入融合，这也是系统观念在推动检察公益诉讼工作中的具体体现；我们要更加注重以点的契合推动面的融通，围绕实现高质量发展的方向、动力和前景，举一反三、由此及彼，以个案监督促进类案监督推动社会治理创新。通过不断实践摸索出一整套具有中国特色的检察公益诉讼理论、道路和制度范式，努力以中国式检察公益诉讼现代化推动实现全面的中国式现代化。贵州省人民检察院立案办理的刀靶水红色文化遗址公益保护一案，将执法办案与红色基因的薪火相传结合起来，营势借势，既督促文物保护监管部门修缮、保护红色文化遗址，又协调推动红色文化开发项目资金落实，促进红色文化经济发展，成功诠释了大局与履职之间的关系。

二、保护与发展之间的关系

习近平总书记多次强调，绿水青山就是金山银山。新时代以人民为中心的发展观，是将保护与发展统一起来的，在思路上致力于把绿水青山转化为金山银山，变靠山吃山为养山富山，实现了经济发展与生态保护的双赢。检察机关在办理公益诉讼案件中，一直强调要注意司法办案方式方法，明确法律政策界限，提高检察建议的质量，在坚守两条底线中，既要坚持生态环境保护不动摇，又要促进经济发展，盘活企业市场。既要绿水青山，又要金山银山。2018 年以来，黔东南州检察机关在充分调研的基础上，针对传统村落保护中存在的突出问题，创新开展保护传统村落专项行动，摸排案件线索 562 件，立案 475 件，发出诉前程序检察建议 553 件，提起行政公益诉讼 1 件、提起刑事附带民事公益诉讼 3 件，挽救传统村落古建筑、古文物 32 处，促进传统村落保护资金落地 1.57 亿元。黔东南州检察机关工作中将传统村落保护与发展工作结合起来，主动与雷山县人民政府、黔东南州住房建设局、黔东南州文体广电旅游局协调，多次组织各旅行社和格头村民委会相关负责人协商，推动达成《格头村传统村落旅游战略合作协议》，将格头村作为传统村落发展旅游的试点村，形成"政府 + 文旅公司 + 合作社"的传统村落发展新模式，破解了"保护与发展"困局，实现了寓发展于保护，在保护中谋发展。

在此基础上，我们还应该与时俱进，在正确把握保护和发展关系的问题上，更加准确全面理解掌握和体现新发展理念的要求，体现中国式现代化的内在要求。以往，谈到检察公益诉讼，更多注重的是社会公共利益的保护，但检察公益诉讼的创新发展历程表明，对公共资源尤其是文化、遗产的保护，其出发点和落脚点都是高质量发展，是为了全体人民共同富裕，为了物质文明和精神文明建设相协调，为了人与自然和谐共生。因此，以保护为前提的发展，是一种全新形态的发展观和现代化，也是中国式现代化在公益保护领域的特征体现。这既是保护理念的更新，是保护范围的拓展，更是公益保护理论上的与时俱进和正本清源。我们只有在中国式现代化的大背景下，才能更加全面准确地把握和处理好保护与发展的关系。

三、监督与共赢之间的关系

表面上看，在行政公益诉讼检察的案件办理过程中，检察机关与行政机关处于对立的关系。但若从保护公益的角度看，行政机关作为公权力机关亦负有保护国家利益和社会公共利益不受侵害的职责与义务，两者之间并非两相对立。特别是在国家治理体系和治理能力现代化的背景下，公益诉讼作为国家治理现代化的组成部分，与其他治理手段一起协同治理，已经在各方形成共识。2019 年 1 月 2 日，最高人民检察院与生态环境部、国家发改委等九部委联合发布《关于在检察公益诉讼中加强协作配合依法打好污染防治攻坚战的意见》，是协同推进公益问题解决的典范。最高人民检察院多次强调公益诉讼不是追责之诉，而是督促之诉、协同之诉。检察公益诉讼不能把检察机关与行政机关搞成对立面。这需要我们在开展法律监督工作中开动脑筋、发挥智慧，找到与行政机关的耦合点、平衡点，更多的从"法治政府建设""保护国家利益和社会公共利益""依法有效化解社会矛盾纠纷"等方面，找到共同目标，避免对立对抗。更多的在执法信息和执法数据上共享及联动中，身临其境地体会行政执法的难点、痛点，高效务实地出谋划策、提出改进建议，让行政机关自愿接受法律监督。当然，也要恪守法律监督权的谦抑性，找准两个公权之间的平衡点，划定公益诉讼检察权力的边界，坚决防止以监督之名代为指挥，以促成之义替其履职。

四、拓面与深耕之间的关系

随着经济社会的发展和实践的不断深入，公益诉讼检察在中国之治、制度之治中的优越性得到进一步的释放和验证，公益诉讼的保护范围逐步扩大已成必然趋势。党的十九届四中全会在《中共中央关于坚持和完善中国特色社会主义制度推进国家治理体系和治理能力现代化若干重大问题的决定》中，明确提出"拓展公益诉讼案件范围"。最高人民检察院将新领域的探索由"稳妥积极"变为了"积极稳妥"。当前，检察公益诉讼法定办案领域从最初的生态环境和资源保护、食品药品安全、国有财产保护、国有土地使用权出让四大领域，已逐步拓展到包括英烈保护、未成年人保护、安全生产、军人地位和权益保障、个人信息保护、反垄断、反电信网络诈骗、农产品质量安全、妇女权益保障、无障碍环境建设等"4 + 10"领域，且正在向文物和文化遗产保护等新领域拓展。实践中，贵州省人民检察院正在全省公益诉讼检察工作中推动"执法办案＋调研分析＋立法规章检察建议→制度机制建设"的工作思路，对带有普遍性、典型性、类案性、领域性、行业性公益损害行为和监管失位错位的情形分析研判，形成综合报告，向行业主管部门、政府监管部门提出改进工作检察意见。对需要立法解决的，提出立法建议，推动地方立法保护相关公益。把推动公益问题综合治理、行政机关立章建制、法律法规制度完善作为公益诉讼执法办案的自然延伸和重要组成，真正做到"案结事了人和"。

五、统筹与分散之间的关系

公益诉讼检察面广、点多，事情繁杂，上下、内外都要照顾到，不能只注意一部分而把别的丢掉，学会十个指头弹钢琴，处理好统筹和分散的关系极为重要。其一，公益保护检察专项具有聚集力量、扩大声势的作用，而各地的特色专项具有单兵突破、分散灵活的作用，好的特色专项能转变为全国、全省的大专项，它是探路石、源头水。一年一个专项，是贵州检察机关推动工作、深化监督的有效经验。2020 年，贵州省公益诉讼检察业务条线开展了"碧水润家园""农村人居环境整治"两个检察公益专项，各地按照"一地一品牌，一院一亮点"的要求，也探索开展了自己的一些特色专项。其二，检察工作一盘棋，上级检察机关指导工作、把关案件、协调沟通，甚至统一调配办案力量就是集中力量、统一认识的过程，减少分歧，减少阻力，便于重大疑难案件的办理和形成同案同办。同时"四大检察"各有各的法定职责，但又存在很多交叉、关联，在诉讼进程中、在法律上、执行上具有内在联系，要求能够相互呼应、互相支持，以"1＋1＞2"融合履职的功效使检察监督均衡发展、倍增发展。其三，环境元素、食药销售具有天然流动的特征，并不受限于行政区划界限的划分，部分法院探索实行集中管辖。对此，公益诉讼机制必须与跨区划司法改革关联起来，开展跨区域、流域一体化的检察业务合作，积极就法检审级对应的问题、线索来源、起诉期限、诉前程序与诉讼程序、执行等机制的衔接问题进行广泛深入探讨，找到合理的平衡点，建构起协同治理模式，统筹好上下、内外各个方面。

六、培育与宣推之间的关系

习近平总书记反复强调，"一个案例胜过一打文件"，提质增效是公益诉讼检察工作走向深化的必由之路。多出精品案件，多出具有法律指导意义、社会价值引领的典型性案件是首选。实践也证明，公益诉讼检察品牌的打响叫响，培育是前提，提炼是关键，宣传推广是引爆力。因此，在办案中，要树立培养案例、培育精品意识，有意识地发掘具有纠偏、创新、进步、引领价值的案件，按照指导性案例、典型性案例的标准办理，办成精品案件。加强总结提炼，主动上报或是汇编成册，用以指导检察办案工作，用以宣传普法于社会民众。加强宣传推送推广，俗话说得好，"再好的戏，没有声音也出不来"，宣传推广就是搭台子、放声音。

七、办案与培训之间的关系

检察机关的法律监督职能说到底要在办案中实现，在监督中办案，在办案中监督。办案既是检察机关履行法律监督职责的基本手段，也是彰显法律监督效果的重要途径。只有把案件办好了，才能让人民群众切切实实的在每一起案件中感受到公平正义，真正体现出法律监督的价值与意义。因此，公益诉讼检察部门要努力解决好不敢办案、不会办案、不愿办案的问题。当前制约公益诉讼检察创新发展的因素就是人少质弱案多，特别是基层院更为突出，主要表现在政法编制少、专业能力不足。造成这个问题的原因很多，有历史形成、检察职能定位、经济社会发展程度、人才总量和专业培养等，有些问题解决是一个长期过程，但有些是我们当前可以着力解决的。如素能提升问题，可以开展"培训＋办案＋研究"的教学实战，实现"推行精准培训、提升办案质效、多出研究成果"三方面融合，最大限度地释放培训和理论研究服务办案的核心价值，把实际办案与教育培训动力进行深度融合，不断激发干部自我加压、自我提升的学习干事内生动力。

第二章　生态环境和资源保护检察公益诉讼

第一节　概　　述

近年来，随着人们对美好生活的向往，更加关注生态环境和自然资源的保护。"地球，人类共同的家园"生动诠释了生态环境是人类共同的最大公共利益，是最大的民生福祉。比如日本福岛核电站因海啸泄漏，引发周边国家的广泛关注，担心本国生态环境受到影响。可以说，生态环境和资源保护，让人们感觉事不关己，却又不得不高度关注。我国的公益诉讼入法，首先就是从《民事诉讼法》《环境保护法》开始。生态环境和资源保护是检察机关公益诉讼工作的重中之重，也是检察机关服务生态文明建设，贯彻落实习近平生态文明思想的重要抓手。最高人民检察院高度重视生态环境和资源保护公益诉讼工作，《"十四五"时期检察工作发展规划》明确要求"地市级、县级检察院要实现生态环境和资源保护、食品药品案例领域公益诉讼办案常态化"。2019年，贵州省检察机关进一步明确各级院均要实现生态环境领域办案全覆盖。但生态环境和资源保护公益诉讼案件具有多发易发、反弹回潮、公益性明显、损害评估鉴定难、诉讼请求复杂等特征，一直是公益诉讼办案的难点和重点。党的二十大报告强调"完善公益诉讼制度"，加大生态环境和资源保护公益诉讼办案力度，为制度完善提供更多检察蓝本显得尤为迫切。

一、生态环境和资源保护概述

根据经济合作与发展组织（OECED）环境委员会在1974年最早提出的定义，环境污染是指被人们利用的物质或能量直接或者间接进入环境，导致对自然的有害影响，以致危及人类健康、危害生命资源和生态系统，以及损害或者妨碍舒适和环境的其他合法用途的现象。而人类的那些导致"被人们利用的物质或能量直接或者间接进入环境"的行为，包括向大气、水、土壤和海洋等环境介质排放废气、废水、废渣、粉尘、垃圾、放射性物质、噪声、恶臭等有毒有害物质、其他物质及能量的行为，就是污染环境的行为。

生态破坏是指由于人类不合理地开发利用资源损坏了自然生态环境，从而使人类、动物、植物、微生物等的生存条件发生恶化的现象，如水土流失、土壤沙漠化、动植物资源和渔业资源枯竭、气候变化异常、生物多样性减少等。这些不合理地开发利用资源损害自然生态环境的行为，即为破坏生态的行为。污染环境的核心特征在于"过度排放"，而破坏生态的核心特征在于"过度索取"。

破坏资源和破坏生态这两个概念在实践中常常被不加区别地进行使用，但仔细加以分析，这两个概念的内涵和外延均有所区别。破坏资源主要是从原因角度表述对资源的破坏或浪费，破坏资源的结果主要表现为破坏生态，但并不仅限于破坏生态。仅仅破坏资源，而未产生破坏生态后果的行为似乎并不适合提起公益诉讼。有些破坏生态的行为，也不能从破坏资源的角度进行合理解释，比如外来物种引进、基因改造等行为虽未破坏资源，但却有可能造成生态破坏。《民法典》侵权责任编将环境侵权表述为"环境污染和生态破坏责任"是非常妥当的。

污染环境主要包括因自然因素和人为因素造成的污染环境损害，包括大气污染、水污染、土壤污染、固体废物（危险化学物）污染等。

大气污染指排放超标的污染颗粒物、二氧化硫、氮氧化物、挥发性有机物、氨等大气污染物或温室气体进入大气进而对人体健康、生物、气候等产生危害。

水污染指排放、倾倒未处理或未达标处理的废水、废物，污染地表水或地下水，如污染渠、江、河、海等地表径流，因这些地表径流流经不同的区域，会对灌溉、饮用、养殖等造成损害。其危害性表现在：损害饮用水安全；损害农业生产安全；破坏自然生态环境；破坏生物多样性；损害文化休闲功能。

土壤污染指通过排放污染物，在土地上堆放、排放废弃物或有毒有害物质等方式，造成土壤污染。

固体废物污染指在生产建设、日常生活和其他活动中产生的污染环境的固态、半固态废弃物质的污染。《固体废物污染环境防治法》把固体废物分为工业固体废物、生活垃圾、建筑垃圾、农业固体废物和危险废物五类。

破坏资源主要有破坏土地资源、矿产资源、林业资源、草原资源、湿地资源、生物资源（含多样性和物种入侵保护）等。

破坏土地资源主要表现为：违反土地利用总体规划擅自将农用地改为建设用地的；占用耕地建窑、建坟或者擅自在耕地上建房、挖砂、采石、采矿、取土的；未经批准非法占用土地新建建筑物和其他设施的。

破坏矿产资源主要表现为：未取得采矿许可证擅自采矿的；超越批准的矿区范围采矿的；采取破坏性的开采方法开采矿产资源等。

破坏林业资源主要表现为：违法占用林地、改变林地用途、盗伐森林或者其他林木的；非法开垦、采石、采砂、采土、采种、采脂和其他活动，致使森林、林木受到毁坏的；在幼林地和特种用途林内砍柴、放牧致使森林、林木受到毁坏的；拒不补种树木或者补种不符合国家有关规定的。

破坏草原资源主要表现为：未经批准或者采取欺骗手段骗取批准，非法使用草原的；非法开垦草原的；在荒漠、半荒漠和严重退化、沙化、盐碱化、石漠化、水土流失的草原，以及生态脆弱区的草原上采挖植物或者从事破坏草原植被的其他活动的；未经批准或者未按照规定的时间、区域和采挖方式在草原上进行采土、采砂、采石等活动的；擅自在草原上开展经营性旅游活动，破坏草原植被的；临时占用草原，占用期届满，未恢复植被的。

二、生态环境和资源保护检察公益诉讼概述

生态环境和资源保护检察公益诉讼包括行政公益诉讼和民事公益诉讼。行政公益诉讼是在生态环境和资源保护领域负有监管职责的行政机关违法行使职权或者不作为，致使国家利益或社会公共利益受到侵害，检察机关立案后，督促其依法履行职责。行政机关不依法履行职责的，人民检察院依法向人民法院提起行政公益诉讼。民事公益诉讼是对破坏生态环境和资源保护，损害社会公共利益的行为，在没有法律规定的机关和组织或者经30日公告，法律规定的机关和有关组织不提起诉讼的，人民检察院可以向

人民法院提起民事公益诉讼。法律规定的机关或组织提起诉讼的，检察机关可以支持起诉。

试点期间，最高检《检察机关提起公益诉讼试点方案》将生态环境和资源保护作为一个领域，修改后《行政诉讼法》《民事诉讼法》吸收试点经验，亦作出了相同规定。实务中，适当区分生态环境和资源保护，有利于厘清办案中的困惑，明晰办案方向、思路和措施。特别是对行政公益诉讼而言，生态环境和资源保护领域负有监督管理职责的行政机关分别设立，监管职责要求不同、职责界限较为明确。要实现监督行政机关依法行政目的，就必须区分生态环境和资源保护领域，厘清负有监督管理职责的相关行政机关，真正地实现行政公益诉讼精准监督。民事公益诉讼中，生态环境和资源保护的调查取证方向、损害后果评估、赔偿请求设定亦有较大区别。民事公益诉讼保护的客体是社会公共利益，破坏资源类民事公益诉讼案件实际上是指侵权人通过破坏资源的方式使得生态遭受破坏，损害社会公共利益的案件。单纯的破坏资源，可由被侵权的资源权益人依法寻求保护，如未损害社会公共利益，不属于民事公益诉讼的案件范围。

第二节　立　案

一、线索收集评估

（一）线索收集

发现公益诉讼案件线索，是办理公益诉讼案件的起始点。自检察机关开展公益诉讼试点工作全面推进以来，收集线索一直是各级检察机关重要的基础性工作。检察机关提起公益诉讼的案件线索限于检察机关在履行职责中发现的情形。"履行职责"包括履行批准或者决定逮捕、审查起诉、控告检察、诉讼监督、公益监督等职责。公益诉讼案件线索的来源包括：自然人、法人和非法人组织向人民检察院控告、举报的；人民检察院在办案中发现的；行政执法信息共享平台上发现的；国家机关、社会团体和人大代表、政协委员等转交的；新闻媒体、社会舆论等反映的；"益心为公"检察云平台移送的；其他在履行职责中发现的。

实践中，对于通过行政执法与刑事司法衔接平台、行政执法与行政检察衔接平台等发现案件线索的，视为"在履行职责中发现"。绝大多数案件线索在履行公益监督职责中主动发现，包括利用"两法衔接"平台筛选有价值的信息，走访群众，辖区新闻热点事件筛查，针对水生态、矿山治理的专项监督工作，与环保、水务、林业等部门协作获得线索，人大代表、政协委员反映，上级交办等。

实践证明，利用"两法衔接"平台，发现环保、林业、水务等各行政执法单位登记的已生效的行政处罚决定信息，通过实地跟踪回访案件办理情况，发现行政机关尚未依法履职到位，仍持续侵害社会公共利益的情况，较为便捷有效。比如，某县检察院在环保局台账中发现，辖区内一大型垃圾填埋场显示设备运行正常，但详细运行栏却空白未填写内容。经进一步调查，该大型垃圾填埋场原属于辖区重点建设项目，未经环评验收，违反"三同时"制度，该县检察院立即启动线索受理工作。

"在履行职责中发现"这个限制性要求，可以有两个方面的内容探讨。一是是否需要证据材料，证明"在履行职责中发现"。各地做法不一，对于有线索移送或举报之类的，通常有相应移送或举报材料。对于走访群众等主动发现的，有的由办案人员出具说明，笼统表述为"在履行职责中发现"或"在履行公益监督职责中发现"等。我们认为，公益诉讼检察充分体现了检察机关的监督职责与公益保护职责，是一项需要积极主动作为的工作，对线索发现不能坐等"在履行职责中"，也不宜作过多地限制。同时，应当有相应材料说明或证明"在履行职责中发现"，以遵从法律规定。这也是强调工作案件化、规范化的必然。二是该限制性的边界如何确定。不能对法律的限制性规定视而不见，应把握好监督而不越位、监督而不代替的关系。如有的检察院，若在没有任何举报线索的情况下，将行政机关一段时期的执法卷宗全部调来，逐一审查以发现案件线索，既缺乏法律依据，也突破了法律的限制性规定。上述做法反映出公益诉讼检察线索群众举报偏少，这里有公益诉讼检察职能较新，群众知晓度不高的原因。当前，必须要加大宣传力度，提高群众对公益诉讼检察职能知晓度，增加举报线索来源，可解决"在履行职责中发现"的困惑。此外，可以加强与环保公益组织的沟通协作，相互通报信息，将获得的信息做好案件线索的转化。

人民检察院对公益诉讼案件线索实行统一登记备案管理制度。重大案件线索应当向上一级人民检察院备案。人民检察院其他部门发现公益诉讼案件线索的，应当将有关材料及时移送负责公益诉讼检察的部门。

人民检察院发现公益诉讼案件线索不属于本院管辖的，应当制作《移送案件线索通知书》，移送有管辖权的同级人民检察院，受移送的人民检察院应当受理。受移送的人民检察院认为不属于本院管辖的，应当报告上级人民检察院，不得自行退回原移送线索的人民检察院或者移送其他人民检察院。

人民检察院发现公益诉讼案件线索属于上级人民检察院管辖的，应当制作《报请移送案件线索意见书》，报请移送上级人民检察院。

（二）线索评估

获取线索后，人民检察院应当对公益诉讼案件线索的真实性、可查性、风险性等进行评估，必要时可以进行初步调查，并形成《初步调查报告》。对线索的评估，一般围绕着以下方面进行：违法行为和公益受损的情形是否真实存在？相关行政机关是否存在违法行为、不履职或怠于履职的情形？侵害的是特定人利益还是不特定大多数人的利益？属于行政公益诉讼案件还是民事公益诉讼案件？调查取证难度如何？是否会引发社会舆情、信访风险和群体性事件等？

如，某土壤环境污染线索，既有土地所有者的村集体利益受损，又有该土地经营农户利益遭受损失，还有土壤环境损害，该线索如何评估？

第一，需要了解是否有行政机关对该公益受侵害有违法行使职权或不作为，以区分是纳入行政公益诉讼范畴，还是作为民事侵权案件。第二，因该侵权行为受到利益侵害的村集体，以及较多的农户，是特定的受侵害对象，其赔偿请求只能通过一般民事诉讼途径解决，不宜由检察机关代其行使权利。第三，对于土壤环境损害，范围较宽、面积较大，或者属于基本农田，损害的则是国家基本优质耕地，触及国家耕地保护红线，显然属于社会公共利益，可以考虑作为公益诉讼案件。第四，在特定权利主体已经主张权利，而私益与公益交叉重叠的情况下，则宜先尊重特定权利主体权利行使，在此过程中同时实现公益修复。

实务中，经常存在一起生态环境和资源破坏事件，既有民事公益侵权，又有行政机关违法行为交叉重叠情形，如何评估处理该线索，选择行政公益还是民事公益？首先应当考虑行政公益诉讼，主要有以下几点考虑：

一是从公益诉讼检察职能立法目的看，主要是通过监督行政机关依法行政、严格执法，实现公益保护。检察机关提起民事公益诉讼具有补充性、兜底性，对于侵害公益的线索，首先应该考虑作为行政公益诉讼案件立案，优先督促行政机关履行职责，只有行政机关履行职责无法有效保护公益的情况下，再考虑民事公益诉讼。

二是环境资源领域专业性强，行政机关具有专业队伍、设备和能力，相比于检察机关，实现该领域公益保护无疑更有优势，而行政公益恰好能实现督促行政机关的目的，发挥其履职优势。

三是从公益保护效率看，相比较民事公益诉讼，行政执法效率更高。仅是一个环境资源损害鉴定评估，耗时耗力，诉讼成本高。鉴定评估费用就算最后通过判决明确由侵权人承担，亦可能难以执行，或影响其投入环境资源修复的能力。当然，如果破坏生态环境、损害资源保护，导致损害国家利益和社会公共利益的行为构成刑事犯罪，一并提起刑事附带民事公益诉讼可以更有效地保护社会公共利益的，也可以通过提起刑事附带民事公益诉讼来解决。

需要注意，检察监督权应当尊重、督促行政权行使，不应代替行政权。如果行政手段已经穷尽，公益仍然受损，或者提起民事公益诉讼更有利于公益的保护或恢复，亦可考虑作为民事公益诉讼案件办理。司法实践中，为保护国家利益和公共利益，也可以充分发挥公益诉讼职能作用，对行政机关违法履职、不履职或怠于履职导致生态环境和资源保护受到破坏的，依法立为行政公益诉讼案件办理；也可以同时对违法行为人破坏生态环境和资源保护的行为提起民事公益诉讼，实现多元监督、多重保护。

二、立案条件

人民检察院经过评估，认为国家利益或者社会公共利益受到侵害，可能存在违法行为的，应当立案调查。应当制作《立案审批表》，经过初步调查的附《初步调查报告》，报请检察长决定后制作《立案决定书》。

对于行政公益诉讼案件，立案的标准不同于发出检察建议和提起诉讼的标准，只需要证明公益可能受到违法侵害的初步证据。初步材料能够证明同时存在国家利益或者社会公共利益受到侵害、生态环境和资源保护领域对保护国家利益或者社会公共利益负有监督管理职责的行政机关可能违法行使职权或者不作为的情形，即应当立案。对于民事公益诉讼案件，对线索进行评估后，认为同时存在社会公共利益受到损害、可能存在破坏生态环境和资源保护等损害社会公共利益的违法行为的情形，即应当立案。立案条件的把握需要重点考虑以下几点：

一是综合考虑立案条件，不能要求太高，但也不能太过随意。立案是案件调查的开始，从证据合法性考虑，应当是立案以后才开始调查取证。从认识论的角度看，对事物的认识有一个过程，只有随着调查取证的深入，才能逐步还原事实本来面目。立案条件如果设置太高，会妨碍调查取证工作的及时开展，不利于公益及时保护。但是，实践中，如果仅有几张现场照片、看到一堆垃圾就立案，案件立得太过随意。是民事公益还是行政公益？哪个行政机关对此负有法定职责？履职情况如何？这些均没有任何材料证明，显然不符合立案条件。

二是以事立案，还是对违法行为人或行政机关立案问题。在民事公益诉讼中，以事立案较为容易理解接受。在行政公益诉讼中，一般应当对行政机关违法行为（包括作为或不作为），导致公益受侵害立案，即应当对行政机关立案。这是因为，我们拿到线索经过评估后认为该线索符合立案条件，本身就包含了初步证明行政机关违法行为的内容，也当然包含具体哪一个行政机关。对行政机关立案，进一步要求办案单位查清该行政机关在辖区内是否存在类似违法行为、导致公益受侵害的情形，从而进行类案监督，提高监督效果，防止"类案群发"检察建议。但对于生态环境和资源保护受到严重侵害，人民检察院经初步调查仍难以确定不依法履行监督管理职责的行政机关或者违法行为人的，也可以立案调查。

对于民事公益诉讼，需要重点考虑是否有追究违法行为人赔偿必要及可能。如某起非法狩猎刑事附带民事公益诉讼案，非法捕获的野生动物已经被收缴后放生，则违法侵害已经被制止，是否还有公共利益因该非法狩猎行为受到侵害，需要予以赔偿？有没有可能查清赔偿的数额？此情形下，我们认为，一般不应再立民事公益诉讼案件。主要考虑是，违法人已经因为其行为被追究刑事责任，被并处罚金。虽然民事责任与刑事责任应区别对待，但在此情况下，该两项责任的追究，都是由检察机关代表公权力提起，在必要性上值得斟酌。再者，从资源保护的角度看，被捕获的野生动物已经放生，被破坏的生态资源已经得到恢复。从生态环境的角度看，野生动物被捕获过程中，可能带来一定的生态环境功能破坏，但该破坏损失程度如何，极难确定，确定的成本亦很高，办案效果可能并不太好。

三、磋商

人民检察院决定立案的，应当在 7 日内将《立案决定书》送达行政机关，并可以就其是否存在违法行使职权或者不作为、国家利益或者社会公共利益受到侵害的后果、整改方案等事项进行磋商。磋商可以采取召开磋商座谈会、向行政机关发送事实确认书等方式进行，并形成会议记录或者纪要等书面材料。磋商针对的是案情简单，行政机关对公共利益受到侵害、其违法行使职权或不作为没有异议、有立即整改意愿且通过立即整改公共利益可以得到及时有效保护的案件，目的是为了案件繁简分流，提高效率。磋商不是行政公益诉讼案件办理必经阶段，是"可以"而不是"应当"或者"必须"。经过磋商，行政机关依法履职，实现公益保护目的后应当作出终结案件决定。在磋商程序中已经形成整改方案，但未开始整改，或已经开始整改，但尚未整改完毕，公共利益仍处于受侵害状态或者存在受侵害危险的，应当提出检察建议。

第三节 调查核实

一、调查核实权的来源和保障

《人民检察院组织法》第 21 条规定"人民检察院行使本法第二十条规定的法律监督职权，可以进行调查核实……"《检察公益诉讼解释》第 6 条规定："人民检察院办理公益诉讼案件，可以向有关行政机关以及其他组织、公民调查收集证据材料；有关行政机关以及其他组织、公民应当配合；需要采取证据保全措施的，依照民事诉讼法、行政诉讼法相关规定办理。"《公益诉讼办案规则》对检察机关办理公益诉讼案件的调查原则、调查方式以及保障措施等作了原则规定。调查也是公益诉讼检察职能的主动性的重要体现。"合法、客观、全面"是调查取证的基本要求。实务中比较大的问题是调查权的保障，被调查对象拒不配合没有相应的法律后果，缺乏强制力。虽然专家学者提出了不少完善检察机关调查核实权的意见建议，但现阶段法律制度尚未完善，需要在实务中想办法解决调查核实权的保障问题。一是做好调查取证难度的预判，邀请司法警察协助参与，出现有关情形的，依据《人民警察法》履行职务，保障人身安全和调查取证进行。二是对于勘查、拍照等，邀请技术部门同志参与，利用无人机等科技手段，提高取证的质量和效果。三是对拖延、敷衍等软对抗的，耐心地做好解释工作，讲清楚维护国家利益和社会公共利益的共同责任，与行政机关、相关组织及公民的目标一致，争取理解支持配合。

二、调查计划

"凡事预则立，不预则废。"人民检察院在调查前应当制定调查计划，科学周密的调查计划有助于提高调查的针对性和效率，避免调查的盲目性，保证调查工作有目的、有秩序、有条理地进行，提高调查工作成功率。调查计划应当包括：调查目的、方向、范围、内容，拟收集的证据清单；调查人员配备、分工及组织领导；调查思路、步骤、方法和措施；可能出现的风险评估及应对等。调查前准备审批手续、调取证据通知书、调查函、介绍信、工作证等。司法实践中，对生态环境和资源保护负有监督管理职责的行政机关较多，"九龙治水"导致存在行政职责交叉不清、行政职能边界模糊，"各自为政""各执一词"导致的监管不力现象客观存在，为厘清行政监管职责，实现精准监督，更应该事前查阅相关法律法规、行业规范以及地方"三定"方案等。

三、调查方式

人民检察院办理公益诉讼案件，可以采取以下方式开展调查和收集证据：查阅、摘抄、复制有关行政执法卷宗材料；询问行政机关工作人员、违法行为人以及行政相对人、利害关系人、证人等；向有关单位和个人收集书证、物证、视听资料、电子数据等证据；咨询专业人员、相关部门或者行业协会等对专门问题的意见；委托鉴定、评估、审计、检验、检测、翻译；勘验物证、现场；其他必要的调查方式。人民检察院开展调查和收集证据不得采取限制人身自由或者查封、扣押、冻结财产等强制性措施。无论哪一种调查方式，目标任务都是保证获取证据材料的"客观真实性、来源合法性、与案件关联性"。如，有的案件现场拍照没有标明拍照人、时间、地点等，调取的书证没有提供者签章、没有出处，鉴定意见书没有鉴定机构、鉴定人资质证书等，证据材料"三性"不完整，影响案件质量。生态环境和资源保护领域侵权行为所造成的损害后果往往影响范围广、治理难度大、涉及专业性强，故在调查中应遵守最高人民检察院与生态环境部等九部委联合印发的《关于在检察公益诉讼中加强协作配合依法打好污染防治攻坚战的意见》。该意见在线索移送、调查取证、司法鉴定等方面作出了明确规定，核心要旨就是要加强与行政机关的协作配合。同时，按照最高检相关规定，积极借助"外脑"力量办案，解决专业性问题。

人民检察院可以依照规定组织听证，听取听证员、行政机关、违法行为人、行政相对人、受害人代表等相关各方意见，了解有关情况。听证形成的书面材料是人民检察院依法办理公益诉讼案件的重要参考。

四、调查重点内容

（一）生态环境和资源保护行政公益诉讼的调查重点

假设我们在得到一件水资源污染案件线索时，我们要如何进行调查取证？如在 A 区的某条河因为城市生活污水未集中收集，随意排放导致河流被污染，需要调取哪些证据？

1. 收集国家利益或者社会公共利益受到侵害的事实证据，证实环境遭受污染的事实和程度。如，河流沿岸拍摄污水直排的照片、委托环境监测站或鉴定机构出具鉴定意见，证实污水未达标排放。询问河流附近村民，了解河流环境污染情况和对其生活的影响、看法，以及水务等主管部门履职情况。收集辖区管网建设、污水收集资料，污水处理厂运行状况和履职是否存在困难等。

2. 收集行政机关法定监管职责的相关证据。法律法规规章是检察机关认定行政机关监督管理职责的依据。《行政诉讼法》第 63 条第 1 款规定："人民法院审理行政案件，以法律和行政法规、地方性法规为依据。地方性法规适用于本行政区域内发生的行政案件。"法规既包括国务院制定的行政法规，也包括地方权力机关制定的地方性法规，规章包括国务院和地方各级政府制定的规章。另外，机构编制部门制定的"三定"方案、权力清单、责任清单等可作为认定行政机关职责的参考。故在收集行政机关法定监管职责相关证据时，除了要找出法律、法规、规章确定的法定职责外，还应当参考地方政府制定发布的权力清单和该行政机关的职权、机构设置等文件。本案中，先找到《水污染防治法》第9条第3款的规定，即"县级以上人民政府水行政、国土资源、卫生、建设、农业、渔业等部门以及重要江河、湖泊的流域水资源保护机构，在各自的职责范围内，对有关水污染防治实施监督管理"。《城镇排水与污水处理条例》第5条第2款规定："县级以上地方人民政府城镇排水与污水处理主管部门（以下称城镇排水主管部门）负责本行政区域内城镇排水与污水处理的监督管理工作。"可以确定水行政部门和城镇排水与污水处理主管部门是具有监管职责的。到A区机构编制委员会调取到《A区水务局主要职责、内设机构和人员编制规定》（即"三定"方案），明确将A区的城镇排水与污水处理的行政管理职责划入区水务局，则可固定区水务局对此负有法定监管职责。实践中，也有地方机构改革中，将排水与污水处理职能划归住建部门。此外，根据《环境保护法》有关规定，生态环境部门对该污水直排的行为可以进行处罚，责令整改。在此情形下，是对水务部门还是对生态环境部门立案调查呢？一般应对水务局立案调查。但如果生态环境部门没有依法履职，是导致水污染后果发生的间接原因，且对污染水环境的违法行为有监督执法权，也应该对生态环境部门依法立案，监督水务部门和生态环境部门共同履职，责令违法主体依法整改，切实恢复受损水生态环境。

3. 收集行政机关不作为或违法履职的证据材料。《公益诉讼办案规则》第82条列举了以下几种行政机关未依法履职的情形：逾期不回复检察建议，也没有采取有效整改措施的；已经制定整改措施，但没有实质性执行的；虽按期回复，但未采取整改措施或者仅采取部分整改措施的；违法行为人已经被追究刑事责任或者案件已经移送刑事司法机关处理，但行政机关仍应当继续依法履行职责的；因客观障碍导致整改方案难以按期执行，但客观障碍消除后未及时恢复整改的；整改措施违反法律法规规定的以及其他没有依法履行职责的情形。收集行政机关不作为或违法履职的证据，应围绕着规则明确的以上情形来开展，在查清公益受损的事实后，查明负有监督管理职责的行政机关，再结合向证人、相对人（违法人）了解行政机关是否有调查、制止、处置等履职行为来证实。违法履职则包括行政机关违法行使职权的具体环节、方式、原因、手段、后果、持续时间和履职可能性；行政许可和审批是否合法、合规；行政处罚或行政强制措施在事实认定、法律适用和处理结果上是否依法、依规。实务中还有一种乱作为与不作为的中间地带，即部分履职或不到位履职。如有行政机关在查处非法占用农用地案件中，发现构成了刑事案件，即移送公安机关，但根据其部门有关规章，还可以或应当进行其他行政处理，如责令补植等，但行政机关认为案件已经整体移送，其已履职到位。所以，应当紧扣公共利益这个核心，即该案作为刑事案件移送后，是否足以实现公共利益被侵害的制止及恢复，如果不能，需要行政机关依法通过行政处理实现，则仍可以认定行政机关履职不到位，进一步开展调查。

4. 收集证明行政机关违法行使职权或者不作为与损害后果之间的因果关系证据材料。如前述案件中，A 区水务局长期怠于履行监管职责，以人手、资金不足为由未开展工作，致使城镇污水收集管网长期未建成，未能完全有效收集 A 区生活污水，最终导致河流受到污染，本案的因果关系十分明确。因果关系在现实中具有复杂性，常常表现为多因一果。在公益诉讼案件中需要把握的是，侵害公共利益后果的出现，一般并非直接由行政机关不作为或乱作为导致，而是由相对人的违法行为导致。如林业部门颁发采伐许可证后疏于监管，导致超面积或超间伐要求伐木，出现了滥伐后果。行政机关具有疏于监管的责任，滥伐后果的出现直接原因是违法人的行为。行政公益诉讼是督促之诉，对因果关系的要求不应如刑法那么严格，故上述情形，我们可认为行政机关未严格依法履职与滥伐后果出现具有行政公益诉讼意义上的因果关系。

（二）生态环境和资源保护民事公益诉讼的调查重点

1. 关于侵权主体的调查。侵权主体为个人的，可从公安机关调取其个人的户籍信息，了解其身份信息情况；侵权主体为企业的，可从工商部门调取其工商登记注册信息、组织机构代码信息、法定代表人信息等内容；侵权主体的企业行业性质，是否属于国家和地区重点污染监测名单中所列明的企业，是属于国企、营利性企业还是福利性质的企业，是否属于该省（自治区、直辖市）或者市（县）招商引资而入驻的企业等；侵权主体是否有营业执照、营业执照列明的经营范围与该企业的实际经营范围是否一致；

侵权主体是否有排污许可证、危险废物经营许可证以及其他限制性行业经营许可证及相关审批资料；侵权主体的注册资金、缴纳税收情况、盈利情况、经营规模等；侵权主体的重点经营业务、所采用的技术标准、工艺流程及其先进性；侵权主体投资用于处理工业生产排放的污水或者固体废物等的资金规模和情况；侵权主体是否配套建设相关的污染处理设施及设施的运行情况；侵权主体相关运行项目的环境影响评价报告、审批材料及相关环保设施的竣工验收材料，常见于环保行政主管部门；侵权主体是否曾经因环境污染行为被行政处罚或者刑事处罚过的材料，常见于环保行政主管部门和人民法院。

2. 关于侵权行为的确定。调查收集侵权行为人实施侵权行为的具体日期、手段、方式、持续性等方面的证据。主要调查方式是从环保部门、国土部门、林业部门等行政执法单位及公安部门调取行政执法和刑事司法的案件卷宗材料，结合询问侵权行为人及相关证人，从而确定侵权行为的事实。

（1）行政机关或司法机关对侵权行为人及其他证人所作笔录，行政机关或司法机关现场勘测材料，包括勘测笔录、勘测报告等；行政机关对侵权行为人作出的《行政处罚决定书》《责令改正违法行为决定书》等行政文书；证明污染物种类和浓度的环保监测报告；污染防控企业在线监测数据；项目立项、规划、环评、建设等审批材料，环境影响评价报告及批复文件，环保设施竣工及验收相关材料，建设项目合同等；现场拍摄污染物直排或者超标排放形成的视听资料；破坏生态环境，造成大气、水、土壤污染，或者造成资源损失的相关鉴定报告；土地利用总体规划图和土地利用现状图等；排污许可证、排污费缴费单、发票等相关材料；涉刑事案件材料，主要包括案件移送手续、公安机关立案决定书、法院判决等。

（2）调取上述材料后，检察机关应当重点核实下列信息：污染源的数量、位置和周边情况等信息；污染排放时间、排放方式、排放去向和排放频率等信息；污染源排放的特征、污染物种类、排放量和排放浓度等信息；污染源排放的污染物进入外环境生成的次生污染物种类、数量和浓度等信息；林地、耕地、草地、湿地等生态系统自然状态以及野生动植物受到破坏或伤害的时间、方式和过程等信息；资源遭受破坏的范围、程度、持续状态等信息。

3. 关于过错的确定。调查侵权主体对于其破坏生态或者污染环境的行为主观上是否存在过错，即是否存在故意或者过失。因侵权主体是否存在主观过错及其过错程度的大小属于主观方面的内容，实践中只能通过其侵权行为的具体表现形式等客观方面予以确定。主要调查以下方面的内容：侵权主体实施破坏生态或者污染环境的违法行为的隐蔽性，如是否采用私设暗管、偷埋排污管道等故意逃避监管的手段和方式；侵权主体实施侵权行为的持续时间和次数多少，例如是否连续3年以上实施排污行为，每次排污行为的持续时间长短；从环保部门和公安机关查询违法主体是否曾经因环境污染行为被行政处罚或者刑事处罚过，从而确定违法主体的主观过错和恶劣程度；从税务部门调取违法主体的应缴税款登记簿和资产负债表等相关材料，查明违法行为人的盈利能力和经营规模大小；对比侵权主体的防治污染设备成本或者污染物处理成本，确定被告是否主观上存在为利益最大化而故意破坏生态环境。

4. 关于因果关系的确定。因果关系的确定一般可以通过委托鉴定的方式确定。在调查掌握污染源排放状况、区域环境质量状况等基础资料的基础上，确定污染源及被污染的土壤、地下水或者人体等所含的特征分析物基本一致。主要调查以下内容：侵权行为人从事的行业例如废油桶清洗、造纸工业可能产生的特征污染物；污染源中存在的污染物的种类、成分、浓度、排放量等；空气、地表水、地下水、土壤等环境介质中存在的污染物的种类、成分、浓度等；当地气候气象、地形地貌、水文条件等自然环境条件存在污染物从污染源迁移至污染区域的可能性。

5. 关于损害后果及数额的调查。对于资源保护案件，除调查资源受破坏的情形外，还需调查生态遭受破坏的程度或者其他社会公共利益遭受损害的程度。造成破坏生态结果的案件通常采取鉴定、评估的方式确定生态遭受破坏的程度。对于耕地（特别是基本农田）、生态公益林、自然保护区、饮用水水源保护地、地质公园、湿地公园、水土流失重点防治区、国家级古树名木等资源，由于其本身就和社会公共利益密切相关，可视具体情况确定是否委托鉴定、评估。对于污染环境案件，损害后果已经出现的，可以通过现场拍摄的照片和录像资料，行政机关的环保监测数据和关于污染物种类和浓度的检测报告，鉴定机构的鉴定技术报告等证据材料，综合认定公共利益遭受损害仍然处于持续状态。损害后果尚未出现的，应定期前往违法现场拍照摄像，记录违法现场遭受破坏的持续性和变化情况；还应就存在某种违法行为时是否可能会有重大损害危险等专业性问题咨询专家意见。对于资源保护案件的损害后果调查，必须调查收集生态遭受破坏或者其他社会公共利益遭受损害的证据。确认生态环境损害赔偿的具体数额主要依据鉴定意见或者专家意见。调查时主要查明以下内容：水质或者空气、土壤质量标准等级；污染物的种类、成分、浓度、排放量等；污染排放的方式、时间、排放去向和频率等；污染物在大气、地表水、地下水等介质中迁移、扩散、转化以及长距离运输的过程；通过询问专业人员或者同地区同行业的企业，确定污染物的处理成本；污染区域土地利用类型以及可能影响污染物迁移扩散的构筑物、沟渠、河道、地下管网和渗坑等要素；区域水文地质、地形地貌等自然状况；污染区域环境敏感点，例如是否属于饮用水水源地，是否属于自然保护区、风景名胜区、世界文化和自然遗产地等周边区域环境敏感点，是否承担水源涵养等功能；侵权行为人的生产规模和盈利情况；污染处理的情况，包括污染清理的组织、工作过程、清理效果、二次污染物的产生情况以及环境自行净化情况；生态系统内植物群落建群种、分布面积、密度、生物量、是否有保护物种分布和保护物种的级别、植物群落的受损程度，以及主要动物物种密度、出生率、死亡率、繁殖率、生境、是否有保护物种分布和保护物种的级别、动物的受损程度等情况；对水污染、大气污染、油品泄漏等严重污染行为进行应急化处理例如紧急疏散、抢险救援、围堵时所支出的合理费用；委托专家对污染量、生态环境修复费用等专业问题进行鉴定或者出具专家意见而支出的检验、鉴定或咨询费用。

6. 关于环境损害类型及其具体数额的确定。生态环境损害类型主要包括以下四个方面：应急性处置费用，生态环境修复费用，生态环境受到损害至修复完成期间服务功能丧失造成的损失、生态环境功能永久性损害造成的损失，检验、鉴定及其他合理费用。

（1）应急性处置费用。应急性处置费用是指突发环境事件应急处置期间，为减轻或消除对公众健康、公私财产和生态环境造成的危害，各级政府与相关单位针对可能或已经发生的突发环境事件而采取的行动和措施所发生的费用。与其他三项费用适用于大多数生态环境和资源保护类民事公益诉讼不同，应急性处置费用只适用于突发环境事件应急处置期间。在确定应急性处置费用的具体数额时，包括损害确认和损害量化两个步骤。损害确认时应当对污染清理、污染控制、应急监测、人员转移安置等费用的合理性进行判断，确定其是否真正属于应急性处置期间，为减少进一步的损害或者必须采取紧急性措施所支出的合理性费用。损害量化时，应注重审查调查阶段所调取的对水污染、大气污染、油品泄漏等严重污染行为进行应急化处理例如紧急疏散、抢险救援、油污围堵时所支出费用的单据或者发票，并在此基础上予以计算得出。

（2）生态环境修复费用。生态环境修复费用是指生态环境损害发生后，为使生态环境的物理、化学或生物特性及其提供的生态系统服务恢复到基线状态而发生的费用，包括制定、实施修复方案的费用和监测、监管等费用。生态环境修复费用难以确定或者确定具体数额所需鉴定费用明显过高的，可以结合污染环境、破坏生态的范围和程度、生态环境的稀缺性、生态环境恢复的难易程度、防治污染设备的运行成本、被告因侵害行为所获得的利益以及过错程度等因素，并可以参考负有环境保护监督管理职责的部门的意见、专家意见等，予以合理确定。生态环境修复费用一般需要通过鉴定程序或者专家意见等方式来确定。实践中，通过采用环保部《环境损害鉴定评估推荐方法（第Ⅱ版)》中的虚拟治理成本法来确定生态环境修复费用。虚拟治理成本法的适用条件为：环境污染所致生态环境损害无法通过恢复工程完全恢复、恢复成本远远大于其收益或缺乏生态环境损害恢复评价指标的情形。虚拟治理成本法的具体计算方法见《突发环境事件应急处置阶段环境损害评估技术规范》。

（3）服务功能损失。服务功能损失是指生态环境损害发生至生态环境恢复到基线状态期间，生态环境因其物理、化学或生物特性改变而导致向公众或其他生态系统提供服务的丧失或减少，即受损生态环境从损害发生到其恢复至基线状态期间提供生态系统服务的损失量。生态环境修复费用考虑的是生态环境交换价值的恢复，而服务功能损失费用考虑的是生态环境使用价值的追回。实践中，由于受污染环境的复杂性、功能的多样性，服务功能损失往往难以准确计算。但鉴于此项损失客观存在，因此在确定侵权主体所应承担的赔偿费用时，综合考虑生态环境的服务功能例如是否承担着防风固沙、水源涵养等重要生态功能。

（4）检验、鉴定及其他合理费用。该部分费用主要包括：委托专业机构或者专家人员对污染物的种类或属性、某种污染物是否属于国家危险废物名录或者是否属于有毒有害物品进行检验的费用；对生态环境基线的确定、生态环境损害的确认、污染环境或破坏生态行为与生态环境损害间的因果关系判定、生态环境损害修复或恢复目标的确定、生态环境损害评估方法的选择、环境修复或生态恢复方案的筛选、环境修复或生态恢复费用的鉴定或评估费用；委托专业辅助人对专业性问题进行解答的咨询费用，合理的律师费以及为诉讼支出的其他合理费用。在确定上述费用时，主要依据鉴定机构开具的发票、收据、单据以及银行转账记录等。

7. 关于环境资源损害后果的鉴定评估。相比于其他领域的案件，环境资源损害后果的鉴定评估是重点，也是难点。主要在于鉴定评估费用高、周期长，有的损害后果难以找到对应的鉴定评估机构，或没有相应的国家标准。最高法《关于审理环境民事公益诉讼案件适用法律若干问题的解释》（以下简称《环境民事公益诉讼解释》）第 23 条规定："生态环境修复费用难以确定或者确定具体数额所需鉴定费用明显过高的，人民法院可以结合污染环境、破坏生态的范围和程度，生态环境的稀缺性，生态环境恢复的难易程度、防治污染设备的运行成本，被告因侵害行为所获得的利益以及过错程度等因素，并可以参考负有环境资源保护监督管理职责的部门的意见、专家意见等，予以合理确定。"引入专家意见，可以大大降低费用，缩短周期，实务中的效果比较好。如在随意堆放垃圾造成环境污染的案件中，通过专家意见，证实垃圾堆放不符合有关规定、对周边环境造成了影响，并提出整改意见。民事公益诉讼提出确定的赔偿数额或修复费用，必须要有明确的依据。如某滥伐林木刑事附带民事公益诉讼案，检察院诉讼请求直接引用《森林法》第 76 条的规定，判令行为人承担 5 倍的补植民事责任，该法律适用的准确性存疑。可采取与林业部门沟通，由林业部门依据上述规定，出具生态修复方案，检察机关可依据该修复方案提出诉讼请求，则证据的表现形式及法律适用均较为妥当。

8. 其他调查核实内容。

（1）借助专家辅助人，调查询问参与撰写、编制、审核、评估环境影响评价报告的专业技术人员，全面分析解读侵权行为人的环境影响评价报告。该类报告中具有重要调查价值的部分，包括企业某项投产项目的规划年产量、污染物形成过程、污染物防治设备运行流程图、环境主管部门对该生产项目环境影响报告的批复、污染物总量控制等。通过调查该报告，可以充分掌握侵权行为人、企业预期产量及相对应的待处理污染物总量及主要污染物防治处理工艺流程等情况。在此基础上，可以进一步掌握其偷排污染物实际数量的证据。

（2）调查重点防控污染企业的在线监测数据情况。目前根据国务院和有关中央部委的要求，已经在基层环保行政主管部门广泛建立起在线监测系统，通过调取该系统数据信息，可以充分掌握侵权行为人是否超出排污许可证许可的排放指标，是否逃避在线监测，是否未严格按照环境影响评价报告规划建设污染防治设备等情况，结合企业实际产量还可以确定侵权行为人在有关机关查证属实的偷排数量之外的偷排污染物的数量。

（3）借助国家行政主管部门主导建立的环境监测网平台，对侵权行为人造成的周边环境损害情况进行深入调查。比如，正在完善的国家土地环境监测网等。

（4）调查能够证明受侵害客体水文环境、地质条件、文化休闲功能等服务功能的证据材料，以确定侵权行为所导致的服务功能损失。

（5）调查能够证明在工厂污染物治理环节处理污染物的实际成本的证据。该部分调查，主要通过涉案企业污染物处理设施实际负责人、财务人员以调查笔录的形式取得。同时，应当注意通过同地区、同类型其他生产企业的污染物处理设施实际负责人、财务人员以调查笔录的形式取得。

（三）民事公益诉讼与行政公益诉讼在调查核实上的主要差异

1. 前者主要证明行为人的违法行为与损害后果有因果关系，后者则证明行政机关的违法行为与损害后果有因果关系。而在因果关系的紧密程度或直接性上，前者要求更高，应当具有紧密的直接性。

2. 前者需要证明损害后果的具体程度，为恢复原状、赔偿损失等诉讼请求提供具体事实依据。后者只需要证明有损害后果的事实，行政机关应当对此履职负责即可。如某矿山闭矿时未进行闭矿复绿问题，如提起民事公益诉讼提出恢复原状、赔偿损失诉讼请求，则需要证明原状为何、恢复费用如何、有哪些损失、分别为多少等。一般要求严格按照鉴定评估程序进行，应注意审查鉴定评估依据、过程、意见等，阐述是否清晰，理由是否充分等。如提起行政公益诉讼，可适当简化，如通过专家意见、现场照片、勘验检查笔录、证人证言等足以证实行政机关未履行监管职责、该矿山未进行闭矿修复、生态环境受破坏即可，不必证实破坏程度。

第四节 诉前程序

一、诉前检察建议

经调查，人民检察院认为行政机关不依法履行职责，致使国家利益或者社会公共利益受到侵害的，应当报检察长决定向行政机关提出检察建议，并在 3 日内将《检察建议书》送达行政机关，并于《检察建议书》送达之日起 5 日内向上一级人民检察院备案。民事公益诉讼案件则应当统一在正义网发出公告，告知适格主体可以提起诉讼。

（一）办案期限

人民检察院办理行政公益诉讼案件，审查起诉期限为 1 个月，自检察建议整改期满之日起计算。人民检察院办理民事公益诉讼案件，审查起诉期限为 3 个月，自公告期满之日起计算。

移送其他人民检察院起诉的，受移送的人民检察院审查起诉期限自收到案件之日起计算。

重大、疑难、复杂案件需要延长审查起诉期限的，行政公益诉讼案件经检察长批准后可以延长 1 个月，还需要延长的，报上一级人民检察院批准，上一级人民检察院认为已经符合起诉条件的，可以依照《公益诉讼办案规则》第 17 条规定，指定本辖区内其他人民检察院提起诉讼。民事公益诉讼案件经检察长批准后可以延长 1 个月，还需要延长的，报上一级人民检察院批准。

人民检察院办理公益诉讼案件，委托鉴定、评估、审计、检验、检测、翻译期间不计入审查起诉期限。

（二）关于案数

对于同一损害后果，数个负有不同行政监督管理职责的行政机关均可能存在不依法履行职责情形，可以对数个行政机关分别立案，并分别发出检察建议；对于同一行政机关对多个同类违法行为存在违法行使职权或不作为情形，在立案之前发现的，应当作为一个案件立案，并发出一份检察建议；对于同一行政机关对多个同类违法行为存在违法行使职权或不作为情形，部分案件线索在立案之后、发出检察建议之前发现的，除紧急情况外，应当与已立案件合并处理，并发出一份检察建议；对于同一行政机关对多个同类违法行为存在违法行使职权或不作为情形，部分案件线索发出检察建议之后、提起行政公益诉讼之前发现的，应当另行立案、发出检察建议；对于同一行政机关对多个同类违法行为存在违法行使职权或不作为情形，检察机关向人民法院提起一个诉讼，人民法院要求分案起诉的，检察机关应当先与人民法院进行协商，协商不成的，可以分别起诉。

实务中类案拆分的现象不少，一方面是受业务考核关于案件数量导向的影响，另一方面有的法院对行政公益诉讼案件要求增加行政相对人为第三人，不同的相对人则分为不同的案件，影响诉前检察建议的合并发出。类案监督是必须坚持的原则，在发出检察建议前发现该行政机关的同类违法行为，应当与已立案件一并处理，发出一份检察建议，列明已经调查核实的全部违法行为。提起诉讼案件坚持检察公益诉讼的客观性，分清各自不同的法律关系，与人民法院沟通协调，不应将行政相对人列为案件第三人，也不应因行政相对人不同而将案件分开审理，避免将案件审理复杂化。

（三）《检察建议书》的内容

《检察建议书》一般包括以下内容：行政机关的名称；案件来源；国家利益或者社会公共利益受到侵害的事实；认定行政机关不依法履行职责的事实和理由；提出检察建议的法律依据；建议的具体内容；行政机关整改期限；其他需要说明的事项。

需要注意的是，检察建议的具体内容部分应当写明检察机关对行政机关提出的具体建议。该部分的撰写需要注意完整性、针对性、匹配性等几方面要求。完整性是指检察机关在给行政机关发出检察建议的时候，应当对行政机关未依法履职的行为和公益受到侵害的状况进行完整的调查；针对性是指建议内容应当与行政机关未依法履职的行为相对应，既应当明确行政机关未依法履行职责的事实，提出针对性的建议，也需要注意尊重行政权的行使，不能越权；匹配性是指《检察建议书》中列明的每一项建议要与以后可能提出的行政公益诉讼请求相匹配，这也是检察建议作为公益诉讼必经程序的体现，也就是说检察建议的内容必须涵盖了诉讼请求的每一项，《检察建议书》中未提出建议内容，就不宜在之后的诉讼请求中提出来。若起诉时的诉讼请求和检察建议内容不一致，会被视为没有履行诉前程序，起诉可能面临被驳回的风险，这也是检察建议作为向人民法院提起诉讼的前置程序价值。针对性与概括性相结合，是指检察建议的内容既要有针对性、可操作性，不能泛泛而谈，但也不能过于明确具体，影响法院判决内容或判决后不便执行。如不能泛泛地写成请某某局依法全面履行监管职责，这样缺乏可操作性。因此，检察建议的内容需要不断打磨，既要精准、专业，也要讲究文字的艺术表达。如，法律赋予行政机关可选择罚款、责令停产等措施，如何选择执法，需要行政机关根据具体案件事实，在行政自由裁量权范围内作出决定。检察建议内容不宜过度干预行政自由裁量权，更不能对罚款数额提出具体要求。如某县检察院对县内某乡镇一垃圾堆放点侵害环境问题，诉前检察建议内容只是笼统要求镇政府对辖区内环境卫生履行监管职责，并未指明哪一个垃圾堆放点存在侵害生态环境问题。后来，该垃圾堆放点问题一直未整改，在讨论是否提起诉讼时，有的同志提出，因建议内容并未进行指明，镇政府对该垃圾堆放点怠于履职问题，是否经过诉前建议程序存在疑虑。

（四）检察建议的对象

对象问题其实应当在立案环节解决，特别是考虑对行政机关立案的要求，但《人民检察院检察建议工作规定》对发出检察建议的对象有规定，故在此有必要提及。《人民检察院检察建议工作规定》第3条第1、2款规定："人民检察院可以直接向本院所办理案件的涉案单位、本级有关主管机关以及其他有关单位提出检察建议。需要向涉案单位以外的上级有关主管机关提出检察建议的，应当层报被建议单位的同级人民检察院决定并提出检察建议，或者由办理案件的人民检察院制作检察建议书后，报被建议单位的同级人民检察院审核并转送被建议单位。"在办理公益诉讼案件之前，检察建议一直坚持同级发出原则。但在行政公益诉讼中，基层人民检察院是否可以直接向市（州）行政机关发出诉前检察建议？近年来，针对生态环境部门上收执法权到市州一级的情况，各地检察机关做法差异较大。有的由县（区）检察院直接向县（区）生态环境分局发出诉前检察建议；有的由县（区）检察院直接向市（州）生态环境局发出诉前检察建议；有的则先由县（区）检察院将线索报请市（州）检察院指定后，由县（区）检察院进行案件办理，向市（州）生态环境局发出诉前检察建议，但实际送达给县（区）分局，整改工作亦由县（区）分局；还有的由市（州）检察院向同级生态环境部门发出诉前检察建议。

上述做法都有一定理由，虽没有明显违反法律的规定，但带来了办案中的混乱。首先，基层检察院是办案主体，也是公共利益受损所在地的检察院，线索主要由其发现，案件也应主要由其办理，市（州）检察院主要是统筹指导，办理疑难复杂案件。如以同级监督原则，对上述案件一律由市（州）检察院办理、发出检察建议的做法值得商榷。其次，依据行政诉讼法相关规定，基层人民法院有权审理针对市（州）行政机关提起诉讼的案件。依据《人民检察院检察建议工作规定》第 3 条第 1 款之规定及《检察公益诉讼解释》第 5 条第 2 款规定：“基层人民检察院提起的第一审行政公益诉讼案件，由被诉行政机关所在地基层人民法院管辖。”基层检察院办理市（州）行政机关违法行使职权、侵害公益的案件，并不违反法律禁止性规定。再次，诉前与诉讼是可以分离的，即 A 县检察院发出的诉前检察建议，如需要提起诉讼，可依据行政诉讼法的管辖规定，由上级检察院指定对应的检察院提起诉讼。市（州）检察院发出的诉前检察建议，亦可按级别管辖，指定下级检察院提起诉讼。最后，行政公益诉讼 99% 的案件都是通过诉前检察建议督促行政机关履职，及时解决了公益受损问题。应紧扣行政机关具体职责，应履职而未履职或乱履职、侵害公益这个重点。如基层生态分局依法能通过履职就解决公益受损问题，则可直接对其发出诉前检察建议，如该事项超出其职责范围，则应当向具有该职责的上级机关发出。基层检察院向上级行政机关发出检察建议，可报市级检察院备案审查同意，并在检察建议中列明经某市检察院批准，诉前协调沟通可在市级检察院指导下进行，既兼顾属地管辖，亦坚持同级监督。对于确有必要的重大案件，可由市州检察院立案调查，发出诉前检察建议，以发挥不同层级检察院职能作用。

（五）回复及跟进调查

人民检察院决定提出检察建议的，应当在 3 日内将《检察建议书》送达行政机关。行政机关拒绝签收的，应当在送达回证上记录，把《检察建议书》留在其住所地，并可以采用拍照、录像等方式记录送达过程。人民检察院可以采取宣告方式向行政机关送达《检察建议书》，必要时，可以邀请人大代表、政协委员、人民监督员等参加。

根据《检察公益诉讼解释》第 21 条第 2 款规定，行政机关应当在收到检察建议书之日起两个月内依法履行职责，并书面回复人民检察院。出现国家利益或社会公共利益损害继续扩大等紧急情形的，行政机关应当在 15 日内书面回复。

提出检察建议后，人民检察院应当对行政机关履行职责的情况和国家利益或者社会公共利益受到侵害的情况跟进调查，收集相关证据材料。行政机关在法律、司法解释规定的整改期限内已依法作出行政决定或者制定整改方案，但因突发事件等客观原因不能全部整改到位，且没有怠于履行监督管理职责情形的，人民检察院可以中止审查。

中止审查的，应当经检察长批准，制作《中止审查决定书》，并报送上一级人民检察院备案。中止审查的原因消除后，应当恢复审查并制作《恢复审查决定书》。行政机关未在期限内回复的，应重点围绕检察建议的内容，对行政机关是否依法全面履行职责，国家利益或社会公共利益是否得到有效保护或恢复开展调查。

1. 行政机关是否依法履职的判断。一是看是否及时停止或制止了违法行为。如镇政府收集辖区居民生活垃圾后，违反选址要求、未采取防渗漏、防扩散、防扬尘等措施随意处置，造成环境污染，收到检察建议后是否首先停止了该违法行为。又如，针对非法开采矿产资源的行为，看行政机关是否采取责令停产等措施，及时制止了这种违法行为。二是看是否穷尽运用了监管手段。如行政机关可能先作出责令停止违法行为的决定书，接着进行行政处罚，还可以没收违法所得，甚至是责令关停等。行政机关如果穷尽了手段，虽然公益受损的情况仍然存在，亦应当认为已经履职。因为就算检察机关提起诉讼，也无法律依据判令行政机关履职，公益受损问题需要另寻途径解决。三是看是否已经对受损的公益进行了恢复。比如违法行为已经造成了损失，行政机关依法可责令侵害人恢复，或者采取代履行等方式进行恢复。如果可实现公益恢复，而未采取措施，可判断行政机关履职不到位。

2. 行政机关履职常见情形。行政机关收到检察建议后，通常会出现以下履职情形：

（1）完全履职。行政机关在收到《检察建议书》后，及时采取了有效的措施防止环境污染或资源受破坏进一步扩大，对违法行为人的行为进行了制止，并采取了相应的行政手段，受损害的生态环境和资源已经得到恢复，国家利益和社会公共利益得到有效地维护。

（2）完全不履职。行政机关对检察建议不回复，对公益受损问题不管不问，未采取任何措施予以制止或恢复。例如，B 区检察院在履行职责中发现，该区多个企业未经水行政部门批准，排污口设在 B 区河道管理范围内，应由 B 区水务局进行拆除，但至今未拆除。同时，上述企业未经环评，无排污许可证，无污水处理设施，长期向河道排污，B 区环保局未对其进行处罚。至检察机关发出诉前检察建议后，B 区环保局都未对其进行处罚。

（3）不完全履职。行政机关对于应履行的监管职责没有达到要求，导致监管目的未能实现。具体表现为怠于履职、履职不到位、对违法行为处置不力、未申请执行等。例如，一个非法排放污水导致水污染行为，环保部门虽然对非法排污行为作出了立即停止排污行为、停产整顿、罚款等行政处罚措施，但却仅收缴罚款，没有让排污企业进行彻底整改，社会公共利益仍受侵害，未能实现监管目的。再如，某县综合行政执法局作为县垃圾卫生填埋场的管理单位，明知县垃圾卫生填埋场渗滤液未经处理直排，污染周边沟渠水体。环境保护局也多次向县综合行政执法局致函，要求进行整改。检察机关发现该垃圾卫生填埋场渗滤液渗漏未进行整改，遂向县综合行政执法局发出检察建议。县综合行政执法局虽采取部分措施，但该填埋场渗滤液仍持续渗漏外排，社会公共利益持续受到侵害。

（4）错误履职。行政机关履行职责过程中，存在事实认定上的错误、程序违法、适用法律错误或者滥用职权等行为。例如，某县商务局在病害猪无害化补贴发放过程中未遵守《生猪定点屠宰厂（场）病害猪无害化处理管理办法》规定，随意制定发放标准，造成国家经济损失 108 万余元。还需要关注行政机关履职是否存在客观障碍。比如，对于一些特殊情形，如恢复植被、修复土壤、治理污染等，行政机关主观上有整改意愿，但由于受季节气候条件、施工条件、工期等客观原因限制，行政机关无法在检察建议回复期内整改完毕的，应当继续跟进调查，不应认定行政机关未依法履行职责。行政机关回复将采取明确可行的措施，制定详细的计划和目标，积极准备前期工作的，检察机关应对方案的可行性进行审查，必要时可以咨询专业人员的意见，认为方案切实可行的，暂不提起行政公益诉讼。如在合理期限内仍未整改到位，国家利益或者社会公共利益持续处于受侵害状态的，应当提起行政公益诉讼。

二、民事公告

人民检察院认为社会公共利益受到损害，存在违法行为的，应当依法发布公告。公告应当包括以下内容：（1）社会公共利益受到损害的事实；（2）告知适格主体可以向人民法院提起诉讼，符合启动生态环境损害赔偿程序条件的案件，告知赔偿权利人启动生态环境损害赔偿程序；（3）公告期限；（4）联系人、联系电话；（5）公告单位、日期。公告应当在具有全国影响的媒体发布，公告期间为30日。

发布公告后，人民检察院应当对赔偿权利人启动生态环境损害赔偿程序情况、适格主体起诉情况，以及社会公共利益受到损害的情况跟进调查，收集相关证据材料。经公告，没有法律规定的机关和组织提起诉讼的，检察机关可依法提起诉讼。此规定体现了检察权行使的谦抑性，保护公益职责的补充性、兜底性。

《环境保护法》第58条第1、2款规定："对污染环境、破坏生态，损害社会公共利益的行为，符合下列条件的社会组织可以向人民法院提起诉讼：（一）依法在设区的市级以上人民政府民政部门登记；（二）专门从事环境保护公益活动连续五年以上且无违法记录。符合前款规定的社会组织向人民法院提起诉讼，人民法院应当依法受理。"《环境民事公益诉讼解释》第4条明确了对于组织"专门从事环境保护公益活动"的判断标准，规定"社会组织章程确定的宗旨和主要业务范围是维护社会公共利益，且从事环境保护公益活动的，可以认定为环境保护法第五十八条规定的'专门从事环境保护公益活动'。社会组织提起的诉讼所涉及的社会公共利益，应与其宗旨和业务范围具有关联性"。其中，对于社会组织宗旨和业务范围是否包含维护环境公共利益，应根据其内涵而非简单依据文字表述作出判断。环境保护公益活动，不仅包括植树造林、濒危物种保护、节能减排、环境修复等直接改善生态环境的行为，还包括与环境保护有关的宣传教育、研究培训、学术交流、法律援助、公益诉讼等有利于完善环境治理体系、提高环境治理能力、促进全社会形成环境保护广泛共识的活动。

最高检要求统一在正义网进行民事公益诉讼公告后，公告不规范的问题得到了解决。2019 年 11 月 25 日，最高法、最高检发布的《关于人民检察院提起刑事附带民事公益诉讼应否履行诉前公告程序问题的批复》明确，人民检察院提起刑事附带民事公益诉讼，应履行诉前公告程序。实务中，刑事诉讼期限较短，因履行诉前公告程序，刑事诉讼进程往往等不及民事进程。如因公告期限导致无法一并提起刑事附带民事公益诉讼的，则可另行提起民事公益诉讼。根据《检察公益诉讼解释》第 5 条第 1 款规定，检察机关提起民事公益诉讼，由市（州）中级人民法院管辖。要解决上述问题，一是加强刑事检察部门与公益诉讼检察部门协作，将线索移送时间提前。如在审查逮捕时，认为有民事公益诉讼案件线索的，及时进行移送。公益诉讼检察部门审查立案后，可以根据需要收集复印刑事卷宗材料，认为需要公告的，不必等到移送审查起诉，即可进行公告。二是确实来不及一并提起附带民事公益诉讼，需要单独提起的，如刑事诉讼中已经附带公告，则不必再另行公告。三是根据《环境民事公益诉讼解释》第 6 条第 2 款"中级人民法院认为确有必要的，可以在报请高级人民法院批准后，裁定将本院管辖的第一审环境民事公益诉讼案件交由基层人民法院审理"的规定，可商人民法院，裁定由原刑事案件审理的法院继续审理该民事公益诉讼案件，以提高审判质效。

2017 年 12 月 4 日，中办、国办印发了《生态环境损害赔偿制度改革方案》，各省、市（州）印发了实施方案，明确市（州）人民政府为赔偿权利人，委托环境保护、自然资源、住房城乡建设、水利、农业、林业等相关部门具体负责各自职责范围内的生态环境损害赔偿工作。省高级人民法院为落实中办、国办的改革要求，制定了相应工作规定。实务中，曾出现检察机关就生态损害赔偿提出民事公益诉讼后，政府职能部门作为权利人，又向人民法院提起损害赔偿诉讼，人民法院予以优先审理，导致检察机关撤回起诉的情况。检察机关在正义网发出的诉前程序公告，政府职能部门往往并不知晓，故就生态损害赔偿案件有必要在公告的同时与政府相应职能部门沟通，书面征询是否提起损害赔偿诉讼。如其决定提起，可通过移送证据材料、提供法律意见书等方式支持起诉。如其不愿提起诉讼，检察机关可及时提起诉讼。

第五节　提起诉讼

一、提起行政公益诉讼

检察建议回复期满后，行政机关没有纠正违法行为或者没有依法全面履行职责，国家利益或者社会公共利益持续处于受侵害状态的，检察机关以公益诉讼起诉人的身份依法提起行政公益诉讼。有的行政机关进行了整改，但没有回复。此情况下，要求加强与被监督行政机关的沟通协调，了解真实履职情况，而不能以未回复径直提起诉讼。

有下列情形之一的，人民检察院可以认定行政机关未依法履行职责：逾期不回复检察建议，也没有采取有效整改措施的；已经制定整改措施，但没有实质性执行的；虽按期回复，但未采取整改措施或者仅采取部分整改措施的；违法行为人已经被追究刑事责任或者案件已经移送刑事司法机关处理，但行政机关仍应当继续依法履行职责的；因客观障碍导致整改方案难以按期执行，但客观障碍消除后未及时恢复整改的；整改措施违反法律法规规定的；其他没有依法履行职责的情形。

（一）制作起诉书

人民检察院提起公益诉讼，应当向人民法院提交公益诉讼起诉书和相关证据材料。起诉书的主要内容包括：公益诉讼起诉人；被告的基本信息；诉讼请求及所依据的事实和理由。

关于公益诉讼起诉人，一般指起诉机关，需要列明起诉的检察机关，无须注明检察长、单位地址、组织机构代码、委托权限等。关于被告的基本信息，包括单位名称、地址、法定代表人或负责人姓名、职务等。关于诉讼请求，诉讼请求的内容应当与《检察建议书》的建议内容相匹配，检察机关可以向人民法院提出撤销或部分撤销违法行政行为、在一定期限内履行法定职责、确认行政行为违法或者无效诉讼请求。关于所依据的事实和理由，写明案件线索来源、检察机关审查认定的被告违法行使职权或者不作为的事实、国家利益或者社会公共利益受到侵害的事实和有关证据、检察机关诉前程序及被告是否整改回复情况等；被告行政行为构成违法行使职权或者不作为的理由和法律依据、检察机关提起行政公益诉讼法律依据等。

（二）确定诉讼请求

诉讼请求是起诉书的重点，也是法院判决内容的来源。一要与检察建议的内容一致，即表明诉讼请求内容是经过诉前程序，行政机关仍未整改，需要通过司法判决责令行政机关整改。二要根据行政诉讼法及最高法有关司法解释对诉讼请求的规定予以确定。人民检察院可以根据行政机关的不同违法情形，向人民法院提出确认行政行为违法或者无效、撤销或者部分撤销违法行政行为、依法履行法定职责、变更行政行为等诉讼请求。

1. 确认行政行为违法或无效，主要适用于以下三种情形：一是行政行为应当撤销，但撤销会给国家利益或者社会公共利益造成重大损害；二是行政行为违法，但不具有可撤销内容；三是行政行为有实施主体不具有行政主体资格或者没有依据等重大且明显违法情形。在要求确认违法的同时，可以一并要求行政机关采取补救措施。应当注意的是，确认行政行为违法的诉讼请求不宜单独提出，只有行政机关局部整改，违法行为的影响恶劣或者需要判决起到警示作用的，可以请求确认违法。

2. 撤销或部分撤销违法行政行为，适用于行政行为主要证据不足、适用法律、法规错误、违反法定程序、超越职权、滥用职权、明显不当六种情形；符合《行政诉讼法》第7条规定情形的，可以一并要求行政机关重新作出具体行政行为。

3. 责令履行法定职责，适用于行政机关不履行或不全面履行法定职责，判决履行仍有意义的情形。在诉讼请求中一般无需列明要求行政机关履行职责的期限，可由法院在裁判中确定合理期限。该诉请一般表述为"责令被告依法履行某某职责"。

4. 变更行政行为，适用于被诉行政机关作出的行政处罚明显不当，或者其他行政行为涉及对款额的确定、认定确有错误的，可以提出变更行政行为的诉讼请求。

5. 如果在诉讼过程中，行政机关履行职责、国家利益或者社会公共利益得到维护并使得检察机关的诉讼请求全部实现的，检察机关可以申请变更诉讼请求或撤回起诉。根据行政公益诉讼的特点规律，试点期间，一般提出的都是两个诉讼请求，即确认行政机关的行政行为违法，责令其继续履行职责。特别是对于行政机关履职较为容易的公益保护事项，如镇政府违法倾倒垃圾问题。因垃圾体量不是特别大，一旦提起诉讼，镇政府组织力量进行清理，十天半月即可完成。如果只提一个责令履职的诉讼请求，则面临撤回或因无履职必要被驳回的风险。根据《行政诉讼法》的规定，确认违法判决和责令履职判决的适用条件是不同的，甚至区别是比较大的。结合最高检有关精神，检察公益诉讼是督促之诉、协同之诉，确认违法不是目的，也不利于协同推进公益保护问题解决，故一般应提出责令履职的诉请。如在诉讼中行政违法行为纠正、受损公益得到修复，则可变更或撤回诉讼请求。对于行政机关态度较为恶劣，较长时间、多次督促、主观原因不整改的，可坚持要求确认之前的行为违法，以起到警示教育作用。

此外，《行政诉讼法》第76条规定："人民法院判决确认违法或者无效的，可以同时判决责令被告采取补救措施；给原告造成损失的，依法判决被告承担赔偿责任。"实践中大部分行政机关在收到检察建议后都会作出一定的履职行为，很少什么都不做，故有的法院在判决中，确认行政机关未依法履行法定职责的行为违法，同时判决责令被告继续采取补救措施，值得我们在确定诉讼请求时考量。

2022年5月，贵州某某市某某县人民法院审理的某某县水务局对沿河城区污水直排乌江怠于履职案审理后，鉴于某某县水务局依法采取措施进行整改，及时有效地解决了污水直排乌江的问题，在某某县检察院公开对整改效果进行听证，得到一致认可后，对案件裁定终结审理，得到最高人民法院的认可。故行政公益诉讼中，国家利益和社会公共利益得到有效保护后，也可由人民法院裁定终结审理。

（三）出席一审法庭

法庭如战场，必须准备好充足的"武器弹药"。人民检察院提起公益诉讼的案件，应当派员出庭履行职责，参加相关诉讼活动。人民检察院应当自收到人民法院出庭通知书之日起3日内向人民法院提交《派员出庭通知书》。《派员出庭通知书》应当写明出庭人员的姓名、法律职务以及出庭履行的职责。人民检察院应当指派检察官出席第一审法庭，检察官助理可以协助检察官出庭，并根据需要配备书记员担任记录及其他辅助工作。涉及专门性、技术性问题，可以指派或者聘请有专门知识的人协助检察官出庭。人民法院通知人民检察院派员参加证据交换、庭前会议的，由出席法庭的检察人员参加。出庭检察人员出庭要做到举证全面到位，质证一针见血，辩论丝丝入扣，见招拆招。因此，人民检察院认为有必要的，可以商人民法院组织证据交换或者召开庭前会议，归纳争议焦点、制作详细的庭审预案，以保证出庭效果。

1. 出庭职责。宣读公益诉讼起诉书；对人民检察院调查收集的证据予以出示和说明，对相关证据进行质证；参加法庭调查、进行辩论，并发表出庭意见；依法从事其他诉讼活动。出庭检察人员应当客观、全面地向法庭出示证据。根据庭审情况合理安排举证顺序，分组列举证据，可以使用多媒体等示证方式。质证应当围绕证据的真实性、合法性、关联性展开。出庭检察人员可以围绕案件基本事实和争议焦点向被告、证人、鉴定人、勘验人等进行发问。出庭检察人员可以申请人民法院通知证人、鉴定人、有专门知识的人出庭作证或者提出意见。出庭检察人员在法庭审理期间，发现需要补充调查的，可以在法庭休庭后进行补充调查。出庭检察人员参加法庭辩论，应结合法庭调查情况，围绕双方在事实、证据、法律适用等方面的争议焦点发表辩论意见。出庭检察人员应当结合庭审情况，客观公正发表出庭意见。

2. 举证责任的分配。行政机关对其作出的行政行为的合法性承担举证责任。检察机关一是要证明起诉符合法定条件；二是要证明行政机关违法行使职权或者不作为，致使国家利益或者社会公共利益受到侵害的事实；三是要证明检察机关已履行诉前程序，行政机关仍不依法履行职责或者纠正违法行为的事实。

需要注意的是，行政公益诉讼案件不适用调解，民事公益诉讼可以调解，但要严格把握，特别是不得擅自降低公益赔偿数额，可对调解内容采取公告等形式，接受社会监督。

3. 辩论重点。行政机关提出的抗辩意见主要有：一是不属于行政机关的职权范围，主体不适格。针对这一问题，一定要找准法律和行政法规关于行政机关法定职责的规定，这是底线。比如如果地方政府在编制"三定"方案的时候出现与上位法相冲突的情况，地方编委办作为具有解释权的机构，应当对具有异议的条文作出具体明确的书面解释，并及时向法院提交。二是鉴定机构、鉴定人员没有司法鉴定资质，鉴定机构取样时被告不在场。针对这一问题，如果鉴定人员出庭，可以直接就鉴定资质、鉴定规程等作出说明。如果鉴定人员没有出庭，公益诉讼起诉人应对鉴定程序合法性、鉴定意见的客观真实性予以说明或补强，请法庭依法予以采纳。三是因果关系不明。针对这一答辩意见，可以结合鉴定意见中关于因果关系的阐述，现场勘验笔录等予以说明。如果鉴定意见表明是多因一果的关系，也要强调行政机关的不履职与损害结果的发生是具有因果关系的，多因一果也是因果关系。因为行政公益诉讼并不像民事公益诉讼强调唯一的因果关系，行政公益诉讼更多强调的是行政机关的不当作为与社会公共利益受损之间具有关联性即可。四是已经依法履行监管职责，有会议纪要、政府会议纪要、成立了领导小组、开展了调查工作、采取了一定措施等。针对这类答辩意见，应当围绕国家利益和社会公共利益是否得到有效保护或恢复，行政机关虽然采取了一定的措施，但是工作仅仅停留在书面上，敷衍应付、没有作为，环境污染和资源破坏的事实仍然客观存在，社会公共利益仍处于持续受侵害状态。

（四）二审

一审判决后，检察机关、被告均有可能对判决不服，提出上诉，从而引发二审程序。

基于第一审判决、裁定提起上诉的期限分别为 15 日、10 日，上一级人民检察院难以在短期内对全案进行审查并作出是否提出上诉的决定。为此，两级人民检察院对提起上诉的案件进行同步审查，及时沟通，提高审查质效。同步重点审查以下内容：（1）第一审判决、裁定认定的基本事实是否缺乏证据证明；（2）第一审判决、裁定认定事实的主要证据是否伪造；（3）第一审判决、裁定认定事实的主要证据是否经过质证；（4）审判组织的组成是否合法、应当回避的审判人员是否回避；（5）第一审判决、裁定是否遗漏或者超出诉讼请求；（6）第一审判决、裁定适用法律是否错误等。经审查，人民检察院认为第一审公益诉讼判决、裁定确有错误的，应当提出上诉。

提起诉讼的人民检察院和上一级人民检察院应当共同派员出席第二审法庭，若法院只向提起诉讼的检察院发通知，最好由上一级检察机关发出一份《派员出庭通知书》，载明两级检察院出庭检察人员的姓名、法律职务以及出庭履行的职责等。

两级检察院同时参与庭审活动，上一级检察机关应当全程参与法庭调查、法庭辩论等庭审活动的全过程，在法庭辩论结束后独立发表出庭意见，并记载于庭审笔录。

上一级人民检察院通过备案审查和对提起上诉案件的同步审查后，认为上诉不当的，应当指令下级人民检察院撤回上诉。上一级人民检察院认为第一审法院判决、裁定确有错误，下级人民检察院应当提出上诉而没有提出上诉，可以指令下级人民检察院依法提出上诉。超过上诉期，上一级人民检察院发现下级人民检察院应当提出上诉而没有提出上诉的，此时分两种情况：如果被告提起上诉，上一级人民检察院应当与下级人民检察院共同做好二审应对、出庭相关工作；如果被告没有提起上诉，裁定、判决已生效的情况下，按照《公益诉讼办案规则》第64条规定，可以向同级人民法院提出抗诉。

考虑到公益保护的时效性，检察机关应尽量在一审阶段与法院、行政机关多沟通，争取达成共识，将问题和矛盾化解在一审阶段，避免公益问题久拖不决。

（五）执行

行政公益诉讼判决、裁定发生法律效力，而行政机关未按判决、裁定确定的义务履行的，由人民法院移送执行。检察机关不需要交纳执行费用。当前，对于一些行政机关不执行生效判决的情况，一是可将情况通报给其上级主管机关，责令履行判决内容。二是可将其行为导致公益受损的情况，作为线索移送纪委监察委。三是对人民法院的执行活动进行监督，依据民事诉讼法、行政诉讼法的规定，可提出检察建议。

二、提起民事公益诉讼

（一）支持起诉

对于生态环境损害赔偿权利人提起的生态环境损害赔偿诉讼案件，属于检察机关支持起诉的主要范围。支持起诉的启动程序，实践中既可以是法律规定的机关或者有关组织申请启动，也可以是检察机关依职权启动。检察机关履行民事公益诉讼职责是辅助性、补充性的，在办理支持起诉案件中要以法律规定的机关或者有关组织申请为主，若检察机关认为确有必要主动介入支持起诉的，实践中可以与法律规定的机关或者有关组织进行商讨，建议其通过申请的方式支持起诉。避免出现检察机关支持起诉意愿很强烈，但法律规定的机关或者有关组织却认为不需要检察机关支持起诉或者不愿意检察机关支持起诉从而不配合的情形。

在发现以下情形时，人民检察院应及时作出撤回支持起诉的决定，并及时将《撤回支持起诉决定书》提交人民法院、发送原告：原告无正当理由变更、撤回部分诉讼请求，致使社会公共利益不能得到有效保护；原告撤回起诉或者与被告私下达成和解协议，致使社会公共利益不能得到有效保护；原告请求被告承担的律师费以及为诉讼支出的其他费用过高，对社会公共利益保护产生明显不利影响以及其他不适合支持起诉的情形等。

人民检察院应当主动对申请人提起的民事公益诉讼跟进评估，一旦发现申请人存在无正当理由撤回全部或者部分起诉、变更诉讼请求或者与被告达成调解协议等行为，或者所提诉讼请求不足以保护社会公共利益，导致社会公共利益不能得到完整有效保护的，应当另行立案。

由于个案中起诉主体需求的不同，支持起诉的方式也是多元的。比较常见的四种支持起诉的方式：提供法律咨询；向人民法院提交支持起诉意见书；协助调查取证；出席法庭。

（二）提起诉讼

经过诉前程序，生态环境损害赔偿权利人未启动生态环境损害赔偿程序，或者经过磋商未达成一致，赔偿权利人又不提起诉讼的，没有适格主体，或者公告期满后适格主体不提起诉讼，社会公共利益持续处于受侵害状态的，检察机关以公益诉讼起诉人的身份依法提起民事公益诉讼。

1. 起诉条件。有充分证据证明侵权主体实施了破坏生态环境和资源保护的行为，造成了损害后果，危害行为与损害后果之间存在关联性，法律规定的机关和有关组织没有提起民事公益诉讼。人民检察院在刑事案件提起公诉时，对破坏生态环境和资源保护等损害社会公共利益的违法行为，可以向人民法院提起刑事附带民事公益诉讼。

2. 诉讼请求。检察机关可以向人民法院提出要求被告停止侵害、排除妨碍、消除危险、恢复原状、赔偿损失、赔礼道歉等诉讼请求。一是预防性的责任承担方式，包括停止侵害、排除妨碍、消除危险；二是恢复性责任承担方式，即恢复原状；三是赔偿性的责任承担方式，即赔偿损失；四是人格恢复性责任承担方式，即赔礼道歉。在不同类型的案件中，上述责任承担方式既可单独适用，也可以合并适用，需要注意的是，除英雄烈士保护领域之外，其他领域民事公益诉讼案件不宜仅提出赔礼道歉的诉讼请求。

《公益诉讼办案规则》第98条第2款第1项规定："破坏生态环境和资源保护领域案件，可以提出要求被告以补植复绿、增殖放流、土地复垦等方式修复生态环境的诉讼请求，或者支付生态环境修复费用、赔偿生态环境受到损害至修复完成期间服务功能丧失造成的损失、生态环境功能永久性损害造成的损失等诉讼请求，被告违反法律规定故意污染环境、破坏生态造成严重后果的，可以提出惩罚性赔偿等诉讼请求。"生态环境一旦被破坏、被污染，往往造成很严重的后果，难以恢复原状，因此，《环境保护法》第5条规定环境保护坚持保护优先、预防为主、综合治理、公众参与、损害担责的原则，侵权责任的预防功能在生态环境责任体系中非常重要。生态环境案件中，停止侵害适用于被告实施的环境违法行为尚未完全停止的情况，且不限于已经导致现实损害的行为，还包括危险行为。排除妨碍主要适用于噪音、灰尘、烟雾、无线电波等不可量物侵害环境的情况，妨碍可以是侵害人实施的妨碍行为造成的，也可以是侵害人的物件造成的。消除危险适用于运用通常的知识或者经验，就足以判断违法行为具有较高致害可能性，包括现实存在的或者即将确定发生的危险。预防性责任方式的使用是一把"双刃剑"，消极作用主要体现为适用不当可能导致企业停产，阻碍社会经济发展，要善于运用利益衡量规则来作出决定。

生态环境案件中的恢复性责任方式被认为是环境民事公益诉讼最重要的诉求，《民法典》第1234条使用"修复"的表述具有更加丰富的内涵。此外，《公益诉讼办案规则》作出了生态环境领域公益诉讼中可以提出惩罚性赔偿的诉讼请求的规定，旗帜鲜明地亮明检察机关服务保障生态文明建设、惩治环境违法行为的坚定态度，对检察机关的民事公益诉讼工作起到极大促进作用。作为比较特殊的民事责任承担方式，惩罚性赔偿的适用要严格把握三个要件，即违法行为人主观故意、行为的违法性及后果的严重性。关于生态环境惩罚性赔偿的计算方式，立法未作出规定，实践中生态环境案件违法行为的类型多样，造成的损害后果也较为复杂，难以统一规定，具体标准须在实践加强与法院、当事人的沟通，达成一致，力争执行到位。

为实现碳达峰、碳中和，贵州省检察机关以林业碳汇试点为契机，在办案中引入"碳汇"修复理念，创新运用认购林业碳汇方式替代生态环境损害赔偿，为检察机关参与和助推碳达峰、碳中和提供了有益尝试和司法借鉴。

3. 提供证据的责任。检察机关对以下事项提供证据加以证明：一是提出的诉讼请求所依据的事实或者反驳对方意见所依据的事实；二是履行诉前程序的事实。环境侵权行为人对其污染行为与损害后果之间不存在因果关系负有举证责任。检察机关应重点证实，污染者排放的污染物是否有可能造成该损害；污染者排放的可造成该损害的污染物是否到达该损害发生地；该损害是否于排放污染物之前已发生；其他证明污染行为与损害之间是否存在因果关系的情形等。

4. 调解。对于涉及公共利益的民事公益诉讼能否适用调解，实践中一直存在争论。最高人民法院发布的公益诉讼司法解释中确认了调解方式的适用，并规定了调解协议的公告、严格审查和调解书的公开等制度，以防止原被告之间利益勾兑、损害社会公共利益的情况。检察机关提起的民事公益诉讼，当然也可以适用调解，理解和适用本条应当注意以下几点：一是适用调解必须是在法院主持下，通常是在庭审过程中，出庭人员可以代表公益诉讼起诉人进行调解；二是适用调解的前提是诉讼请求全部得以实现，作为维护社会公共利益的代表，出庭检察人员没有妥协让步的权力，只有在受损害的社会公共利益得到完全修复，或者损害危险完全消除的前提下，才可以调解或者撤诉。

需要注意的是，全部诉讼请求已经实现，一般可以选择撤回起诉，如果被告需要分阶段履行调解协议，在庭审结束前不能完成全部整改的，但已经履行了大部分协议义务的，一般可以选择调解的方式，通过人民法院出具《调解书》，以确保调解协议后续执行具有法律强制力。

5. 司法确认。对于生态环境和资源保护领域的民事公益诉讼案件，在检察机关依法提起民事公益诉讼后，行为人积极委托相关机构出具整改方案，按要求进行整改，生态环境和资源保护得到修复，或由于修复时间问题，暂时未能全部修复到位，但制定出切实可行的修复方案，并作出修复承诺书的，可以对民事公益诉讼和解进行探索。需要注意的是，整改承诺的内容不得减免违法行为人的民事责任，并且应当采取听证等方式，保证程序的公开公正，并请求法院对整改承诺、和解书进行司法确认，确保社会公共利益切实得到修复。

6. 诉讼费。检察机关提起民事公益诉讼，不交纳诉讼费用和执行费用。

7. 保全。对于可能因被告一方的行为或者其他原因，使判决难以执行或者造成社会公共利益相关的其他侵害情形，检察机关可以建议人民法院对被告财产进行保全。根据检察机关建议，人民法院采取保全措施的，检察机关无需提供担保。在证据可能灭失或者以后难以取得的情况下，检察机关可以在诉讼过程中建议人民法院保全证据。

（三）二审

检察机关认为一审未生效裁判错误的，可以向上一级人民法院提起上诉。人民法院审理第二审案件，上一级人民检察院可以派员与提起公益诉讼的人民检察院共同出庭。

（四）执行

民事公益诉讼判决、裁定发生法律效力，而被告未按判决、裁定确定的义务履行的，由人民法院移送执行。

（五）诉讼监督

检察机关应当根据《民事诉讼法》的规定依法履行对民事公益诉讼审判、执行活动的监督职责。

第六节 典型案例分析

本节主要围绕贵州省某市人民检察院诉某置业有限公司非法占用林地民事公益诉讼案展开。

一、基本案情

2014年以来,某置业有限公司在某地开发某森林康养房项目中,未办理林地使用手续,违规占用林地 176.94 亩,建设项目水厂、污水处理厂、生态停车场、步道、休闲广场等附属配套基础设施,被行政主管部门多次责令停工、行政处罚,仍继续实施该违法行为直至完工。

2021年7月8日,某市人民检察院以民事公益诉讼立案。立案后,在调阅刑事证据材料的基础上,通过邀请具备林业知识的特邀检察官助理参与现场勘查、询问当地农户以及购房者等证人、咨询林业专家意见、与林业等相关部门召开圆桌会议、无人机拍摄等方式开展调查,查明某置业有限公司虽已按要求开展补植复绿,并履行了部分违法占用林地的行政处罚决定,但均未对期间造成的生态功能损失进行赔偿,社会公共利益持续受到侵害。经委托四川楠山林业司法鉴定中心鉴定,某置业有限公司非法占用林地造成的森林生态服务功能损失 2916670.90 元。经公告,没有法律规定的组织和机关提起诉讼。某市检察院于 2021年11月9日向某市中级人民法院提起民事公益诉讼,诉请判令某置业有限公司赔偿森林生态服务期间功能损失 2916670.90 元,并继续履行生态修复义务、承担鉴定费用 6 万元。2022年4月28日,某市中级法院在案发现场公开开庭审理此案,经审理当庭宣判,支持检察机关全部诉讼请求。

判决生效后,该公司已在其 257.83 亩补植复绿点的 16 处安放警示标示牌,设立专门岗位工作人员定期对补植复绿点进行巡查,并按期进行病虫害防治,确保修复效果。公司已按判决赔偿生态环境期间功能损失费。

二、办案重点

（一）立案管辖问题

根据《公益诉讼办案规则》第 14 条第 1 款"人民检察院办理民事公益诉讼案件，由违法行为发生地、损害结果地或者违法行为人住所地基层人民检察院立案管辖"之规定，本案应由案发地检察院立案调查，由于最高检交办的中央第二轮第二批生态环境保护督察案件线索、长江经济带生态环境警示片案件线索均涉及本案，且案涉项目系某市人民政府招商引资项目，某市检察院审查认为属于"确有必要的"，根据《公益诉讼办案规则》第 18 条第 1 款"上级人民检察院认为确有必要的，可以办理下级人民检察院管辖的案件，也可以将本院管辖的案件交下级人民检察院办理"之规定，决定由某市检察院立案办理，并构建"一把手"主抓、"一盘棋"联动、"一体化"办案格局，推进问题扎实整改、生态恢复加力提升。

（二）诉讼类型选择问题

本案既涉及行政机关怠于履职致社会公共利益受损，又涉及违法主体实施违法行为致使社会公共利益受损，对如何选择诉讼类型，某市检察院通过邀请具备林业知识的特邀检察官助理参与现场勘查、询问当地农户以及购房者等证人证言、咨询林业专家意见、与林业等相关部门召开圆桌会议等方式，查明行政机关已对某置业有限公司进行行政处罚，并督促公司开展补植复绿，以行政公益诉讼立案后续可发力工作不多。公司虽履行了生态修复的种植义务，但仍需履行管护义务、赔偿生态环境服务期间功能损失，因此某市检察院选择以民事公益诉讼办理该案。

（三）诉讼请求问题

根据《民法典》第 1235 条第 1 项关于"违反国家规定造成生态环境损害的，国家规定的机关或者法律规定的组织有权请求侵权人赔偿下列损失和费用：（一）生态环境受到损害至修复完成期间服务功能丧失导致的损失"之规定，虽公司已进行补植复绿，但是生态修复责任是对生态环境交换价值的保护，生态环境期间服务功能损失责任是对生态环境的使用价值进行弥补，二者属于可同时并用的民事责任类型。且涉案林地已建设成为项目的配套附属设施，与主体项目融为一体，客观上不具备恢复原状条件，加之恢复原状会造成相关区域自然环境、人居环境二次破坏，产生较大经济损失和不必要的资源浪费。故某市检察院决定提出公司继续履行生态修复义务、赔偿森林生态环境期间功能损失的诉讼请求，实现办理该案成为推动"绿水青山"成为"金山银山"、服务保障省委"大生态"战略行动的生动典范。

（四）碳汇基地建设问题

鉴于案涉林区位于赤水河流域一级生态调节区、二级水源涵养区和生物多样性保护区、三级大娄山水源涵养与生物多样性保护重要区，某市检察院延伸办案触角，依托此案办理，与某市中级法院、某某市人民检察院、某某市人民法院共同在案发地设立贵州省首个环境司法森林碳汇观测基地，包含生态修复司法观测点、"森林碳汇＋林下经济司法观测点"、碳汇研学司法观测点三大板块，用于对某置业有限公司先期开展的补植复绿情况持续跟踪、动态观测，主动接受社会监督，与行政机关、人民法院形成环境司法执法合力，探索构建"恢复性司法实践＋多元化社会综合治理"机制。

（五）处理好与法院沟通协调问题

在办理该案中，某市检察院与某市中级法院就本案的诉讼请求、基地建设等相关问题进行沟通，人民法院支持检察机关的全部诉讼请求。其中，对于某置业有限公司提出的已缴纳森林植被恢复费应抵扣其所应承担的生态环境期间服务功能损失问题，认定森林植被恢复费属于政府专项资金收入，专款用于植树造林、恢复森林植被，与生态环境期间服务功能损失赔偿款分属不用的法律性质，二者不能径行抵扣。

三、法律文书

（一）起诉书

贵州省某市人民检察院

民事公益诉讼起诉书

公益诉讼起诉人：某市人民检察院

被告：某置业有限公司

诉讼请求：1. 判令被告某置业有限公司赔偿森林生态服务期间功能损失2916670.90元；2. 判令被告某置业有限公司继续履行生态修复义务；3. 判令被告某置业有限公司承担本案森林生态服务期间功能损失鉴定费60000.00元。

事实和理由：

森林资源是林地及其所生长的森林有机体总称，被誉为"地球之肺"，是无形的环境资源和潜在的"绿色能源"，具有涵养水源、保育土壤、固碳制氧、净化大气环境、保护生物多样性等功能，对维持生态平衡具有重要作用。森林资源虽属于可再生的自然资源，但并非取之不尽、用之不竭，需要使用森林资源必须依法经行政机关审批。贵州省某市某镇高山流水、茂林修竹，位于一级生态调节区、二级水源涵养和生物多样性保护区、三级大娄山水源涵养与生物多样性保护重要区，地貌类型多样，森林覆盖率高达82%，是游览避暑胜地。

本院在履行生态环境保护公益诉讼检察工作职责中发现，被告某置业有限公司非法占用林地建设某国际休闲养生度假区项目附属设施，造成原有的林草植被、腐殖层等森林群落被毁坏，林地用途改变，生物多样性减少，损害了国家和社会公共利益。本院于2021年7月8日以民事公益诉讼立案调查。

经依法审查查明：2013年1月31日，某房地产开发有限公司通过某市某镇人民政府招商引资，在某市成立某实业有限公司开发项目。2014年至2020年期间，在未办理林地使用手续情况下，某置业有限公司非法占用国有林场等林地共计176.94亩，建设项目水厂、污水处理厂、停车位、生态停车场、步道、休闲广场、运动场、游泳池等附属配套基础设施，组织对占用的林地进行挖掘、硬化，破坏了占地区域的林地乔木、原生植被、土壤。2014年至2020年期间，因被告某置业有限公司非法占用林地，某市林业局等行政机关分别下达了《违法使用林地停工通知书》《停止违法行为告知书》《林业行政处罚决定书》《行政处罚决定书》，但被告仍继续实施该违法行为直至完工。经四川楠山司法林业鉴定中心鉴定，某置业有限公司非法占用林地面积共计176.94亩，其中乔木林地157.7亩，竹林地19.24亩；造成的森林生态服务期间功能损失共计2916670.90元，其中乔木林地2603018.71元，竹林地313652.18元。

2020年9月，某置业有限责任公司按照某市林业局的要求进行了补植复绿。2020年10月，受某市公安局委托，某市林业调查规划设计队对某置业有限公司补植复绿进行验收。经查验，某置业有限公司已进行原地复绿117.44亩、异地复绿72.22亩，但是局部存在栽植密度不规范现象，未严格按设计间距栽种，栽种的苗木规格偏小，栽种地块存在积水情况，新造竹存在死亡现象。

认定上述事实的证据详见证据目录。

本院认为，被告某置业有限公司未经批准占用林地违法建设项目附属设施，改变了林地地表状态，破坏了生物的活动和繁衍以及生态平衡，违反了《中华人民共和国森林法》第三十七条第一款、《贵州省林地管理条例》第二十四条第一款的规定，属于违法行为，且其违法行为使国家利益和社会公共利益受到损害。虽被告某置业有限责任公司已在2020年9月履行了生态修复义务，但承担生态修复义务与赔偿环境服务期间功能损失并不是同一个概念，生态修复在于以人工方法消除或者修复环境破坏、污染造成的后果，赔偿环境服务期间功能损失在于对环境受损及恢复期间失去或减损的服务功能的赔偿，两者不能相互抵扣。被告某置业有限责任公司的违法行为造成林地涵养水源、保育土壤、净化大气环境等功能的损失并不因其进行补植复绿而有所减少，且被告某置业有限公司补植复绿还需进一步管护，仍不完全具备森林生态服务功能。根据《最高人民法院关于适用〈中华人民共和国民法典〉时间效力的若干规定》第一条第三款、《中华人民共和国民法典》第一千二百二十九条、第一千二百三十四条、第一千二百三十五条的规定，被告某置业有限公司应当继续承担生态修复责任，赔偿破坏生态环境所产生的期间功能损失并承担鉴定费用。本院在发现违法行为损害社会公共利益后，于 2021 年 7 月 13 日依法进行了诉前公告，公告期满无法律规定的机关和组织提起民事公益诉讼，社会公共利益仍处于受损害状态。现根据《中华人民共和国民事诉讼法》第五十五条第二款、《最高人民法院、最高人民检察院关于检察公益诉讼案件适用法律若干问题的解释》第十三条第二款的规定，特向你院提起诉讼，请依法裁判。

此致

某市中级人民法院

（二）判决书

贵州省某市中级人民法院

民事判决书

公益诉讼起诉人：某市人民检察院

被告：某置业有限公司

公益诉讼起诉人某市人民检察院与被告某置业有限公司（以下简称某公司）生态破坏民事公益诉讼一案，本院于 2022 年 3 月 16 日立案后，依法适用普通程序，已书面告知某市林业局。经查，某市人民检察院于 2021 年 7 月 13 日公告了案件相关情况，公告期内未有法律规定的机关和有关组织提起民事公益诉讼。本院依法组成合议庭，于 4 月 28 日公开开庭进行了审理。某市人民检察院指派检察员何某、刘某出庭履行职务，某公司法定代表人某某及委托诉讼代理人某某到庭参加诉讼。本案现已审理终结。

某市人民检察院向本院提出诉讼请求：1. 判令某公司赔偿森林生态服务期间功能损失 2916670.9 元；2. 判令某公司继续履行生态修复义务；3. 判令某公司承担鉴定费用 60000 元。事实和理由：2013 年 1 月 31 日，某房地产开发有限公司通过某市某镇人民政府招商引资，成立某公司开发项目。2014 年至 2020 年期间，在未办理林地使用手续情况下，某公司非法占用某某市某某国有林场、某某市某某水利工程管理所、某某市某某镇某某村熊某某、游某某等人林地共计 176.94 亩，建设项目水厂、污水处理厂、停车位、生态停车场、步道、休闲广场、运动场、游泳池等附属配套基础设施，组织对占用的林地进行挖掘、硬化，破坏了占地区域的林地乔木、原生植被、土壤。2014

年至2020年期间，因湖山公司非法占用林地，某某市林业局、某某市官渡国有林场、某某市森林公安局、某某市综合行政执法局分别下达《违法使用林地停工通知书》《停止违法行为告知书》《林业行政处罚决定书》《行政处罚决定书》，但某公司仍继续实施违法行为直至完工。经四川楠山林业司法鉴定中心鉴定，某公司非法占用林地面积共计176.94亩，其中乔木林地157.7亩、竹林地19.24亩；造成的森林生态服务期间功能损失共计2916670.9元，其中乔木林地2603018.71元、竹林地313652.18元。

2020年9月，某公司按照某某市林业局的要求进行了补植复绿。2020年10月，受某某市公安局委托，某某市林业调查规划设计队对某公司补植复绿进行验收。经查验，某公司已进行原地复绿117.44亩、异地复绿72.22亩，但是局部存在栽植密度不规范现象，未严格按设计间距栽种，栽种的苗木规格偏小，栽种地块存在积水情况，新造竹存在死亡现象。某公司未经批准占用林地违法建设某某湖项目附属设施，改变了林地地表状态，破坏了生物的活动繁衍以及生态平衡，违反了《中华人民共和国森林法》第三十七条第一款、《贵州省林地管理条例》第二十四条第一款的规定，属于违法行为，使国家利益和社会公共利益受到损害。虽然某公司已在2020年9月履行了生态修复义务，但承担生态修复义务与赔偿环境服务期间功能损失不是同一个概念，生态修复在于以人工方法消除或者修复环境破坏、污染造成的后果，赔偿生态环境服务期间功能损失在于对环境受损及恢复期间失去或减损的服务功能的赔偿，二者不能相互抵扣。某公司的违法行为造成林地涵养水源、保育土壤、净化大气环境等功能的损失并不因其补植复绿而减少，且某公司补植复绿还需进一步管护，仍不完全具备森林生态服务功能。根据《最高人民法院关于适用〈中华人民共和国民法典〉时间效力的若干规定》第一条第三款、《中华人民共和国民法典》第一千二百二十九条、第一千二百三十四条、第一千二百三十五条规定，某公司应当继续承担生态修复责任，赔偿破坏生态环境所产生的期间功能损失并承担鉴定费用。

某公司辩称，第一，答辩人对某市人民检察院诉请答辩人赔偿破坏生态产生的损失不持异议，答辩人已认识到自己的行为造成了生态环境的破坏，对此，答辩人同意赔偿由此产生的一切损失。答辩人在经营过程中，由于法律意识淡薄，因盲目追求建设效益，自认为补偿了农户、采取就地复绿或异地复绿就合法，从而占用了未经合法批准的林地，没有高度注意对生态环境的保护，造成了对生态环境的破坏，损害了国家和社会公共利益，理应承担由此产生的经济责任，答辩人亦深感后悔，完全同意某市人民检察院对答辩人提出的赔偿诉求。第二，答辩人同意某市人民检察院要求答辩人继续履行生态修复义务的诉讼主张，承诺将继续无条件地履行生态修复义务。答辩人在未取得合法批准手续的情况下，为满足建设本身和当地群众的需求不可避免地破坏了生态环境，虽然答辩人在建设过程中不断采取就地恢复植被或异地复绿的方式修复生态，但仍在客观上造成了对原有生态环境的破坏。对此，答辩人自愿承诺继续无条件地履行生态修复义务，保证恢复生态。第三，答辩人对鉴定人四川楠山林业司法鉴定中心作出的司法鉴定意见书采取的鉴定方式、鉴定内容无异议，但对司法鉴定意见中所确定的森林生态服务功能损失计算期间有不同的观点。答辩人在建设过程中系采取边破坏边就地或异地复绿的方式弥补对生态环境破坏的后果，虽然这种方式不能完全恢复已破坏的生态，在一定程度上还是有所弥补，但令人遗憾的是司法鉴定意见却对此没有能有效体现，因此，这一客观存在的事实恳请人民法院予以关注。第四，答辩人在客观上造成了对生态环境的破坏，但主观上并无恶意，恳请人民法院予以关注。答辩人之所以对生态环境造成破坏，主要是基于项目建设的配套需要。因为该项目开发地较为偏僻，没有能够满足正常生活所需的配套设施，如水厂、污水处理厂、停车位、生态停车场、步道、休闲广场、运动场、游泳池等。为此，当地群众及基层组织多次向答辩人提出要求完善配套设施。在此情况下，答辩人为了打造更好的人居生活环境及扶贫需要，遂自行出资约25912.27万元，完善了上述配套设施，有效改善了群众生活环境，项目业已纳入省级5个100旅游综合体。这些配套设施均属非营利性设施，不能为答辩人带来直接的经济效益。因此答辩人主观上是为改善人民群众的生活环境而非为了盈利，故恳请人民法院能予以关注。第五，答辩人对生态环境的补救得到了有关部门的肯定。2020年12月，经生态环境部南京环境科学研究所评估，答辩人所开发的项目对景观、野生动植物、水土流失保护措施基本有效，项目在落实生态保护补救方案和改进措施后，可以确保项目对区域生态环境的影响总体是可以接受的。对此，答辩人承诺将继续认真履行生态修复义务。第六，答辩人积极履行保护生态环境的义务。答辩人提交的证据可以证明，在经过合法程序取得项目二期土地使用权和支付相关费用的前提下，答辩人汲取项目一期即本案所涉工程的经验教训，为保护生态环境，主动停建二期项目，导致答辩人产生高达10170万元的经济损失。答辩人的这一行为，也是为保护生态环境主动作出的积极贡献。这一事实，答辩人亦恳请人民法院予以充分考虑。第七，答辩人因本案认定的违法行为已被赤水市综合行政执法局罚款1579938.73元并全部缴纳，恳请人民法院予以认定。

综上所述，答辩人同意某市人民检察院提出的诉讼主张，但请求人民法院考虑答辩人系为改善群众的生活环境而非为盈利实施破坏生态的行为，且事后积极采取补植复绿进行弥补，又为保护二期生态环境损失10170万元，同时已缴纳罚款157万元等基础上作出公正判决。

公益诉讼起诉人某市人民检察院围绕其诉讼请求提交了以下证据：

（一）第一组证据（证明某公司的民事主体身份）

1.《调查取证通知书》及所附某公司登记材料、某公司《营业执照》；2.《私营企业基本注册信息查询单》。证明：2013年7月12日，某公司登记成立，法定代表人苏某某，经营范围为房地产开发、旅游地产开发、农业投资开发、物业管理、建筑材料销售。2020年10月19日，某公司法定代表人由苏某某变更为聂某某。

（二）第二组证据（证明项目来源以及某公司非法占用林地的事实）

1.《招商引资合作意向性协议书》《招商引资合作意向性协议书补充协议》。证明：2013年1月31日，某市某镇人民政府与某房地产开发有限公司签订《招商引资合作意向性协议书》，约定选址在某市某镇某地，占地约2平方公里，建设国际高档旅游养生度假区、会展中心、主题公园、水上乐园及配套宾馆、娱乐和基础设施，并约定该公司必须在某市某镇成立旅游投资开发公司、房地产开发公司，项目的所有投资必须以新公司为单一主体进行投资活动。同日，某市某镇人民政府与该公司签订《招商引资合作意向性协议书补充协议》，约定项目开发建设用地采取招拍挂方式进行供应。

2.《某市蕨基坝生态休闲避暑旅游度假区项目投资建设合同书》。证明：某市人民政府与该公司签订《某市蕨基坝生态休闲避暑旅游度假区项目投资建设合同书》，约定由该公司在某市某镇投资建设休闲旅游养生度假区及配套综合开发项目，项目名称为某生态休闲避暑旅游度假区项目；约定某市人民政府负责审定建设规划并监督管理用地建设，配合该公司向省、市政府部门落实各项报批手续；约定该公司负责项目区域的城市供水、供电、供气、排污系统、垃圾处理、通讯等管网设施及亮化、绿化等基础设施的建设。

3. 《调取证据通知书》《调取证据清单》《贵州省企业投资项目备案证明》《国有建设用地使用权出让合同》《某某市人民政府关于同意出让国有建设用地使用权给某湖山置业有限公司的批复》《建设用地批准书》《某某市住房和城乡建设局出具的建设工程规划许可证》《某某市住房和城乡建设局出具的建设用地规划许可证》《建设工程施工许可证》《商品房屋预售许可证》《取水许可证》《林木采伐通知书》《贵州省林业厅使用林地审批同意书》《某某市林业局关于云中·某休闲养生度假区之 B9 地块（补征）临时用地的批复》及某某市发展和改革局作出的相关备案文件。证明：虽然项目取得了建设用地、建设施工、土地使用、林木采伐等许可，且贵州省林业厅分别于 2014 年、2015 年、2019 年批准同意某公司使用部分林地，某市林业局于 2019 年批准同意某公司临时使用部分林地。但是，涉案林地并未在某公司已取得林地审批手续范围内。

4. 某市林业局《某市某镇建设项目违法使用林地初查报告》《违法使用林地调查报告》、项目违法图斑示意图、某市林业局《项目涉嫌违规使用林地查验报告》《使用林地小班一览表》、项目涉嫌违规使用林地小班示意图、卫星图及照片。证明：2020 年 7 月，某市林业局对项目使用林地进行现场调查，经初查项目违法使用林地 50 多亩，建议移送某市森林公安局调查处理。2020 年 9 月，某市林业局会同项目业主再次对项目建设使用林地进行现场调查，经查疑似违规使用林地图斑 67 个，疑似违规使用林地面积 196.78 亩。

5. 某某林权证明、《接受证据材料清单》、某某《林权证》《赤水县集体山林管理证》《征地协议》《某某镇土地征收地上附着物补偿表》等。证明：涉案图斑的林地系某公司从某国有林场、某市某某镇高竹村某某等人流转而来的山林。

6. 《接受证据材料清单》《项目红线平场就地平衡不拉进不运出》等材料、项目 19 个地块平场红线施工图、《界址点坐标表》。证明：项目仅能在红线范围内施工，但涉案图斑已超出红线范围。

7. 某市林业局《违法使用林地停工通知书》、某市官渡国有林场《停止违法行为告知书》。证明：因某公司违法占用林地，某市林业局、某市官渡国有林场分别于 2019 年 1 月 29 日、2019 年 3 月 20 日、2020 年 5 月 10 日向某公司下达停止违法行为通知。

8. 某市森林公安局《林业行政处罚决定书》、某市综合行政执法局《行政处罚决定书》、某市风景名胜区管理局《行政处罚决定书》、某市人民法院行政裁定书。证明：因某公司非法占用林地，某市森林公安局、某市综合行政执法局分别于 2019 年 11 月 11 日、2019 年 5 月 17 日、2020 年 1 月 15 日、2020 年 6 月 19 日对其作出行政处罚，且某市人民法院准予强制执行某市综合执法局作出的 (2019) 某综执 03 字第 65 号《行政处罚决定书》以及 (2019) 某综执 03 字第 66 号《行政处罚决定书》。因某公司未经审批在风景名胜区从事建设活动，某市风景管理名胜区于 2020 年 9 月 21 日对其作出行政处罚。

9. 《调取证据通知书》《调取证据清单》《某市风景名胜管理局关于项目涉案图斑是否占用风景名胜区范围的情况说明》。证明：某公司非法占用林地涉及的图斑中仅有小班号 40、51、52、55、56 不在赤水风景名胜区范围内，其余图斑均在赤水风景名胜区内。

10. 证人证言

（1）聂某德证言。证明：聂某德挂靠在某建筑工程有限公司某分公司，并以分公司名义与某公司签订合同，约定聂某德负责项目所有地块的平场、附属设施建设及环境绿化。非法占用林地包括项目区内的道路硬化、绿化、广场、停车场、边坡草坪等附属配套设施，是某市林业局初查出的 67 个图斑，且不是在项目前期规划内，属于在红线内造成红线外的一些边坡垮塌、弃土占用，建成广场、运动场、绿化带、停车位等附属设施。

（2）聂某华证言。证明：2013 年，某市人民政府与该公司签订《休闲度假区招商引资协议》后，成立某公司负责度假区的开发，某公司又与某建筑工程有限公司某分公司签订施工合同，负责度假区的施工建设。非法占用林地涉及修建主体施工中超红线以及修建停车场等配套设施，在施工中没能补办到手续。

（3）聂某伍证言。证明：2013 年，某市人民政府与该公司签订招商引资协议，该公司在某地成立某公司，负责开发项目。项目施工前，某公司已全部办理相关手续。项目建设中，考虑山体滑坡、地质灾害、堆放弃土原因，可能在林地审批的范围以外占用林地，由聂某德负责超出部分林地审批手续，是否办理成功不清楚，违法占用的 67 个图斑修建了广场、生态停车场、运动场等。违法占用林地已开展原地、异地复绿。

（4）王某超证言。证明：项目污水处理厂和水厂、某某湖项目涉及的相关绿化、道路硬化建设都是湖山公司建设的。

（5）郑某平证言。证明：项目征用林地 1550 亩，某公司修建项目一至五期房开项目、LED 广场、游泳场、水厂都占用土地。这些地绝大部分是林地，少部分是耕地，有约 2 亩的河滩地和荒地，林地上主要是楠竹，也有少部分杂木。

（6）江某证言。证明：某国有林场约 300 亩林地被某公司占用，用于建成房屋、边坡绿化带，涉案所占林地图斑未办理林地使用手续。2019 年 1 月，项目在山王埂、燕子岩违法使用林地，某国有林场资源保护和产业发展中心向某公司下达过停工通知书。

（7）赵某浪证言。证明：项目林地审批手续是由某公司准备好申报占用林地相关资料报某市林业局，某市林业局初审认为符合申报条件，后将申报资料报某某市林业局，某某市林业局审核后再报贵州省林业局（贵州省原林业厅）审批。项目已办理审批手续 960.9 亩，疑似未办理林地审批手续的有 67 个图斑（含 6 个已处罚的图斑）、196.78 亩。

（8）陈某证言。证明：2013 年 1 月 31 日，某镇人民政府与该公司签订了招商引资合作意向性协议。后该公司成立某公司对项目进行开发建设。项目开发建设后，某镇人民政府要求某公司修建了污水处理厂，同时某公司提出修建天岛湖水厂，在修建水厂和污水处理厂时默认谁建设谁办理相关手续。项目开发修建后，对某市的经济、民生、就业和脱贫攻坚均起到积极作用。

（9）冯某证言。证明：某公司开发建设项目时，办理了林地占用手续，但项目建设过程中有边坡垮塌、地质灾害、堆放弃土等原因造成违法占用林地行为，某镇人民政府已要求某公司办理林地手续，林业部门、国土部门也对项目实施过程中造成的违法行为进行了处罚。

（10）王某证言。证明：某市某国有林场被占用的林地是某镇政府和某镇国土所丈量后决定的，林地手续由某公司委托第三方中介机构办理，某国有林场不负责办理林地手续。

（11）袁某礼证言。证明：某市林业局协助某公司办理林地使用审核同意书，但由于项目占用林地手续面积较大，某市林业局只负责初审，初审后逐级向某某市林业局、贵州省林业厅（林业局）上报办理。项目建设过程中，某市林业局发现某公司违法占用林地，并根据相关法律法规对某公司多次下达停工通知书。

（12）黄某证言。证明：2019 年 3 月，项目在黑串孔至山王垭公路沿线一带违法使用林地，向某公司下达过停工通知书。

（13）申某兵、袁某友证言。证明：2020 年 5 月，因项目在山王垭处建设的 B9 地块不同位置违法占用林地，林场两次向某公司下达停工通知书。

（14）肖某证言。证明：2019 年，因项目在二郎工区黑串孔至山王垭公路沿线一带栈道和二郎工区山王垭、燕子岩林区修建道路、栈道、弃土场、步道、绿化带等设施违法占用某国有林场的林地，林场两次向某公司下达停工通知书。

（15）母某秋证言。证明：2019 年 1 月 29 日，向某公司下达停工通知书，停工通知书是以赤水市林业局名义下达的。

（16）谢某雄证言。证明：项目用地审批过程中，某市某镇人民政府协助办理审批手续，2019 年 12 月之后项目未办理林地审批手续。

（17）陈某证言。证明：项目办理使用林地审核同意书时，需提供发改局备案文件、自然资源局提供的规划红线图、中介机构提供的使用林地可研报告、企业法人营业执照、身份证等资料，某市林业局初审后报某某市林业局，某某市林业局审查通过后报贵州省林业局，贵州省林业局审查通过后直接办理使用林地审核同意书。项目建设过程中，某市林业局发现项目建设中违法占用林地的行为，从 2016 年至 2019 年先后对某公司处罚 3 次，也多次向某公司发出停工通知书和催办林地手续通知书。

（18）李某彬证言。证明：项目办理林地手续，即是贵州省林业局核发的使用林地审核通知书。项目建设中，某市林业局、某国有林场多次向某公司下达停工通知书和催办手续通知书。

（19）黄某华证言。证明：项目建设占用林地手续办理程序是某公司委托第三方中介机构现场查验并编制使用林地可行性研究报告、具体项目立项或者备案批复文件、组建局或国土局盖章的用地红线图等资料提交某市林业局初查，某市林业局认为符合使用林地条件的逐级上报审批办理。项目在 2016 年 10 月至 2019 年 8 月期间先后发生 3 起违法占用林地案件。

（20）杨某梅证言。证明：某市金宝测绘公司负责项目建设前的放线和竣工后验收，放线是根据建设用地提供用地红线，由某市金宝测绘公司按照红线进行实地打桩，用警示带将桩连接起来，警示带内就是用地范围，红线以内的土地是可用地。项目验收是每个组团竣工后单独进行验收，并在所有组团建成后，对项目内所有附属设施进行验收。2020年9月20日，某市金宝测绘公司验收中，发现有超审批红线施工情况，但超出部分均系绿化、道路、停车场、广场之类的附属设施。

（21）吕某证言。证明：2012年，某市某镇人民政府到重庆市招商，并与该公司签订意向性投资协议，后某市人民政府与该公司签订投资建设合同。项目带动赤水市三个贫困村、八个乡镇脱贫。

（22）刘某证言。证明：违建图斑都是配套设施或休闲区，图斑涉及的是项目的水厂、LED荧幕、休闲养生广场、绿化带、小游泳池和步道、大游泳场的一部分、休闲停车位、景观水池和亭子、休闲运动广场、污水处理厂、U形硬化道路、岗亭、篮球场、酒店前面的广场靠湖一部分及旁边的景观平台。游某兰、熊某伦、袁某平、周某明、游某荣、张某明、杨某富、范某付、陈某支的证言（贵州省某市某镇高竹村村民）。证明：游某兰等人的土地被某公司征用，土地被征用前的属性是林地，主要有楠竹、杉树。

某市森林公安局《现场勘验笔录》《现场勘验（复勘）笔录》及照片。证明：项目未经审批占用林地现场情况，共涉及67个图斑地块，涉及绿化带、步道、休闲运动区、广场、广场绿化带、广场旁停车场、边坡、停车位、游泳池、草坪、亭子、水池、停车位、塑胶运动场、厕所、变电箱、污染处理厂、休闲广场、硬化道路、硬化空地、景观平台、水厂。

（三）第三组证据（证明某公司非法占用林地导致国家和社会公共利益受损的事实）

1. 《鉴定聘请书》、四川楠山林业司法鉴定中心《司法鉴定意见书》[川楠司鉴（03）字（2020）6号]。证明：某市公安局于2020年9月11日委托四川楠山林业司法鉴定中心对项目违法占用林地农用地类型、面积、林种进行鉴定。经四川楠山林业司法鉴定中心鉴定，湖山公司非法占用林地176.94亩，其中乔木林地157.7亩，竹林地19.24亩。涉案区域67个图斑内原有植被已毁坏，林地用途已改变，部分地表已硬化或修建房屋，原有的林草植被、腐殖层等森林群落全部毁坏，林业种植条件完全丧失，森林生态功能完全丧失。

2.《委托鉴定函》《森林生态服务功能损失司法鉴定意见书》（川楠司［2021］0604鉴字第611号）。证明：某市人民检察院于2021年8月委托四川楠山林业司法鉴定中心对项目违法占用林地造成的环境期间功能损失费用进行鉴定。项目自非法占用林地之日到2021年8月13日期间，造成森林生态服务功能损失价值共计2916670.9元，其中乔木林地2603018.71元，竹林地313652.18元。

3. 四川楠山林业司法鉴定中心《司法鉴定委托协议书》《关于鉴定费用说明》、发票。证明：森林生态服务功能损失价值鉴定费为60000元。

（四）第四组证据（证明某公司进行生态修复的情况以及其他事实）

1. 生态环境部南京环境科学研究所《项目生态影响后评价报告及评审意见》。证明：某市某镇人民政府委托生态环境南京环境科学研究所对项目生态环境影响进行专业评估，报告认为：在落实生态环境保护补救方案及改进措施后，可以确保项目对区域生态环境的影响总体是可以接受的。

2. 贵州仕虎工程咨询有限公司《项目林地植被恢复实施方案》、某市林业局《关于对〈项目林地植被恢复实施方案〉的批复》、某市林业调查规划设计队《项目林地补植复绿情况现地查验报告》、某市林业局、综合执法局《项目使用林地原地复绿造林验收报告》《项目使用林地异地复绿造林验收报告》。证明：1. 2020年9月，某公司委托贵州仕虎工程咨询有限公司编制了补植复绿方案，该补植复绿方案获某市林业局同意。2020年10月29日，某市林业调查规划设计队对某公司补植复绿进行验收，经查验，某公司已对非法占用的林地进行了原地或异地补植复绿，原地复绿117.44亩，异地复绿72.22亩。但是，局部存在栽植密度不规范现象，未严格按设计间距栽种；部分栽种的苗木规格偏小；部分栽种地块存在积水情况；部分新造竹存在死亡现象。

2. 2021年6月15日，某市农业局、某市综合行政执法局对某公司实施的生态修复情况进行检查、验收并对做好后续生态修复提出建议要求。

3. 视听资料。证明：某公司对非法占用的林地进行原地、异地补植复绿的现场情况。

4.《某市委办公室、某市人民政府办公室关于项目有关情况的说明》。证明：项目系某镇通过招商引资并于2013年启动的项目，选址位于某镇某坝，投资方为重庆某公司。项目引进时，贵州省、某甲市、某乙市均提出加快发展、加快转型、推动跨越总体要求，项目实施时，贵州省、某甲市、某乙市要求突出抓好产业发展，确保打赢脱贫攻坚战。项目已取得建设工程规划许可 635279.17 平方米，已建成 623371 平方米，剩余 11908.17 平方米未建设；已办理林地使用手续面积 943.9 亩（其中国家二级公益林 484.9 亩、商品林 459 亩）。某某湖项目被纳入省级 5 个 100 旅游综合体。

5. 某公司《项目经济社会成效资料汇编》。证明：某公司在建设项目期间，在某市某镇投资新建、改扩建道路，投资新建高压输电线路，带动项目周边建立蔬菜农场、养殖场、农家乐 20 多个，带动周边上千人就业以及年平均外地游客达到 100 余万人次。同时，某公司通过社会捐赠、投资建设贫困户安置房等助力脱贫攻坚。

6. 某市公安局某某派出所《某某湖人口核实情况》、某某湖社区居委会出具的《某某湖社区居民居住情况说明》。证明：项目已建成商品房 11700 套，已销售 10500 套，已入住 7668 户、2.5 万余人。

7.《某市人民检察院公告》。证明：某市人民检察院于 2021 年 7 月 13 日进行公告，公告期满没有收到法律规定机关和组织拟提出诉讼的通知。

被告某公司为反驳公益诉讼起诉人主张提交了以下证据：

（一）第一组证据

1.《招商引资合作意向性协议书》；2.《项目投资建设合同书》；3.《招商引资合作意向性协议书补充协议》；4.《某市城乡规划管理委员会（2017）第 5 次会议纪要》（某城规委议［2017］75 号）。证明："项目"来源的合法性。

（二）第二组证据

《养生度假区－总平面图》及指标表，证明："项目"规划的合法性。

（三）第三组证据

1.《项目水土保持方案报告书的复函》；2.《项目水土保持方案报告书的复函》；3.《项目环境影响报告表的审查意见》；4.《项目环境影响报告书的审查意见》；5.《地质灾害危险性评估报告备案登记表》项目建设用地地质灾害危险性评估。证明："项目"来源的合法性。

（四）第四组证据

1.《关于对项目的备案通知》；2.《关于对项目的备案通知》；3.《关于项目的备案通知》；4.《关于调整项目部分备案内容的通知》。证明："项目"立项手续的合法性。

（五）第五组证据

1.《某市人民政府关于出让国有建设用地使用权给某公司的批复》；2.《建设用地批准书》；3.《土地使用权证》。证明："项目"土地手续的合法性。

（六）第六组证据

《建设工程施工许可证》共17份。证明："项目"施工手续的合法性。

（七）第七组证据

《建设工程施工合同》〔由某公司分别与重庆某建筑工程有限公司某分公司、重庆某建筑工程有限公司签订（共两册）〕。证明："项目"施工手续的合法性。

（八）第八组证据

1.《贵州省建设工程竣工验收备案表》共15份；2.《建设用地规划许可证》共20份；3.《建设工程规划许可证》共22份；4.《建设工程竣工规划认可证》共19份。证明："项目"竣工手续的合法性。

（九）第九组证据

《不动产权证》共19份。证明："项目"竣工后取得相关的不动产权证。

（十）第十组证据

1.原始地貌地形图，共1张；2.原始地貌照片，共4张。证明："项目"施工前的原始地貌。

（十一）第十一组证据

1.《征地协议》共4份；2.《使用林地审核同意书》共7份。证明："项目"在施工过程中，对占用地（林地）及附着物向农户进行了全部补偿。

（十二）第十二组证据

1.房建工程地质灾害现场及整治照片，共6张；2.消防环线道路工程地质灾害现场及整治照片，共2张。证明："项目"在施工过程中，对房建工程、消防环线等地质灾害及时进行了整治。

（十三）第十三组证据

1.《项目使用林地复绿方案》；2.《复绿造林验收报告》；3.就地复绿照片，共10张；异地复绿照片，共25张；复绿对比照12张；4.生态停车位、社区活动广场照片，共4张；5.居民及社区居委会认可修建生态停车位、社区活动广场的《关于社区修建居民生活配套设施的情况说明》及

《同意修建公共设施民意表》；6. 某某湖保护生态环境纪实。证明："项目"在施工过程中，为满足群众和社区提出改善居住条件的要求，修建了生活配套设施生态停车位及社区活动广场，并及时对占用的林地进行了就地复绿或异地复绿。

（十四）第十四组证据

1.《某置业公司社会贡献及扶贫情况简介》及附件资料分册：扶贫资料、扶贫照片、《某公司扶贫赞助公益支出汇总表》及附件《转账凭证》；2. 项目荣誉清单；3. 经济社会成效资料汇编；4. 捐款捐物收据及发票。证明：某公司在开发"项目"过程中，积极参与扶贫并及赞助公益等事业，并得到社会的普遍认同。

（十五）第十五组证据

1.《某市项目生态影响专题评价报告》；2.《国有建设用地使用权出让合同》5份；3.《二期项目损失费用汇总表》。证明：湖山公司在开发"项目"过程中，根据政府要求，在已取得二期项目并支付了相关费用的前提下，主动停建二期项目，造成高达10170万元的经济损失。

（十六）第十六组证据

1.《某市综合行政执法局行政处罚告知书》；2.《某市综合行政执法局行政处罚决定书》；3. 贵州银行电子转账凭证。证明：某公司在开发"项目"过程中，因涉嫌占用林地共计161.99亩，已被某市综合行政执法局行政处罚并缴纳罚款107993.873元及500000元。

（十七）第十七组证据

1.《贵州省某市人民检察院不起诉决定书》；2.《贵州省某市人民检察院不起诉决定书》。证明：某公司在开发"项目"过程中，涉嫌占用林地共计176.94亩后，因已就地复绿面积112.61亩，异地复绿71.84亩，并且占用林地均属修建配套设施、公益性事业，故某市人民检察院认为某公司具有占用面积均属非营利性设施，案发后积极进行生态修复、愿意补办林地审批手续等情节，从而决定不起诉。

本院组织当事人进行了证据交换和质证。本院对当事人提交的证据认证如下：

（一）某市人民检察院提交的证据认定情况

1. 第一组证据，某公司认可证据"三性"，能够证明某公司的主体身份，本院予以采信；2. 第二组证据，某公司认可证据"三性"，能够证明案涉项目来源以及非法占用林地的基本事实，本院予以采信；3. 第三组证据，某公司对森林生态服务功能损失《司法鉴定意见书》有异议，认为在施工过程中，有部分林地系边施工边复绿，鉴定意见将森林生态服务功能损失计算的时间截止点认定在 2021 年 8 月 13 日明显不公。本院认为，该组证据能够证明某公司非法占用林地并造成森林生态服务功能受损的情况，予以采信；4. 第四组证据，某公司对证据"三性"不持异议，能够证明某公司进行生态修复的情况及某市人民检察院已经完成诉前公告程序，本院予以采信。

（二）某公司提交的证据认定情况

1. 第一组至第八组证据，某市人民检察院对证据"三性"不持异议，能够证明项目来源、立项、规划、用地、施工、竣工等手续合法，本院予以采信，但不能证明某公司合法使用案涉林地；2. 第九组至第十三组证据，某市人民检察院对证据"三性"不持异议，能够证明某公司取得项目的不动产手续、项目施工前的原始地貌、林地及附着物补偿、地质灾害整治、补植复绿等情况，本院予以采信；3. 第十四组证据，某市人民检察院对证据的真实性、合法性不持异议，但认为与某公司违法占用林地无关，本院认为，该组证据能够证明某公司在建设项目过程中参与当地公益事业，本院予以采信；4. 第十五组证据，某市人民检察院对证据合法性不持异议，对真实性存疑，本院认为，该组证据能够证明某公司停建二期项目，本院予以采信，但不能证明某公司由此产生的经济损失；5. 第十六组、第十七组证据，某市人民检察院对证据"三性"不持异议，能够证明某公司因违法用地被处罚、缴纳罚款、积极进行生态修复后某市人民检察院作出不起诉决定等情况，本院予以采信。

经审理查明，2013 年 1 月 31 日，某市某镇人民政府与重庆某公司签订《招商引资合作意向性协议书》和《招商引资合作意向性协议书补充协议》，约定由重庆某公司在某镇进行旅游投资、房地产开发。2013 年 4 月 26 日，某市人民政府与重庆某公司签订《某市旅游度假区项目投资建设合同书》，约定由重庆某公司在某镇投资建设休闲旅游养生度假区及配套综合开发项目，某市人民政府负责审定建设规划并监督管理用地建设，配合重庆某公司向省、市政府部门落实各项报批手续，重庆某公司负责项目区域的供水、供电、供气、排污系统、通讯等管网设施及亮化、绿化等基础设施的建设等。后重庆某公司于2013年7月12日成立贵州某实业有限公司，并在某市某镇开发案涉森林康养房开项目。

2014年至2018年期间，某市人民政府陆续向某公司作出30份批复，同意某公司通过挂牌出让程序取得相关地块的国有建设用地使用权。后某公司陆续取得建设地块的《土地使用权证》《建设用地批准书》《建筑工程施工许可证》《建设工程规划许可证》《建设用地规划许可证》《商品房预售许可证》《2016年林木采伐通知书》《2017年林木采伐通知书》《使用林地审批同意书》《某市林业局关于休闲养生度假区之B9地块（补征）临时用地的批复》，办理了项目的规划、用地、建设、施工等相关手续。

2019年11月11日，某市森林公安局作出《林业行政处罚决定书》，认定某公司非法占用林地2319平方米，擅自改变林地用途，处以罚款23190元，责令其限期恢复林地。

2019年5月至2020年6月，某市综合行政执法局相继作出四份《行政处罚决定书》，责令某公司限期恢复擅自改变土地用途的林地原状，并对该公司处以罚款。2020年1月6日，某市人民法院作出（2020）黔0381行审3号、4号行政裁定书，裁定准予强制执行某市综合行政执法局对某公司作出的限期履行恢复土地原状义务的行政处罚。

2020年9月21日，某市风景名胜区管理局作出《行政处罚决定书》，认为某公司在2014年4月至2020年8月建设休闲养生度假区时未经该局审核审批，对该公司处以罚款50万元。

2020年8月20日，某市林业局作出《建设项目违法使用林地初查报告》，经初步核实，建设项目违法使用林地50多亩，多数为配套设施，主要是休闲广场、停车场等。2020年8月21日，某市林业局森林资源管理和灾害防治股作出《某市某镇建设项目违法使用林地调查报告》，建议将建设项目违法占用林地行为移送某市森林公安局调查处理。2020年9月，某市林业局会同某镇林业站技术人员、项目业主再次对项目建设使用林地进行现场调查，经查验，项目疑似违规使用林地图斑67个，疑似违规使用林地面积196.78亩。

2020年9月15日，某市森林公安局对项目进行现场勘查（复勘），查明项目违法使用林地图斑67个，涉及绿化带、休闲广场、停车场、边坡、步道、游泳池、公共厕所、污水处理厂、硬化道路、景观水池、篮球场、观景平台观景树、硬化加固山壁、水厂厂房等。

2020年9月11日，四川楠山林业司法鉴定中心受某市公安局委托对建设项目涉嫌占用农用地的面积、地类、森林类别、林种、毁坏程度进行鉴定，并于9月22日作出《鉴定意见书》认定：项目涉案区域图斑面积共计176.94亩，地类均为林地，乔木林地面积157.7亩，竹林地面积19.27亩；现场已复绿面积112.61亩，涉及图斑41个，未复绿面积64.33亩，涉及图斑37个；涉案区域67个图斑内原有植被已毁坏，林地用途已改变，已复绿区域现种植桂花、银杏、杉木、石楠、红继木、草皮等植被，已具备林业种植生产条件，具备森林生态系统服务功能面积有112.61亩，未复绿区域，地表已实施硬化或修建房屋，林地原有森林植被已不复存在，原有的林草植被、腐殖层等森林群落全部毁坏，林业种植条件完全丧失，森林生态功能完全丧失，与周边相近林分比较，无法达到原有林相结构，欲恢复成为林业生产用地难度较大，面积有64.33亩。

2020年9月，某公司委托贵州仕虎工程咨询有限公司编制《项目林地植被恢复实施方案》。其中，"5.3设计布局、内容及规模"载明补植造林面积为256.51亩；验收基本要求为在2020年9月30日前完成补植，成活率在85%以上，管护期1至2年。2020年9月26日，某市林业局作出《关于对休闲养生度假区项目林地植被恢复实施方案的批复》，同意某公司按照《林地植被实施方案》进行复绿，明确复绿面积为245.28亩。

2020年10月29日至11月2日，受某市公安局聘请，某市林业调查规划设计队对项目复绿情况进行现地查验，作出《项目林地补植复绿情况现地查验报告》。查验结果为：1. 完成现地复绿面积共计117.44亩，符合营造林要求；2. 完成异地复绿面积共计72.22亩，符合营造林要求。存在的问题主要包括：部分小班局部栽植密度不规范、部分苗木规格偏小、部分苗木死亡、部分栽植地块积水等。

2020年12月20日至12月21日，受某市公安局聘请，某市林业调查规划设计队再次对项目复绿情况进行现地查验，查验结果对复绿面积进行了微调，对栽植密度予以认可，同时建议务必加强复绿地块后期跟踪监管，确保复绿见效，达到预期效果。

2020年12月，某镇人民政府委托生态环境部南京环境科学研究所编制

《项目生态影响后评价报告》认为，项目建设运行对项目区域周边地区的生态影响与环境影响报告书及环境影响报告表分析结论基本一致。本次评价调查分析表明，项目建成后，各项生态保护措施达到了预期效果，运行中保证各生态保护设施政策运行达到生态保护管理的要求，原环评中有关生态影响的结论基本可信，措施总体满足生态保护要求，基本达到预期效果，项目对景观、野生动植物、水土流失保护措施基本有效。项目在落实生态环境保护补救方案和改进措施后，保证各项措施得到有效实施，可以确保项目对区域生态环境的影响总体是可以接受的。

2021年6月3日，由某市林业局、综合执法局、某镇人民政府、某公司、某镇林业站组成县级检查验收工作组，按照《项目林地植被恢复实施方案》对项目原地复绿造林和异地复绿造林情况进行检查验收。6月15日，某市林业局作出两份《项目使用林地复绿造林验收报告》（原地、异地）显示，实际种植面积257.83亩（异地复绿71.9亩、原地复绿185.93亩），栽植密度、树种、栽植质量、面积合格率、管护率、抚育率全部达标。同时建议，1.加强对造林区域的科学化管理，确保造林地块内所栽植树种的成活率及保存率；2.强化抚育管护，使造林苗木不受人为危害，促进林木生长，确保造林成效；3.制作警示标牌设置，标牌上写明严禁人畜践踏损坏苗木，损坏照价赔偿等；4.存在局部地块有死亡现象，在造林季节及时补种。

2021年8月17日，某市人民检察院委托四川楠山林业司法鉴定中心对项目自非法占用林地之日至2021年8月13日期间造成的森林生态服务功能损失价值进行鉴定，鉴定费用60000元，由某市人民检察院预付。8月30日，四川楠山林业司法鉴定中心作出《关于贵州省某项目占用林地造成的森林生态服务功能损失司法鉴定意见书》，对森林具有的涵养水源、保育土壤、固碳制氧、林木营养积累、净化大气、保护生物多样性、防风固沙等主要生态服务功能因违法占地毁林产生的期间环境功能损失评定为2916670.9元，其中乔木林地2603018.71元、竹林地313652.18元。

2021年9月9日，某综合行政执法局对某公司违法占地176.94亩中的161.99亩作出罚款1079938.73元的行政处罚。

2021年11月16日，某市林业局出具《关于项目生态修复有关情况的说明》指出，某公司于2020年9月对项目非法占用林地进行了补植复绿，但不具备森林生态服务功能，四川楠山林业司法鉴定中心将森林生态服务功能损失计算期间确定为违法占用林地之日至 2021 年 8 月 13 日客观合理。

本院另查明，2021 年 3 月 2 日，某市委办公室、某市人民政府办公室作出《关于项目有关情况的说明》，指出对建设项目的引进、签约落地、项目实施等符合贵州省、某某市、某市对经济发展的总体要求和政策背景。目前，项目分别纳入省级 5 个 100 旅游综合体、省级 27 个示范旅游景区建设内容，列为全省重大工程项目调度，并在全省 100 个旅游综合体建设项目评比中排名第一。某公司在项目建设期间，在某市某镇投资新建、改扩建道路、投资新建高压输电线路、康养医院等，解决当地村民通行、就医等实际困难，带动项目周边建立蔬菜农场、养殖场、农家乐 20 多个，推进周边农户养殖、种植业的发展，解决当地村民就业上千余人，有力拉动群众增收。现项目已建成商品房 11700 套，居住居民人数 25000 余人，成为远近闻名的康养旅游度假区，年平均外地游客突破 100 余万人次。

本院认为，森林是水库、钱库、粮库、碳库，对保障国家生态安全和促进经济社会可持续发展具有基础性、战略性的地位与作用。本案中，某公司违反《中华人民共和国森林法》第三十七条、第三十八条等法律法规规定，未经林业主管部门审核同意，违法占用国家、集体林地 176.94 亩，擅自改变林地性质、用途，致使被占林地植被群落灭失，森林蓄水保土、调节气候、改善环境、维护生物多样性、提供林产品、固碳增汇等多种生态服务功能以及林业种植条件基本丧失，严重损害国家利益和社会公共利益。根据《中华人民共和国民法典》第一千二百三十四条关于"违反国家规定造成生态环境损害，生态环境能够修复的，国家规定的机关或者法律规定的组织有权请求侵权人在合理期限内承担修复责任。侵权人在期限内未修复的，国家规定的机关或者法律规定的组织可以自行或者委托他人进行修复，所需费用由侵权人负担"、第一千二百三十五条第一项关于"违反国家规定造成生态环境损害的，国家规定的机关或者法律规定的组织有权请求侵权人赔偿下列损失和费用：（一）生态环境受到损害至修复完成期间服务功能丧失导致的损失"之规定，某公司依法应当承担生态修复和赔偿生态环境期间服务功能损失的法律责任。

一、关于生态修复责任的相关认定

首先，根据《最高人民法院关于审理环境民事公益诉讼案件适用法律若干问题的解释》第二十条第一款关于"原告请求修复生态环境的，人民法院可以依法判决被告将生态环境修复到损害发生之前的状态和功能。无法完全修复的，可以准许采用替代性修复方式"之规定，生态环境损害的救济以恢复原状为原则，确实无法恢复原状的，可以替代性恢复。经本院现场查勘，案涉林地已建设成为森林康养项目的配套附属设施，与主体项目融为一体，客观上不具备恢复原状条件，且会造成相关区域自然环境、人居环境二次破坏，产生较大经济损失和不必要的资源浪费。为此，本院对林业部门、综合执法部门据实变更限期履行恢复原状的处罚措施，责令某公司通过选址实施人工造林的替代方式履行生态修复义务的做法予以认同。但从法律层面讲，未在被占用地原址开展生态修复的，即为异地替代修复。因此，案涉《验收报告》等相关证据所称某公司在项目一期、二期建设用地"原地""现地""就地"复绿，除边坡等区域可认为是原址补植外，其余区域实际上属于同地区异地点的替代修复。

其次，种植和管护是补植复绿型生态修复的两大重点阶段，本院对某公司履行相关义务情况分别予以评述。第一，种植义务履行情况。根据赤水市林业局于 2021 年 6 月 15 日作出的两份《验收报告》，某公司实际种植面积 257.83 亩，栽植树种、密度、质量、面积等全部达标，本院予以确认。第二，管护义务履行情况。虽然《验收报告》评定管护率、抚育率均已达到 100%，但同时指出，仍需继续加强对造林区域的科学化管理，对局部地块出现的死亡现象，在造林季节及时补种，确保造林地块内所栽植树种的成活率及保存率；仍需强化抚育管护，使造林苗木不受人为危害，促进林木生长，确保造林成效；尚需制作安放警示标牌，严禁人畜践踏损坏苗木等。对此，森林恢复生态服务功能既非一日之功，也非林业部门一家之事，主动管护、全面管护、尽责管护是某公司作为侵权主体应尽的后续生态修复义务。鉴于本次验收为多部门组织的综合验收，结合《林地植被恢复实施方案》，本院确定某公司的管护期为自本判决生效之日起两年，管护范围为两份《验收报告》确定的 257.83 亩补植复绿点，主要管护义务包括但不限于：立即制作警示标牌安放于补植复绿点，严禁非法采伐，防止人畜践踏损坏苗木；加强巡查，严防补植点森林火险，遇火灾、盗伐、毁林等情况及时报警、报告；按照林业部门要求开展补种补植，加大树木病虫害防治力度，做好苗木抚育培植等后续工作，为区域野生动植物的生存繁衍提供良好环境。

最后，案涉林区位于赤水河流域一级生态调节区、二级水源涵养和生物多样性保护区、三级大娄山水源涵养与生物多样性保护重要区。立足提升森林质量，加强森林经营，巩固森林碳汇，筑牢长江上游赤水河流域绿色生态屏障，管护期结束后，某公司可在力所能及的范围内协助林业部门对补植区域开展好后续伐残除枯、密度调整、提标培优等工作，不断提升森林固碳增汇能力，不断恢复补植区域整体生态服务功能。本院将把两份《验收报告》载明的林区整体纳入环境司法审判执行监督体系，采取案件回访、联合巡山、专家查勘等方式对某公司补植复绿和履行后续生态修复义务情况持续跟踪、动态观测，与行政机关、检察机关形成环境司法执法合力，主动接受社会监督，积极探索构建"恢复性司法实践＋多元化社会综合治理"机制，推动案涉林地生物多样性和"四库"功能逐步恢复、提升，实现生态修复落地见效，促进人与自然和谐共生，服务保障国家碳达峰碳中和战略目标。

二、关于生态环境期间服务功能损失责任的相关认定

首先，生态环境期间服务功能损失是指生态环境具有的供给、调节、文化、支持等服务功能以及存在价值受到损害至修复完成期间所产生的损失，与生态修复同属侵权人实施生态破坏行为所应承担的、可同时并用的民事责任类型。二者各有侧重，生态修复责任是对生态环境交换价值的保护，而生态环境期间服务功能损失责任则是对生态环境的使用价值进行弥补。本案中，某公司违法占地范围广、面积大、持续时间长，被占大部分林地本身具有的生态服务功能已不可逆转的丧失。鉴于公司及时采取原址补植与同区域异地点复绿相结合的修复方法，经生态环境部南京环境科学研究所作出《养生度假区项目生态影响后评价报告》评定，"措施总体满足生态保护要求，基本达到预期效果，项目对景观、野生动植物、水土流失保护措施基本有效。项目在落实生态环境保护补救方案和改进措施后，保证各项措施得到有效实施，可以确保项目对区域生态环境的影响总体是可以接受的"，故可不追究其对生态环境服务功能永久性损害造成的损失以及惩罚性赔偿责任，但生态环境期间服务功能损失责任不能减免。

其次，某公司主张已缴纳森林植被恢复费、已接受行政机关的罚款处罚，故应抵扣或减轻其所应承担的生态环境期间服务功能损失责任。对此，《贵州省征收征用林地补偿费用管理办法》第十二条第一款规定："森林植被恢复费属于政府性基金，纳入同级财政基金预算管理，实行专款专用，

专项用于林业主管部门组织的植树造林、恢复森林植被。具体使用办法由省人民政府财政、林业主管部门另行制定。"意即森林植被恢复费属于政府专项资金收入，专款用于植树造林、恢复森林植被，与生态环境期间服务功能损失赔偿款分属不同的法律性质，二者不能径行抵扣。某公司提交的《恢复森林植被安排表》显示，是否返还森林植被恢复费由县级林业部门逐级层报审核，故在某公司自行开展补植复绿的情况下，相关森林植被恢复费应否返还、如何返还，其可另行主张权利。另一方面，根据《中华人民共和国民法典》第一百八十七条关于"民事主体因同一行为应当承担民事责任、行政责任和刑事责任的，承担行政责任或者刑事责任不影响承担民事责任；民事主体的财产不足以支付的，优先用于承担民事责任"之规定，民事责任与行政责任相对独立，且民事责任具有优先性。本案中，行政机关对某公司处以罚款处罚，主要是对公司未批先建，扰乱建设用地管理秩序的违法行为进行规制，而本案追究其生态环境期间服务功能损失赔偿责任，重点在于对违法行为产生的生态环境损害后果进行救济。二者并行不悖，亦可彼此考量，但不属于相互减免的法定事由。鉴于某公司对多家行政机关连续作出责令停止违法行为、恢复原状的行政处罚置若罔闻，具有较大主观过错，故本院对其主张因已先期承担罚款责任，应当减轻生态环境期间服务功能损失责任的辩解意见不予采纳。

再次，案涉《森林生态服务功能损失司法鉴定意见书》系由具有专门资质的司法鉴定机构采取现场实地踏勘方法，根据相关法规、技术规程、评估规范，对案涉被占林地具有的涵养水源、保育土壤、固碳制氧、净化大气、防风固沙、积累林木营养、保护生物多样性等七大主要生态服务功能受损情况进行全面分析评估，所作生态环境期间服务功能损失结论客观科学，应予采信。对于某公司主张鉴定意见将生态服务功能恢复期截止日评定为 2021 年 8 月 13 日有失公平的问题。经查，虽然某公司存在边破坏、边补植的情况，但是完成补植不等于恢复功能。仅以森林碳汇功能为例，森林固碳速率与其林龄结构密切相关，幼龄林、中龄林的固碳效率相对较快，但生长周期普遍长达 10 年至 30 年以上。案涉补植林地系统性恢复前述七大主要生态服务功能所需时间显然只慢不快。因此，从法律层面界定案涉森林生态服务功能恢复期，至少应当着眼于某公司从违法占地到通过原址修复与异地修复方式对林地生态系统进行重构再造，直至生态服务功能恢复到基线状的整个期间。本案中，某公司于2021年6月通过林业部门组织的复绿造林综合验收，实现树种、密度、质量、面积等重点指标达标，但公司所举证据不足以证明先期栽植区域已提前实现局部生态服务功能恢复至基线水平。相反，《验收报告》指出公司尚需继续做好部分补栽和抚林育林工作，故生态服务功能恢复期截止日评定为鉴定意见书作出的2021年8月较为公平合理，亦为林业部门所认可，本院予以确认。据此，某公司应当赔偿生态环境期间服务功能损失2916670.9元并承担鉴定费60000元。

最后，根据《最高人民法院关于审理环境民事公益诉讼案件适用法律若干问题的解释》第二十四条第一款关于"人民法院判决被告承担的生态环境修复费用、生态环境受到损害至修复完成期间服务功能丧失导致的损失、生态环境功能永久性损害造成的损失等款项，应当用于修复被损害的生态环境"之规定，某公司赔偿的生态环境期间服务功能损失款，本院将围绕某某河流域生态保护，组织开展多类型、多方式的生态修复和相关配套工作，积极探索横向生态补偿机制，收款于民，还之于绿水青山。

某公司作为招商引资企业，通过投资兴业，促进地方经济发展，改善人居环境，提高资源利用价值，同时积极参与当地公益事业，体现企业担当，本院予以肯定。但是，企业所应承担的社会责任不仅体现在经济发展方面，还体现为严守生态红线，自觉保护生态环境。某公司开发的是森林康养项目，森林正是项目的核心价值所在，违法占地为森林蒙尘、为企业蒙羞。看似公司是为社区居民出行、排污、休闲、停车等公共事项而占地，但同样是为项目开发、市场营销配套赋值，既说明公司在规划设计实施方面存在不足，更反映出公司守法意识和底线意识有待加强。正如公益诉讼起诉人所言，生态环境没有替代品，用之不觉、失之难存；保护生态环境与企业发展并非矛盾对立的关系，而是辩证统一的关系。期望某公司正视问题，积极履行修复义务和赔偿责任，确保案涉林地生态修复取得实效；以本案为契机，牢固树立"两山"理念，坚持生态优先、绿色发展，通过生态环境"含绿量"提升企业发展"含金量"，促进企业绿色转型、行稳致远。

综上所述，公益诉讼起诉人某市人民检察院的诉讼请求成立，本院予以支持。为落实国家用最严格制度最严密法治保护生态环境的要求，切实维护国家利益和社会公共利益，依照《中华人民共和国民法典》第一百八十七条、第一千二百三十四条、第一千二百三十五条第一项、《中华人民共和国森林法》第三十七条、第三十八条、《最高人民法院关于适用〈中华人民共和国民法典〉时间效力的若干规定》第二条、《最高人民法院关于审理环境民事公益诉讼案件适用法律若干问题的解释》第二十条第一款、第二十四条第一款、《中华人民共和国民事诉讼法》第五十八条、第一百四十五条、第一百五十五条之规定，判决如下：被告贵州某湖山置业有限公司按照某市林业局于 2021 年 6 月 15 日作出的原地、异地《复绿造林验收报告》、贵州仕虎工程咨询有限公司于 2020 年 9 月出具的《休闲养生度假区项目林地植被恢复实施方案》，对案涉 257.83 亩补植复绿点所在林区继续履行好后续生态修复（管护）义务，包括但不限于：1. 本判决生效后十日内制作警示标示牌（内容由本院审定），分别安放于《复绿造林验收报告（异地）》记载的 16 个小班处（相邻、连片的区域可只安放一块）和《复绿造林验收报告（原地）》记载的二期第 1 号、第 2 号、第 3 号小班处和一期第 48 号、第 57 号小班处，严禁非法采伐已补植的林木，防止人畜践踏损坏苗木；2. 定期开展巡查，严防补植点森林火险，遇火灾、盗伐、毁林等情况及时报警、报告；3. 按照林业部门要求开展补种补植，加大树木病虫害防治力度，做好苗木抚育培植等后续工作，为区域野生动植物的生存繁衍提供良好环境。管护期为本判决生效后两年。管护期届满后，贵州某湖山置业有限公司在力所能及的范围内协助林业部门开展好补植复绿点的后续抚林育林工作。

三、限被告贵州某湖山置业有限公司于本判决生效后十日内赔偿生态环境期间服务功能损失 2916670.9 元、支付鉴定费 60000 元，款项汇入本院指定的对公账户。如果未按本判决指定的期间履行给付金钱义务和其他义务，应当按照《中华人民共和国民事诉讼法》第二百六十条规定，加倍支付迟延履行期间的债务利息、支付迟延履行金。案件受理费 30133.37 元，由被告贵州某湖山置业有限公司负担。

如不服本判决，可以在判决书送达之日起十五日内，向本院递交上诉状，并按对方当事人或者代表人的人数提出副本，上诉于贵州省高级人民法院。

第三章 食品药品安全检察公益诉讼

第一节 概 述

一、食品药品安全概述

（一）食品药品概述

1. 食品与食品安全。食品是指各种供人食用或者饮用的成品和原料以及按照传统既是食品又是中药材的物品，包括加工食品、半成品或未加工食品，但不包括烟草或只作药品用的物质。关于食品的分类，可以参考国家食品药品监督管理局《关于公布食品生产许可分类目录的公告》中的规定。需要注意的是保健食品、特殊医学用途配方食品、婴幼儿配方乳粉也属于《食品安全法》中食品的范畴。根据《食品安全法》第 150 条规定，食品安全是指食品无毒、无害，符合应当有的营养要求，对人体健康不造成任何急性、亚急性或者慢性危害。食品安全主要涉及：食品生产和加工、食品销售和餐饮服务；食品添加剂的生产经营；用于食品的包装材料、容器、洗涤剂、消毒剂和用于食品生产经营的工具、设备（以下简称食品相关产品）的生产经营；食品生产经营者使用食品添加剂、食品相关产品；食品的贮存和运输等。食品安全问题按照不同标准可以分为生产安全与经营安全、过程安全与结果安全、现实安全与未来安全。

2. 药品与药品安全。根据《药品管理法》第 2 条第 2 款的规定，药品主要是指用于预防、治疗、诊断人的疾病，有目的地调节人的生理机能并规定有适应症或者功能主治、用法和用量的物质，包括中药材、中药饮片、中成药、化学原料药及其制剂、抗生素、生化药品、放射性药品、血清、疫苗、血液制品和诊断药品等。药品安全，指通过对药品研发、生产、流通、使用全环节进行监管所表现出来的消除了外在威胁和内在隐患的综合状态，以及为达到这种状态所必要的供应保障和信息反馈，其内涵可以界定为质量符合标准、不良反应在可接受的范围内、临床无用药差错和可及性四个部分。需要注意的是，《药品管理法》中关于药品的定义不包括农药和兽药，办案中涉及生产、销售伪劣农药和兽药侵害社会公共利益的，在判断案件属于食品安全领域还是新领域案件时，要结合具体案情，判断是否已经形成并供人体使用的农产品或肉制品，若是，则属于食品安全领域，反之，则是新领域案件。化妆品、医疗器械可以纳入药品安全公益诉讼案件范围。

（二）危害食品药品安全的主要表现

食品安全领域侵害国家利益或社会公共利益的情形主要有：

1. 未取得食品生产经营许可证从事食品生产经营活动，或未取得食品添加剂生产许可从事食品添加剂生产活动。

2. 生产经营未经检疫、检验或检疫、检验不合格的肉类及制品。

3. 销售"三无"食品、超过保质期食品。

4. 生产、销售不符合食品安全标准的食品。

5. 生产、销售有毒、有害食品。

6. 食品可能危及消费者人身、财产安全，未作出真实的说明和明确的警示，未标明正确使用的方法以及防止危害发生方法的；对提供的食品的质量、性能、用途、有效期限等信息作虚假或引人误解宣传。

7. 以格式条款、通知、声明、店堂告示等方式，在食品药品安全方面作出排除或者限制消费者权利、减轻或者免除经营者责任、加重消费者责任等对消费者不公平、不合理规定。

8. 其他在食品安全领域侵害众多不特定消费者合法权益或者致使国家利益和社会公共利益受到侵害的行为。

药品安全领域侵害社会公共利益的情形主要有：

1. 生产、销售假药、劣药。

2. 药品的生产企业、药品的经营企业、药物非临床安全性评价研究机构、药物临床试验机构未遵守药品生产质量管理规范、药品经营管理规范、药物非临床研究质量管理规范、药物临床试验质量管理规范。

3. 伪造、变造、买卖、出租、出借许可证或者药品批准证明文件。

4. 提供虚假的证明、文件资料、样品或者采取其他欺骗手段取得药品生产许可证、药品经营许可证、医疗机构制剂许可证或者药品批准证明文件。

5. 药品标识不符合法律规定。

6. 药品检验机构出具虚假检验报告。

7. 违法进行医疗器械生产、经营或使用，违法进行化妆品生产、经营。

8. 其他侵害众多不特定消费者合法权益或者社会公共利益受到侵害的行为。

二、食品药品安全检察公益诉讼概述

食品药品安全是与民众息息相关的大事，直接关系到人民群众的身体健康和生命安全，涉及消费者最基本、最重大权益保护。食品药品安全是重大的政治问题、民生问题，也是重大的公共安全问题。2017 年 6 月 27 日，全国人大常委会修改了《民事诉讼法》和《行政诉讼法》。根据《行政诉讼法》第 25 条第 4 款的规定，检察机关在履行职责中发现食品药品安全领域负有监督管理职责的行政机关违法行使职权或者不作为，致使国家利益和社会公共利益受到侵害的，应当向行政机关提出检察建议，督促其依法履行职责。行政机关不依法履行职责的，检察机关依法向人民法院提起诉讼。根据《民事诉讼法》第 55 条（2021 年 12 月 24 日修正后为第 58 条）第 2 款，人民检察院在履行职责中发现食品药品安全领域侵害众多消费者合法权益等损害社会公共利益的行为，在没有法律规定的机关和组织或者规定机关和组织不提起诉讼的情况下，可以向人民法院提起民事公益诉讼。规定的机关和组织提起诉讼的，人民检察院可以支持起诉。故食品药品安全领域既可能是行政公益诉讼，也可能是民事公益诉讼，需要在实践中注意把握。

为了保障千家万户舌尖上的安全，最高人民检察院针对该领域案件的特殊性出台了系列政策性文件。最高检在《关于加大食药领域公益诉讼案件办理力度的通知》（2017 年）中明确要求，检察机关办理发布虚假违法食品、保健食品广告违法行为等公益诉讼案件时，将重点关注广告代言人的违法行为以及新闻出版广电管理等部门在监管过程中是否存在不作为的情形，将食品、保健食品欺诈和虚假宣传两类列为重点关注的食药领域公益诉讼案件。① 为深入贯彻党的十九大精神，落实"健康中国"战略，充分发挥检察机关公益诉讼职能，顺应人民群众对食品安全的新期待，积极回应社会关切，最高检部署全国检察机关统一开展"保障千家万户舌尖上的安全"专项监督活动，制定下发了《关于开展"保障千家万户舌尖上的安全"检察公益诉讼专项监督活动的实施方案》（2018 年)。该方案中重点开展三方面监督工作：农贸市场、超市、学校周边等销售有毒、有害或不符合食品安全标准的食用农产品、食品行为及监管部门是否依法履行监管职责问题；网络餐饮生产经营者食品加工违法行为及监管部门是否依法履行职责问题；违反饮用水水源保护区规定的违法行为及监管部门是否履行职责问题。② 2019 年 5 月，中共中央、国务院《关于深化改革加强食品安全工作的意见》③ 提出了食品安全"四个最严"的要求，即用最严谨的标准、最严格的监管、最严厉的处罚、最严肃的问责，进一步加强食品安全工作，同时提出探索建立食品安全民事公益诉讼惩罚性赔偿制度。2020 年 7 月 28 日，最高人民检察院与中央网信办、国务院食品安全办等食品药品有关 10 个部门共同印发《关于在检察公益诉讼中加强协作配合依法保障食品药品安全的意见》，就各部门在检察公益诉讼中加强协作配合，更好地保障食品药品安全达成共识。该意见中明确了关于食品药品安全领域检察公益诉讼的线索移送、立案管辖、调查取证、诉前程序、提起诉讼、日常联络和人员交流等 7 方面 19 项问题。2021 年 3 月 30 日，最高人民检察院与最高人民法院、农业农村部等食品有关 7 个部共同印发《探索建立食品安全民事公益诉讼惩罚性赔偿制度座谈会会议纪要》，就食品安全领域民事公益诉讼惩罚性赔偿制度实践探索、推动制度建立相关问题达成共识。

---

① 《最高检下发通知加大食药领域公益诉讼案件办理力度》，载最高检官网，https://www.spp.gov.cn/xwfbh/wsfbt/201801/t20180117_208916.shtml，2020 年 10 月 18 日访问。

② 《最高检部署开展"保障千家万户舌尖上的安全"检察公益诉讼专项监督活动》，载最高检官网，https://www.spp.gov.cn/spp/tt/201808/t20180828_390092.shtml，2020 年 10 月 18 日访问。

③ 《中共中央、国务院关于深化改革加强食品安全工作的意见》，载新华网，http://www.xinhuanet.com/politics/2019 - 05/20/c_1124519551.htm，2020 年 10 月 18 日访问。

我国食品安全工作仍面临不少困难和挑战，形势依然复杂严峻。微生物和重金属污染、农药兽药残留超标、添加剂使用不规范、制假售假等问题时有发生，环境污染对食品安全的影响逐渐显现；违法成本低，维权成本高，法制不够健全，一些生产经营者唯利是图、主体责任意识不强；新业态、新资源潜在风险增多，国际贸易带来的食品安全问题加深；食品安全标准与最严谨标准要求尚有一定差距，风险监测评估预警等基础工作薄弱，基层监管力量和技术手段跟不上；一些地方对食品安全重视不够，责任落实不到位，安全与发展的矛盾仍然突出。这些问题影响到人民群众的获得感、幸福感、安全感，成为全面建成小康社会、全面建设社会主义现代化国家的明显短板。人民日益增长的美好生活需要对加强食品安全工作提出了新的更高要求。推进国家治理体系和治理能力现代化，推动高质量发展，实施健康中国战略和乡村振兴战略，为解决食品安全问题提供了前所未有的历史机遇。必须深化改革创新，用最严谨的标准、最严格的监管、最严厉的处罚、最严肃的问责，进一步加强食品安全工作，确保人民群众"舌尖上的安全"。①

从近几年来检察机关办理的公益诉讼案件情况来看，食品药品安全公益诉讼已然成为检察公益诉讼的第二大重点领域，最高检也明确要求每个市州院、基层院要把食品药品安全领域案件作为公益诉讼必办案件，实现办案领域全覆盖。从最高检发布的典型案例来看，有多起案件为食品药品领域案件，涉及网络餐饮、校园周边食品、转基因食品、虚假药品广告等。

贵州省办理的多件食品药品安全领域公益诉讼案件入选最高检典型案例：贵州省遵义市红花岗区检察院诉刘某美等三人生产、销售不符合安全标准食品刑事附带民事公益诉讼案入选2021年"3·15"食品药品安全消费者权益保护检察公益诉讼典型案例；贵州省毕节市黔西县检察院督促整治网络餐饮平台不正当竞争行为行政公益诉讼案入选最高检充分发挥检察职能推进网络空间治理典型案例，并写入最高检2021年向两会所作的最高检工作报告，被央视报道；贵州省安顺市紫云自治县人民检察院督促整治抑菌霜违规添加禁用物质行政公益诉讼案入选2022年"3·15"检察机关

① 《中共中央、国务院关于深化改革加强食品安全工作的意见》，载新华网，http://www.xinhuanet.com/politics/2019-05/20/c_1124519551.htm，2020年10月18日访问。

食品药品安全公益诉讼典型案例。

当前食品药品安全领域公益诉讼案件的主要特点就是数量多、范围广，涉及行政公益诉讼与民事公益诉讼，是检察机关公益诉讼办案重点。该类案件违法情形存在隐蔽性较高的特点，需要我们具备较高的专业能力才能发现问题、解决问题，发挥检察机关在维护食品药品安全的职能作用。

第二节 立 案

一、线索收集评估

检察公益诉讼工作开展初期，办案人员对于如何发现食品药品安全领域的案件线索方法不多，即便摸排出线索，成案率也不高。随着工作不断向纵深发展，全面推开后迈入正轨，检察机关该项职能被大力普及宣传后，线索获得渠道进一步拓展，总结了一些行之有效的案件线索摸排收集经验。

（一）线索摸排收集方法

1. 建立内部线索移送机制。注重发挥检察办案一体化优势，各部门在工作或办案中发现公益诉讼案件线索的，第一时间移送公益诉讼检察部门，充分发挥检察协同作用，加大获取线索力度。一是善于将刑事案件的线索转化为公益诉讼案件线索，定期与刑事检察部门的人员沟通，从已办结或在办案件中摸排是否有涉及食品药品安全领域的犯罪，从中获取案件线索；二是善于从民事、行政诉讼监督案件中发现线索，尤其是办理的督促履职案和非诉执行案件，排查是否有涉及食品药品安全领域，侵害国家利益和公共利益的情形；三是善于从信访案件中发现线索，提醒控申部门在接访过程中发现有食品药品安全领域线索的，通知公益诉讼检察部门人员共同参与接访。

2. 建立外部合作关系。与市场监管部门、农业农村部门、食品药品监督管理部门以及消费者权益保护组织等建立长效沟通协作机制，完善案件线索移送与案件信息共享机制；与行政机关开展联合执法，实现行政执法与公益诉讼的有效衔接；到食品药品监管行政机关、信访办、基层组织等走访座谈，获得有关信息，转化为公益诉讼案件线索。

3. 通过"益心为公"检察云平台拓展线索来源。积极组建和壮大"益心为公"平台公益诉讼志愿者队伍，发挥好平台志愿者在线索提报、线索评估等方面的作用。

4. 充分利用新媒体拓展公益诉讼线索举报途径，开通 12309 专项举报电话，检察官网、微信、微博举报平台，随手拍 APP 等，广开公益诉讼线索举报之门。

5. 建立公益诉讼举报奖励制度。公益诉讼涉及不特定多数人的利益，需要营造全民参与的氛围，建立公益诉讼举报奖励制度确有必要。

6. 充分运用互联网、人工智能、大数据功能发现线索。关注涉及食品药品安全的新闻舆论，从本地日报、电视台、社会民生类节目等发现线索，在论坛、贴吧、公众号媒体上发现线索。有的检察机关在智慧检务建设中，嵌入公益诉讼线索收集模块，运用大数据技术，在海量数据中筛选出公益诉讼线索。

7. 聘请特邀检察官助理或公益损害观察员。通过聘请行政机关专业人员兼任特邀检察官助理提供专业知识帮助，从行政执法案件中发现线索。以县区为中心，乡镇为节点，聘请公益损害观察员为检察机关提供线索。

8. 以类案思维模式，发现公益诉讼线索。关注公益诉讼指导性案例、典型案例和先进地区的经验做法，对照本地区实际情况，发现收集本地可能存在的同类案件线索。

（二）线索摸排重点方向

1. 食品、保健食品欺诈和虚假宣传方面的问题。

（1）未经许可生产经营食品、保健食品。

（2）食品、保健食品标签虚假标识。

（3）对普通食品宣传具有保健、治疗功能。

（4）未经审查发布广告、发布虚假违法广告。

（5）食药监、质检、工商管理等监管部门违法行使职权或不作为。

2. 农贸市场、超市、学校周边等销售有毒、有害或不符合食品安全标准的食用农产品、食品行为以及监管部门是否依法履行监管职责问题。

（1）含违禁农药，农药残留、兽药残留、重金属残留超标。

（2）销售死因不明动物肉，销售走私冻肉。

（3）销售含可能危害人体健康物质的食品，食品添加剂超量。

（4）销售未经检疫和检验或检疫和检验不合格的肉类及肉制品。

（5）销售虚假标注无公害、绿色、有机食品。

（6）假冒无公害、绿色、有机食品进行销售。

（7）市场监管部门未按规定抽检的问题。

3. 网络餐饮生产经营者食品加工违法行为及监管部门是否依法履行职责问题。

（1）入网餐饮服务提供者没有实体经营门店。

（2）入网餐饮服务提供者未依法取得食品经营许可证。

（3）入网餐饮服务提供者委托他人加工制作或超范围经营。

（4）网络销售没有食品标签、生产许可证编号不真实等"三无"食品。

（5）网络餐饮服务第三方平台提供者或入网餐饮服务提供者提供不符合法律法规章和食品安全标准规定的食品配送容器、餐具和包装材料。

（6）网络餐饮服务平台未核实入网餐饮服务提供者条件或者对入网餐饮服务提供者管理不到位。

（7）监管部门对入网餐饮服务提供者、网络餐饮服务平台是否依法进行监管。

4. 违反饮用水水源保护区规定的违法行为及监管部门是否履行职责问题。

（1）食品生产经营用水不符合国家规定的生活饮用水卫生标准。

（2）在饮用水水源保护区内设置排污口。

（3）在饮用水水源一级保护区内新建、改建、扩建与供水设施和保护水源无关的建设项目。

（4）在饮用水水源一级保护区内从事网箱养殖、旅游、游泳、垂钓或者其他可能污染饮用水水体的活动。

（5）在饮用水水源二级保护区内新建、改建、扩建排放污染物的建设项目。

（6）监管部门是否存在违法行使职权或不作为情形。

二、立案

根据《公益诉讼办案规则》的规定，人民检察院应当对公益诉讼案件线索的真实性、可查性等进行评估，必要时可以进行初步调查，并形成《初步调查报告》。经评估，有初步材料证实同时存在国家利益或者社会公共利益受到侵害，食品药品安全领域对保护国家利益或者社会公共利益负有监督管理职责的行政机关可能存在违法行使职权或者不作为的情形，应当报请检察长决定后立为行政公益诉讼案件。经审查，有初步材料证实社会公共利益受到侵害，可能存在食品药品安全领域侵害众多消费者权益的情形的，应当评估是否需要通过民事公益诉讼实现社会公共利益的保护或恢复，确有必要的，应当立为民事公益诉讼案件。对于国家利益或社会公共利益受到严重侵害，人民检察院经初步调查难以确定不依法履行监督管理职责的行政机关或违法行为人的，也可以立案调查。

食品药品安全领域的公益诉讼案件，在线索审查评估时，可能会仅有材料证实发生了食品药品安全侵害事实或侵害危险，但会面临行政或民事公益诉讼的立案选择。一般认为，应当坚持行政公益诉讼优位原则，以发现受损事实——追踪违法主体——锁定监管单位——核实履职情况——督促依法履职——保护恢复受损公益的思路去办案。主要考虑是，食品药品安全涉及千家万户，一旦处置不及时，可能引发重大危害群体事件。而行政监管的保护效率更高，司法行为往往具有被动性和滞后性。因此，如发现这方面案件后，首先，我们应梳理行政机关是否履职，行政手段是否穷尽，如还有可用的行政手段，则应选择通过检察建议方式来督促行政机关依法履职解决，这样比直接提起民事公益诉讼，更有利于高效解决问题，节约司法资源。其次，行政公益诉讼的证据要求较民事公益诉讼低。民事公益诉讼会影响被告的民事权利、财产、名誉等，诉讼请求明确具体，需要有相应的事实证据支撑。特别是对于损害后果的评估鉴定，鉴定费用高、周期长，鉴定意见也可能面临质疑，出现多次鉴定评估。行政公益诉讼我们只需证明侵害公益事实，行政机关具有相应职责而违法履职或不作为，二者有因果关系即可，诉讼请求一般只要求行政机关对此依法履职，至于履职的具体方式，属于行政权自由裁量范围。所以，在办理这类案件的立案选择时，首先考虑行政公益诉讼，只有在行政机关并无履职不当，或行政措施已经穷尽、公益仍受侵害情况下，才考虑走民事公益诉讼救济路径。

第三节　调查核实

民事公益诉讼亦属于民事诉讼的范畴，起诉（原告）方与被告双方地位平等。检察机关作为起诉方，需要对起诉认定的事实、诉讼请求等所有主张提供证据支撑。行政诉讼虽明确了举证责任倒置原则，但检察机关作为国家公权机关，相对于普通行政相对人，具有收集证据的公权支持、专业人员、公用经费等，显然不能完全将举证责任推给行政机关。实务中，行政公益诉讼绝大多是针对行政机关不作为的情形，需要证明行政机关对该公益损害负有监管职责而未履行该职责。证据的收集与提供、审核与认定，证据是否具有证明力，是否达到证明标准，能否证明案件事实，是公益诉讼办案的核心。要以"办成案、办好案，能起诉、能胜诉"的标准，注重搜集书证、物证、证人证言、鉴定意见、视听资料等各种形式的证据，确保证据的合法性、关联性、真实性不存在问题，证据之间不存在矛盾和冲突，认定的每一项事实都有证据证实。

一、调查方式

1. 查阅、调取、复制相关刑事案件、行政执法案件卷宗材料。

2. 询问行政机关工作人员、违法行为人以及行政相对人、利害关系人、证人等。

3. 向有关单位和个人收集书证、物证、视听资料、电子数据等。

4. 勘验物证、现场。

5. 调取生产销售记录。

6. 调取食品监管部门检验报告。

7. 调取质检部门检测报告。

8. 调取专家或行业协会对违反食品安全标准的意见。

9. 咨询专业人员、相关部门或者行业协会等对专门问题的意见。

10. 委托鉴定、评估、审计、检验、检测、翻译。

11. 其他必要的调查方式。

就行政公益诉讼案件来说，除了上述调查方式外，针对案情相对简单，行政机关对公共利益受到侵害、其违法行使职权或不作为没有异议、有立即整改意愿且通过立即整改公共利益可以得到有效保护的案件，还可与相关食品药品监督管理部门进行磋商，这样有助于实现案件繁简分流，提高办案效率，使检察机关可以集中精力办理有阻力、需要多部门协商解决的难案要案。磋商可以采取召开磋商座谈会、向行政机关发出磋商函、事实确认书、磋商意见书等方式进行。根据磋商的结果再采取终结案件、继续调查或提出检察建议等措施。

二、调查重点内容

（一）食品药品安全行政公益诉讼的调查重点

1. 国家利益或者社会公共利益受到侵害的事实。可以通过调取相关刑事案件卷宗材料，食品药品监督管理部门及其委托机构的检验报告、质检部门的检测报告、安全事故调查报告及相关资料和样品、进货查验记录、食品药品销售渠道范围及购销记录、行政机关工作人员、行政相对人、利害关系人等的询问笔录、专家或者行业协会对不符合食品药品安全标准的生产经营行为造成的社会公益受到侵害或侵害危险的意见以及部分消费者的证言等，调查国家利益或者社会公共利益受到侵害的事实。

2. 行政机关的监督管理职责。调查食品药品监督领域行政机关的法定职责、权限和法律依据。该部分主要是关于如何确定监督对象及其职责的问题。这个问题十分重要和关键，直接决定了检察建议的制发对象和可提起诉讼的被告。这方面证据一般可通过查找法律、法规、规章确定法定职责，并参考权力清单和涉及行政机关职责分工的会议纪要、机构设置的文件（如"三定"方案）等。

3. 行政机关不依法履行职责的行为。调查法定监管行政主体违法行使职权和不作为的事实，即违法行使职权或者不作为的过程、方式和状态。主要包括违法履行职责、不作为或完全不履职、不完全履职或履职不到位三种情形。这方面的证据主要可通过调取食品药品监管部门的行政执法档案材料、行政相对人的证言、生产经营许可证等来审查行政机关有无相应违法行为。如是否存在违法许可与违法审批，是否对相关违法行为及时进行查处、行政处罚不到位、不依法复查监督、怠于实施强制措施、食品药品安全案件移送刑事司法后不再作出行政处罚、怠于履行食品药品责令召回职责等情形。

4. 行政机关违法行使职权或不作为的行为与国家利益和社会公共利益受到侵害的关联性。

（二）食品药品安全民事公益诉讼的调查重点

食品药品安全领域民事公益诉讼案件主要围绕侵权要件，即侵权主体、侵权行为、损害后果、因果关系、过错等方面进行调查。

1. 食品药品违法生产经营者等行为人的基本情况。可以调查身份信息、工商登记注册信息、有关生产经营项目的立项审批、生产经营许可证、营业场所、设备、仓储设施、卫生环境、规章制度等是否符合国家相关标准、生产经营规范及状况。

2. 食品药品生产经营者等行为人实施了危害食品药品安全的违法行为方面的证据。核实侵权行为人的销售涉案食品药品的数量、销售价格等信息；侵权行为人销售涉案食品的持续时间、主要购买群体等信息；涉案食品药品种类安全、可能产生的致害因素等信息。在食品安全案件中，关键在于查明生产、经营的食品是否符合食品安全标准。在药品安全案件中，关键在于查明生产、经营、使用的药品是否属于假药、劣药。如：食品药品生产经营者实施的生产、销售有毒、有害食品，生产、销售不符合安全标准的食品，生产、销售假药或者劣药，违反法律规定，未取得食品生产经营许可从事食品生产经营活动，或者未取得食品添加剂生产许可从事食品添加剂生产活动的，以及其他不符合食品药品安全标准和要求，损害公众身体健康的生产经营活动的证据。

3. 食品药品安全领域侵害众多消费者合法权益等社会公共利益受到侵害的事实。既可以是具体的侵害事实，也可以是重大侵害危险。该部分事实应当通过书证、证人证言、鉴定意见、专家意见等多种证据综合认定。调查方式主要通过调取食品安全事故调查报告及相关资料和样品、进货查验记录、食品药品销售渠道范围及购销记录、行政相对人、利害关系人等的询问笔录、专家或者行业协会对不符合食品药品安全标准的生产经营行为造成的社会公益受到侵害或侵害危险的意见等，审查食品药品生产经营者的违法行为是否损害了社会公共利益。

4. 食品药品生产经营者等行为人的违法行为与社会公共利益受到侵害之间的因果关系。通过调查众多消费者等不特定多数人的证言、食品药品监管部门检验鉴定报告，并可以通过咨询专家或者行业协会意见等，来综合把握违法行为与侵害结果之间的因果关系。

5. 食品药品生产经营者等行为人的过错。是否要求行为人具有过错，应根据不同的诉讼请求分别确定。请求行为人承担停止侵害、消除危险（召回）等法律责任的，不以生产经营者具有过错为要件。但在调查环节为应对庭审需要，仍应全面调查取证。请求行为人承担惩罚性赔偿法律责任的，根据《食品安全法》第148条第2款的规定，生产者承担惩罚性赔偿责任不以过错为要件，经营者承担惩罚性赔偿责任则要求具有明知，即明知是不符合食品安全标准的食品而经营。2021年1月1日施行的最高人民法院《关于审理食品安全民事纠纷案件适用法律若干问题的解释（一）》第6条规定，食品经营者"明知"的情形作了明确规定。根据《药品管理法》第144条，请求药品相关行为人承担惩罚性赔偿责任的，对药品生产企业，只需证明其生产假药、劣药即可，不需要证明其具有过错；对药品经营企业、医疗机构，则需要证明其"明知是假药、劣药仍然销售、使用"。

6. 支撑诉讼请求的证据。对于提起公益诉讼的，还需要调查支撑诉讼请求的证据。根据《公益诉讼办案规则》的规定，食品药品安全民事公益诉讼的诉讼请求主要有停止侵害、排除妨碍、消除危险、恢复原状、赔偿损失等。具体到食品药品安全领域案件，还可以提出要求被告召回并依法处置相关食品药品以及承担相关费用和惩罚性赔偿等诉讼请求。

当事人的违法（犯罪）行为一旦被行政查处或刑事追究，对公众生命健康的侵害已经停止，故停止侵害的诉讼请求已无必要。如查实涉案食品药品仍有流通，则可要求当事人予以收回，消除危险。如湖北省十堰市周某某销售不符合食用标准的食盐案，判令周某某收回由其销售的尚未被食用的假冒碘盐并依法处置，消除食品安全隐患。赔礼道歉是常见的，也算是保底的诉讼请求，但需考虑侵害范围、影响大小等。毕竟由市级检察院向中级人民法院（据"两高"司法解释规定关于级别管理规定）提起的民事公益诉讼，案件应当在当地具有较大影响。当前的难点是惩罚性赔偿诉讼请求的证据固定，一般我们根据消费者权益保护法、食品药品安全管理法关于价款10倍或损失3倍的规定，提起惩罚性赔偿。由于检察机关作为公益诉讼的起诉人，其代表的是公共利益，并非代表普通消费者的请求权，故办案实践中，多数是以流入市场的食品药品金额为基数，相应提出 10 倍惩罚性赔偿的诉讼请求。关于价款的确定，可以根据较大规范企业有销售单、进货单等记载进货、销售情况等进行确定，需要从一开始就固定收集此类证据。但一般门店、小摊贩等则不会记录进货、销售情况，需要通过固定其一天的进货量、销售量、销售时间等，结合其本人陈述等，综合认定销售量。

7. 刑事案件证据的转化。实务中，大量的食品药品安全公益诉讼案件均系从刑事案件中获得线索，调查核实需要注意证据转化。有的直接将所有刑事案件卷宗复印后作为民事公益诉讼证据，建议围绕民事公益诉讼起诉书认定的被告主体身份、事实、诉讼请求等，提取相关证据材料，并确保证据合法来源、客观真实，形成完整的民事公益诉证据材料卷宗。

第四节　诉前程序

一、诉前检察建议

诉前检察建议的提出及文书制作要求。诉前检察建议，是整个行政公益诉讼的关键环节，目的在于先行向行政机关提出检察建议，督促其依法履行职责，减少诉讼环节，节约司法资源。同时，可以提高检察机关办理行政公益诉讼案件的质量和效率，督促行政机关及时纠正违法行使职权或不作为，提高公益保护效率。因此，检察建议书认定事实要清楚，说理要充分、论证要严谨、语言要简洁。提出的建议应当做到于法有据，具有可操作性，不能含糊其辞，对整改落实要求要有明确说明和具体标准，避免被建议对象不知道怎么采纳，检察机关自身对建议效果也难以判断。同时，在确定建议的过程中，我们还需要对是否提起诉讼作一个预测，要做到建议内容和诉讼请求相匹配。

本领域诉前检察建议的提出条件与要求，与前述其他领域的大体一致。一是需要注意找准监督对象，如某学校食堂提供的食品有不符合安全的情形，是督促教育主管部门还是市场监管部门，需要根据该违法情形的具体情况，严格依据相关法律进行。如果依法都可督促，则可以考虑监督效果更直接高效。如果认为问题比较严重，需要加大督促力度，或相关部门综合治理，可依法向两个部门发出诉前检察建议，但建议内容应当严格依据其职责分别确定。二是本领域与其他领域对公益的侵害区别更多的是体现在侵害危险，不一定造成侵害后果。即与环境被污染、资源被破坏、国有资产已经流失不同，只要食品药品不符合安全标准，即已经对公众构成了侵害危险，即可以发出诉前检察建议，要求行政机关履行监管职责，消除侵害危险。

二、民事公告

常规的在正义网统一发布公告，在刑事附带民事公益诉讼中，公告时间可以考虑提前，以实现附带一并提起诉讼的顺利进行。本领域是侵害众多消费者权益的案件，消费者保护组织不一定知晓公告内容，对于是否需要征询其意见，各地做法不一。反对者认为，征询其意见于法无据。支持者认为，征询也是告知的方式之一，并无不当，且可以扩大知晓范围，强化与有关组织的协作。我们认为，征询意见并无不可，我国民事公益诉讼尚在发展期，在不违反法律规定的前提下，多做探索对于丰富本制度更有益处。

第五节　提起诉讼

提起诉讼的条件、起诉书制作及一审、二审、执行等，与第二章内容基本相同，在此不再赘述，主要就诉讼请求设置与刑事附带民事公益诉讼进行探讨。

一、提起行政公益诉讼

食品药品安全行政公益诉讼案件诉讼请求主要有三种形式：一是要求被告依法履职；二是撤销或部分撤销违法行政行为；三是确认行政行为违法或无效。具体确定时需要把握以下几点：

1. 诉讼请求设置一方面要注意与检察建议内容一致，另一方面要符合行政诉讼法及有关司法解释的规定。

2. 行政机关具体违法行为的情况。分析是否可撤销，如符合撤销条件，可以表述为："责令被告撤销违法行政行为，并对涉案违法行为依法履行监管职责"；如不具备撤销条件，则直接要求确认违法。

3. 行政机关不作为的情况。分析是否有履职必要，如有履职必要的，提出：一是确认被告怠于履行某职责行为违法，二是责令被告依法全面履行某职责的诉讼请求。如该类案件，行政机关在诉讼过程已经积极整改到位，对于该种情况，我们也可以作出变更诉讼请求，要求确认原具体行政行为违法，或如前所述，基本诉讼请求已经实现，公益已经得到保护或恢复，根据《公益诉讼办案规则》的规定，也可以撤回起诉。

二、提起民事公益诉讼

（一）一般诉讼请求

检察机关可以提出请求被告承担停止侵害、排除妨碍、消除危险、赔礼道歉等民事责任的诉讼请求。还可以根据如下规定：《民法典》第 1206 条规定："产品投入流通后发现存在缺陷的，生产者、销售者应当及时采取停止销售、警示、召回等补救措施……"《食品召回管理办法》第 3 条规定："食品生产经营者应当依法承担食品安全第一责任人的义务，建立健全相关管理制度，收集、分析食品安全信息，依法履行不安全食品的停止生产经营、召回和处置义务。"《药品召回管理办法》第 15 条第 1 款规定："持有人经调查评估后，确定药品存在质量问题或者其他安全隐患的，应当立即决定并实施召回……"结合具体案情，在提出消除危险诉讼请求的同时，可以一并要求依法处置。

（二）惩罚性赔偿诉讼请求

前述在收集证据要求时已对惩罚性赔偿作一定介绍，在理论界和实务界尚有争议。对于食品领域受侵害的消费者、药品领域的受害者而言，提起惩罚性赔偿，《消费者权益保护法》《食品安全法》《药品安全法》均有明文规定，不存在障碍。但民事公益诉讼是否可以提出惩罚性赔偿呢？有观点认为，惩罚性赔偿是在填平赔偿原则的基础上，加大赔偿力度，但仍然是基于损失赔偿的基础。公益诉讼是基于不特定多数人的公益，不是基于受侵害人的具体损失，故不应支持提出惩罚性赔偿。进一步而言，就算支持了惩罚性赔偿，赔给谁？该观点还引出最高人民法院《关于审理消费民事公益诉讼案件适用法律若干问题的解释》第 13 条第 1 款 "原告在消费民事公益诉讼案件中，请求被告承担停止侵害、排除妨碍、消除危险、赔礼道歉等民事责任的，人民法院可予支持" 为证。

中共中央、国务院《关于深化改革加强食品安全工作的意见》明确要求，"探索建立食品安全民事公益诉讼惩罚性赔偿制度"。惩罚性赔偿是基于当前食品药品安全事故多发易发，违法成本低，法律制裁不能形成有效威慑等背景下设计的法律制度。惩罚性赔偿可以在对食品违法犯罪行为予以刑事打击、行政处罚的同时，充分发挥民事公益诉讼的追责功能，通过对侵权人提起民事公益诉讼惩罚性赔偿，加大其违法成本，对侵权人及潜在违法者产生震慑与警示作用。最高人民检察院与最高人民法院、农业农村部、海关总署、国家市场监督管理总局、国家粮食和物资储备局、中国消费者协会等部门共同召开了探索建立食品安全民事公益诉讼惩罚性赔偿制度座谈会，形成了《探索建立食品安全民事公益诉讼惩罚性赔偿制度座谈会会议纪要》。根据该会议纪要规定，办理食品安全民事公益诉讼惩罚性赔偿案件，要准确把握惩罚性赔偿制度惩罚遏制和预防严重不法行为的功能定位，应当根据侵权人主观过错程度、违法次数和持续时间、受害人数、损害类型、经营状况、行政处罚和刑事处罚等因素，综合考虑是否提出惩罚性赔偿诉讼请求，对于侵权人系初犯、偶犯、主观过错和违法行为情节轻微、主动采取了补救措施等情形，一般不提出惩罚性赔偿诉讼请求。关于惩罚性赔偿金的计算标准，实践中一般以流入市场的食品药品金额的 10 倍计算。

三、提起刑事附带民事公益诉讼

实务中，食品药品安全领域民事公益诉讼大多由刑事案件获得线索办理，在已经追究违法行为人刑事责任的情况下，是否还有必要提起民事公益诉讼，以及是附带还是单独提起民事公益诉讼，值得研究探讨。

根据《民法典》第 187 条规定，民事主体因同一行为应当承担民事责任、行政责任和刑事责任的，承担行政责任或者刑事责任不影响承担民事责任。故，违法行为人受到刑事处罚不影响其就公益侵害承担民事责任。

刑事附带民事公益诉讼有利于节约司法资源，提高司法效率，统筹实现刑事责任与民事责任的协同追责。刑事证据如询问笔录、销售记录、相关食药监部门的认定意见、检验报告等，为公益诉讼中查明相关侵权行为、损害事实、确定赔偿金额等提供了重要依据。同一检察院提起刑事和民事公益诉讼，并由法院同一审判组织审理，可以极大地降低诉讼成本，也有助于法院对被告所承担刑事与民事两个责任统筹作出更加合理的裁量。

值得注意的是，虽然刑事附带民事公益诉讼具有独特的优势，但是也要防止适用的随意性。一是要注意区分适用附带民事公益诉讼还是适用单独提起民事公益诉讼。在具体案件办理中，应当注意综合考虑案情的复杂程度、刑事被告人和民事公益诉讼被告范围的一致性、社会公共利益的受损情况等因素，决定选择附带提起还是单独提起。二是要注意区分刑事附带民事公益诉讼与刑事附带民事诉讼的不同适用。《刑事诉讼法》第 101 条第 2 款规定了刑事附带民事诉讼制度，其适用范围是针对国家财产、集体财产遭受损失，责任形式主要是财产性的赔偿。而适用刑事附带民事公益诉讼是指特定领域严重侵害社会公共利益的情形，责任形式主要是公益损害的恢复。如果仅国有财产、集体财产遭受损失，一般通过刑事附带民事诉讼的方式解决，不作为刑事附带民事公益诉讼案件办理。

第六节　典型案例分析

本节主要围绕某县检察院督促保护肉品质量安全行政公益诉讼案展开。

一、基本案情

某县境内唯一一家从事生猪定点屠宰的企业，承担满足该县人民群众日常生活肉食品的需求。县检察院在依法履职中发现，该企业缺乏《生猪屠宰管理条例》规定应当具备的条件，存在生产设备落后，未进行肉品品质检验，屠宰场所卫生恶劣，且无病害猪无害化处理设施等问题。县农业农村局作为监管部门，未按照《生猪屠宰检疫规程》相关规定开展屠宰检疫工作，对屠宰企业食品安全违法行为未依法进行处理，食品安全隐患突出，危害了不特定消费者的生命健康权，损害社会公共利益。

2018 年 3 月 29 日，该县检察院向县农业农村局发出检察建议，建议该局依法履行屠宰监管管理职责，保障畜禽屠宰环节肉品质量安全。严格按照屠宰检疫规程相关规定，规范县生猪定点屠宰场生猪屠宰活动，改善生产和技术条件，提高生猪产品质量安全，并对其违反屠宰检疫规程的行为依法进行处理。

2018 年 9 月 10 日，该县检察院依法就本案提起行政公益诉讼。法院审理后判决，被告县农业农村局怠于履行监管职责的行为违法，责令被告依法履行法定职责，保障畜禽屠宰环节肉品卫生安全。

二、违法行为分析

2016 年修订后的《生猪屠宰管理条例》第 3 条规定，县级以上地方人民政府畜牧兽医行政主管部门负责本行政区域内生猪屠宰活动的监督管理。《生猪屠宰管理条例》第 8 条、第 11 条、第 12 条、第 13 条、第 23 条、第 25 条及《生猪屠宰检疫规程》对生猪屠宰明确了相关卫生安全规范要求。对应法条分析梳理该屠宰场所是否存在违法行为，县农业农村局是否存在未依法履行监管职责的违法行为。

1. 未严格按照农业部关于生猪屠宰行业条例、标准开展生猪屠宰工作。

2. 屠宰场缺乏应当具备的必需条件，生产设备落后，车间环境卫生恶劣，无符合国家规定要求的检验设备、消毒设施及无害化处理设施。

3. 技术人员无健康证明，未依法进行肉品品质检验。

4. 病害猪无害化处理不规范等情形。

屠宰场所存在的上述违法行为，导致提供的肉品存在重大食品安全隐患，县农业农村局对此存在未依法履行监管职责的违法行为。

三、证据收集固定

针对行政机关存在的上述违法行为，重点进行如下证据的收集固定：

1. 县农业农村局下设事业单位宗旨和业务范围、机构规格、领导职数和人员编制规定，以证明被告下设事业单位的主要职责，包含本案生猪屠宰环节的监管。

2. 定点屠宰场检疫及"瘦肉精"抽检日报表，证明公益诉讼人对定点屠宰场检疫抽检情况不符合相关要求。

3. 屠宰经营户的证人证言，证明某县生猪屠宰场没有相关的检疫、对检疫肉品的情况，没有相关的检测仪器，没有对县生猪屠宰场的检测建立相关检测台账，无检验及消毒设备。

4. 县农业农村局对某县人民检察院检察建议答复，证明被告 2018 年 4 月 19 日对公益诉讼起诉人的检察建议进行了回复，但未督促屠宰场完成相应的整改。

5. 该屠宰点现场照片、视频资料，证明屠宰环境不符合有关要求，以及在公益诉讼起诉人发出诉前检察建议后，被告未严格依法履行法定职责的相关事实。

四、法律文书

（一）检察建议书

某县人民检察院

检察建议书

某县农业农村局：

　　本院在履行职责过程中，发现你局怠于履行屠宰监督管理职责，影响人民群众食品卫生安全，可能损害国家和社会公共利益。

　　本院经调查核实，现查明：某县生猪定点屠宰场是某县境内唯一一家从事生猪定点屠宰的企业，承担着满足全县人民群众日常生活肉食品的需求。某县生猪屠宰场在从事生猪屠宰过程中，未严格按照农业部关于生猪屠宰行业条例、标准开展生猪屠宰工作，屠宰场所缺乏应当具备的条件，存在生产设备落后、车间环境卫生恶劣和病害猪无害化处理不规范等情形。作为负有生猪屠宰检疫职责的某县农业农村局检疫部门未严格按照屠宰检疫规程开展生猪检疫工作。上述情形严重影响生猪肉品质量，危害人民群众身体健康。

　　本院认为，上述行为违反了《生猪屠宰管理条例》第八条、第十一条、第十二条、第十三条及《生猪屠宰检疫规程》的相关规定，依照《生猪屠宰管理条例》第三条"县级以上地方人民政府畜牧兽医行政主管部门负责本行政区域内生猪屠宰活动的监督管理"的规定，你局负有对本行政区域内屠宰监督管理职责及动物产品检疫工作职责，应当积极履行对某县生猪定点屠宰场生猪屠宰活动的日常监督职责，对该屠宰场是否具备规定条件及屠宰过程中不规范行为进行监督检查，某县畜牧局为某县农业农村局下属单位，也应当按照《生猪屠宰管理条例》《生猪屠宰检疫规程》相关规定开展集中检疫工作，但你局相关工作部门在履行生猪屠宰检疫过程中，未按照屠宰管理条例、病害猪无害化处理、检疫规程开展监督管理及检疫工作职责，不能有效确保屠宰肉品的安全，严重影响人民群众食品安全，社会公共利益受到侵害并一直处于持续状态。

为促进行政机关依法行政，保证人民群众食品安全，现根据《中华人民共和国行政诉讼法》第二十五条第四款的规定，向你局提出如下检察建议：

1. 建议你局依法履行屠宰监管管理职责，保障畜禽屠宰环节肉品质量安全。

2. 建议你局严格按照屠宰检疫规程相关规定，规范某县生猪定点屠宰场生猪屠宰活动，改善生产和技术条件，提高生猪产品质量安全，并对其违反屠宰检疫规程的行为依法进行处理。

请在收到检察建议书后两个月内作出处理，并将处理结果书面回复本院。

（二）起诉书

某县人民检察院

行政公益诉讼起诉书

公益诉讼起诉人：某县人民检察院

被告：某县农业农村局

法定代表人：某某，该局局长

地址：某县东街

诉讼请求：

1. 判决确认某县农业农村局对某县生猪屠宰场怠于履行监管职责的行政行为违法。

2. 判决确认某县农业农村局继续依法履行监督管理职责，严格按照屠宰管理条例及检疫规程相关规定，规范某县生猪定点屠宰场屠宰活动，保障畜禽屠宰环节肉品卫生安全。

事实和理由：

某县生猪定点屠宰场是某县境内唯一一家从事生猪定点屠宰的企业，承担着满足全县人民群众日常生活肉食品的需求。某县生猪屠宰场在从事生猪屠宰过程中，未严格按照农业部关于生猪屠宰行业条例、标准开展生猪屠宰工作，屠宰场缺乏应当具备的必需条件，存在生产设备落后、未进行肉品品质检验、车间环境卫生恶劣和病害猪无害化处理不规范等情形。为促进行政机关依法行政，保证人民群众食品安全，公益诉讼起诉人于2018年3月22日将该案作为行政公益诉讼案件立案审查，并于2018年4月4日向某县农业农村局发出诉前程序检察建议书，要求该局依法履行监管职责。某县农业农村局于4月19日作出书面回复，说明该局已派人专职驻场检疫、监督屠宰场严格按相关技术规范进行生猪屠宰活动，确保生猪产品质量安全。公益诉讼起诉人经现场回访，发现某县生猪屠宰场屠宰技术人员无健康证明、未对屠宰产品进行肉品品质检验、无符合国家规定要求的检验设备、消毒设施及无害化处理设施，该局未按照屠宰管理条例、病害猪无害化处理、检疫规程开展监督管理及检疫工作职责，未监督屠宰场进行肉品品质检验，不能保证生猪产品质量，致使食品安全隐患仍然存在，该局仍未积极依法履职。

公益诉讼起诉人认为，根据《生猪屠宰管理条例》第三条"县级以上地方人民政府畜牧兽医行政主管部门负责本行政区域内生猪屠宰活动的监督管理"的规定，某县农业农村局负有对本行政区域内屠宰监督管理职责及动物产品检疫工作职责，应当积极履行对某县生猪定点屠宰场生猪屠宰活动的日常监督职责，对该屠宰场是否具备规定条件及屠宰过程中不规范行为进行监督检查，并按照《生猪屠宰管理条例》《生猪屠宰检疫规程》相关规定开展集中检疫工作。该局对某县生猪屠宰场违反《生猪屠宰管理条例》第八条、第十一条、第十二条、第十三条及《生猪屠宰检疫规程》规定的行为，应当依据《生猪屠宰管理条例》第二十三条、第二十五条第一款和第二款、第二十六条的规定对某县生猪屠宰场依法进行处理，以达到消除食品卫生安全隐患，保证人民群众食品卫生安全，维护国家利益和社会公共利益的目的。但该局仍未依法履行监管职责，导致影响人民群众食品安全的因素仍然存在，不能有效确保屠宰肉品的安全，客观上社会公共利益受到侵害并一直处于持续状态。

为督促行政机关依法履行职责，保证人民群众食品安全，维护国家利益和社会公共利益，依照《中华人民共和国行政诉讼法》、"两高"《关于检察公益诉讼案件适用法律若干问题的解释》及贵州省高级人民法院行政案件跨区域管辖范围的相关规定，提起行政公益诉讼，请依法裁判。

此致

贵州省某县人民法院

（三）判决书

贵州省某县人民法院

行政判决书

公益诉讼起诉人某县人民检察院因认为被告某县农业农村局（某县原农业局）不履行法定职责，向本院提起行政公益诉讼。本院 2019 年 1 月 11 日立案后，在法定期限内向被告送达了行政公益诉讼起诉书副本、应诉通知书等法律文书。于 2019 年 4 月 16 日依法组成合议庭公开开庭审理了本案。公益诉讼起诉人某县人民检察院检察员某某，被告某县农业农村局的委托代理人某某到庭参加诉讼。本案经合议庭评议，现已审理终结。

公益诉讼起诉人诉称：某县生猪定点屠宰场是某县境内唯一一家从事生猪定点屠宰的企业，承担着满足全县人民群众日常生活肉食品的需求。某县生猪屠宰场（以下简称县生猪屠宰场）在从事生猪屠宰过程中，未严格按照农业部关于生猪屠宰行业条例、标准开展生猪屠宰工作，屠宰场缺乏应当具备的必需条件，存在生产设备落后、未进行肉品品质检验、车间环境卫生恶劣和病害猪无害化处理等不规范情形。为促进行政机关依法行政，保证人民群众食品安全，公益诉讼起诉人于 2018 年 3 月 22 日将该案作为行政公益诉讼案件立案审查，并于 2018 年 4 月 4 日向原某县农业农村局发出诉前程序检察建议书，要求该局依法履行监管职责。某县农业农村局于 4 月 19 日作出书面回复，说明该局已派人专职驻场检疫、监督屠宰场严格按相关技术规范进行生猪屠宰活动，确保生猪产品质量安全。公益诉讼起诉人经现场回访，发现某县生猪屠宰场屠宰技术人员无健康证明、未对屠宰产品进行肉品品质检验、无符合国家规定要求的检验设备、消毒设施及无害化处理设施，该局未按照屠宰管理条例、病害猪无害化处理、检疫规程开展监督管理及检疫工作职责，未监督屠宰场进行肉品品质检验，不能保证生猪产品质量，致使食品安全隐患仍然存在，该局仍未积极依法履职。

公益诉讼起诉人认为，根据《生猪屠宰管理条例》第三条"县级以上地方人民政府畜牧兽医行政主管部门负责本行政区域内生猪屠宰活动的监督管理"的规定，某县农业农村局负有对本行政区域内屠宰监督管理职责及动物产品检疫工作职责，应当积极履行对某县生猪定点屠宰场生猪屠宰活动的日常监督职责，对该屠宰场是否具备规定条件及屠宰过程中不规范行为进行监督检查，并按照《生猪屠宰管理条例》《生猪屠宰检疫规程》相关规定开展集中检疫工作。该局对某具生猪屠宰场违反《生猪屠宰管理条例》第八条、第十一条、第十二条、第十三条及《生猪屠宰检疫规程》规定的行为，应当依据《生猪屠宰管理条例》第二十三条、第二十五条第一款和第二款、第二十六条的规定对某县生猪屠宰场依法进行处理，以达到消除食品卫生安全隐患，保证人民群众食品卫生安全，维护国家利益和社会公共利益的目的。但该局仍未依法履行监管职责，导致影响人民群众食品安全的因素仍然存在，不能有效确保屠宰肉品的安全，客观上社会公共利益受到侵害并一直处于持续状态。

为督促行政机关依法履行职责，保证人民群众食品安全，维护国家利益和社会公共利益，依照《中华人民共和国行政诉讼法》、"两高"《关于检察公益诉讼案件适用法律若干问题的解释》及贵州省高级人民法院行政案件跨区域管辖范围的相关规定，提起行政公益诉讼，请依法裁判：1. 确认某县农业农村局对某县生猪屠宰场怠于履行监管职责的行政行为违法；2. 判决某县农业农村局继续依法履行监督管理职责，严格按照屠宰管理条例及检疫规程相关规定，规范某县生猪定点屠宰场屠宰活动，保障畜禽屠宰环节肉品卫生安全。

公益诉讼起诉人在法定期限内向本院提交以下证据。

第一组证据：县农业农村局下设事业单位宗旨和业务范围、机构规格、领导职数和人员编制规定，证明被告下设事业单位的主要职责，包含本案生猪屠宰环节的监管。

被告质证意见："三性"无异议，对于证明督促监管下属单位内容无异议。

第二组证据：照片4张，证明被告未按照相关规定督促履行监管职责。

被告质证意见：真实性无异议，该照片的合法性及证明内容不予认可，理由是：1. 关于照片取证的主体不合法，作为检察机关应当知晓，取证应有两名以上工作人员依法完成，拍摄照片应作出说明；2. 该 4 张照片不能客观地证实被告单位怠于履职的事实，不能排除照片拍摄时相关经营人员未根据工作安排按时清理的合理怀疑。

第三组证据：立案决定书、检察建议书、送达回证，证明公益诉讼起诉人已经按照"两高"的要求履行了诉前程序。

被告质证意见："三性"及证明内容均无异议。

第四组证据：关于对某县人民检察院检察建议答复，证明被告 2018 年 4 月 19 日对公益诉讼起诉人的检察建议进行了回复，但未督促屠宰场完成相应的整改。

被告质证意见："三性"无异议，该组证据客观地证实了被告单位收到检查建议后在法定期限内答复的事实。

第五组证据：定点屠宰场检疫及"瘦肉精"抽检日报表，证明公益诉讼人对定点屠宰场检疫抽检情况。

被告质证意见："三性"无异议，客观证实了被告单位根据答复的要求指定了专门的工作人员进行监管的事实。

第六组证据：对郭某某的两次询问笔录，证明某县生猪屠宰场没有相关的检疫、对检疫肉品的情况，没有相关的检测仪器。

被告质证意见："三性"无异议，证明内容不完全认可，证言客观地证实了其本身是农业农村局的兽医师，其是从 2018 年 4 月对屠宰场进行检疫工作，首先是肉眼观察，再次是按 20% 的比例进行检测，屠宰后也对相关疾病进行检测并进行无害化处理，在检测合格后才开发票，对检疫结果是做了相关的工作，包换申报、检疫等均能客观证实的。

第七组证据：证人询问笔录，证明被告没有对县生猪屠宰场的检测建立相关检测台账，无检验及消毒设备。

被告质证意见："三性"无异议，证明内容不客观、不全面，该证据客观证实了某某本身为监管中心的工作人员虽然没有相关的检测人，但有工作证，其是根据实际情况履行了相关的工作职责，并做了相关的记录，对消毒液作了处理，被告履行了监管职责。

第八组证据：照片 10 张，证明在公益诉讼起诉人发出诉前检察建议后，被告未履行法定职责的相关事实。

被告质证意见：与前述对照片（第二组证据）的质证意见一致。

第九组证据：光盘（已现场播放），证明被告的屠宰环境。

被告质证意见："三性"无异议，证明内容不予认可，根据生猪屠宰条例的规定，并未要求监管部门对生猪的屠宰过程实施监管，只是要求监管部门在生猪屠宰前、屠宰完成后即无害化处理进行监管，根据证人证言，上述3个环节的监管，被告的工作人员是已经依法履行了的。

被告某县农业农村局辩称：一、答辩人在接收到被答辩人送达的《检察建议书》后的两个月内，依法答复，并报送相关整改措施。

2018年4月4日，答辩人收到了《检察建议书》，检察建议书建议：1.建议答辩人依法履行屠宰监管管理职责，保障畜禽屠宰环节肉品质量安全；2.建议答辩人严格按照屠宰检疫规程相关规定，规范某县生猪定点屠宰场生猪屠宰活动，改善生产和技术条件，提高生猪产品质量安全，并对其违反屠宰检疫规程的行为依法进行处理。根据被答辩人的检察建议，答辩人于2018年4月19日向被答辩人送达《〈关于对某县人民检察院检察建议书〉的答复》，答复明确了问题处理的方案为新建生猪屠宰场、加强日常监管，规范生猪屠宰活动，确保生猪产品质量安全。

答辩人在向被答辩人送达《〈关于对某县人民检察院检察建议书〉的答复》的过程中，制定《某县生猪定点屠宰场整改措施》，该措施对：屠宰场因无害化处理设备陈旧、老化的维修、更换；屠宰场排污不规范；屠宰从业人员须持证上岗；场内环境卫生；完善检疫设备等相关职责工作作出了安排。

二、答辩人在接收到被答辩人送达的《检察建议书》后，已经依法履行法定职责。

根据《检察建议书》的建议及答辩人的答复，答辩人根据《生猪屠宰管理条例》《生猪屠宰检疫规程》的规定，依法履行法定职责，具体措施如下。

1.在被答辩人向答辩人送达《检察建议书》之前，答辩人就屠宰场符合国家相关规定要求进行了维修等事宜，开始前期准备工作。

2018年3月15日，答辩人党组对《关于请求维护维修屠宰场厂房及屠宰设备的报告》进行专题研究并议定：同意对屠宰场设施设备进行维修，成立由分管领导同志为组长的维修审查工作小组，具体负责对厂房、设施设备的维修审查审核工作，并制定维修方案、维修经费的列支、验收等，并形成党组会议纪要。2018年3月16日，答辩人下发《关于成立生猪定点屠宰场维修审查审核工作小组的通知》，完成屠宰场维修的前期准备工作。

2. 答辩人分别于 2018 年 1 月 1 日至 2018 年 3 月 18 日、2018 年 5 月 27 日至 2018 年 10 月 31 日对屠宰场相关设施、设备进行修复和安装，保障在屠宰场搬迁之前符合国家相关规定，对废弃物及病死猪无害化处理等，改善生产和技术条件，提高生猪产品质量安全。

根据党组会议纪要及文件的要求及前期准备，2018 年 1 月 1 日至 2018 年 2 月 6 日，答辩人与案外人签订《盖房协议》《更换电线及计电箱协议》《购买电机协议》《屠宰车间、场地及场内废弃物清理协议》。2018 年 1 月 22 日，答辩人与案外人签订《屠宰设备维修协议》，对屠宰场的相关设施进行维修、对相关设备进行更换、处理相关废物保障屠宰车间的卫生清洁。2018 年 3 月 18 日，经答辩人维修审查审核工作小组验收合格，投入使用。2018 年 5 月 27 日至 2018 年 10 月 31 日答辩人与某某签订《某县生猪定点屠宰场生猪屠宰加工废弃物清理及场内沟板修复协议》；与某某签订《屠宰场加工废弃物及病死猪无害化处理协议》《屠宰场盖房及更换电线协议》；与某某签订《屠宰设备维修协议》《屠宰场污水处理设备维护维修合同》，再次对不符合国家标准的相关设施进行维修、对相关设备进行更换、对废弃物及病死猪无害化处理等，答辩人于 2018 年 11 月 19 日验收使用，保障畜禽屠宰环节肉品质量安全。

答辩人采取屠宰场保障畜禽屠宰环节肉品质量安全的上述措施，答辩人在党组会议纪要、党政班子会议纪要再次明确。

3. 答辩人严格按照屠宰检疫规程相关规定，加强日常监管，规范某县生猪定点屠宰场生猪屠宰活动，保障畜禽屠宰环节肉品质量安全。

根据被答辩人的《检察建议书》、答辩人的答复，答辩人指定专门工作人员对屠宰场进行日常监管，规范某县生猪定点屠宰场生猪屠宰活动，保障畜禽屠宰环节肉品质量安全：从 2018 年 3 月 15 日至 2018 年 8 月 22 日，答辩人指定的专人进行日常监管，包括进场、待宰、屠宰、无害化处理、出场畜禽产品、人员、条件、信息报送、档案管理等 9 类 32 项检查，检查人员在检查过程中发现不符合检查标准的，要求屠宰场的承包经营人员某某限期整改，承包经营人员某某已经按照要求整改完成；从 2018 年 4 月 20 日至 2019 年 3 月 26 日，答辩人指定的专人进行动物卫生监督检查，检查人员在检查过程中发现的与肉品质量安全、检疫不符合的，要求屠宰场的承包经营人员某某限期整改，承包经营人员某某已经按照要求整改完成；2018 年 7 月 23 日，答辩人屠宰管理中心召开监管督查会议，对屠宰场的监管督查工作作出安排；2018 年 11 月 4 日，就非洲猪瘟防疫工作召开会议，部署相关工作。答辩人积极履行上述工作职责，保障畜禽屠宰环节肉品质量安全。

4. 完善保障畜禽屠宰环节肉品质量安全其他工作部署和实施情况。

屠宰从业人员健康证正在办理之中，肉品质检验人员需等待省里面举办培训班抽人进行培训方能持证上岗，上述工作，答辩人已经推动承包经营人员认真落实完成，保障屠宰企业从业人员须持证上岗。对屠宰场内环境卫生进行监管，做到一日一清理，严格按规定做好消毒工作。驻场官方兽医实行 24 小时值班，规范完善检疫设备，提高监管水平。完善定点屠宰企业建立和完善值班制度、动物入场制度和动物产品出场登记制度、检疫检验制度、检疫申报制度、消毒制度、无害化处理制度、疫情上报制度、安全生产制度等。

5. 答辩人积极报请县人民政府推动屠宰场搬迁工作，并开展前期工作。

因屠宰场现被县城城区包围，已地处城镇中心，且屠宰生产设备陈旧、老化，屠宰工艺落后，无害化处理及排污设施等不规范，致使现有屠宰场无法严格按照相关法律法规的规定进行管理，造成屠宰场内部管理混乱，场内卫生条件差，从而导致屠宰监管难到位的实际情况，答辩人一直在推动县人民政府选择新址搬迁。2018 年 6 月 6 日，答辩人党组召开党组会议，明确生猪屠宰场新建由某某同志牵头，签订合同，聘请有资质第三方进行规划设计并出具规划设计方案，报请县人民政府常务会议研究，并制定资金来源方案，并形成会议纪要。根据该会议纪要，答辩人已经开始聘请有资质第三方进行规划设计，开展前期工作。

三、对屠宰场的性质、至今仍在经营、未搬迁的情况说明。

某县生猪定点屠宰场，建于 2004 年 4 月，当时的选址地处城郊，符合要求，但缺乏长远规划，至今被县城城区包围为城区中心。该定点屠宰场属政府投资修建，属于国有资产，采取行政主管部门发包，个体工商户承包经营的方式运营。通过多年使用，屠宰生产设备陈旧、老化，屠宰工艺落后，无害化处理及排污设施等不规范，致使现有屠宰场无法严格按照相关法律法规的规定进行管理，造成屠宰场内部管理混乱，场内卫生条件差，从而导致屠宰监管难到位。按照《贵州省畜禽定点屠宰场企业清理换证实施方案》（黔农发〔2016〕142号）等文件规定，该场因操作、工艺、设施、环保等各项指标均不能达标，已属于清理关停对象。但是，该定点屠宰场是某县境内唯一的生猪定点屠宰场，为满足全县人民群众日常生活肉食需求，防止关停后导致某县城肉食紧缺导致价格上涨，影响人民群众的生活安定，经多次向县人民政府、上级行政主管部门汇报、请示，在新屠宰场未建成搬迁之前，采取必要的整改措施，维持现行条件下的屠宰运营工作。答辩人根据党组会议纪要，已经就屠宰场的选址、搬迁、资金来源等汇报县人民政府，推动搬迁工作，因此，屠宰场至今仍在经营。

综上所述，答辩人认为：答辩人已经依法履行了屠宰监管管理职责，并严格按照屠宰检疫规程相关规定，规范某县生猪定点屠宰场生猪屠宰活动，改善生产和技术条件，提高生猪产品、畜禽屠宰环节肉品质量安全，故请人民法院依法驳回被答辩人的诉讼请求。

因被告某县农业农村局在举证期限内未向本院提交证据，其在开庭过程中提交的证据，经本院向其释明，不再组织质证，依法视为被诉行政行为没有相应的证据提交。

经庭审质证，被告某县农业农村局对公益诉讼起诉人某县人民检察院所举证据除现场照片外，其余"三性"均无异议，本院予以认定，作为本案定案依据；现场照片属于公益诉讼起诉人回访过程中形成的一系列证据材料之一，能够与其回访过程中的其余证据相互印证，故本院对被告的质证意见不予采信，对有关证据予以认定。

经审理本院认定事实如下：某县生猪屠宰场是某县境内唯一的生猪定点屠宰场，其建成至今已有数年，由于某县城市发展，该屠宰场所处区域已演变成城区中心地带。原某县农业农村局下设畜禽屠宰监管和检疫检验中心，其职能包括认真贯彻执行国务院《生猪屠宰管理条例》及《贵州省生猪屠宰管理办法》，其业务范围包含督促畜禽定点屠宰企业认真落实畜禽产品质量安全主题责任，组织开展监督检查、技术鉴定、执法等培训工作，承担畜禽屠宰环节检疫、检验和病死畜禽的无害化处理工作监督检查等职能。

2018年3月29日，公益诉讼起诉人某县人民检察院认定某县生猪屠宰场在生猪屠宰过程中，未按照生猪屠宰行业条例、标准开展屠宰工作，屠宰场所存在生产设备落后、环境卫生恶劣和病害猪无害化处理不规范等情形，屠宰场缺乏应有的屠宰条件，而作为负有生猪屠宰检疫职责的原某县农业农村局检疫部门未严格按照屠宰检疫规程开展相关检疫工作。上述情形严重影响生猪肉品质量，遂于同年4月4日，向原某县农业农村局下发《检察建议书》，建议该局：1. 依法履行屠宰监管管理职责，保障畜禽屠宰环节肉品质量安全；2. 严格按照屠宰检疫规程相关规定，规范某县生猪定点屠宰场生猪屠宰活动，改善生产和技术条件，提高生猪产品质量安全，并对其违反屠宰检疫规程的行为依法进行处理。2018年4月19日，原某县农业农村局作出《对检察建议的答复》，叙述了某县生猪屠宰场的基本情况、存在的问题及原因、问题处理情况。2018年7月24日，某县人民检察院对某县生猪屠宰场进行现场回访发现该屠宰场存在技术人员无健康证作业、缺乏符合国家规定要求的检验设备、消毒设施和无害化处理设施，病害猪无害化处理、检疫规程开展监督未按屠宰管理条例进行等，并通过现场拍照取证、向询问原某县农业农村局部分工作人员予以核实。

另查明，2014年12月29日，县机构编制委员会印发文件（以下简称《县农业农村局三定方案》），其中包括在县农业农村局成立畜禽屠宰监管和检疫检验中心，其职能范围为负责全县畜禽屠宰质量安全监管工作，认真贯彻执行国务院《生猪屠宰管理条例》《贵州省生猪屠宰管理办法》，依法对畜禽屠宰工作进行监督管理。在本案审理期间，因机构改革，原某县农业农村局更名为某县农业农村局。

本院认为，生猪屠宰行业的规范和安全，涉及人民群众的食品安全问题，其安全生产、规范经营事关食品安全领域的民生问题，故本案县生猪屠宰场的安全生产、经营问题，属于《行政诉讼法》第二十五条第四款、《最高人民法院、最高人民检察院关于检察公益诉讼案件适用法律若干问题的解释》第二十一条规定的"食品药品安全"，属于公益诉讼审查范围，某县人民检察院属于法定公益诉讼起诉人。《生猪屠宰管理条例》第三条规定了主管生猪屠宰的职能机关为"县级以上地方人民政府畜牧兽医行政主管部门负责本行政区域内生猪屠宰活动的监督管理"，《县农业农村局三定方案》明确了原某县农业农村局的内设机构畜禽屠宰监管和检疫检验中心的职能为"负责全县畜禽屠宰质量安全监管工作"，某县农业农村局是根据机构改革之后，继受原某县农业农村局的法定职能、职权后新成立的行政机关，本案被告并未举证证明原某县农业农村局的内设机构畜禽屠宰监管和检疫检验中心已划转到其他部门，故依然属于某县农业农村局的内设机构，根据《行政诉讼法》第二十六条第六款规定、《最高人民法院关于适用〈中华人民共和国行政诉讼法〉的解释》第二十条第一款、第二款规定，畜禽屠宰监管和检疫检验中心属于"不具有独立承担法律责任能力的机构"，其行为应视为组建该机构的行政机关的行为，综上，本案适格被告系某县农业农村局。

关于本案的程序问题。程序上，公益诉讼起诉人履行了庭前检察建议的发出并送达，且根据被告的履职情况提起本案诉讼，故本案程序合法。

关于某县农业农村局是否已经履行了其关于生猪屠宰监督和管理的法定职责。

根据本案公益诉讼起诉人对案涉屠宰场的生产、经营情况调查后的情况，归纳为其在生产、屠宰过程中，存在缺乏国家规定的检疫设备、车间环境卫生恶劣等生产设备落后和生产卫生问题，病害猪无害化处理不规范、技术人员无健康证上岗、对检疫工作中"瘦肉精"等指标的抽检上，存在不规范操作情形等安全生产隐患，在经过公益诉讼起诉人通过向被告发出《检察建议书》，被告作出一定的整改和履行了相应的法定职责后，公益诉讼起诉人回访，发现依然存在上述问题，也即被告虽做出一定的努力，履行一定的监管职能，但有关的违法事项依然存在。根据《生猪屠宰管理条例》第八条规定了生猪定点屠宰场应当具备的条件，第十一条规定了屠宰生猪应当符合国家规定的操作规程和技术要求，第十二条规定了屠宰生猪来源和屠宰后流向记录，第十三条规定了应当建立严格的肉品品质检验管理制度要求。上述内容均是作为主管部门的被告应当在其履行监管职能时严格遵守实施的原则和规范要求，但从本案公益诉讼起诉人回访发现的问题来看，显然达不到上述法规规定的要求，被告提出抗辩称，根据《生猪屠宰管理条例》规定，只是要求监管部门在生猪屠宰前、屠宰完成后即无害化处理进行监管，与生猪屠宰这一系统性行业所牵涉的公共利益需求，以及现代社会对行政主管部门的要求相悖，其抗辩理由显然避重就轻，人为割裂了生猪屠宰对于公共利益和食品安全的重要性，本院不予采信。被告还抗辩称：由于城市发展以及本案案涉生猪屠宰场修建使用时间长、设备老化、其位置已演变为城中心区域，被告已经采取或正在采取措施促成案涉屠宰场的软硬件设施完善、屠宰场搬迁等措施。诚然，不可否认被告抗辩理由的客观性，其发生本案违法情形也存在历史等原因，但是，食品安全无小事，作为监管部门，在涉及人民群众食品安全等公共领域的问题时，应秉持对人民、对社会最负责任的态度，认真履行好其法定职能，而非待问题发生以后，再来亡羊补牢，况且，本案中，根据公益诉讼起诉人提供证据显示，案涉屠宰场的现场生产状况依然存在肉食品在屠宰环节存在安全隐患，对此，其抗辩理由有其合理性和客观性。但食品安全隐患和问题在屠宰环节依然存在、并未得到及时处理的事实与其怠于履行法定职责密不可分。

公益诉讼事关公共安全和公共利益，只有有关职能部门真正发挥主体责任，认真履行其法定职能，才能有效带动更多社会力量，积极参与到公共利益的维护。本案中，城市的发展和历史规划不科学的矛盾显然难以避免，也因此给被告履行生猪屠宰监管职能带来新的难题和更大的难度，但是，本案案涉生猪屠宰活动的安全开展、屠宰活动的有序规范运行，离不开被告在其法定职权范围内履行好其主管责任，促成相应管理手段的落实。

综上，公益诉讼起诉人主张被告怠于履行监管职责的行为违法于法有据，被告也应继续在法定职责范围内履行其监管职责，规范案涉生猪屠宰活动的有序、规范运行。依照《中华人民共和国行政诉讼法》第二十五条第四款、第二十六条第六款，第七十二条、第七十四条及《最高人民法院、最高人民检察院关于检察公益诉讼案件适用法律若干问题的解释》第二十一条、第二十五条第一款之规定，判决如下：

一、被告某县农业农村局对某县生猪屠宰场怠于履行监管职责的行为违法；

二、责令被告某县农业农村局依法履行法定职责，严格按照《生猪屠宰管理条例》等规定，规范某县生猪定点屠宰场的屠宰活动，保障畜禽屠宰环节肉品卫生安全。

如不服本判决，可在判决书送达之日起十五日内向本院递交上诉状，并按对方当事人的人数提出副本，上诉于贵州省某某州中级人民法院。

第四章　国有财产保护检察公益诉讼

第一节　概　　述

习近平总书记指出："国有资产资源来之不易，是全国人民的共同财富。"1997年，河南省南阳市某县检察院以原告身份对该县工商局低价转让房地产提起民事诉讼，要求法院认定转让的民事行为无效，以保护国有资产，开创了改革开放以来检察公益诉讼新探索。2015年7月，经全国人大常委会授权开展的检察公益诉讼试点，国有资产保护成为领域之一。2017年行政诉讼法修改将国有资产调整为国有财产，纳入行政公益诉讼的法定领域。近年来，党的十九届五中全会、全国人大常委会有关决定以及国务院相关文件中对加强经营性国有资产、社会保障类、税费类、补贴类等国有财产保护领域的监督管理也提出了新要求。检察机关应当坚决贯彻中央要求和法律规定，坚持以办案为核心，以公益保护为目标，不断加大办理国有财产保护领域公益诉讼案件力度，守牢国家的"钱袋子"。

一、国有财产保护概述

国有财产，是指宪法和法律规定属于国家所有的国有资源、国有资金、物权、债权、股权和其他财产性权益。根据性质不同，可分为经营性国有财产、行政事业性国有财产、资源类国有财产、税收类国有财产、费用类国有财产、罚没类国有财产、财政补贴类国有财产、社会保障类国有财产以及其他国有财产。

（一）依据宪法和法律规定取得的应属于国家所有的财产

1. 经营性国有财产。国有财产依其与社会经济活动的关系，可以分为经营性国有财产和非经营性国有财产两个大类。经营性国有财产主要指的是国家出资的企业所支配的国有财产。这类财产一般由企业占有、使用并通过经营活动实现其价值的保值和最大化增值。非经营性国有财产是国家用于公益性服务的财产，这类财产一般由非生产组织占有和使用，它虽然存在保值问题，却难以甚至不能实现自身价值的增值。①

2. 行政事业性国有财产。行政事业性国有财产指的是由行政事业单位占有、使用的，在法律上确认为国家所有、能以货币计量的各种经济资源的总和，包括国家拨给行政事业单位的资产，行政事业单位按照国家政策规定运用国有资产组织收入形成的资产，以及接受捐赠和其他经法律确认为国家所有的资产。

3. 资源类国有财产。资源类国有财产，包括矿藏、水流、海域；无居民海岛；城市的土地及法律规定属于国家所有的农村和城市郊区的土地；森林、山岭、草原、荒地、滩涂等自然资源（法律规定属于集体所有的除外）；法律规定属于国家所有的野生动植物资源；无线电频谱资源；法律规定属于国家所有的文物；国防资产；依照法律规定为国家所有的铁路、公路、电力设施、电信设施和油气管道等基础设施。

（二）基于国家行政权力行使而取得的应属于国家所有的财产

1. 税收类国有财产。税收类国有财产指的是税务机关或海关通过行使征税权所取得的国有财产。

2. 费用类国有财产。费用类国有财产指有关行政主体根据法律、法规、规章或者是政府的行政命令等，就特定的基础设施或者公共服务等收取费用而形成的国有财产。费与税不同，不具有强制性、无偿性和固定性。费是建立在有偿原则的基础上的，较之于税收而言，是一种不稳定的或是不规范的国有财产，并且强调专款专用。费用主要包括行政管理类收费、资源补偿类收费、鉴定类收费、培训类收费、其他类收费等种类。

---

① 高明华：《权利配置与企业效率》，中国经济出版社 1999 年版，第 263 页。

3. 罚没类国有财产。罚没类国有财产指因行政相对人违反相关行政法律法规，行政机关依法作出罚款、没收违法所得及没收非法财物等行政处罚决定而形成的国有财产。

（三）国家因政策扶持和社会保障等支出的各项资金

1. 财政补贴类国有财产。财政补贴类国有财产多指企业或个人在符合相关标准的前提下，从政府无偿取得的货币性财产或非货币性财产，但不包括政府作为企业所有者投入的资本。财政补贴主要为财政贴息、研究开发补贴、政策性补贴等。其类型多样，如燃油补贴、农机补贴、万村千乡市场工程补贴、病害猪无害化处理补贴、公共租赁住房专项补贴、林业贷款中央财政贴息、国家深松整地作业补贴、退耕还林补助资金、淘汰落后产能中央奖励资金、危房改造补贴、草原生态奖励补助资金、畜禽国家补贴等。该类案件多涉及财政部门和具体行业主管部门，所依据的法条需要根据具体案件确定。

2. 社会保障类国有财产。社会保障类国有财产指国家通过收入再分配，保证无收入、低收入以及遭受各种意外灾害的公民能够维持生存，保障劳动者在年老、失业、患病、工伤、生育时的基本生活不受影响而支出的国有财产。此处的社会保障类国有财产不包括征缴社会保险费用而形成的国有财产，征缴社会保险费用形成的国有财产可纳入前述费用征收类国有财产。具体可分为社会保险、社会救济、社会福利、优抚安置等国有资金和物资。

（四）由国家已有资产的收益所形成的应属于国家所有的财产

如国有房屋、土地、动产等财产进行出租收取的租赁费用、国有资产入股的分红等。

（五）其他类型国有财产

如根据《民法典》第 318 条、第 319 条之规定，遗失物、漂流物、隐藏物自发布招领公告之日起 1 年内无人认领的，归国家所有，认定为国有财产。

二、国有财产保护检察公益诉讼概述

国有财产保护检察公益诉讼，是指对国有财产负有监督管理职责的行政主体违法行使职权或者不作为，致使国家利益或者社会公共利益受到侵害，人民检察院通过诉前磋商、提出检察建议或者提起诉讼等方式，督促行政主体依法全面履行职责。本领域的案件类型主要有如下几种：

1. 不按规定权限，擅自批准产权变动的；不如实进行产权登记、填报资产报表、隐瞒真实情况的；弄虚作假，以各种名目侵占资产和利用职权谋取私利的；对用于经营投资的资产，不认真进行监督管理，不履行投资者权益、收缴资产收益的；不按规定报损、报废国有财产等。

2. 违反法律、法规、规章的规定开征、停征、多征、少征、免征税款，或者擅自决定税收优惠，截留、挪用、私分应当入库的税款、罚款和滞纳金等。

3. 违反法律、法规、规章的规定开征、停征、多征、少征、免征费款，擅自决定收费优惠，截留、挪用、私分应当入库的费款、罚款和滞纳金，不按规定专款专用等。

4. 相对人在不符合条件的情况下虚报冒领或骗取国家补贴的行为，行政机关未认真审核以虚报冒领等手段骗取国家补贴的行为，行政机关截留挪用财政补贴资金，行政机关滞留应当下拨的财政补贴资金，行政机关违反规定扩大财政补贴发放范围和标准等。

5. 隐匿、转移、侵占、挪用社会保险基金；违规投资运营社会保障基金；以欺诈、伪造证明材料或其他手段骗取社会保险待遇；社会保障基金未专款专用等。

6. 因行政机关违法行使职权或者不作为导致国有财产受到侵害的其他情形。

第二节　立　案

一、线索收集评估

（一）线索收集

《行政诉讼法》《检察公益诉讼解释》及《公益诉讼办案规则》的相关规定，国有财产保护案件的线索发现"限于"检察机关履行职责中发现。

履行职责包括履行批准或者决定逮捕、审查起诉、控告检察、诉讼监督、公益监督等职责。《公益诉讼办案规则》第 24 条通过列举的方式，对公益诉讼案件线索的来源作了明确规定：（1）自然人、法人和非法人组织向人民检察院控告、举报的；（2）人民检察院在办案中发现的；（3）行政执法信息共享平台上发现的；（4）国家机关、社会团体和人大代表、政协委员等转交的；（5）新闻媒体、社会舆论等反映的；（6）其他在履行职责中发现的。对案件线索的来源进一步作出具体规定，明确了线索来源的六大渠道。

与生态环境和资源保护等其他领域相比，国有财产保护领域公益损害问题涉及经济、证券、会计、审计、法律等专业知识，隐蔽性、专业性很强，不同于生态环境保护、食品药品安全等领域问题的可感可知，群众举报发现少，尤其需要创新、借力，能动履职。实践中可围绕中心大局和民生热点问题开展线索排查，通过行政执法与刑事司法衔接平台、行政执法与行政检察衔接平台、"益心为公"志愿者平台等去努力发现和收集国有财产案件的线索。此外，要加强对最高检指导性案例、典型案例的学习研究，从中挖掘可复制的线索。从贵州省办理此类案件的具体实践来看，案件线索大都来源于检察机关主动了解获取。需要注意的是，受"在履行职责中发现"这一限制，在没有任何线索的情况下，径自到行政机关查阅有关国有财产保护情况，有突破法律规定之嫌。从实践中看，主要是到辖区重大项目实施单位了解有关税费缴纳情况，从而获知行政机关是否依法履行征缴行为。如贵州省办理最多的忠于严格依法收缴人防工程易地建设费案件，就是通过走访房地产开发企业，了解是否进行人防工程建设，没有建设的是否依法申报缴纳易地建设费用来发现线索的。

（二）线索评估

在发现国有财产案件的线索后，应当进行初步审查评估，即审查评估线索的真实性、可查性、风险性。此类线索的评估需要注意，政府与欠缴人是否有其他债务，政府是否有相应的减免、缓缴政策。如某企业欠缴易地建设费，但该企业竞得土地时，政府承诺的拆迁并未完成，由于政府无资金完成拆迁，遂由该企业先垫资进行拆迁。此后，政府承诺给付的拆迁款一直未能向该企业兑现。此种情况下，虽然易地建设费与拆迁款分属不同的款项，收支途径亦有区别，但仅考虑企业欠缴该费用，而不考虑政府欠款，显然执法效果不好，应当慎重立案。有的地方政府在招商引资时，给予了企业有关税费减免或缓交的承诺，这就需要进一步了解，政府的承诺行为是否合法，承诺权限、程序、内容均在核实之内。对于不合法的承诺行为，本身就是导致国有财产被侵害的违法行使职权，应当及时立案调查。

此外，民事检察公益诉讼仅针对社会公共利益受侵害的情形，不包括国家利益，即国有财产受侵害不能通过民事公益诉讼进行保护，这与本书第一章第二节介绍的河南省南阳市某县检察院办理的案例不一致。法律制度如此设计，主要考虑到国有财产均有相应的国家行政机关履行监管保护职责，如其不正确履职或不作为，导致国有财产受侵害的，应当督促行政机关正确履职实现保护。如通过检察机关直接向人民法院提起诉讼进行保护，则越过了行政机关，以司法行为代行行政管理职能，不利于理清国家治理体系。

如某村原村主任，在与其子进行农家乐经营活动中，不当领取了镇政府补贴5万元。后该村主任父子因涉嫌寻衅滋事罪被移送审查起诉，刑事检察部门向公益诉讼检察部门移送线索，镇政府希望检察机关一并提起刑事附带民事公益诉讼，责令该父子退回5万元补贴。对此线索的评估意见：进一步了解镇政府向该父子发放5万元补贴的性质，如属于行政补贴，且不符合发放情形，则可考虑作为行政公益诉讼案件线索，立案调查后，向镇政府发出诉前检察建议，建议其依法履职，通过行政行为收回不应当发放的补贴。如属于镇政府与该父子之间的民事行为，比如该父子为镇政府完成了某些工作任务，进行了对价支付等，则应由镇政府自行依法主张民事权益。总之，该线索不宜由检察机关立案提起民事公益诉讼。

根据《行政事业单位国有资产管理办法》，国有资产管理部门是政府专门负责国有资产管理的职能机构，但并不意味着其进行的国有资产出资、经营活动，造成国有资产减少的行为，就构成公益诉讼案件线索。如前述案例分析，国有资产管理部门进行出资、经营活动往往是民事行为，受民法调整。如国有房屋出租、出售等，如有工作人员串通，导致国家利益受损的，则应移送纪委监察委处理，并追回国家损失。如要主张该出租、出售行为可撤销、无效或解除、终止等，或者要求赔偿损失，则应通过民事法律主张权利。故国有资产管理部门根据国家规定，为了实现资产保值、增值，进行民事经营活动，与其进行公共管理职能有本质差别，应立足于行政公益诉讼检察职能，综合评估线索可查性。

二、立案

《公益诉讼办案规则》第28条、第29条规定了公益诉讼案件立案调查的一般情形和"以事立案"情形，第67条对行政公益诉讼案件的立案条件作出了明确规定。对于国有财产保护领域行政公益诉讼案件来说，立案必须具备两个方面的条件：一是要有"两益"受到侵害的事实，包括现实侵害和潜在的侵害危险；二是可能存在违法行为，即具有监管职责的行政机关违法行使职权或者不作为。按照"以事立案"的规则，对于"两益"受到严重侵害，经初步调查仍难以确定不依法履行监管职责的行政机关的，也可以立案调查。

需要注意的是，由于国有财产保护领域公益诉讼案件自身具有的特殊性，往往不像生态环境和资源保护、食品药品安全领域案件那样可能出现较为紧急的事件，需要"以事立案"来及时保护公益，故在办理国有财产保护领域公益诉讼案件时，应尽可能在立案前查清负有监管职责的行政机关，尽量坚持以被监督的行政机关立案。

检察机关办理此类案件，先从行政相对人应当缴纳不缴纳、少缴纳，或不应当获得而获得、多获得国有财产等信息中获得线索，然后回过头了解，哪一个行政机关应当对此负责、履职情况如何。而当前行政机关机构改革，职能整合力度较大，加大了固定被监督行政机关的难度。

如某县机构改革后，将人民防空职能并入县政府办公室，该办公室对辖区三家房开企业怠于收取人防易地建设费，则该如何立案。一是该行政机关履行职责是否基于法律、法规、规章的授权，仅依据规范性文件不能成为法定职责的来源。二是没有法律、法规、规章授权，而是受委托行使职权的，需要看是否以自己名义、能否独立承担法律责任。三是查阅编制、机构、人员方案，即"三定"方案对该单位的职责表述。四是直接以外观主义确定。如前述案例，可直接查阅县政府办在行使人民防空职责时，如核算费用、下达欠缴通知、作出行政处罚等，是盖的哪个部门的公章，即是以县政府，还是县政府办，或是人民防空办公室。一般而言，县政府办公室是县政府的内设机构，对内可行文，但不对外行使公共管理职能。而有的地方虽然人员、机构、职能进行了合并，但保留了对外行使职权的牌子，如人民防空办公室，这时直接以外观主义确定被监督的行政机关较为妥当。

第三节　调查核实

调查取证是立案后，检察机关收集证据材料、核实有关情况的重要工作，是整个公益诉讼检察工作的核心，只有在调查取证的基础上，才能查清事实、准确适用法律、依法作出处理决定。调查取证应围绕国有财产受侵害的事实，行政机关法定职责及违法行使职权或不作为的事实，以及二者的因果关系等进行。

一、调查方式

对于调查取证的方式，《公益诉讼办案规则》第 35 条第 1 款明确规定可以采取以下方式开展调查和收集证据：（1）查阅、调取、复制有关执法、诉讼卷宗材料等；（2）询问行政机关工作人员、违法行为人以及行政相对人、利害关系人、证人等；（3）向有关单位和个人收集书证、物证、视听资料、电子数据等证据；（4）咨询专业人员、相关部门或者行业协会等对专门问题的意见；（5）委托鉴定、评估、审计、检验、检测、翻译；（6）勘验物证、现场；（7）其他必要的调查方式。

需要注意，开展调查和收集证据不得采取限制人身自由或者查封、扣押、冻结财产等强制性措施。

调查中要说明调取证据重要性和必要性，说明相关单位配合义务。完善相关手续，严格依法调取，注明证据出处，加盖公章。坚持规范文明办案，做到有理、有据、有力、有节。

二、调查重点内容

（一）行政事业性国有财产保护案件的调查重点

行政事业性国有财产保护案件主要涉及国有资产监督管理部门、财政部门和实际占有、使用国有财产的行政单位。主要调查收集的材料有，该行政机关的职责如何，法律、法规、规章授权情况，"三定"方案，人民政府有关权力清单等。针对无偿转让、有偿转让或置换、申请报废等，还可作如下参考：

1. 无偿转让国有财产的，包括申请文件、资产清单、权属证明、价值凭证和接收单位同类资产存量情况；因单位划转撤并而移交资产的，需提供划转撤并批文、由具备相应资质的中介机构出具的资产清查等相关报告以及下级单位接收资产符合配备标准和相关编制。

2. 有偿转让或置换国有财产的，包括申请文件、资产清单、权属证明、价值凭证、中介机构出具的资产评估报告及单位同类资产情况；协议转让处置的，转让意向书；置换方式处置的，当地政府或部门的会议纪要、置换意向书等。

3. 国有财产报废、报损的，包括申请文件、资产清单、价值凭证和权属证明；技术原因报废的，技术鉴定；债务人已依法破产的，人民法院裁定书及财产清算报告；债务人死亡或宣告死亡的，财产或者遗产不足清偿的法律文书；不可抗力造成损失的，相关案件证明材料、责任认定报告和赔偿情况。

（二）税收类国有财产保护案件的调查重点

税收类国有财产保护案件主要涉及财政部门和税务部门。税务部门的主要监管职权有税务管理权、税收征收权、税收检查权、税务违法处理权、税收行政立法权、代位权和撤销权等，海关税收权力主要有征收管理进出口关税及其他税费。应当调查收集的主要材料：不同税种的征收标准规定；纳税人纳税申报表；财务会计报表及其说明材料；与纳税有关的合同、协议书及凭证；税控装置的电子报税资料；外出经营活动税收管理证明和异地完税凭证；境内或者境外公证机构出具的有关证明文件；代扣代缴、代收代缴税款报告表和代扣代缴、代收代缴税款的合法凭证；银行等金融机构扣款回单；税务机关出具的完税凭证；税收部门或海关催缴通知书、行政征收决定书、行政处罚决定书、通知、公函等。

（三）财政补贴类国有财产保护案件的调查重点

财政补贴类国有财产案件主要涉及财政部门和行业主管部门。应当调查收集的主要材料：规定各种补贴标准的规定或文件；相关企业或个人的申报文件；主管行政机关的审核批准文件；财政部门同意拨付补贴文件；拨款凭证；行政事业单位资金往来结算票据；审计报告；银行转账支票；领款收据；行政机关行政处罚决定书、追缴通知书等。

1. 涉及人力资源与社会保障部门及财政部门。应当调查收集的主要材料：相关企业或个人的申报文件；社会保险经办机构稽核意见书；参保资料；人社部门的审核批准文件；拨款凭证；行政事业单位资金往来结算票据；审计报告；银行转账支票；领款收据；追缴通知书等。

2. 费用类国有财产。此类案件是常见的主要类型，实务中常见的是人防工程易地建设费、水土保持补偿费、城镇设施配套建设费等。这里主要介绍人防易地建设费。应当调查收集的材料主要有：人防易地建设申请审批文件；建设规划工程许可审批表；关于人防工程项目修建实际情况、建筑面积等勘查笔录；相对人缴费凭证及人防部门出具收费发票；审计报告；人防部门催缴通知书、行政征收决定书、行政处罚决定书、通知、公函；政府会议纪要及领导批示缓缴免交的文件等。水土保持补偿费、城镇设施配套建设费类似。

第四节　诉前程序

诉前程序是独具特色的中国检察公益诉讼制度设计，体现了司法权（检察权）对行政权监督的谦抑性。立案后，经过一段时间的调查，认为证据已经收集完毕，事实已经查清，办案单位应当对调查情况进行汇总，依法作出处理。一是行政机关没有违法行为（包括乱作为和不作为），或者没有国有财产受侵害的情形，依法作案件终结处理。二是行政机关虽有违法行为，但已经纠正，且国有财产受侵害情形已经得到处理，国家利益已经得到恢复，亦应作终结处理。三是行政机关违法仍未纠正，或者虽已纠正，但国有财产仍受侵害，没有依法追回，则应依法向行政机关提出检察建议，督促其依法履职，实现国有财产保护的目标。

一、诉前检察建议

(一) 检察建议书制发

一是事实认定要有充分的证据支撑，叙述要准确恰当、层次分明、逻辑周密。在叙述行政机关违法行为时，一般都会引用其具有法定职责或应当如何履职的法律条款，有的建议将此内容放在法律适用部分。我们认为，还是放在事实部分较为妥当。即可围绕国有财产受到侵害的情形、行政机关违法行为，以及二者的因果关系，将事实部分写清楚。二是法律适用。一般引用民事诉讼法、行政诉讼法及"两高"司法解释、公益诉讼办案规则关于提出检察建议的程序性规定即可。三是建议内容。建议内容虽然只有一两句话，但却是整个建议最重要的部分。如果说检察建议是一份裁判文书，建议内容就是判决结果，对行政机关履职提出了要求，明确了责任义务。如行政机关不整改，向人民法院提起诉讼，针对的也是建议内容是否需要落实、是否已经得到落实，故建议内容应与诉讼请求保持一致。在国有财产保护案件中，建议内容的把握重点是概括与具体的平衡。如法律赋予行政机关在征缴有关税费及滞纳金、罚款有一定幅度，可根据具体情形确定，则检察建议不宜对此确定具体数额。但是，建议内容也不宜过于概括笼统，导致行政机关无从整改，也为后续提起诉讼带来难度。

(二) 关于案数

《公益诉讼办案规则》第 69 条规定：对于同一侵害国家利益或者社会公共利益的损害后果，数个负有不同监督管理职责的行政机关均可能存在不依法履行职责情形的，人民检察院可以对数个行政机关分别立案。人民检察院在立案前发现同一行政机关对多个同一性质的违法行为可能存在不依法履行职责情形的，应当作为一个案件立案。在发出检察建议前发现其他同一性质的违法行为的，应当与已立案案件一并处理。实践中，需要在判定何为类案的时间点、区域上把握。要杜绝在较为集中的时间之内向同一行政机关针对相同性质发送数份检察建议的情形，这是典型的类案拆分。但是，如果针对同一行政机关数十个违法行为，发出一份检察建议，显然不利督促行政机关整改，且在判定是否整改，是否需要提起诉讼时，也会遇到困难。

如已经发现辖区内有几家企业未按规定缴纳水土保持补偿费，水务部门对此未严格依法履职。此时，是继续查清辖区内所有可能存在类似情况，再一并发出诉前检察建议，还是先就已经发现的这几家一并发出呢？我们认为，类案监督不是绝对的，且考虑办案效率，公益保护的及时性等，可以先就已经发现的违法行为合并进行监督。此外，考虑到可能提起诉讼，虽公益诉讼为客观诉讼，不追加行政相对人为第三人，但在检察机关监督之后，行政机关履职行为必然会影响行政相对人的利益。如前，行政机关作出追缴水土保持补偿费的行为，或行政罚款，或责令停止工程项目等。这时，也可能会引发行政机关与行政相对人的行政争议。如类案监督中的违法行为过多，也会给案件的后续实质处理带来难度。

二、跟进调查

诉前检察建议发出后，无论行政机关回复与否，均需要进行跟进调查，审查判断行政机关是否履行职责，国家利益是否得到保护或恢复。按照行政机关职责，行政执法要求，梳理出行政机关职责流程图、时间表，对标对本，查看是否存在履职不到位，履职漏洞、违法履职情况。这里需要注意的是，行政执法有听证、告知、当事人申请复议、复核等程序，同时也规定了相应期限，案件是否在这些时间内，行政机关是在等待期限还是不履职。认定行政机关违法，必须是违反立法法规定范畴的"法"，违反一般行政通知、会议纪要、工作安排，不能算是违法。怠于履职标准应该比违法低，比如不履行主管机关明确职责，也可以理解为怠于履职。没有履行法定职责和授权、委托职责，都应该是怠于履职。一般有三条判断标准：一是看是否及时制止了违法行为，二是看是否穷尽运用了监管手段，三是看是否已经对受损的公益进行了恢复。国有财产保护领域的行政机关整改中，会出现当地政府以会议纪要或者领导批准同意等方式，发放有关补贴或给予减免的情形。这时，不能单凭当地政府的一纸文件就简单地认同，而应进一步查清是否具有充分的法律政策依据，补贴或减免是合法还是违法，防止以新的违法行为去纠正旧的违法行为。

第五节 提起诉讼

两个月回复期间，检察机关需要对行政机关整改落实情况进行审查评估，分别作出处理。行政机关没有纠正违法行为或者没有依法全面履行职责，国家利益或者社会公共利益持续处于受侵害状态的，检察机关以公益诉讼起诉人的身份依法提起行政公益诉讼，需要提交起诉书及收集的证据材料。

公益诉讼起诉书包含起诉机关，需要列明起诉的检察机关，无须注明检察长、单位地址、组织机构代码、委托权限等；被告单位名称、地址、法定代表人或负责人姓名、职务等；关于诉讼请求，写明具体的诉讼请求，诉讼请求的内容应当与检察建议书的建议内容相匹配，检察机关可以向人民法院提出撤销或部分撤销违法行政行为、在一定期限内履行法定职责、确认行政行为违法或者无效等诉讼请求；关于事实和理由，写明案件线索来源、检察机关审查认定的被告违法行使职权或者不作为的事实、国家利益或者社会公共利益受到侵害的事实和有关证据、检察机关诉前程序及被告回复情况等；被告行政行为构成违法行使职权或者不作为的理由和法律依据、检察机关提起行政公益诉讼法律依据等。

诉讼请求的确定是起诉书的重点内容，有关要求与第二、三章节叙述基本一致，不再赘述。

公益诉讼办案人员作为公益诉讼起诉方，在法庭上需要做好角色转换，举证要全面、到位，质证要一针见血，辩论要丝丝入扣，需要加强相关法律知识的积累，提高庭审应变能力。要制作详细的庭审预案，明确举证顺序、证明内容，对方可能提出的质证意见。分析对方可能出示的证据，提出质证意见。拟定本方辩论意见，预测对方辩论重点问题，提出反驳意见等。如果条件允许，可以建议人民法院召开庭前会议，交换证据、归纳争议焦点，以提高庭审质量和效率。

行政公益诉讼本质上是一个行政诉讼，根据行政诉讼法的规定，举证责任倒置的规则在行政公益诉讼中仍在适用，行政机关对其作出的行政行为的合法性承担举证责任。检察机关一是要证明起诉符合法定条件；二是要证明行政机关违法行使职权或者不作为，致使国家利益或者社会公共利益受到侵害的事实；三是要证明检察机关已履行诉前程序，行政机关仍不依法履行职责或者纠正违法行为的事实。行政公益诉讼中也有很强的对抗性，比如在"是否履职""是否违法"的焦点辩论中，检察机关要通过举证来证实行政机关没有履职或者违法，必须积极主动地围绕案件焦点收集证据来支撑所提出的诉讼请求。此外，虽然是行政诉讼，但检察机关作为公益诉讼人，败诉负面影响很大，所以，检察机关在指认的事实上，有必要用刑事案件公诉证明标准来掌握，所主张的事实，应当做到证据确实、充分。

原件、原物应优先出示。复印件必须说明出处，加盖提供单位印章和提供人签名。形式要求：公益诉讼案件数量少，社会影响大，一般要求遵循直观易懂原则。PPT 示证配合举证，举证同时要求说明证据来源、特征、证明目的。举证顺序：（1）主体资格证据：公益诉讼起诉人资格，被告主体资格证据。（2）国家利益和社会公共利益受到侵害证据。（3）相关机关违法履职和怠于履职证据（应当同时引用相关法律规定）。（4）其他证据。

检察机关需要对庭审举证、质证情况，起诉认定的事实、诉讼请求充分发表意见。辩论的基础是充分的证据、确凿的事实、明确的法律依据。需要注意的是，行政公益诉讼案件不适用调解。对于行政机关明确表示愿意履职，以实现国家利益保护和恢复的，则可在其及时履职后审查诉讼请求是否实现，如已经实现可撤回或变更诉讼请求。

《公益诉讼办案规则》第 58 条第 2 款规定：人民检察院认为第一审公益诉讼判决、裁定确有错误的，应当提出上诉。鉴于人民检察院是国家法律监督机关的职能定位和作为公益诉讼起诉人的诉讼身份，公益诉讼提出上诉的条件与抗诉的条件相同，即"认为第一审公益诉讼判决、裁定确有错误"。为应对一审判决、裁定上诉期限较短的问题，《公益诉讼办案规则》第 58 条第 3 款规定了上诉案件上下级同步审查原则，第 62 条规定了全面审查原则，便于上级检察机关能短时间内熟悉案情、作出决定。两级检察院同步审查要重点审查以下内容：（1）第一审判决、裁定认定的基本事实是否缺乏证据证明；（2）第一审判决、裁定认定事实的主要证据是否伪造；（3）第一审判决、裁定认定事实的主要证据是否经过质证；（4）审判组织的组成是否合法、应当回避的审判人员是否回避；（5）第一审判决、裁定是否遗漏或者超出诉讼请求；（6）第一审判决、裁定适用法律是否错误等。

第六节 典型案例分析

本节主要围绕国家税务总局某县税务局不依法履行职责案展开。

一、基本案情

某县交通发展有限公司（以下简称交发公司）在建设通组路网工程、公路改扩建工程中，未经批准占用林地，应缴纳耕地占用税3804540.32元及滞纳金1763291.58元。但该公司未依法向税务部门申报，税务部门也未依法追缴，导致国有财产长期流失，国家利益遭受损失。

二、违法行为分析

《耕地占用税法》第12条第1款规定，占用园林、林地、草地、农田水利用地、养殖水面、渔业水域滩涂以及其他农用地建设建筑物、构筑物或者从事非农业建设的，依照本法的规定缴纳耕地占用税。第9条规定，耕地占用税由税务机关负责征收。第13条第1款规定，税务机关应当与相关部门建立耕地占用税涉税信息共享机制和工作配合机制。县级以上地方人民政府自然资源、农业农村、水利等相关部门应当定期向税务机关提供农用地转用、临时占地等信息，协助税务机关加强耕地占用税征收管理。《税收征收管理法》第32条规定，纳税人未按照规定期限缴纳税款的，扣缴义务人未按照规定期限解缴税款的，税务机关除责令限期缴纳外，从滞纳税款之日起，按日加收滞纳税款万分之五的滞纳金。

对应法条分析可知：

1. 交发公司占用林地，依法负有缴纳耕地占用税之法定义务。

2. 税务机关负有向交发公司征缴耕地占用税及滞纳金之监管职责，其未依法履职导致国有财产流失，国家利益受损。

三、调查和督促履职情况

1. 线索发现及立案。某县检察院在开展国有财产保护检察公益诉讼专项工作中发现该案线索，经评估后依法立案。

2. 调查核实工作。通过到林业、税务部门调阅行政执法卷宗、查询纳税记录等资料，询问公司负责人等开展调查取证，查明：交发公司于 2017 年 8 月至 2019 年 12 月期间，在县建设通组路网工程和公路改扩建工程中，违法占用林地 350 余亩，长期欠缴耕地占用税 3804540.32 元及滞纳金 1763291.58 元。负有监督管理职责的县税务局未依法履行税收征缴职责导致国有财产长期流失。

3. 诉前检察建议。县检察院依法向县税务局制发行政公益诉讼诉前检察建议，建议该局积极履行税收征收管理职责，责令交发公司依法及时补缴所欠耕地占用税税款。

4. 跟进监督情况。收到检察建议后，县税务局向交发公司下达《税务事项通知书》，依法向该公司追缴耕地占用税 3804540.32 元、滞纳金 1763291.58 元。并在县辖区内开展耕地占用税全面清缴工作，追缴入库税款 451.68 万元，滞纳金 183.34 万元。同时，县税务局积极推动县政府出台《某县推进税费协同共治工作方案》，建立税务部门与综合执法、农业农村、自然资源等相关行政执法部门之间的涉税信息传递机制，确保违法占地处罚信息、农村建房占地等征管资料的及时传送，确保耕地占用税及时足额征缴入库。

5. 以办案促治理。县检察院针对办案中发现的，相关行政执法部门未及时将违法处罚信息移送给税务机关，导致税务机关对非法占地情况不掌握，未能依法追缴耕地占用税的情况，组织县税务局与县自然资源局、县综合执法局、县农业农村局等多部门，聚焦耕地占用税的信息共享问题召开公开听证会，并邀请人大代表、人民监督员和律师代表作为听证员参加听证。经过听证，负有土地行政执法监管职能的各部门与税务部门之间增强了征缴耕地占用税的合力，围绕涉税信息移送、行政执法衔接等协作配合事项达成了共识。

四、法律文书

某县人民检察院

检察建议书

××检行公建〔2022〕××号

国家税务总局某县税务局：

本院在履行公益监督职责中发现，某县交通发展有限公司未依法足额缴纳耕地占用税，本院依法进行了调查，现查明：

某县交通发展有限公司位于县新客运站三楼，所属行业为市政道路工程建筑，纳税人识别号为：9152042507×××××××，该公司存在耕地占用税漏征的情况。具体情况：（一）某县交通发展有限公司于 2017 年 8 月至 2019 年 12 月在县××镇（4 标段）、××镇、××镇（5 标段）、××镇（6 标段）等通组路网工程中违法占用林地建设，经贵州中绿生态有限公司鉴定，违法占用林地 230.1 亩；（二）县交通发展有限公司于 2018 年 4 月至 2019 年 8 月在县 S315 公路××路段实施改扩建工程中违法占用林地建设，经贵州中绿生态有限公司鉴定，违法占用林地面积 126.5745 亩。经核实，截至目前，该公司未向你局申报违法占用林地的耕地占用税，根据《中华人民共和国耕地占用税法》第十二条第一款："占用园林、林地、草地、农田水利用地、养殖水面、渔业水域滩涂以及其他农用地建设建筑物、构筑物或者从事非农业建设的，依照本法的规定缴纳耕地占用税"和《中华人民共和国税收征收管理法》第三十二条"纳税人未按照规定期限解缴税款的，扣缴义务人未按照规定期限解缴税款的，税务机关除责令限期缴纳外，从滞纳税款之日起，按日加收滞纳税款万分之五的滞纳金"之规定，县交通发展有限公司未经批准占用林地，应当缴纳耕地占用税，应缴纳税款、滞纳金分别合计：3804540.32 元、1763291.58 元。

本院认为，根据《中国人民共和国耕地占用税法》第九条："耕地占用税由税务机关负责征收。"第十三条第一款："税务机关应当与相关部门建立耕地占用税涉税信息共享机制和工作配合机制。县级以上地方人民政府自然资源、农业农村、水利等相关部门应当定期向税务机关提供农用地转用、临时占地等信息，协助税务机关加强耕地占用税征收管理。"《国家税

143

务总局××县税务局职能配置、机构设置和人员编制规定》第二部分："国家税务总局××县税务局的主要职责是：……（二）负责贯彻执行税收、社会保险费和有关非税收入法律、法规、规章和规范性文件，研究制定具体实施办法。组织落实国家规定的税收优惠政策。"你局作为税务机关，负有对辖区内耕地占用税的征收实施监督管理的法定职责。由于你局怠于履职，致使县交通发展有限公司至今仍欠缴耕地占用税，造成国有财产流失，侵害了国家利益和社会公共利益。开征耕地占用税的目的是运用经济手段加强土地管理、保护现有耕地资源，积极推进耕地占用税政策贯彻落实，切实维护国家利益，现根据《中华人民共和国行政诉讼法》第二十五条第四款、《人民检察院公益诉讼办案规则》第七十五条、《最高人民法院、最高人民检察院关于检察公益诉讼案件适用法律若干问题的解释》第二十一条第一款、《人民检察院检察建议工作规定》第十条之规定，向你局提出如下检察建议：

一、积极履行税收征收管理职责，责令县交通发展有限公司依法及时补缴所欠税款；在合理期限内仍未缴纳的，依法处罚。

二、积极主动与县自然资源局、农业农村局、水务局、生态环境等相关单位相配合，建立涉税信息共享平台和工作配合机制，拓宽税源渠道。

三、加大耕地占用税法的宣传力度，尽快对本区域内耕地占用税缴纳情况进行排查，加强耕地占用税的日常征收管理，对漏征行为依法进行追缴，保障税款应收尽收，及时足额入库。

请于收到本检察建议书之日起两个月内依法办理，并将办理情况书面回复本院。

第五章　国有土地使用权出让检察公益诉讼

第一节　概　述

国有土地使用权出让收入是指政府以出让等方式配置国有土地使用权取得的全部土地价款，包括受让人支付的征地和拆迁补偿费用、土地前期开发费用和土地出让收益等，是地方政府预算外收入的主要来源。这部分收入本也属于国有财产保护范畴，但由于其庞大的体量，立法将其单独作为检察公益诉讼一个领域。试点期间，全国检察机关发现国有土地使用权出让领域案件线索占总数的 10.89%，诉前程序占 12.67%，起诉案件占10.6%。2017 年 7 月至 2019 年 9 月，针对非法占用国有土地、拖欠土地出让金、违法储备土地"炒地皮"等问题，检察机关立案相关公益诉讼案件4826 件。通过办案督促追缴国有土地出让金 290.2 亿元。2020 年 1 月以来，贵州省检察机关共立案办理国有土地使用权出让领域公益诉讼案件 170 件，磋商结案 24 件，发出诉前检察建议 104 件，提起行政公益诉讼 5 件，另有37 件在办理中，督促收回欠缴国有土地使用权出让收入 226005.51 万元。

一、国有土地使用权出让概述

改革开放之前，我国基本上是采用划拨方式设立土地使用权。1987 年9 月 17 日深圳市国有土地使用权的成功拍卖，标志着我国开始建立土地有偿使用制度。1987 年底，国务院批准在东南沿海 6 个城市进行土地使用权出让改革试点，从而揭开了土地供给制度的改革序幕。1988 年 4 月，中华人民共和国宪法修正案明确"土地使用权可以依照法律规定转让"。同年 12月《土地管理法》明确"国家依法实行国有土地有偿使用制度"。1990 年

5月19日国务院发布施行的《城镇国有土地使用权出让和转让暂行条例》，首次对"土地使用权出让"作出解释，并规定了土地使用权出让的原则、程序和方式。1994年7月5日，《城市房地产管理法》规定了土地使用权出让的方式、条件及原则。2007年7月1日，《物权法》明确将建设用地使用权作为用益物权之一，初步建立起了完整的国有土地使用权出让法律制度，国有土地作为重要的生产资料和社会资本，其使用制度也随之变革，由计划经济时期的无偿获取变为有偿使用。

根据我国土地管理法律法规规定，国有土地使用权出让有四种方式，分别是招标出让、拍卖出让、挂牌出让和协议出让。经营性用地以及同一宗地有两个以上意向用地者的，应当以招标、拍卖或者挂牌方式出让。

1. 招标出让。国有土地使用权招标出让是指市、县人民政府土地行政主管部门发布招标公告，邀请特定或者不特定的公民、法人和其他组织参加国有土地使用权投标，根据投标结果确定土地使用权人的行为。

2. 拍卖出让。国有土地使用权拍卖出让是指市、县人民政府土地行政主管部门发布拍卖公告，由竞买人在指定时间、地点进行公开竞价，根据出价结果确定土地使用权人的行为。拍卖出让是按照"价高者得"的原则确定土地使用权受让人，一般适用于商业用地、高档住宅楼用地、高档娱乐设施用地。

3. 挂牌出让。国有土地使用权挂牌出让是指市、县人民政府土地行政主管部门发布挂牌公告，按公告规定的期限将拟出让宗地的交易条件在指定的土地交易场所挂牌公布，接受竞买人的报价申请并更新挂牌价格，根据挂牌期限截止时的出价结果确定土地使用权人的行为。

4. 协议出让。国有土地使用权协议出让是指土地使用权的有意受让人直接向国有土地主管部门提出有偿使用土地的愿望，由国有土地主管部门与有意受让人进行谈判和切磋，协商出让土地使用的有关事宜的一种出让方式。以协议方式出让土地使用权，没有引入竞争机制，不具有公开性。协议出让国有土地使用权主要适用于工业项目、市政公益事业项目、非盈利项目及政府为调整经济结构、实施产业政策而需要给予扶持、优惠的项目，采取此方式出让土地使用权的出让金不得低于国家规定所确定的最低价。

国有土地出卖方式的壮大意味着土地开始成为市场中的重要自然资源。可是在土地出让过程中会产生各种扭曲、蜕化正常市场交易的行为，直接损害国家和社会公共利益。主要表现为：

1. 国有土地使用权出让收入不能及时足额缴纳。国家是国有土地使用权出让主体，市、县人民政府自然资源部门代表国家签订国有土地使用权出让合同。实践中，虽然和土地使用权人签订土地使用权出让合同，而且条款中也明确写着双方履行义务的时间，一方要按时全部缴纳土地使用权出让收入，另一方要在规定时间内把土地交付给对方，可是政府部门因为各种原因招商引资后，违反相关规定给土地使用权人承诺欠缴或分期缴纳土地使用权出让收入，或者地方政府相关职能部门衔接不畅，导致国有土地使用权收回、拆迁、安置、补偿等问题未能完成，国有土地使用权人因不能使用土地未缴纳国有土地使用权出让收入，导致土地使用权人拖欠应缴纳的土地使用权出让收入及滞纳金，国家利益遭受损失。

2. 土地使用权人擅自变更土地用途。根据《土地管理法》第56条规定："建设单位使用国有土地的，应当按照土地使用权出让等有偿使用合同的约定或者土地使用权划拨批准文件的规定使用土地；确需改变该幅土地建设用途的，应当经有关人民政府自然资源主管部门同意，报原批准用地的人民政府批准……"这一条明确指出，土地使用权人不可随意变更用地面积、用途和土地类型，将土地挪作他用。实践中，土地使用权人改变土地用途后没有报经相关部门批准，也没有依法缴纳因此产生的土地使用权出让收入，导致国有财产流失。

3. 超规划和违法使用土地。根据《城镇国有土地使用权出让和转让暂行条例》第10条的规定："土地使用权出让的地块、用途、年限和其他条件，由市、县人民政府土地管理部门会同城市规划和建设管理部门、房产管理部门共同拟定方案，按照国务院规定的批准权限报经批准后，由土地管理部门实施。"不得私自超规划使用土地，更不可违法使用土地。实践中，土地使用权人在项目实施（特别是建设项目）过程中，超出合同约定面积建设项目并投入使用，未补缴超出出让面积的国有土地使用权出让收入，导致国有财产流失。

4. 国有土地使用权出让后土地闲置问题。根据《土地管理法》第38条第1款、原国土资源部出台的《闲置土地处置办法》第2条、第14条规定，因出让或划拨取得国有土地使用权，使用权人超过约定、规定的动工开发日期满一年未动工开发的国有土地认定为闲置土地。国家为了规范土地市场行为，促进节约集约用地，经本级人民政府批准，由自然资源部门对于未动工开发满一年的闲置土地作出征缴决定书按土地出让或者划拨价款的 20% 征缴土地闲置费，是土地主管部门对国有土地使用权人因自身原因闲置土地导致稀缺的土地资源未有效利用而采取的强制征收行为。因此，土地闲置费应归属于国有土地使用权出让领域而非国有财产保护领域。

以上国有土地使用权出让中的乱象，相关行政主管部门存在着不作为、乱作为，特别是 2021 年 5 月 21 日起，根据财政部、自然资源部、税务总局、人民银行《关于将国有土地使用权出让收入、矿产资源专项收入、海域使用金、无居民海岛使用金四项政府非税收入划转税务部门征收有关问题的通知》，国有土地使用权出让收入划转由税务部门负责征缴入库。但现行《土地管理法》《税收征管法》等法律法规尚未修订，配套制度尚未完善，职能部门权责尚未厘清，没有赋予税务部门监管职责，自然资源部门与税务部门之间存在着职责交叉模糊，直接影响行政职能的履行，导致欠缴国有土地使用权出让收入出现"监管盲区"，由"多头管"变"无人管"。

国有土地使用权出让收入征收职能划转到税务部门后，自然资源部门应配合做好相关信息传递和材料交接工作，及时向税务部门推送国有土地出让收入费源清册和分期缴费采集表，并协同履职完成欠费追缴工作。但由于税务部门与自然资源部门之间还未建立行之有效的工作信息传递机制，自然资源部门推送信息不全、不及时、不全面，国有土地使用权收入监管和征收职能部门信息不通、衔接不畅，导致税务部门对征管划转前欠缴企业的底数不清、情况不明，土地出让情况、欠缴原因、缴纳情况等信息一定程度上存在不对称，造成征收征管脱节，不能依法追缴国有土地使用权出让收入欠费，导致国家利益受到侵害。

实践中，检察机关针对国有土地使用权出让收入征收职能划转后，配套制度尚未完善，相关行政部门职责尚未厘清，影响行政职能的履行，导致国有土地使用权出让收入欠费追缴面临较大流失风险的情形，可以充分发挥公益诉讼检察职能作用，综合运用磋商、圆桌会议等方式，依法督促行政部门协同履职，推动达成跨部门协同共治，保障国家利益的实现。

二、国有土地使用权出让检察公益诉讼概述

根据《行政诉讼法》和《检察公益诉讼解释》的规定，当前对于国有

土地使用权出让收入案件只能由检察机关提起行政公益诉讼，其他单位和组织无权提起公益诉讼。从实践案例看，该领域的案件类型主要有以下几类：

1. 土地使用权人没有按照合同及时足额交付国有土地使用权出让收入，行政机关未依法追缴，既有国有土地使用权出让收入本身的损失，还有违约金和滞纳金的损失。

2. 国家土地出让主体相关行政机关违反规定低价出让国有土地使用权，导致国家利益损失。

3. 行政机关应以招标、拍卖、挂牌和协议等出让方式供地，却违法以划拨方式免费供地的，导致国家利益损失。

4. 土地使用权人以出让方式依法取得土地使用权后，超过出让合同约定的动工开发日期满一年未动工开发，或者已动工开发但开发建设用地面积、投资额占比达不到法定要求并且中止开发建设满一年，造成土地闲置的，行政机关不依法采取处置措施或者措施力度不够。

5. 土地使用权人未经政府土地管理部门和规划、建设部门批准擅自改变土地用途、容积率、违规超面积占用土地等，行政机关未依法处理。

除了上述常见的五类国有土地使用权出让公益诉讼案件，行政机关在出让国有土地时，还可能存在以土地换项目、先征后返、补贴等形式变相减免国有土地使用权出让收入，土地使用权人转让划拨土地使用权应当缴纳土地使用权出让收入而不缴纳，主管部门颁发使用权证书时把关不严、违法发放等。需要检察机关加强这方面法律法规及有关知识的学习，加大办案力度，全面履行好国有土地使用权出让领域的法律监督职责。

第二节　立　案

一、线索收集评估

（一）线索收集

检察机关提起公益诉讼的案件线索限于检察机关在履行职责中发现的情形。"履行职责"包括履行批准或者决定逮捕、审查起诉、控告检察、诉讼监督、公益监督等职责。公益诉讼案件线索的来源包括：自然人、法人和非法人组织向人民检察院控告、举报的；人民检察院在办案中发现的；行政执法信息共享平台上发现的；国家机关、社会团体和人大代表、政协委员等转交的；"益心为公"志愿者平台移送的；新闻媒体、社会舆论等反映的；其他在履行职责中发现的。

实践中，对于通过行政执法与刑事司法衔接平台、行政执法与行政检察衔接平台等发现案件线索的，视为"在履行职责中发现"。绝大多数案件线索在履行公益监督职责中主动发现，包括利用"两法衔接"平台筛选有价值信息，走访群众，辖区新闻热点事件筛查等。检察机关内部也应该建立公益诉讼线索移送相关机制，对于其他业务部门在履职中发现国有土地使用权出让收入流失，负有监督管理职责的行政机关违法行使职权或者不作为，致使国家利益或者社会公共利益受到侵害的线索，应及时移送公益诉讼检察部门。公益诉讼检察部门在办理行政公益诉讼案件过程中，发现国家工作人员涉嫌贪污贿赂、渎职侵权等职务犯罪线索或违纪线索的，应当按照相关规定和程序移送监察机关；发现其他刑事犯罪线索的，应当及时移送相关侦查机关。

（二）线索评估

行政公益诉讼案件线索由公益诉讼检察部门统一管理，公益诉讼检察部门应当建立案件线索台账，对案件线索来源、案件类型、被监督对象、分流转办、案件承办人、审查意见、诉前程序及诉讼情况等逐一列明，实行一案一登记、一案一跟进，并对案件流转、审查意见、诉前程序、提起诉讼等节点实行层级管理。

行政公益诉讼案件线索实行备案管理制度，重大案件线索应当向上一级人民检察院备案。公益诉讼检察部门应当对案件线索进行初步审查评估。评估线索应当重点围绕以下内容展开：一是线索的真实性，是否属于检察机关履行职责中发现的情形，违法和公益受损的情形是否真实存在。二是线索的可查性，是否属于行政公益诉讼案件范围，社会公共利益受到侵害的事实和程度是否可以得到查证，调查取证存在什么困难和障碍等。三是线索的风险性，包括社会舆情、信访风险、引发群体性事件的风险等。在对公益诉讼案件线索的真实性、可查性、风险性进行评估后，必要时可以进行初步调查，并形成《初步调查报告》。

二、立案条件

人民检察院经过评估，认为国有土地使用权出让收入流失或面临流失风险，国家利益或者社会公共利益受到侵害或可能受到侵害，负有监督管理职责的行政机关可能存在违法行为的，应当立案调查。并制作《立案审批表》，经过初步调查的附《初步调查报告》，报请检察长决定后制作《立案决定书》。

对于国有土地使用权出让领域行政公益诉讼案件，立案的标准不同于发出检察建议和提起诉讼的标准，只需要证明国有土地使用权出让收入可能受到违法损害的初步证据。初步材料能够证明同时存在国家利益或者社会公共利益受到侵害、负有监督管理职责的行政机关可能违法行使职权或者不作为的情形，即应当立案。

三、磋商

人民检察院决定立案的，应当在 7 日内将《立案决定书》送达行政机关，并可以就其是否存在违法行使职权或者不作为、国家利益或者社会公共利益受到侵害的后果、整改方案等事项进行磋商。磋商可以采取召开磋商座谈会、向行政机关发送事实确认书等方式进行，并形成会议记录或者纪要等书面材料。磋商针对的是案情简单，行政机关对公共利益受到侵害、其违法行使职权或不作为没有异议、有立即整改意愿且通过立即整改公共利益可以得到及时有效保护的案件，目的是为了案件繁简分流，提高效率。磋商不是行政公益诉讼案件办理必经阶段，是"可以"而不是"应当"或者"必须"。经过磋商，行政机关依法履职，实现公益保护目的后应当作出终结案件决定。在磋商程序中已经形成整改方案，但未开始整改，或已经开始整改，但尚未整改完毕，公共利益仍处于受侵害状态或者存在受侵害危险的，应当提出检察建议。

第三节　调查核实

一、调查方式

（一）调查准备工作

及时收集与国有土地使用权出让有关的法律法规、部门规章、地方性法规、国家和地区标准，厘清对国有土地使用权出让的监管征收职责要求，确定被监督的对象。国有土地使用权出让领域涉及的行政机关主要有自然资源部门、税务部门，自然资源部门负责国有土地使用权出让决定和实施、对不按照合同约定使用国有土地的监督检查、对闲置土地的监督检查、国有建设用地使用权改变用途的审批监管、调整容积率等改变土地使用条件审批的监管等。根据 2021 年 5 月 21 日，财政部、自然资源部、税务总局、人民银行联合发布的《关于将国有土地使用权出让收入、矿产资源专项收入、海域使用金、无居民海岛使用金四项政府非税收入划转税务部门征收有关问题的通知》规定，将由自然资源部门负责征收的国有土地使用权出让收入划转给税务部门负责征收，如果发生国有土地使用权出让收入欠缴的，人民检察院发送检察建议的对象改为税务部门而非自然资源主管部门。

要根据土地出让的性质和内容研究制定调查的思路、方法、步骤及拟收集的证据清单等，制定调查计划；准备执法记录仪、相机、土地测量仪、重金属测量等调查设备。

（二）调查措施

检察机关的调查可以采取以下方法：

1. 查看、摘抄、复制有关土地出让的卷宗材料，包括出让公告、竞拍文件、出让合同、出让公示等。

2. 询问当时的行政机关相关人员以及行政相对人、利害关系人、证人等。

3. 收集书证、物证、视听资料、电子证据和证人证言。书证包括各种卷宗材料、国家的政策方针、国有土地使用权人的工商登记信息、出让金缴费记录等；物证包括土地使用权人行贿公务人员的赃款赃物、违法施工的机械工具等；视听资料包含土地竞拍现场视频、签订合同视频以及一些与案件有关的视频；电子证据包括电子转账记录、地方国库专账记录和双方之间磋商留下的聊天记录等；证人证言即当时参与土地出让除当事人之外的相关人员的证言。

4. 咨询专业人员、相关部门或者行业协会等对专业问题的意见和建议。

5. 委托鉴定、评估、审计机构对文件的真实性、国有土地使用权出让收入的缴纳记录和土地闲置时间进行全面审核。

6. 现场勘验土地面积，检查土地用途、规划和开发情况。

（三）调查核实的具体要求

1. 询问。询问行政机关工作人员及行政相对人、利害关系人、证人前应当制作《询问提纲》，《询问提纲》包括以下内容：询问案件当事人能够解决或者佐证的主要问题；询问重点；询问策略和方法；可能出现的问题及对策等。询问当事人应当个别进行，且应当由两名以上正式检察干警共同进行。办案人员在询问当事人之前应当出示工作证和盖有院章的介绍信。询问当事人或在场人员，应当场制作《询问笔录》。《询问笔录》经被询问人确认无误后，由被询问人签名或者盖章，如果被询问人不识字或者属于限制行为人，应该给予其必要的文字和意思解释。被询问人拒绝签名盖章的，应当注明情况。

2. 物证、书证的收集。办案人员需要向有关单位或者个人调取物证、书证的，应当制作《调取证据通知书》和《调取证据清单》，持上述文书调取有关证据材料。

3. 视听资料、电子证据的提取。确有必要向有关单位和个人调取视听资料和电子证据的，办案人员可以自行调取，也可以委托检察技术部门调取。如果检察技术部门归入其他部门的，可以继续委托归入部门进行调取，也可以委托上级检察院的司法鉴定机构完成调取。办案人员委托本院检察技术部门和上级司法鉴定部门提取电子证据，应当向委托部门提交《委托技术协助书》，文书应当登记案号、证据名称、证据类型和所在位置、取证具体要求和规范等。调取视听资料和电子证据应当调取原件，调取原件确有困难或者因保密需要无法调取原件的，可以调取副本或者原件复印件，复印件和副本应该保持与原件相同，由两位办案人员共同签字确认。

4. 审计、鉴定、评估。对专业性问题认为需要审计、鉴定、评估的，可以委托专门的审计、会计师事务所、司法鉴定中心、土地使用和价格评估部门和专业人士对行政机关调取证据材料的真实性进行核查。

5. 专业咨询。检察办案人员可以就专门性问题书面或者口头咨询当地的测绘工程院、规划研究院和财政审计部门。办案人员应当为鉴定、评估、审计机构提供必要的条件，及时向鉴定、评估、审计人员送交有关证明、数据和样本等原始资料，说清案件办理的情况和数据中可能存在的问题和错误，并明确提出鉴定、评估、审计的目的和具体要求。

6. 勘验。认为确有必要的，可以进行物证或者现场勘验。检察机关自行勘验现场时需要出示工作证件和单位出具的介绍信，如果是检察机关委托第三方专业机构负责勘验，也要出示委托书。当事人或者当事人的成年家属应当到场，拒不到场的，不影响勘验的进行。勘验人应当将勘验状况和结果制作勘验笔录，由勘验人、当事人和被邀参加人签名或者盖章。

二、调查重点内容

（一）国有土地使用权出让行为监管及征收的调查重点

1. 对国有土地使用权出让方案的作出和实施的调查。国有土地使用权出让方案是由市、县人民政府作出。出让方案报经有批准权的人民政府批准后，由市、县人民政府的自然资源部门实施和完成。土地使用权出让合同由市、县人民政府自然资源部门与土地使用权人签订。如果双方以协议方式出让土地，则国有土地使用权出让收入不得低于按国家规定所确定的最低价。划拨土地申请转让变更土地性质，成为政府出让地时，应征得市、县自然资源、规划管理部门同意，经市、县人民政府批准后，可以由原受让人以协议方式出让，但因国家利益需要收回土地重新公开出让的除外。县级以上人民政府自然资源管理部门依法对国有土地使用权的使用、出租、转让、开发程度等情况进行监督检查。

2. 对国有土地使用权出让收入缴纳状况的核查。市、县税务部门负责国有土地使用权出让收入征收工作；财政部门具体负责国有土地使用权出让收入的收支管理工作，负责委托银行统一开户，统一管理；自然资源部门应配合做好相关信息传递和材料交接工作，及时向税务部门推送国有土地出让收入费源清册和分期缴费采集表，并协同履职完成欠费追缴工作。任何地区、部门和单位都不得以"招商引资""旧城改造""国有企业改制"等各种名义减免土地出让收入，实行"零地价"，甚至"负地价"，或者以土地换项目、先征后返、补贴等形式变相减免土地出让收入。对于征收国有土地使用权出让收入过程中产生的问题的保障措施有：一是征收违约金。对国有土地使用权人不按出让合同约定及时足额缴纳土地使用权出让收入的，应当按合同约定，加收违约金。二是不得登记发证。未及时足额缴纳土地使用权出让收入的，政府不动产登记部门不得给与登记，对违规登记的，对登记者给与党纪政纪处分。三是解除合同、收回土地。受让方超出合同规定时间，且经过催告后依然不缴纳土地出让合同约定额度的，自然资源部门有权解除合同，并可以要求违约赔偿。

3. 对国有建设用地使用权登记和证书发放情形的调查。《不动产登记暂行条例》实施后，国有建设用地使用权首次登记由不动产所在地的县级人民政府不动产登记机构办理。受让人依照土地使用权出让合同付清全部土地出让价款后，凭出让合同和缴款凭证等证明材料方可申请办理土地登记，领取国有用地使用证书。未缴清全部土地出让价款的，不得发放国有土地使用权证书，也不得按出让价款缴纳比例分批次发放国有用地使用权证书。办理国有建设用地使用权首次登记时应提交土地出让价款缴纳凭证和出让合同，没有缴款凭证一律不予登记。

4. 对国有建设用地改变用途是否审批的检查。土地使用权人需要改变土地使用权出让合同约定的土地用途的，或转让房地产后受让人改变原土地使用权出让合同约定的土地用途的，必须取得原出让方和市、县城市规划管理部门的同意，签订土地使用权出让合同变更补充协议或者重新签订土地使用权出让合同，进而根据用途和对环境的影响调整土地使用权出让额度。

5. 对调整容积率等改变土地使用计划是否经过审批的调查。土地使用权人申请变更容积率的，经市、县人民政府批准后，城乡规划主管部门方可办理规划审批并及时抄送土地主管部门。经依法批准调整容积率的，市、县自然资源主管部门应当按照批准调整时的土地市场楼面地价核定应补缴的土地出让价款。

6. 对不按照合同约定使用国有土地的监督检查和处罚。土地使用权人未按照合同规定的期限和条件开发、利用土地的，市、县人民政府管理部门应当予以纠正，并根据情节给予警告、限时自我纠正、罚款直至无偿收回土地使用权的处罚。保障性住房用地不得转为商业房地产开发，不得先以经适房或廉租房等名义获得土地，然后补交土地出让金获得商品开发土地。保障性住房属于国家给予城市低收入者、生活困难者的福利性住房，是政府给百姓的实惠，要做好做细，落到实处。市、县自然资源主管部门要重点监督这类冒名顶替的违法现象，发现一起，查处一起。

7. 对非法占用土地建设行为的监督检查权。未取得规划部门工程规划许可擅自围地建设的，由县级以上地方人民政府城乡规划部门责令停止建设，根据不同情况采取罚款、限期自行拆除、没收土地建筑和违法收入等处理。未经批准或采取欺骗手段获取建筑资格，非法占用国有土地的，由县级以上人民政府土地管理部门责令限期退还非法占用的土地，对符合土地利用总体规划的，没收在土地上新建的建筑物和其他设施，并处罚款。

8. 对截留国有土地使用权出让收入状况的调查。国有土地使用权出让收入作为国家的重要收入之一，要将其使用情况进行公开，并挂在财政部门互联网信息公开栏接受公众的监督，除了计提各项保障性基金作为地方一般预算外，地方财政部门不得擅自截留、挤占、挪用。经过核查得知国有土地使用权出让收入不是由受让人违约造成的，就要调查国有土地使用权出让收入的损失是不是由地方政府的截留挪用导致资金的减少。

（二）行政机关违法行使职权或者不作为事实的调查重点

检察机关主要是对照行政机关的法定职责调查收集证据，证明其存在违法行使职权或者不作为的事实。应当调阅土地使用权出让卷宗档案，查清基础法律事实，查明土地使用权人的身份信息，重点审查出让土地使用权公告、成交确认书，土地使用权出让合同及补充协议等，询问国土、建设、规划、财政等部门相关人员以及土地使用权竞得人、受让人、实际使用人、利害关系人、证人等，查明合同实际履行情况，合同内容是否有变更，是否存在违约行为及原因，再根据不同的行政违法行为类型，有侧重地调查取证。具体而言：

1. 对征收国有土地使用权出让收入中不作为问题的调查。应调取相关账册、单据、审计部门专项审计报告或审计决定，查询财政专户、有关企业或个人金融账户，行政机关向受让人发出的催收土地使用权出让金通知书、律师函，受让人所作承诺书。自然资源部门有没有移送费源清单和欠缴清单及相关材料，税务部门有没有采取有效措施及时征收，相关银行流水清单证据缴纳情况。

2. 对违法低价出让土地、减免土地使用权出让金等违法行使职权问题的调查。应调取土地使用权协议出让方案及政府审批文件、土地价格评估报告、政府会议纪要等书证、审计部门专项审计报告或审计决定，咨询土地价格评估、审计会计等部门专业意见，调阅相关账册、单据，查清实际付款情况。在调查以协议方式出让的出让金低于最低价案件中还要注意最低价的确定，要以签订合同时当地的规定综合考虑征地拆迁费用、土地开发费用、银行利息及土地纯收益等基本因素来确定最低价标准。对于那些通过政府协商或者部门会议纪要减免土地使用权出让金的，要注意审查上述行为是否符合法定程序，是否与法律、行政法规及部门规章相违背。

3. 对违法以划拨方式供地违法行使职权问题的调查。应调取土地使用权人是否具备补办土地使用权出让手续的申请条件；土地使用权及地上建筑物、其他附着物产权是否合法、准确；出让土地的实际使用状况与文件、资料所载是否一致、使用权出让合同、土地使用权人缴纳出让金情况、行政机关向受让人发出的催收土地使用权出让金文书。

4. 对闲置土地的监管中不作为问题的调查。应调取有关的土地资料、航拍图，闲置土地调查通知书、认定书，查询土地市场动态监测与监管系统，咨询审计会计、土地勘测等专业人员或相关部门意见，现场勘验涉案土地开发利用状况，土地闲置费征收情况等。在认定闲置土地时，要注意审查在认定闲置土地时是否存在法定免责事由，行政机关在认定闲置原因时，是否准确适用《闲置土地处置办法》的相关规定；适用协议有偿收回土地，是否符合相关条件，价格是否符合规定；国土资源管理主管部门作出征缴土地闲置费、收回国有建设用地决定前，应当书面告知相对人有申请听证的权利。

5. 对土地使用监管中不作为问题的调查。应调阅土地行政执法卷宗材料，调取政府相关会议纪要、批复、通知，有关土地资料、航拍图，现场勘验涉案土地实际使用情况。日常工作中，需要积极加大智慧检务建设，积极适用无人机、卫星遥感地图、智慧筛查软件等辅助调查取证工作。

6. 对审批许可环节违法行使职权问题的调查。在查清土地使用权出让金收缴情况基础上，还应调取违法发放的国有建设用地使用权证书、建设用地批准书、开工通知书，要求国土、规划、建设等部门作情况说明。

（三）国家利益或者社会公共利益受到侵害事实的调查重点

1. 对国有土地使用权出让收入流失问题的调查。调查土地使用权出让合同以及补充协议、成交确认书等，厘清交易双方权利义务、土地面积、土地用途、土地出让价款及支付期限等，查清土地使用权出让金流失的类型、原因、过程，结合银行进账单等缴款凭证，核算实际流失的金额，了解行政机关是否存在违约问题导致受让人行使合同抗辩权等。对于直接调查取证，相关机关不配合的，可以采取其他措施查清相关案件事实。

2. 对土地被违法使用问题的调查。调阅相关书证，现场勘验，询问受让人、实际使用人，要求城乡规划部门出具证明、提供航拍图等资料，核实违法使用土地的主体、过程、面积、时间、现状等。

3. 对闲置土地问题的调查。审查合同约定的开发期限、开发条件，批准动工文件的有效期，结合现场察看，判断是否属于土地闲置，核实造成土地闲置的原因、时间及现状，应了解是否因自然灾害等不可抗力，或者政府、政府部门行为造成动工迟延，土地闲置费征收情况。

当然，在国有土地使用权出让领域，检察机关要提高公益诉讼办案的智慧化水平，运用卫星遥感地图等技术，积极摸排国有土地使用权出让领域公益诉讼案件线索，同时运用该技术，对行政机关的履职情况进行分析判断。

调查行政机关违法行使职权要对行政机关的执法行为调阅卷宗，涉及多个部门联合执法的，要成立卷宗调阅小组，统一负责对卷宗的调取和保管，重点审核当时的出让公告、出让合同、成交确认书和后面针对特定问题的补充协议，查清土地出让的基本法律事实和土地使用权人的身份信息，查明出让公告是否公正公开、合同是否正确履行、出让人是否依法履职和受让人是否及时履行合同规定的义务。分析其中存在的问题，根据不同的违法类型有针对性地进行处理。

第四节 诉前程序

一、诉前检察建议

经调查，人民检察院认为国有土地使用权出让领域负有监督管理职责的行政机关违法行使职权或者不作为，致使国家利益或者社会公共利益受到侵害的，应当报检察长决定向行政机关提出检察建议，督促其依法履行职责，并在 3 日内将《检察建议书》送达行政机关，并于《检察建议书》送达之日起 5 日内向上一级人民检察院备案。

（一）办案期限

人民检察院办理行政公益诉讼案件，审查起诉期限为 1 个月，自检察建议整改期满之日起计算。人民检察院办理民事公益诉讼案件，审查起诉期限为 3 个月，自公告期满之日起计算。

移送其他人民检察院起诉的，受移送的人民检察院审查起诉期限自收到案件之日起计算。

重大、疑难、复杂案件需要延长审查起诉期限的，行政公益诉讼案件经检察长批准后可以延长 1 个月，还需要延长的，报上一级人民检察院批准，上一级人民检察院认为已经符合起诉条件的，可以依照《公益诉讼办案规则》第 17 条规定指定本辖区内其他人民检察院提起诉讼。

人民检察院办理公益诉讼案件，委托鉴定、评估、审计、检验、检测、翻译期间不计入审查起诉期限。

（二）关于案数

国有土地使用权出让领域负有监督管理职责的行政机关和法律、法规、规章授权的组织，对于同一侵害国家利益或者社会公共利益的损害后果，数个行政机关均存在未依法履行职责情形的，可以对数个行政机关分别立案，并分别发出检察建议；对于同一行政机关对多个同类违法行为存在违法行使职权或不作为情形，在立案之前发现的，应当作为一个案件立案，并发出一份检察建议；对于同一行政机关对多个同类违法行为存在违法行使职权或不作为情形，部分案件线索在立案之后、发出检察建议之前发现的，除紧急情况外，应当与已立案件合并处理，并发出一份检察建议；对于同一行政机关对多个同类违法行为存在违法行使职权或不作为情形，部分案件线索发出检察建议之后、提起行政公益诉讼之前发现的，应当另行立案、发出检察建议；对于同一行政机关对多个同类违法行为存在违法行使职权或不作为情形，检察机关向人民法院提起一个诉讼，人民法院要求分案起诉的，检察机关应当先与人民法院进行协商，协商不成的，可以分别起诉。

（三）《检察建议书》的内容

《检察建议书》一般包括以下内容：行政机关的名称；案件来源；国家利益或者社会公共利益受到侵害的事实；认定行政机关不依法履行职责的事实和理由；提出检察建议的法律依据；建议的具体内容；行政机关整改期限；其他需要说明的事项。

需要注意的是，检察建议的具体内容部分应当写明检察机关对行政机关提出的具体建议。该部分的撰写需要注意完整性、针对性、匹配性等几方面要求。完整性是指检察机关在给行政机关发出检察建议的时候，应当对行政机关未依法履职的行为和公益受到侵害的状况进行完整的调查；针对性是指建议内容应当与行政机关未依法履职的行为相对应，既应当明确行政机关未依法履行职责的事实，提出针对性的建议，也需要注意尊重行政权的行使，不能越权；匹配性是指《检察建议书》中列明的每一项建议要与以后可能提出的行政公益诉讼请求相匹配，这也是检察建议作为公益诉讼必经程序的体现。也就是说，检察建议的内容必须涵盖了诉讼请求的每一项，《检察建议书》中未提出建议内容，就不宜在之后的诉讼请求中提出来。若起诉时的诉讼请求和检察建议内容不一致，会被视为没有履行诉前程序，起诉可能面临被驳回的风险，这也是检察建议作为向人民法院提起诉讼的前置程序价值。针对性与概括性相结合，是指检察建议的内容既要有针对性、可操作性，不能泛泛而谈，但也不能过于明确具体，影响法院判决内容或判决后不便执行。如不能泛泛地写成请某某局依法全面履行监管职责，这样缺乏可操作性。因此，检察建议的内容需要不断打磨，既要精准、专业，也要讲究文字的艺术表达。如，法律赋予行政机关可选择罚款、责令停产等措施，如何选择执法，需要行政机关根据具体案件事实，在行政自由裁量权范围内作出决定。检察建议内容不宜过度干预行政自由裁量权，更不能对罚款数额提出具体要求。

检察机关要告知被监督行政机关在收到《检察建议书》后两个月内依法履行职责并书面回复办理情况，但出现国家利益或者社会公共利益损害继续扩大等紧急情形时，人民检察院可以要求行政机关在 15 日内依法履行职责。

二、跟进调查

提出检察建议后，人民检察院应当对行政机关履行职责的情况和国家利益或者社会公共利益受到侵害的情况跟进调查，具体到国有土地使用权出让领域，就是要跟进监督应缴、欠缴、补缴的国有土地使用权出让收入是否依法征收入库，并收集相关证据材料。行政机关在法律、司法解释规定的整改期限内已依法作出行政决定或者制定整改方案，但因突发事件等客观原因不能全部整改到位，且没有怠于履行监督管理职责情形的，人民检察院可以中止审查。

中止审查的，应当经检察长批准，制作《中止审查决定书》，并报送上一级人民检察院备案。中止审查的原因消除后，应当恢复审查并制作《恢复审查决定书》。

检察建议回复期满后，行政机关没有纠正违法行为或者没有依法全面履行职责，国家利益或者社会公共利益持续处于受侵害状态的，检察机关以公益诉讼起诉人的身份依法提起行政公益诉讼。有的行政机关进行了整改，但没有回复。在此情况下，要求加强与被监督行政机关的沟通协调，了解真实履职情况，而不能因未回复径直提起诉讼。

第五节 典型案例分析

本节主要围绕国家税务总局某区税务局、某区自然资源局不依法履职案展开。

一、基本案情

2020 年 11 月 26 日，某区自然资源局挂牌出让面积为 20602.46 平方米的国有建设用地使用权，甲公司缴纳 1520 万元保证金参加竞价，并在 2020 年 12 月 25 日以 7435.663 万元竞拍得该宗土地使用权并签订成交确认书。2021 年 2 月 3 日，甲公司与区自然资源局签订《国有建设用地使用权出让合同》。合同约定，甲公司自合同签订之日起 30 日内缴纳出让价款 50% 的首付款，余款在 180 日内分期或一次性付清国有建设用地使用权出让价款。合同签订后，甲公司在出让宗地上破土动工，开始开发使用。至合同约定的最后缴款期限，甲公司共缴纳国有土地使用权出让收入共计 5234.8315 万元（含拍卖前缴纳的保证金 1520 万元），截至案发，余款 2200.8315 万元仍未缴纳。2022 年 2 月，区检察院通过摸排发现该案线索，于 2022 年 3 月 6 日依法立案调查。在查明甲公司拖欠国有土地使用权出让收入的事实后，多次与区税务局、自然资源局进行诉前磋商。2022 年 3 月 7 日，区检察院在磋商未果的情况下，向区税务局发出检察建议，督促其及时征收国有土地使用权出让收入和违约金，3 月 8 日，向区自然资源局发出检察建议，建议其依法履行职责，及时督促甲公司缴纳国有土地使用权出让收入。2022 年 3 月 16 日，由区税务局牵头，联合区自然资源局、区财政局对甲公司进行约谈。2022 年 3 月 24 日，甲公司缴纳土地出让金 400 万元、违约金 45.6 万元，尚欠 1800.8315 万元土地出让金及相应违约金。2022 年 3 月 28 日，区自然资源局就甲公司欠缴土地出让金及违约金申请法院立案。法院立案后，甲公司于 2022 年 4 月 8 日全部缴清剩余 1800.8315 万元土地出让金及 2298.1 万元违约金，至此，甲公司拖欠的国有土地使用权出让收入及滞纳金全部缴清。

二、办案重点

结合本案例，国有土地使用权出让公益诉讼案件重点内容主要有以下几个方面：

1. 区税务局与区自然资源局是否存在怠于履职的情形？

2. 区税务局与区自然资源局在国有土地出让金的征缴工作中分别扮演怎样的角色？

三、评析意见及依据

（一）非税收入改革后，如何准确定位行政机关职责边界

根据《土地管理法》第 55 条第 1 款规定：以出让等有偿使用方式取得

国有土地使用权的建设单位，按照国务院的标准和办法，缴纳土地使用权出让金等土地有偿使用费和其他费用后，方可使用土地；《土地管理法》第67条第1款规定：县级以上人民政府自然资源主管部门对违反土地管理法律、法规的行为进行监督检查。甲公司在未缴清土地出让金的情况下实际占用土地进行房地产开发建设，已经违法了《土地管理法》规定，自然资源部门对甲公司未按规定缴纳国有土地使用权出让收入，并就使用土地违法行为有权进行调查处理。根据财政部、自然资源部、税务总局、人民银行《关于将国有土地使用权出让收入、矿产资源专项收入、海域使用金、无居民海岛使用金四项政府非税收入划转税务部门征收有关问题的通知》第2条、第3条规定：自2022年1月1日起，以前年度和今后形成的应缴未缴收入以及按规定分期缴纳的收入，由税务部门负责征缴入库，有关部门应当配合做好相关信息传递和材料交接工作。综上，自2022年1月1日起，国有土地使用权出让收入由税务部门负责征收，自然资源部门应配合做好相关信息传递和材料交接工作，且自然资源部门对企业违反土地管理法的行为仍然具有监管职责。

（二）制发检察建议的考虑

征缴流程规定，自然资源部门负责推送合同、缴费期限等。税务部门督促土地竞得人缴费，对未按时缴纳的及时催缴。但现行《税收征管法》只适用于税而非费，税务部门作为督促催缴机关，既无法定催缴流程，更缺乏催缴手段。在竞得人未按规定缴纳国有土地使用权出让收入情况下，如果只是向税务部门发出检察建议，可能达不到督促效果。根据《国有土地使用权出让收支管理办法》第9条规定：市、县国土资源管理部门和财政部门应当督促国有土地使用权受让人严格履行国有土地出让合同，确保将应缴入国库的土地出让收入及时足额缴入地方国库。对未按照缴款通知书规定及时足额缴纳土地出让收入，并提供有效缴款凭证的，国土资源管理部门不予核发国有土地使用证。甲公司只有在足额缴纳国有土地出让收入后，自然资源部门才会对其核发国有土地使用证，土地开发才合法有效，对违法开发土地的行为，自然资源部门可以监督检查，采取行政强制手段收回土地。因此，检察机关在向税务部门发出检察建议后，应同时向自然资源局发出检察建议，督促税务、自然资源部门形成合力，协作共治，确保欠缴的国有土地使用权出让收入及时追缴到位。

（三）检察机关在国有土地使用权出让收入领域的办案思路

当前房地产市场景气指数降低，市场相对疲软，拖欠国有土地使用权出让收入的情形仍然存在。在发出检察建议后，检察机关不是一发了之，而是采取事前协商、事中跟进监督的做法，联合区税务局、区自然资源局开展送法进企业活动，主动上门对涉案企业开展国有土地使用权出让收入劝缴宣传，从行政、司法、征信等多个维度向企业陈明利弊，帮助企业纾困解难，以"柔性执法"赢得企业认可，主动缴纳欠缴国有土地使用权出让收入。同时，区检察院以个案推动类案办理，在全区部署开展国有土地使用权出让收入清理欠缴专项监督活动，摸排出相关案件线索 15 件，督促收回欠缴国有土地使用权出让收入 2.9 亿余元（含违约金 1195 万元），占某区 2021 年政府性基金预算收入的 25.27%。此外，区检察院就办案中发现的国有财产和国有土地保护不力问题主动向地方党委汇报，得到地方党委的高度肯定与支持，联合制定《某区"府检联动"机制工作方案》，构建检察监督权与行政执法权良性互动，打破检察机关"单打独斗"局面，发现问题更及时，监督纠错和解决问题更有效。为强化溯源治理，与行政机关打好治理拖欠国有土地使用权收入合力"组合拳"，检察机关主动走访区财政局、自然资源局、税务局、市场监督管理局、住房和城乡建设局、人民银行等多家单位，促成共同建立《关于在国有土地出让金追缴工作中加强协作配合工作机制》，充分发挥公益诉讼职能作用，通过协同共治强化国有财产和国有土地保护力度。

四、案例的典型意义

一是行政机关未依法履行行业管理职责，致使国家利益和社会公共利益受到侵害，属于检察机关公益诉讼监督范畴。随着国家治理体系和治理能力现代化持续深入，全域治理、源头治理、系统治理、综合治理等模式广泛推行，齐抓共管、协同共治往往成为破解难题的创新举措，备受青睐。然而，征收职责和行业主管职责交织混合，也成为一些行政机关履职不能、履职不当、履职不顺的重要原因。当自然资源部门推送国有土地使用权出让收入费源清册及分期缴费采集表的行业管理职责，成为税务部门向企业征收国有土地使用权出让收入的前置条件时，检察机关刺破"前置"的面纱，综合考虑该行业管理职责在致使"两益"受损上的原因力大小，将其纳入公益诉讼监督范畴，不让行业管理责任游离于法律责任之外，督促自然资源部门履行必要的行业管理职责，为税务部门及时启动征收程序提供必要的条件和时间，真正做到齐抓共管、协同共治，从而有效维护国家利益和社会公共利益。

二是能动履职以"我管"促"都管"，破解行政职能交叉、协同管理不到位等难题。因深化改革征收职能划转、法律政策配套不完善、试点先行制度机制创新等原因，导致一些行政监督管理主体责任不够明确、信息共享不够及时、工作衔接不够顺畅，致使国家利益和社会公共利益持续受到侵害。检察机关针对自然资源部门、税务部门征收、管理不畅，拖欠国有土地使用权出让收入追缴工作陷入困境，综合运用磋商、圆桌会议等方式，优先选择在行政机关之间"穿针引线"，以"我管"促"都管"，及时有效推动行政机关之间消除分歧、破解难题、达成跨部门协同管理共识，及时追缴拖欠的国有土地使用权出让收入，防止国有财产流失，落实了检察公益诉讼双赢多赢共赢理念。

三是个案调查与类案调研融会贯通，在服务大局和溯源治理中推动国有土地使用权出让、国有财产保护问题实质性解决。面对征收、管理脱节，行政执法中法律法规政策不完善、行政监管缺失等问题，检察机关同时考虑到贵州西南边陲城镇，国有土地使用权出让收入占当地政府基金预算收入的四分之一，行政监管不到位将导致国有财产的流失直接影响到地方政府依法行政的严峻情势，将个案调查与类案调研相融合，采取"个案办理、类案监督、社会治理"的办案方式，创新运用"个案办理＋专项监督＋系统治理＋溯源治理"的工作模式，成功追回欠缴国有土地使用权出让收入，并促进长效机制建设和社会治理，做好法治政府的参谋助手。

五、法律文书

贵州省某市某区人民检察院

检察建议书

国家税务总局某区税务局：

我院在履行公益诉讼职责中发现，贵州某置业有限公司（以下简称甲公司）未足额缴纳国有土地出让金和违约金，损害了国家利益。本院依法进行了调查，现查明：

甲公司 2021 年 2 月 3 日竞拍得 5202032020－43 号宗地，宗地面积 20602.46 平方米，土地出让金：7435.6630 万元。2021 年 2 月 3 日，甲公司与自然资源局签订《国有建设用地使用权出让合同》。按照合同约定，甲公司自合同签订之日起 30 日内必须缴纳出让价款 50% 的首付款，余款在 180 日内分期或一次性付清国有建设用地使用权出让价款。该公司于 2020 年 12 月 29 日先缴纳 1520 万元保证金，合同签订后转为土地价款，2021 年 3 月 18 日缴纳 500 万元，2021 年 3 月 19 日缴纳 1697.8315 万元，2021 年 4 月 9 日缴纳 1517 万元，以上四次共缴纳 5234.8315 万元，还剩 2200.8315 万元。2021 年 9 月 9 日，甲公司以受新冠病毒疫情影响，与自然资源局签订《国有土地使用权出让合同变更协议》，约定土地出让金余款缴纳期限延期至 2021 年 11 月 30 日前。但至今为止，甲公司欠缴的 2200.8315 万元仍未缴纳并在土地上修建商品房。

本院认为，按照《国有土地使用权出让收支管理办法》第八条"已经实施政府非税收入收缴管理制度改革地方，土地出让收入收缴按照地方非税收入收缴管理制度改革有关规定执行"，《财政部、自然资源部、税务总局、人民银行关于将国有土地使用权出让收入、矿产资源收入、海域使用金、无居民海岛使用金四项政府非税收入划转税务部门征收有关问题通知》（财综〔2021〕19 号）第一条"将由自然资源部门负责征收的国有土地使用权出让收入、矿产资源收入、海域使用金、无居民海岛使用金四项政府非税收入（以下简称四项政府非税收入），全部划转给税务部门负责征收"，第四条"税务部门按照属地原则征收四项政府非税收入……"之规定，国家税务总局某区税务局作为国有土地出让金征收部门，负责征收国有土地出让收入职责。

根据《中华人民共和国土地管理法》第五十五条"以出让等有偿使用方式取得国有土地使用权的建设单位，按照国务院规定的标准和方法，缴纳土地使用权出让金等土地有偿使用费和其他费用后，方可使用土地"，《国有土地使用权出让收支管理办法》第三十四条"对国有土地使用权人不按土地出让合同、划拨用地标准文件等规定及时足额缴纳土地出让收入的，应当按日加收违约金额1‰的违约金。违约金随土地出让收入一并缴入地方国库"之规定，甲公司在签订《国有建设用地使用权出让合同》后，未按照法律和合同约定缴纳土地的行为已严重违反缴费期限，你局在非税收入划转后，未及时向甲公司征收国有土地使用权出让收入和违约金的行为违法，损害了国家利益。现根据《中华人民共和国行政诉讼法》第二十五条第四款、《人民检察院公益诉讼办案规则》第七十五条的规定，向你单位提出如下检察建议：

依法履行职责，及时向置业有限公司征收国有土地出让金和违约金。

请于收到本检察建议书后两个月内依法履行职责，并书面回复本院。

贵州省某市某区人民检察院
检察建议书

某区自然资源局：

我院在履职中发现，在出让宗地编号为5202032020－43号的国有土地使用权过程中，你局存在怠于履行职责的行为，损害了国家利益。本院依法进行了调查。现查明：

经调查核实，查明：你局2020年11月26日将宗地编号为5202032020－43号的国有土地使用权挂牌出让，贵州某置业有限公司（以下简称甲公司）缴纳1520万元保证金参加竞价，并在2020年12月25日以7435.663万元竞拍得该宗土地使用权并签订《成交确认书》。2021年2月3日与自然资源局签订《国有建设用地使用权出让合同》，保证金在合同签后转为支付土地出让价款。按照合同约定，甲公司自合同签订之日起30日内必须缴纳出让价款50%的首付款，余款在180日内分期或一次性付清国有建设用地使用权出让价款。至合同约定的期限，甲公司共缴纳土地出让金共计5234.8315万元（2020年12月29日缴纳1520万元保证金，2021年3月18日缴纳500

万元，2021 年 3 月 19 日缴纳 1697.8315 万元，2021 年 4 月 9 日缴纳 1517 万元），还剩 2200.8315 万元。2021 年 9 月 9 日，甲公司以受新冠病毒疫情影响，与自然资源局签订《国有土地使用权出让合同变更协议》，约定土地出让金余款缴纳期限延期至 2021 年 11 月 30 日前。缓缴期满后，甲公司仍未缴纳欠缴的土地出让金并已在土地上修建商品房。

以上事实有我院调取的甲公司《营业执照》《国有建设用地使用权出让合同》《国有土地使用权出让合同变更协议》及缴款凭证。

本院认为，按照《中华人民共和国土地管理法》第五十五条"以出让等有偿使用方式取得国有土地使用权的建设单位，按照国务院规定的标准和方法，缴纳土地使用权出让金等土地有偿使用费和其他费用后，方可使用土地"，《国有土地使用权出让收支管理办法》第九条"市、县国土资源管理部门和财政部门应当督促国有土地使用权受让人严格履行国有土地出让合同，确保将应缴纳国库的土地出让收入及时足额缴纳地方国库。对未按照缴款通知书规定及时足额缴纳土地出让收入，并提供有效缴款凭证的，国土资源管理部门不予核发国有土地使用证。国土资源管理部门要完善制度规定，对违规核发国有土地使用证的，应予收回和注销，并依照有关法律法规追究有关领导和人员的责任"之规定，国有土地使用权采用出让方式的，土地竞得人应先支付国有土地出让金后，土地主管部门才为其办理国有土地使用证，核发《国有土地使用证》，建设单位方可取得土地并依法使用。

根据《中华人民共和国城市房地产管理法》第十六条"土地使用者必须按照出让合同的约定，支付土地使用权出让金；未按照出让合同约定支付土地使用权出让金的，土地管理部门有权解除合同，并可以请求违约赔偿"，《中华人民共和国土地管理法》第六十七条"县级以上人民政府自然资源主管部门对违反土地管理法律、法规的行为进行监督检查"之规定，甲公司未按规定足额缴纳土地出让金就在土地上修建房屋行为，已违反土地管理法规定，自然资源局应对其违法行为进行监督检查。由于自然资源局怠于履职，导致甲公司至今未缴纳欠缴的土地出让金和违约金，损害了国家利益。现根据《中华人民共和国行政诉讼法》第二十五条第四款、《人民检察院公益诉讼办案规则》第七十五条的规定，向你单位提出如下检察建议：

依法履行职责，及时督促甲公司缴纳土地出让金和违约金。

请于收到本检察建议书后两个月内依法履行职责，并书面回复本院。

第六章　英雄烈士保护检察民事公益诉讼

第一节　概　　述

一、英雄烈士的概念

对"英雄烈士"的概念和范围的界定，关系到英雄烈士保护公益诉讼的受案范围。《英雄烈士保护法》第2条第2款规定："近代以来，为了争取民族独立和人民解放，实现国家富强和人民幸福，促进世界和平和人类进步而毕生奋斗、英勇献身的英雄烈士，功勋彪炳史册，精神永垂不朽。"这不仅是对英雄烈士的颂扬，也表述了"英雄烈士"的范围，但对其内涵未作具体界定。

"英雄"一词内涵丰富、外延宽泛，在不同历史时期、不同国家民族、不同价值观下，其含义不尽相同。百度汉语对"英雄"的定义如下：（1）指才能勇武过人的人；（2）指具有英雄品质的人；（3）指无私忘我，不辞艰险，为人民利益而英勇奋斗，令人敬佩的人。英雄包括过世的和在世的，一般来说，英雄可泛指以下人：古时才能勇武过人的人，如项羽，恺撒大帝；革命领袖开国元勋，如毛泽东，朱德；品德高尚的人，如雷锋，白求恩；为社会国家作出突出贡献的人，如铁人王进喜；战争时期为国家独立民族解放而牺牲的人，如刘胡兰，杨靖宇；和平时期为反恐、抢险、救灾、消防等而受伤或牺牲的军人、武警及公民等。

"烈士"就是指在革命斗争、保卫祖国、社会主义现代化建设事业中，以及为争取大多数人的合法正当利益而壮烈牺牲的人员。有些烈士就是英雄。但不同历史时期、不同国家民族、不同价值观下烈士的认定也有不同标准。《烈士褒扬条例》第8条对评定烈士的情形进行了明确，第9条对烈士评定的具体程序进行了规定。

根据以上可知"英雄"与"烈士"有以下区别：一是英雄并不需要特别的评定程序，而烈士则需要经特别程序予以评定；二是烈士均为过世的人，而英雄则包括在世的和过世的，英雄比烈士的范围要广。学理上对于英雄烈士中"英雄"和"烈士"的关系有不同观点，一种认为二者是并列关系，即"英雄和烈士"。另一种解读则是"英雄"属于修饰语，用于修饰"烈士"，即"英雄的烈士"。本书认同第二种观点，"英雄"和"烈士"并非并列关系，仅为修饰关系。

二、英雄烈士的认定和范围

《英雄烈士保护法》第 2 条对英雄烈士的含义作了规定："国家和人民永远尊崇、铭记英雄烈士为国家、人民和民族作出的牺牲和贡献。近代以来，为了争取民族独立和人民解放，实现国家富强和人民幸福，促进世界和平和人类进步而毕生奋斗、英勇献身的英雄烈士，功勋彪炳史册，精神永垂不朽。"最高人民检察院《关于印发〈人民检察院公益诉讼检察部门办理英雄烈士保护民事公益诉讼案件工作指引〉的通知》中对英雄烈士的概念和范围做了进一步解释："对英雄烈士的认定，应当重点注意把握以下几点：1. 英雄烈士的时代范围为'近代以来'，不包括近代以前的英雄烈士，重点是中国共产党、人民军队和中华人民共和国历史上的英雄烈士。既包括个人，也包括群体；既包括有名英雄烈士，也包括无名英雄烈士。2. 英雄烈士是指已经牺牲、去世的英雄烈士。对健在的英雄模范人物的保护，适用《中华人民共和国国家勋章和国家荣誉称号法》《中华人民共和国军人地位和权益保障法》等相关法律法规。被侵害英雄烈士群体既包括已经牺牲的烈士，也包括健在的英雄模范人物，且该群体被侵害的名誉、荣誉是密不可分的，可以作为整体纳入民事公益诉讼保护范围。3. 对经依法依规评定为烈士的，应当认定为英雄烈士；尚未评为烈士，但为党、国家、军队至高荣誉获得者等我国社会普遍公认的英雄模范人物或者群体，可以作为英雄烈士对待。4. 《中华人民共和国民法典》在《中华人民共和国英雄烈士保护法》的基础上，将英雄烈士保护公益诉讼的保护范围由'英雄烈士'扩大为'英雄烈士等'，包括近代以来，为人民利益英勇斗争而牺牲，堪为楷模的人，以及在保卫国家和国家建设中作出巨大贡献、建立卓越功勋,已经故去的人。5.其他法律法规、司法解释等规定可以作为'英雄烈士'对待的人物或者群体属于公益诉讼保护范围。"

根据以上可知,"英雄烈士"需符合以下条件:一是时间特定性,即"近代以来"。按照历史学的通说划分,"近代以来"即指 1840 年第一次鸦片战争以来;二是目的性,即"为了争取民族独立和人民解放,实现国家富强和人民幸福,促进世界和平和人类进步";三是指已经牺牲、去世的,即"毕生奋斗、英勇献身"。

三、英雄烈士保护检察民事公益诉讼案件的概念及性质

英雄烈士保护检察民事公益诉讼案件是指英雄烈士等的姓名、肖像、名誉、荣誉等人格利益受到不法侵害,致使社会公共利益遭受损害或者有重大损害危险,英雄烈士等没有近亲属或者近亲属不提起诉讼的,检察机关依法对实施侵权的行为人向人民法院提起的诉讼。

《英雄烈士保护法》第 22 条第 1 款、第 2 款规定:"禁止歪曲、丑化、亵渎、否定英雄烈士事迹和精神。英雄烈士的姓名、肖像、名誉、荣誉受法律保护。任何组织和个人不得在公共场所、互联网或者利用广播电视、电影、出版物等,以侮辱、诽谤或者其他方式侵害英雄烈士的姓名、肖像、名誉、荣誉。任何组织和个人不得将英雄烈士的姓名、肖像用于或者变相用于商标、商业广告,损害英雄烈士的名誉、荣誉。"

《英雄烈士保护法》第 25 条第 2 款规定:"英雄烈士没有近亲属或者近亲属不提起诉讼的,检察机关依法对侵害英雄烈士的姓名、肖像、名誉、荣誉,损害社会公共利益的行为向人民法院提起诉讼。"

英雄烈士保护民事公益诉讼案件保护的对象是特定的,即英雄烈士等;保护的客体是英雄烈士等的姓名、肖像、名誉、荣誉以及社会公共利益,不包括财产性利益;从责任性质来看,属于侵权责任范畴。

四、检察机关提起英雄烈士保护检察民事公益诉讼的重大意义

习近平总书记指出:"今天,我们比历史任何时期都更加接近实现中华民族伟大复兴的目标。实现我们的目标,需要英雄,需要英雄精神。"作为国家法律监督机关的检察机关,通过提起公益诉讼向侵害英雄烈士名誉荣

誉的行为"亮剑"，用法律手段捍卫英雄和英雄精神，具有重要意义。

（一）彰显英烈保护的检察担当

英雄烈士是民族的脊梁、时代的先锋，英烈的姓名、肖像、名誉、荣誉是全社会宝贵的精神财富，承载着社会主义核心价值观，作为公共利益分散惠及社会大众。但因其分散性容易使某些社会成员无法感受到其重要性，进而出现不予或者怠于行使权利保障英雄烈士权益的现象。近年来，因社交网络的迅速发展，通过网络散布侵害英烈人格权益的言论或实施其他侵害英烈人格权益的行为屡见不鲜，严重侵犯了人民的公共利益和公众情感。此时，唯有国家才能承载起维护社会正义的时代重任，保护好英雄烈士的人格权益。检察机关作为宪法规定的国家法律监督机关，担负着维护和保障国家利益和社会公共利益的重大使命，是维护英雄烈士公共利益的最佳主体。作为公共利益的维护者，检察机关应切实担负起国家所施加的维护公共利益的责任，对侵害英雄烈士权益的行为予以严厉打击，通过能动履职，彰显检察担当。

（二）对英雄烈士的人格利益提供更完善的保护

《民法典》的相关条款明确了英雄烈士等的姓名、肖像、名誉、荣誉受到法律保护，对其实施侵权行为的，应当承担民事责任。《英雄烈士保护法》则对侵害英雄烈士行为的相关民事责任和行政责任作出了具体而详细的规定，明确了检察机关在有侵害英雄烈士名誉权、荣誉权等人格利益的侵权行为发生，并且损害社会公共利益，而英雄烈士的近亲属不提起诉讼的，检察机关可以提起诉讼。英雄烈士保护公益诉讼制度的建立，确立了检察机关在该领域的公益代表人身份，进一步丰富和完善了相关民事权益主张主体、主张方式，有效填补了英雄烈士无近亲属或近亲属不提起诉讼而导致的救济空白，构建起科学合理的英雄烈士保护法律体系。

检察机关是宪法规定的法律监督机关，与其他机关团体比有着专业性优势，能够更好运用法律手段维护英雄烈士的人格权益。除了对侵害英雄烈士等的人格权益，损害社会公共利益的行为提起公益诉讼，检察机关还可以综合运用刑事检察、民事检察、行政检察职能，进一步延伸法律监督触角，完善法律监督体系和法律监督格局，为英雄烈士的相关民事权益提供更完善的司法保护。

同时，英雄烈士名誉荣誉保护工作是一项体系化工作，公安、文化、新闻出版、广播电视、电影、网信、市场监督管理、退役军人事务等部门均负有行政管理职责。检察机关对英雄烈士名誉荣誉提起公益诉讼制度的确立，可以使检察机关与行政机关分别从行政管理和司法保护两个方面协作互补，形成保护英雄烈士名誉荣誉的合力。

（三）抚慰英雄烈士近亲属

英雄烈士的事迹和精神，蕴含着丰富的共同信仰和道德养分，是中国特色社会主义文化的重要精神资源。而歪曲、丑化、亵渎、否定英雄烈士事迹的行为，在侵害英雄烈士的名誉权荣誉权的同时，也严重伤害英雄烈士近亲属的感情与尊严，甚至引发对立情绪和社会矛盾。然而，现实中英雄烈士近亲属拿起法律武器来捍卫英雄烈士的名誉荣誉的案例并不多。究其原因有的是近亲属缺乏法律知识或者时间精力不够，有的是侵害主体难以确定，有的是证据掌握不充分，取证困难等，这种情况纵容了侵权行为，使侵权人肆无忌惮，也使得被侵害的公益没有得到有效保护。根据现有法律，对侵害英雄烈士姓名、肖像、名誉、荣誉的行为，英雄烈士近亲属不提起诉讼的，检察机关可以介入并调查取证，依法向人民法院提起公益诉讼。通过提起公益诉讼，及时制止和惩罚侵权行为，使侵权人承担应负的法律责任，引导当事人和社会群众建立起对英雄烈士的尊崇和敬仰。由此告慰英雄烈士，抚慰英雄烈士近亲属，同时有效防范和化解社会矛盾，促进社会和谐。

（四）弘扬社会主义核心价值观

对英雄烈士事迹进行歪曲、丑化、否定等侵害英雄烈士名誉权等民事权利的现象，不仅侵蚀和消解主流舆论环境，扰乱社会民众的思想与认知，而且严重背离社会主义核心价值观，突破社会道德底线。检察机关对各类侵害英雄烈士名誉荣誉的违法行为提起公益诉讼，可以及时制止不法侵害，通过责令当事人赔偿损失、消除影响、恢复名誉、赔礼道歉等方式保护英雄烈士的合法权益。同时，办案人员在庭审辩论、诉讼文书、案情通报和检察开放日活动中适时开展"以案释法"，对历史真相进行还原、论证，对错误言论进行批判、驳斥，提升社会与公民对英雄烈士的尊崇与敬仰之情，净化舆论环境，弘扬正气。检察机关提起英雄烈士权益保护民事公益诉讼制度的确立，将检察民事公益诉讼作为保护英雄烈士权益的重要手段，依法捍卫英雄烈士的名誉和荣誉，彰显了鲜明司法价值导向，对于加强英雄烈士的保护，维护社会公共利益，传承和弘扬英雄烈士精神、爱国主义精神，在社会上营造积极健康的社会风尚，培育和践行社会主义核心价值观，激发实现中华民族伟大复兴中国梦的强大精神力量具有重要意义。

第二节 立 案

一、线索发现和评估

（一）线索发现

司法实践中，英雄烈士保护领域民事公益诉讼案件主要通过以下途径发现：

1. 人民群众的举报。加大英雄烈士保护检察公益诉讼的宣传力度，引导人民群众积极向检察机关提供英雄烈士保护领域造成社会公共利益损害的案件线索。

2. 网络、新闻媒体曝光。新闻媒体报道和网络曝光的涉及英雄烈士保护领域社会热点问题、案件等，是检察机关发现案件线索的重要渠道。

3. 相关行政机关移送。加强与公安、文化、新闻出版、广播电视、网信、市场监督管理、退役军人事务等相关行政管理部门的协作配合，建立案件线索移送通报等机制。按照《英雄烈士保护法》第 25 条第 3 款规定，相关机关在履职过程中发现侵害英雄烈士的姓名、肖像、名誉、荣誉线索，需要检察机关提起诉讼的，应当向检察机关报告。

4. 检察机关内部移送。建立检察机关内部部门之间的协作与线索移送机制，特别注重从刑事案件中发现英雄烈士保护领域公益诉讼线索。

5. "益心为公"平台的移送。要充分发挥"益心为公"平台效能，借助公益诉讼志愿者力量，收集相关线索。

（二）线索评估

检察机关应当对案件线索进行初步评估，据此来决定是否继续后续程序。评估一般重点围绕线索的真实性、可查性和风险性等来展开。

1. 评估线索的真实性。主要确定侵权事实是否真实存在。一般来说，从相关行政管理机关履职、新闻媒体报道和刑事案件中发现的线索真实性和可靠性相对较强。而从当事人的举报线索和网络曝光中所反映的问题，则可能受当事人主观臆断和动机影响，其真实性和可靠性，需要办案人员运用法律知识和办案经验进行判断，需要更审慎的核实和甄别。

2. 评估线索的可查性。主要确定是否属于检察机关依法提起的英雄烈士保护民事公益诉讼案件范围，社会公共利益是否受到损害或者有重大损害危险，是否有其他合法主体提起诉讼等。

3. 评估线索的风险性。主要确定提起公益诉讼是否会引起社会舆情、信访风险，甚至引发群体性事件的风险等。

二、立案标准

英雄烈士保护领域案件的立案一般标准为，发现侵权人或者单位存在损害英雄、烈士精神和事迹行为的初步证据，且造成社会公共利益受损或者有重大损害的潜在危险。在立案标准的把握上，应当重点考量侵害发生的场合、传播的范围、发生的时间、行为的严重程度等因素，综合评估社会公共利益的损害程度。

具有下列歪曲、丑化、亵渎、否定英雄烈士等事迹和精神情形之一的，应当立案调查：（1）利用信息网络发布不当言论、文字、图片、音视频等，侵害英雄烈士等的姓名、肖像、名誉、荣誉，相关信息被点击、浏览、转发、评论等次数较多的；（2）利用广播、电视、电影、出版物等开放性媒体，以侮辱、诽谤或者其他方式侵害英雄烈士等的姓名、肖像、名誉、荣誉的；（3）利用参加人数较多的讲座、授课、会议等公开场合以侮辱、诽谤或者以其他方式侵害英雄烈士等的姓名、肖像、名誉、荣誉的；（4）制作、传播侵害英雄烈士等的姓名、肖像、名誉、荣誉的书籍、刊物、音像制品或者光盘、U盘、存储卡、移动硬盘等移动存储介质，产生不良社会影响的；（5）将英雄烈士等的姓名、肖像用于或者变相用于商标、商业广告，损害其名誉、荣誉的；（6）在境外信息网络上大量散布诽谤或者以其他方式侵害英雄烈士等的名誉、荣誉的虚假信息，混淆视听的；（7）在人数较少的微信群、QQ群等发表侮辱、诋毁英雄烈士等名誉、荣誉的言论，传播范围不大，但言辞极端，影响恶劣的；（8）其他应当立案调查的情形。

具有下列情形之一的，可以不予立案：（1）在人数较少的微信群、QQ群等公开发表诋毁英雄烈士等名誉、荣誉的言论，被批评后及时纠正，未对外传播扩散，影响较小的；（2）在一对一等私人场合发表侵害英雄烈士等的名誉、荣誉的言论，未产生传播和不良社会影响的；（3）侵害英雄烈士等人格利益的行为发生时间久远，未扩散传播，目前已无不良影响的；（4）其他应当不予立案的情形。

三、管辖

（一）一般管辖

人民检察院办理英雄烈士保护民事公益诉讼案件，由违法行为发生地、损害结果发生地或者违法行为人住所地基层人民检察院立案管辖；需要提起诉讼的，应当将案件移送有管辖权的人民法院对应的同级人民检察院。

刑事附带民事公益诉讼案件，由办理刑事案件的人民检察院立案管辖、提起诉讼。

利用信息网络实施侵害英雄烈士等的姓名、肖像、名誉、荣誉行为的，侵权行为发生地包括实施被诉侵权行为的计算机等终端设备所在地，侵权结果发生地包括被侵权人住所地。

（二）指定管辖

上级人民检察院可以根据办案需要，将下级人民检察院管辖的公益诉讼案件指定本辖区内其他人民检察院办理。

最高人民检察院、省级人民检察院和设区的市级人民检察院可以根据跨区域协作工作机制规定，将案件指定或移送相关人民检察院跨行政区划管辖。基层人民检察院可以根据跨区域协作工作机制规定，将案件移送相关人民检察院跨行政区划管辖。

人民检察院对管辖权发生争议的，由争议双方协商解决。协商不成的，报共同的上级人民检察院指定管辖。

上级人民检察院认为确有必要的，可以办理下级人民检察院管辖的案件，也可以将本院管辖的案件交下级人民检察院办理。下级人民检察院认为需要由上级人民检察院办理的，可以报请上级人民检察院决定。

第三节　调查核实

一、调查方式

《检察公益诉讼解释》第 6 条规定："人民检察院办理公益诉讼案件，可以向有关行政机关以及其他组织、公民调查收集证据材料；有关行政机关以及其他组织、公民应当配合；……"检察机关办理英烈保护公益诉讼案件可以采用以下调查方式：（1）查阅、摘抄、复制有关行政执法卷宗等相关材料；（2）询问行政机关工作人员、违法行为人及其他证人；（3）收集书证、物证、视听资料、电子证据等；（4）建立专家库，咨询专业人员、相关部门或者行业协会等对专门问题的意见；（5）勘验、检查违法现场或者相关物证。

另外，电子数据也是检察机关办理此类案件的证据形式。现阶段，侵害英雄烈士的姓名、肖像、名誉、荣誉的侵权行为多发生于信息网络，需要通过技术手段提取相关的电子数据证据。2012 年修改的《民事诉讼法》正式把"电子数据"纳入法定证据形式范围。2015 年 2 月 4 日，最高人民法院发布的《关于适用〈中华人民共和国民事诉讼法〉的解释》第 116 条对电子数据的种类和内涵作了进一步解释。在收集电子数据过程中，需要借助技术力量最大限度地获取相关资料，如恢复残留数据、隐藏文件、镜像拷贝等。同时，要注意借助公安机关和行政机关力量，尤其是公安机关和行政机关移送的案件线索，要充分利用侦查程序和行政执法程序中固定的证据。

二、调查重点和方法

人民检察院办理英雄烈士保护民事公益诉讼案件，围绕以下重点，依法、客观、全面调查收集证据：（1）违法主体。违法主体是个人的，应当调查身份信息、户籍信息等；违法主体是法人或其他组织的，应当调查工商登记注册信息、组织机构代码信息、法定代表人信息、社团登记等。（2）英雄烈士身份。应当调取有关机关评定为烈士的文件、追授荣誉称号的文件或者能够证实受害客体具备认定为英雄烈士实质要件的相关证明材料等。（3）违法行为和损害后果。应当围绕侵害行为的具体方式、持续时间、传播范围和程度等待证内容，综合运用调取、复制有关执法、诉讼卷宗材料；收集书证、物证、视听资料、电子数据等证据；询问违法行为人、利害关系人、证人；勘验物证、现场；咨询专业人员等取证方式固定证据。确有必要，可以使用执法记录仪等设备、委托公证机构公证调查等方式进行取证。（4）过错和因果关系。应当通过询问违法行为人、利害关系人、证人等，结合违法行为及损害后果的相关证据材料，综合认定违法主体主观上存在过错以及违法行为与损害后果之间存在因果关系等。

三、互联网领域侵害调查取证的注意事项

对发生在互联网领域的侵害英雄烈士等的姓名、肖像、名誉、荣誉行为，还应注意调查以下内容：（1）违法主体。先向网络服务平台等调取违法主体的注册信息，再核实违法主体的真实身份信息；同时关注网络服务商是否履行了监管义务，若需承担连带责任，则一并调取网络服务商的相关主体信息。（2）违法行为。结合大数据检索方式，尽可能穷尽不同平台的不当言论，采取截图、录制违法行为的文章、视频；询问违法行为人及相关人员；向有关机关、专业人士咨询英雄烈士等的事迹情况；要求网络服务商提供违法行为的后台数据等调查方式。（3）损害后果。对通过网络发表不当言论的行为，重点收集不当言论被阅读数、点击数、转发数、评论数，不当言论被知晓的方式、程度等方面的证据；对通过微信群发布违法言论的行为，重点收集微信群成员人数、微信群组的私密性、转发数等证据。

四、刑事、行政案件证据的转化适用

违法行为人被刑事立案或已经受到行政、刑事处罚的，可以向相关行政机关、司法机关调取相关证据材料作为证据使用。对于调取的相关证据应当围绕民事公益诉讼的诉讼请求进行转化适用，同时对于民事公益诉讼特有的实体性、程序性证据仍需另行取证。

第四节 诉前程序

人民检察院办理英雄烈士保护民事公益诉讼案件，一般直接征询英雄烈士等的近亲属的意见。征询意见的范围应当是全部近亲属，征询意见的事项包括近亲属本人是否需要自行提起民事诉讼、是否同意检察机关提起民事公益诉讼等。人民检察院可以采取谈话询问、发送征询意见函等形式征询英雄烈士等近亲属的意见。近亲属人数较多的，可以商请出具联合声明书等书面材料。英雄烈士等系现役军人牺牲的，可以联合军事检察机关共同做好意见征询工作。多个人民检察院同一时期办理多名违法行为人侵害同一英雄烈士等的姓名、肖像、名誉、荣誉案件的，其共同的上级人民检察院可以指定适合的人民检察院统一征询英雄烈士等近亲属的意见。

被侵害的英雄烈士等人数众多、难以确定近亲属，或者直接征询近亲属意见确有困难的，可以通过公告的方式征询英雄烈士等的近亲属的意见。公告一般包括以下内容：检察机关在履行职责中发现的违法行为人在英雄烈士保护领域损害社会公共利益或者有重大损害危险的基本事实；告知英雄烈士等的近亲属在公告期内可以向有管辖权的人民法院提起诉讼；英雄烈士等的近亲属已经提起诉讼的，将提起诉讼的情况向检察机关反馈；公告期满英雄烈士等的近亲属未提起诉讼的，检察机关可以依法提起民事公益诉讼；公告期限；联系人、联系地址、联系电话、公告单位、日期等。

第五节 提起诉讼

一、检察机关提起诉讼与近亲属起诉

（一）近亲属提起诉讼

关于近亲属的界定，相关法律规定各有差异。2018 年修改的《刑事诉讼法》第 108 条规定"近亲属"是指夫、妻、父、母、子、女、同胞兄弟姊妹。最高人民法院《关于适用〈中华人民共和国行政诉讼法〉的解释》第 14 条第 1 款规定：行政诉讼法第 25 条第 2 款规定的"近亲属"包括配偶、父母、子女、兄弟姐妹、祖父母、外祖父母、孙子女、外孙子女和其他具有抚养、赡养关系的亲属。2020 年通过的《民法典》第 1045 条第 2 款规定："配偶、父母、子女、兄弟姐妹、祖父母、外祖父母、孙子女、外孙子女为近亲属。"从上述不同的法律规定来看，民事诉讼法和行政诉讼法主要是从民事权利义务的角度来界定，刑事诉讼法主要从被告人权利保障的角度来规定。英烈保护领域公益诉讼制度的目的是保护英烈姓名、肖像、名誉、荣誉等人身权益，属民事范畴，故应按民法典的规定来界定"近亲属"。亦即，只有英雄烈士的配偶、父母、子女、兄弟姐妹、祖父母、外祖父母、孙子女、外孙子女才能以近亲属身份提起诉讼。

（二）检察机关提起诉讼

《英雄烈士保护法》第 25 条第 2 款规定"英雄烈士没有近亲属或者近亲属不提起诉讼的，检察机关依法对侵害英雄烈士的姓名、肖像、名誉、荣誉，损害社会公共利益的行为向人民法院提起诉讼"。按照该款规定，检察机关的英烈保护公益诉权具有补充性，仅在近亲属缺位或者怠于诉讼时，检察机关才可行使英烈保护民事公益诉权。因此检察机关提起英雄烈士保护领域公益诉讼必须满足以下条件之一：一是英雄烈士没有可以提起诉讼的近亲属；二是英雄烈士有可以提起诉讼的近亲属，但其不提起诉讼。除此之外，根据《公益诉讼办案规则》第 90 条第 1 款的规定"经调查，人民检察院发现存在以下情形之一的，应当终结案件：（一）不存在违法行为的；（二）生态环境损害赔偿权利人与赔偿义务人经磋商达成赔偿协议，或者已经提起生态环境损害赔偿诉讼的；（三）英雄烈士等的近亲属不同意人民检察院提起公益诉讼的；（四）其他适格主体依法向人民法院提起诉讼的；（五）社会公共利益已经得到有效保护的；（六）其他应当终结案件的情形"。检察机关提起英雄烈士保护领域公益诉讼还必须征得英雄烈士的近亲属同意，否则也无法提起。

二、诉讼请求

检察机关该如何提出诉讼请求，基于侵权行为人依法应承担的责任方式。《民法典》第 185 条规定："侵害英雄烈士等的姓名、肖像、名誉、荣誉，损害社会公共利益的，应当承担民事责任。"第 995 条规定："人格权受到侵害的，受害人有权依照本法和其他法律的规定请求行为人承担民事责任。受害人的停止侵害、排除妨碍、消除危险、消除影响、恢复名誉、赔礼道歉请求权，不适用诉讼时效的规定。"即，英烈保护领域民事公益诉讼案件承担责任的方式包括：停止侵害、排除妨碍、消除危险、消除影响、恢复名誉、赔礼道歉。检察机关提起民事公益诉讼根据具体案情，可以单独适用，也可以合并适用。

在确定具体诉讼请求时，应当注意把握以下几点：（1）侵害人已经实际履行停止侵害的行为或者超出其控制范围和能力，侵害人无法停止侵害的，可以不主张停止侵害的诉讼请求。（2）消除影响是指要求侵害人在影响所及范围内以公开形式向接受到不当言论的所有受众承认侵害过错，澄清事实或者消除所造成的不良影响。（3）恢复名誉是指当受众相信侵害人的不当言论，从而造成对英雄烈士社会评价降低、名誉受损时，要求侵害人对相关受众进行澄清，以达到恢复英雄烈士受损名誉的目的。（4）赔礼道歉可以采用发布公告或登报发布致歉信等方式进行，发布平台的层级应当根据实际侵害所影响的地域范围进行选择确定。（5）人民检察院办理英雄烈士保护民事公益诉讼案件，可以商请人民法院，探索提出从业限制、惩罚性赔偿、替代性公益修复方式等诉讼请求，增强对相关侵害行为的惩戒力度和公益修复的实效性。

具有下列情形之一的，可以提出要求相关平台承担连带责任的诉讼请求：（1）网络社交平台、出版社、电视台等网络服务的提供者和文稿、言论发表平台，未对违法行为人发表的文稿、言论尽到审查义务，在具备管理信息能力和预防侵害技术措施的情况下，未采取必要措施阻却违法行为，存在主观过错的。（2）网络服务提供者接到被侵害英雄烈士等的近亲属等发出的包含构成侵害的初步证据及权利人的真实身份信息的通知后，未及时采取必要措施的，对损害的扩大部分与该网络用户承担连带责任。

三、执行问题

法院生效判决后的执行程序该如何启动？《检察公益诉讼解释》第 12 条明确规定："人民检察院提起公益诉讼案件判决、裁定发生法律效力，被告不履行的，人民法院应当移送执行。"根据该规定，英烈保护领域民事公益诉讼判决、裁定发生法律效力，而被告未按判决、裁定确定的义务履行的，由人民法院移送执行。检察机关作为公益诉讼起诉人和法律监督机关的双重身份，决定了执行中应当遵循以下原则：

1. 判决生效后由法院依职权启动，检察机关无须提交执行申请，也无须缴纳执行费。

2. 检察机关认为人民法院在民事公益诉讼执行活动中存在违反法律规定的情形，应按照民事执行监督程序进行监督。

对违法行为人拒不履行判决、裁定中确定的消除影响、恢复名誉、赔礼道歉等责任的，检察机关可以商请人民法院采取公告、登报等方式，将判决的主要内容和有关情况公布于众，相关费用由被执行人承担，并可以依照《民事诉讼法》第114条第6项的规定追究被执行人的法律责任。

第六节　支持起诉

一、支持起诉的主要情形

《民事诉讼法》第15条规定："机关、社会团体、企业事业单位对损害国家、集体或者个人民事权益的行为，可以支持受损害的单位或者个人向人民法院起诉。"这是一般支持起诉制度的法律依据。《民事诉讼法》第58条第1款规定："对污染环境、侵害众多消费者合法权益等损害社会公共利益的行为，法律规定的机关和有关组织可以向人民法院提起诉讼。"该条第2款规定，前款规定的机关或者组织提起诉讼的，人民检察院可以支持起诉。这是针对民事公益诉讼中的支持起诉制度作出的专门规定。检察机关支持起诉是法律赋予的职权，也是当事人合法权益获得司法救济或社会救济的重要途径，检察机关支持起诉对于维护公共利益、维护司法公正都具有积极的意义。

支持起诉一般由英雄烈士等的近亲属向人民检察院申请而发起，人民检察院也可以依职权启动。人民检察院在接到英雄烈士等的近亲属提出的支持起诉申请后，应当重点审查以下内容：（1）是否系疑难、复杂或者有重大社会影响的案件。（2）英雄烈士等的近亲属是否存在诉讼能力不足的情况。需要注意的是,《英雄烈士保护法》第 25 条第 4 款规定:"英雄烈士近亲属依照第一款规定提起诉讼的,法律援助机构应当依法提供法律援助服务。"该款内容明确了法律援助机构为英雄烈士近亲属提供法律援助服务的义务。检察机关在开展支持起诉工作的过程中,要加强与法律援助机构的协作和配合,各司其职,形成合力。

人民检察院在向人民法院提交支持起诉意见书后,发现英雄烈士等的近亲属无正当理由变更、撤回部分诉讼请求,撤回起诉或者与被告达成和解协议等,致使社会公共利益不能得到有效保护的,可以撤回支持起诉。撤回支持起诉后,认为英雄烈士等的近亲属提起的民事诉讼不足以保护社会公共利益,符合立案条件的,可以另行立案。

二、证据收集和审查

在英雄烈士保护支持起诉案件中,检察机关可以对英雄烈士近亲属或者法律规定的机关和有关组织进行证据收集、提供指导意见、建议,以提高诉讼证据的质效。检察机关可以以自己名义调查取证,并在送交支持起诉意见书时一并移交人民法院。该类证据在庭审时提交各方诉讼当事人进行质证,经质证确认的可以作为定案的依据。

对于英雄烈士近亲属或者法律规定的机关和有关组织自行收集的证据,检察机关可以就证据的合法性、真实性和关联性,以及各证据之间是否存在冲突,如何完善等问题提出相关意见和建议。

三、支持起诉内容

1. 提供法律咨询。就起诉书的制作、举证、质证、法庭辩论预案的制作、是否对一审判决提起上诉等问题提供法律咨询、提出参考意见建议。

2. 提交书面意见。书面意见的表现形式为支持起诉意见书,载明检察机关支持原告提起诉讼的检察意见。

3. 出庭支持起诉。包括出庭发表支持起诉意见、对检察机关提交法庭的证据进行质证等。检察机关当庭发表的支持起诉意见不只限于在起诉时向人民法院递交的支持起诉意见书内容,还可以根据庭审情况,在法庭辩论终结时发表其他意见供法庭参考。

四、释法说理

英雄烈士公益保护案件，无论是检察机关提起的诉讼，还是其他适格主体提起的诉讼，都有进行法治宣传的必要性，让被告知错、认错，认识到自己行为造成的损害后果并真诚悔改，对原告赔礼道歉，赔偿损失。因此，起诉前向被告人进行充分的释法说理工作，就显得尤为重要。

释法说理的具体方式有：

1. 法律规定的解读。向被告解读《民法典》《英雄烈士保护法》等关于侵害英雄烈士荣誉、名誉的相关规定。

2. 向被告详细讲解具体的侵害行为类型、责任承担方式等，让被告认识自身行为的性质和危害后果，并能认识到其侵权行为的违法性及应承担的法律责任。

3. 根据案件具体诉讼请求的实际情况，向被告预判其将要承担的具体责任，以及裁判生效后拒不履行的法律后果，争取让被告能接受法院的正确判决，并能自觉履行判决。

第七章　新增法定领域检察公益诉讼

第一节　军人地位和权益保障领域检察公益诉讼

一、公益受损情况及纳入保护的必要性

国家需要英雄，民族需要英雄。习近平总书记深刻指出，"强国必须强军，军强才能国安"，"实现建军一百年奋斗目标，是我军的责任，也是全党全国的责任"。在党的坚强领导下，人民军队始终是党和人民事业最忠实的依靠、最强大的力量，是保家卫国的柱石、民族的脊梁。军人肩负着捍卫国家主权、安全、发展利益和保卫人民和平劳动的神圣职责和崇高使命，理应受到全社会尊崇。国家和军队历来重视军人合法权益的维护，在先后颁布的《刑法》和《婚姻法》等法律中，都有维护军人权益的条款，还专门出台了一些维护军人权益的法律法规，如《军人抚恤优待条例》《军人地位和权益保障法》等。但是，我国现有制度在军人权益方面仍存在以下不足：一是军人权益保障的规定大都较笼统，缺乏实施办法，使得法律的规定落实难。二是军人权益保障缺少健全、合理、统一、高效的配套制度，导致军地沟通不畅、部门协作障碍，军人军属的合法权益遭到损害。维护军人军属合法权益，牵涉到军地两边，关系到军民团结。对于军人军属权益受到损害且维权困难的，在最高检的领导下，各地检察机关加大支持起诉力度，积极维护军人军属合法权益。2018年以来，军事检察机关重点聚焦国家利益中的国防和军事利益，开展公益诉讼工作试点，会同地方检察机关办理公益诉讼案件600余件，推动解决军事设施保护、军用土地确权、军人权益保障等问题600余个，监督整改英烈纪念

设施保护问题 800 余个。① 军人军属合法权益、国防和军事利益作为公益诉讼的新领域，维护军人尊崇地位、保障军人军属合法权益，是检察机关贯彻习近平法治思想、习近平强军思想，履行国防责任、维护法律尊严，服务新时代国防和军队现代化建设的应尽职责。

纵观我军的发展历史，历来重视军人权益的保护。截至目前，这些主要的法律法规包括：1984 年《兵役法》、1988 年《中国人民解放军现役士兵服役条例》、1990 年《军事设施保护法》、1994 年《现役军官法》、1997 年《国防法》、2001 年《军事设施保护法实施办法》、2004 年《军人抚恤优待条例》、2011 年《烈士褒扬条例》、2016 年《国防交通法》、2018 年《英雄烈士保护法》、2021 年《军人地位和权益保障法》。其中，《兵役法》在 1998 年、2009 年、2011 年、2021 年进行了四次修订，《国防法》在 2009 年、2020 年进行了两次修订，《现役军官法》在 2000 年进行了修正，《军人抚恤优待条例》在 2011 年、2019 年进行了两次修订，《军事设施保护法》在 2009 年、2014 年、2021 年进行了三次修订，《中国人民解放军现役士兵服役条例》在 1993 年、1999 年、2010 年进行了三次修订，《烈士褒扬条例》在 2019 年 3 月、2019 年 8 月进行了两次修订。2021 年 8 月 1 日实施的《军人地位和权益保障法》对检察机关发挥能动履职作用，维护军人合法权益进一步作出明确规定，其中第 62 条规定："侵害军人荣誉、名誉和其他相关合法权益，严重影响军人有效履行职责使命，致使社会公共利益受到损害的，人民检察院可以根据民事诉讼法、行政诉讼法的相关规定提起公益诉讼。"该条款成为检察公益诉讼维护军人合法权益的直接法律依据。

二、案件办理的要点

（一）案件线索来源

《公益诉讼办案规则》第 24 条规定："公益诉讼案件线索的来源包括：（一）自然人、法人和非法人组织向人民检察院控告、举报的；（二）人民检察院在办案中发现的；（三）行政执法信息共享平台上发现的；（四）国

---

① 数据来源于最高检举行"深化军地检察协作 依法维护国防利益和军人军属合法权益"新闻发布会，载最高人民检察院官网，https：//www. spp. gov. cn/spp/shjdjcxz/xwfbh. shtml，最后访问日期：2022 年 11 月 10 日。

家机关、社会团体和人大代表、政协委员等转交的；（五）新闻媒体、社会舆论等反映的；（六）其他在履行职责中发现的。"实践中，军人权益保护公益诉讼案件线索还有一种来源途径，即军地协作交办的。

（二）对公益受损的判断

1. "军人形象和军队威信"与公共利益的关系。军人是人民子弟兵，是捍卫国家主权、统一、领土完整的坚强力量，不怕牺牲，能打胜仗。军队是执行政治任务的武装集团，我军是中国共产党缔造和绝对领导的军队，是人民的军队，是社会主义国家的军队。《中国人民解放军政治工作条例》规定：中国人民解放军的任务是，巩固国防，抵抗侵略，保卫祖国，保卫人民的和平劳动，参加国家建设事业。中国人民解放军在新世纪新阶段的历史使命是，为党巩固执政地位提供重要力量保证，为维护国家发展的重要战略机遇期提供坚强安全保障，为维护国家利益提供有力战略支撑，为维护世界和平与促进共同发展发挥重要作用。军人形象和军队威信关乎社会公众对军队和军人的信赖认同、关乎国防和军队建设。维护军人形象和军队威信，就是为了巩固提高军队战斗力，保证军队有效履行党和人民赋予的职责使命。因此，军人形象和军队威信关乎国防和军事利益，是关键、重要的公共利益。

2. "军人名誉和荣誉"与公共利益的关系。《军人地位和权益保障法》第21条规定："军人荣誉是国家、社会对军人献身国防和军队建设、社会主义现代化建设的褒扬和激励，是鼓舞军人士气、提升军人战斗力的精神力量。国家维护军人荣誉，激励军人崇尚和珍惜荣誉。"军人荣誉和名誉权益是社会正义的重要组成部分，承载着社会主义核心价值观和民族情感，具有社会公共利益属性。对于侵害军人名誉和荣誉的行为，该法第62条规定："侵害军人荣誉、名誉和其他相关合法权益，严重影响军人有效履行职责使命，致使社会公共利益受到损害的，人民检察院可以根据民事诉讼法、行政诉讼法的相关规定提起公益诉讼。"检察机关依法提起公益诉讼，捍卫军人的荣誉和名誉权益，履行公共利益代表的神圣使命和职责。

3. 军婚与公共利益的关系。军人职业的特殊性、使命的特殊性，决定其婚姻家庭关系不同于普通家庭。军人担负着保卫国家主权、领土完整，防御外来侵略和颠覆的艰巨任务，为了祖国和人民的安宁枕戈待旦，战斗在国防岗位上。对军人婚姻家庭的破坏，严重伤害军人及其亲属的感情，影响军人安心服役，进而影响部队稳定和战斗力，因此破坏军婚的行为不仅影响军人的合法权益，也会影响社会公共利益。把破坏军婚的行为纳入公益诉讼领域，加强对军婚的特殊保护，依法办理破坏军婚案件，维护国防利益和军人合法权益，为军人安心服役提供坚实的司法保障，助力服务新时代强军事业，是检察机关应当履行的职责。

（三）对责任主体的认定

1. 行政公益诉讼。检察机关办理侵犯军人军属合法权益、国防和军事领域公益诉讼案件，应重点围绕以下几方面进行认定：一是行政机关违法行使职权的事实。要明确哪些行政主体负有军人军属合法权益保护、国防和军事利益监督管理职责。通常涉及的行政机关有各级人民政府、退役军人事务部门、城乡规划主管部门、交通主管部门等。二是调查军人军属合法权益保护、国防和军事利益领域行政机关不作为的事实。通过及时调阅、复制与军人军属合法权益、国防和军事利益监督管理部门行政执法有关的文件、资料、会议记录等行政执法卷宗及相关工作档案资料，调查询问行政机关相关人员以及行政相对人、利害关系人、证人等，掌握行政机关违法行使职权或者不作为的事实，审查行政机关有无下列违法情形：侵害军人税收优惠、住房待遇、保险待遇、医疗和疾病预防、疗养、康复等待遇，未依法、及时处理；侵害军人休息休假、受教育权利，未依法、及时处理的；未根据女军人的特点安排女军人的工作任务和休息休假，未在生育、健康等方面为女军人提供特别保护的，未依法、及时处理的；未按照军人地位和权益保障抚恤优待军人及军人家属的行为，未依法、及时处理的；军人因战、因公、因病致残的，按照国家规定享受残疾抚恤，未依法、及时处理的；军人家属和烈士、因公牺牲军人、病故军人的遗属未予以住房、医疗、交通、文化和旅游优待，未依法、及时处理的；对军人子女未予以教育优待，未依法、及时处理的；其他违法行使职权或者不行使职权，致使军人军属合法权益、国防和军事利益受到危害的情形。

2. 民事公益诉讼。《军人地位和权益保障法》第 32 条规定："军人的荣誉和名誉受法律保护。军人获得的荣誉由其终身享有，非因法定事由、非经法定程序不得撤销。任何组织和个人不得以任何方式诋毁、贬损军人的荣誉，侮辱、诽谤军人的名誉，不得故意毁损、玷污军人的荣誉标识。"该条规定了侵害军人荣誉和名誉的主要违法情形。

（1）侵权主体。侵权行为主体，是指客观上实施侵权行为的主体。违法行为人是个人的，应当调查其身份信息、户籍信息等；违法行为人是法人或其他组织的，应当调查其性质、工商登记注册信息、组织机构代码证、经营范围、营业执照、缴纳税收情况、营利情况、经营规模等。同时，还需要调查可能承担连带责任的其他主体。

（2）侵权行为。行为人实施了诋毁、贬损军人荣誉，侮辱、诽谤军人名誉，故意毁损、玷污军人荣誉标识的违法行为。行为人擅自以军人名义进行商业活动、实施商业行为，冒充军人、虚构事实，非法侵占、诋毁、剥夺军人获得的荣誉等行为。

（3）损害后果。损害后果，即社会公共利益受到损害的类型、具体数额或者修复费用等。实践中，造成了贬低军人人格、毁损军人名誉，损害军人形象和军队威信等人格利益和精神损害，并使得社会的公共利益受到损害。

（4）因果关系。因果关系，指违法行为作为原因，损害事实作为结果，在它们之间存在的前者引起后者，后者被前者所引起的客观联系。在实践中，一般行为人实施"诋毁、贬损、侮辱、诽谤、毁损、玷污军人名誉和荣誉"的行为，与军人的名誉、荣誉等人格利益受到损害的后果之间存在因果关系。

（5）主观过错。侵权人故意实施以上侵权行为的，应当认定为主观上具有过错。实践中，应当着重调查违法行为人实施违法行为的次数、持续时间、手段和方式、获利情况、是否曾被行政处罚或刑事处罚等，以便综合确定违法行为人的主观过错程度。

（6）免责事由。尽管从举证责任来看，该项内容由违法行为人负责提供，但为了全面掌握案件事实，科学提出诉讼请求以及庭审应对需要，检察机关应当就违法行为人免除或者减轻责任的相关事实调查取证。

（四）对行政机关违法或侵权事实的认定

1. 行政公益诉讼。军人军属合法权益、国防和军事领域行政公益诉讼案件办理中通常涉及的行政机关有：

（1）各级人民政府。《国防法》第 18 条规定，地方各级人民代表大会和县级以上地方各级人民代表大会常务委员会在本行政区域内，保证有关国防事务的法律、法规的遵守和执行。地方各级人民政府依照法律规定的权限，管理本行政区域内的征兵、民兵、国民经济动员、人民防空、国防交通、国防设施保护，以及退役军人保障和拥军优属等工作。《军人地位和权益保障法》第6条第2款规定，县级以上地方各级人民政府负责本行政区域内有关军人地位和权益保障工作。

（2）退役军人事务部门。《军人地位和权益保障法》第6条第1款规定，中央军事委员会政治工作部门、国务院退役军人工作主管部门以及中央和国家有关机关、中央军事委员会有关部门按照职责分工做好军人地位和权益保障工作。《军人抚恤优待条例》第5条规定，国务院退役军人事务部门主管全国的军人抚恤优待工作；县级以上地方人民政府退役军人事务部门主管本行政区域内的军人抚恤优待工作。国家机关、社会团体、企业事业单位应当依法履行各自的军人抚恤优待责任和义务。

（3）城乡规划主管部门。《城乡规划法》第4条规定，制定和实施城乡规划，应当遵循城乡统筹、合理布局、节约土地、集约发展和先规划后建设的原则，改善生态环境，促进资源、能源节约和综合利用，保护耕地等自然资源和历史文化遗产，保持地方特色、民族特色和传统风貌，防止污染和其他公害，并符合区域人口发展、国防建设、防灾减灾和公共卫生、公共安全的需要。在规划区内进行建设活动，应当遵守土地管理、自然资源和环境保护等法律、法规的规定。县级以上地方人民政府应当根据当地经济社会发展的实际，在城市总体规划、镇总体规划中合理确定城市、镇的发展规模、步骤和建设标准。

（4）交通主管部门。《国防交通法》第16条规定，国防交通工程设施建设规划，由县级以上人民政府国防交通主管机构会同本级人民政府交通主管部门编制，经本级人民政府发展改革部门审核后，报本级人民政府批准。下级国防交通工程设施建设规划应当依据上一级国防交通工程设施建设规划编制。编制国防交通工程设施建设规划，应当征求有关军事机关和本级人民政府有关部门的意见。县级以上人民政府有关部门编制综合交通运输体系发展规划和交通工程设施建设规划，应当征求本级人民政府国防交通主管机构的意见，并纳入国防交通工程设施建设的相关内容。

2. 民事公益诉讼。《军人地位和权益保障法》第62条规定："侵害军人荣誉、名誉和其他相关合法权益，严重影响军人有效履行职责使命，致使社会公共利益受到损害的，人民检察院可以根据民事诉讼法、行政诉讼法的相关规定提起公益诉讼。"

（1）侵害军人荣誉、名誉。军人是一个既苦又累的职业，充满了各种危险，包括牺牲。但为什么军人因为这个身份而感到自豪呢？那就是荣誉和名誉。军人的军衔、荣誉称号、勋章等都是军人的终身荣誉和名誉。《军人地位和权益保障法》第32条规定："军人的荣誉和名誉受法律保护。军人获得的荣誉由其终身享有，非因法定事由、非经法定程序不得撤销。任何组织和个人不得以任何方式诋毁、贬损军人的荣誉，侮辱、诽谤军人的名誉，不得故意毁损、玷污军人的荣誉标识。"第65条规定："违反本法规定，通过大众传播媒介或者其他方式，诋毁、贬损军人荣誉，侮辱、诽谤军人名誉，或者故意毁损、玷污军人的荣誉标识的，由公安、文化和旅游、新闻出版、电影、广播电视、网信或者其他有关主管部门依据各自的职权责令改正，并依法予以处理；造成精神损害的，受害人有权请求精神损害赔偿。"第66条规定："冒领或者以欺诈、伪造证明材料等手段骗取本法规定的相关荣誉、待遇或者抚恤优待的，由有关部门予以取消，依法给予没收违法所得等行政处罚。"这里明确侵害军人名誉、荣誉的行为有四种：一是通过大众传播媒介或者其他方式，诋毁、贬损军人荣誉；二是侮辱、诽谤军人名誉；三是故意毁损、玷污军人的荣誉标识的；四是冒领或者以欺诈、伪造证明材料等手段骗取军人荣誉、待遇或者抚恤优待的。

（2）侵害军人其他合法权益。军人依法享有政治权利、经济权利、社会权利、文化权利。比如，《军人地位和权益保障法》第41条规定："国家对军人的婚姻给予特别保护，禁止任何破坏军人婚姻的行为。"《刑法》第259条第1款规定，"明知是现役军人的配偶而与之同居或者结婚的"，构成破坏军婚罪。《刑法》及相关司法解释未就"同居"的概念作出明确定义，司法实践中如何准确认定同居关系是难点。一般情况下，同居关系具有稳定性、持续性、日常性等特征，但根据具体案件情况，往往表现出不同的情形。检察机关在办理破坏军婚案件时，应综合考虑全案证据，对被告人与现役军人的配偶是否构成同居关系进行妥善认定。在典型案例孙某破坏军婚案中，被告人与现役军人的配偶存在共同生活事实，双方交往密切，被告人甚至帮助接送女方孩子，女方也清楚表达了要与被告人共同生活的意愿，在丈夫回家后仍居住于被告人家中，夜不归宿，已经具备了稳定性、持续性、日常性等特征，应认定为同居关系。

（五）证明标准

1. 行政公益诉讼。在办理军人军属合法权益、国防和军事领域行政公益诉讼案件时，遵循"三要件"的证据标准，即行为要件、结果要件和职责要件。具体来说，行为要件主要指行政机关不作为或者违法履职。不作为的情况一般可通过查阅、摘抄、复制有关行政执法卷宗材料；询问行政机关相关人员以及行政相对人、利害关系人、证人等；收集书证、物证、视听资料、电子证据等；咨询专业人员、相关部门等专门问题的意见，保证获取证据材料的"客观真实性、来源合法性、与案件关联性"。结果要件主要指行政机关违法行使职权或者不作为造成的军人军属合法权益、国防和军事利益受侵害的事实。职责要件主要指行政机关的法定监管职责。除了找出法律、法规、规章确定的法定职责外，还应当参考地方政府制定发布的权力清单和该行政机关的职权、机构设置等文件。

2. 民事公益诉讼。在办理军人军属合法权益、国防和军事领域民事公益诉讼案件时，遵循"高度盖然性"的证明标准。高度盖然性是指在证据存在模糊的情况下，允许法官根据生活经验、逻辑推理及现有证据有节制地推定因果关系存在或不存在。[1] 这就说明在办理军人军属权益、国防和军事领域民事公益诉讼时，确认其达到较高证明程度即可。考虑到军人军属合法权益、国防和军事利益的特殊性、重要性，证明侵害军人军属合法权益、国防和军事利益的事实具有高度可能性或者合理确定性，也符合涉军领域公益诉讼具有风险预防特征，有利于更好适应维护军事和国防安全等特殊公益的需要。

（六）法律适用

目前，涉及军人军属合法权益、国防和军事领域公益诉讼的主要规定有《国防法》《兵役法》《英雄烈士保护法》《军事设施保护法》《军人地位和权

---

① 胡印富、张霞：《公益诉讼的司法图式及其反思》，载《山东社会科学》2019年第12期。

益保障法》《现役军官法》《城乡规划法》《国防交通法》《军人抚恤优待条例》《军事设施保护法实施办法》《军用机场净空规定》《中国人民解放军现役士兵服役条例》《办理军队和地方互涉刑事案件规定》《关于加强新时代烈士褒扬工作的意见》《烈士褒扬条例》及中国铁路总公司、中央军委后勤保障部《关于开展军人出行优先工作的通知》等法律法规和行业规定。

（七）诉讼请求的确定

1. 行政公益诉讼。《公益诉讼办案规则》第83条第1款规定："人民检察院可以根据行政机关的不同违法情形，向人民法院提出确认行政行为违法或者无效、撤销或者部分撤销违法行政行为、依法履行法定职责、变更行政行为等诉讼请求。"第82条规定："有下列情形之一的，人民检察院可以认定行政机关未依法履行职责：（一）逾期不回复检察建议，也没有采取有效整改措施的；（二）已经制定整改措施，但没有实质性执行的；（三）虽按期回复，但未采取整改措施或者仅采取部分整改措施的；（四）违法行为人已经被追究刑事责任或者案件已经移送刑事司法机关处理，但行政机关仍应当继续依法履行职责的；（五）因客观障碍导致整改方案难以按期执行，但客观障碍消除后未及时恢复整改的；（六）整改措施违反法律法规规定的；（七）其他没有依法履行职责的情形。"实践中，涉及军人地位和权益保障的行政公益诉讼，主要的诉讼请求为确认行政行为违法、依法履行法定职责。以上承担责任的方式可以单独适用，也可以合并适用。

2. 民事公益诉讼。《军人地位和权益保障法》第67条第1款规定："违反本法规定，侵害军人的合法权益，造成财产损失或者其他损害的，依法承担民事责任。"《民法典》第179条第1款规定，"承担民事责任的方式主要有：（一）停止侵害；（二）排除妨碍；（三）消除危险；（四）返还财产；（五）恢复原状；（六）修理、重作、更换；（七）继续履行；（八）赔偿损失；（九）支付违约金；（十）消除影响、恢复名誉；（十一）赔礼道歉"。第995条规定，"人格权受到侵害的，受害人有权依照本法和其他法律的规定请求行为人承担民事责任。受害人的停止侵害、排除妨碍、消除危险、消除影响、恢复名誉、赔礼道歉请求权，不适用诉讼时效的规定"。在实践中，军人军属合法权益、国防和军事领域民事公益诉讼案件承担责任的方式包括：停止侵害，消除危险，赔礼道歉，消除影响、恢复名誉，赔偿损失。以上承担责任的方式可以单独适用，也可以合并适用。检察机关提起民事公益诉讼可以根据具体案情，灵活结合多种方式，以达到对损害的充分补救。

（1）停止侵害。一般而言，检察机关对正在实施侵害行为或侵害行为仍在持续的侵权人有权要求对方停止侵害。行为人以嘲讽、耻笑、挖苦等方式发表对军人、英雄烈士的不当言论，实质上是歪曲、丑化卫国戍边军人、英雄烈士的形象，诋毁他们的战斗精神，贬损他们的牺牲精神，损害军人形象和军队威信，行为人有义务、有责任停止侵害。但也存在无停止侵害必要的适用例外情形。比如"辣笔小球"案，由于其发表的言论已不能撤销，只能通过赔礼道歉、消除影响等方式来减少损害。

（2）消除危险。危险指造成人身或财产损害的可能性，只要行为人的行为有造成损害的可能时，权利人即有权请求行为人消除或请求人民法院强制其消除，以防止损害后果的发生。实践中，非法买卖武装部队制式服装、"黑飞""违飞"等危害国防和军事利益的，行为人有责任消除危险，恢复武装部队正常管理秩序和军人良好形象。

（3）排除妨碍。排除妨碍是指权利人行使其权利受到不法阻碍或妨害时，有权请求加害人或排除或请求人民法院强制排除；以保障权利正常行使的措施。实践中，威胁航空安全的因素各种各样，比如在军用机场周围安装超高信号塔、违法倾倒并裸露堆放建筑垃圾和生活垃圾、放飞鸽子活动、燃放烟花爆竹等都会影响航空安全，侵权人有责任排除妨碍，恢复飞行安全，维护国防和军事利益。

（4）赔礼道歉。对军人军属、英雄烈士近亲属或社会公众而言，赔礼道歉可以平复其精神创伤或内心愤恨，是对精神损害的一种救济。从司法实践来看，主要采用当面道歉、公开发布公告或登报发布致歉信等方式。

（5）消除影响、恢复名誉。在军人人格利益受损的情形下，消除影响、恢复名誉往往合并适用，但前者的适用范围要广于后者。只有在赔礼道歉、消除影响不足以救济的重要精神人格利益受损的情况下，才涉及恢复名誉的请求。

三、贵州办案经验

（一）加强沟通配合，密切军地协作

办理军地互涉公益诉讼案件，检察机关要注重在涉案证据收集、诉前

流程推进、普法教育宣讲等环节，加强军地协作配合。检察机关与其他部队加强沟通，依法收集被侵害军人主体身份、执行职务的过程、阻碍行为造成的危害结果等证据，完善定罪量刑证明体系；充分听取被侵害部队、被侵害军人及所在部队的意见，及时向部队通报案件办理进程，并结合办案开展法治宣讲，努力实现政治效果、法律效果和社会效果的统一。

（二）公开宣告送达，提高保护军人权益意识

军地检察机关联合通过公开宣告送达的方式送达《检察建议书》，邀请人大代表、政协委员、人民监督员、人民武装部门参加。不仅让被监督单位高度重视军人权益保护工作，提升服务意识，也让参会人员对军人权益保护有新的、更高的认识。军人是特殊主体，对军人个体权益的侵害，就是损害了军人的合法权益。

四、典型案例分析

此处主要围绕贵州省某某市人民检察院、中国人民解放军某某军事检察院联合保护军人权益行政公益诉讼案展开。

（一）基本案情

胡某某，男，1996 年 6 月 7 日出生，云南省玉溪市江川区人，现系武警云南总队某某支队中士。胡某某于 2015 年就读于贵州省某职业技术学院，2017 年 9 月从该校应征入伍。根据《军人抚恤优待条例》《贵州省激励大学生参军入伍的政策措施》相关规定，入伍批准地退役军人事务部门应当于 2019 年 12 月前向胡某某发放义务兵家庭优待金、大学生入伍奖励金。经胡某某及亲属和所在部队反映，由于多种原因，截至 2022 年 1 月初，胡某某仍未收到上述优待款项，其权益受到侵害。

（二）调查和督促履职

中国人民解放军某某军事检察院在开展军人地位和权益保护专项调研中发现该案件线索，2022 年 1 月 12 日，根据《贵州省人民检察院与解放军某某军事检察院协作工作实施办法》的规定，将该案件线索移送贵州省人民检察院。2022 年 1 月 13 日，根据属地管辖的相关规定经某某州人民检察

院将该案交某某市人民检察院办理，同日，某某市人民检察院立案审查。

在贵州省人民检察院、某某州人民检察院的指导下，中国人民解放军某某军事检察院、某某市人民检察院组成军地跨区域联合办案组对该案进行调查。经调查查明：胡某某因入伍时提供的银行账号有误，按期发放的优待款项被退回，其入伍后无联系方式，相关部门无法与胡某某取得联系；又因发放军人优待款项的职能由民政部门划归退役军人事务部门，而地方行政机关与军队沟通渠道不畅通，核实不到胡某某的服役地，亦无法与之取得联系，未能及时向胡某某发放义务兵家庭优待金，损害了军人的合法权益。

2022年1月14日，某某市检察院向某某市退役军人事务局公开送达了《立案决定书》，并就该案某某市退役军人事务局是否存在不作为、国家利益和社会公共利益是否受到损害等问题进行诉前磋商。某某市退役军人事务局认为胡某某的相关资金没有兑现到位的主要原因是胡某某提供的银行卡非该局指定的当地信用社银行卡，导致无法转账。按照要求办卡以后，又错过了统一打款时间需要重新审批拨款。目前正在处理当中，争取尽快兑现资金。某某市检察院指出虽然具有客观原因，但某某市退役军人事务局在开展军人优待金、入伍奖励金发放工作中，履职不到位，对军人优待工作不重视，使家庭困难的胡某某迟迟得不到相关资金，损害了军人合法权益。同时就公益诉讼的制度优势和办案理念向某某市退役军人事务局进行了释法说理。某某市退役军人事务局同时指出受信息对接不畅等因素影响，不同程度的存在相关优抚资金兑现不及时的情况。建议检察机关通过公益诉讼以点带面推动问题系统治理。

2022年1月17日，在某某市人民检察院召开胡某某军人权益保护行政公益诉讼案诉前检察建议公开宣告送达会，邀请某某市人大代表、政协委员、人民监督员、武装部参加会议，某某市人民检察院、某某军事检察院联合向某某市退役军人事务局公开宣告送达了行政公益诉讼诉前检察建议，建议：一是及时向胡某某发放义务兵家庭优待金、大学生入伍奖励金；二是完善军人优抚工作机制，填补工作漏洞，依法保障军人合法权益。次日上午，某某市退役军人事务局以银行打款方式向胡某某发放了两年义务兵家庭优待金、大学生入伍奖励金共计18000元。2022年1月19日，某某市人民检察院对胡某某进行电话回访，其称已经收到相关款项，对检察机关的高效工作表示感谢。2022 年 2 月 14 日武警云南总队某某支队向某某军事检察院、某某市人民检察院分别赠送了"维护官兵权益 助力强军伟业"的锦旗。

2022 年 1 月 24 日，某某市退役军人事务局与某某市人民武装部联合制定了《某某市义务兵家庭优待金发放联动工作机制》。随即，某某市退役军人事务局与某某市人民武装部联合对 2017 年以来入伍未领取义务兵家庭优待金、大学生入伍奖励金的情况进行全面排查，积极寻找并与入伍人员取得联系，及时向存在类似情况的罗某发放了义务兵家庭优待金 6000 元。某某市作为"省级双拥模范城"，市委市政府高度重视军人权益保护工作，克服财政困难，已准备好 2021 年度入伍人员的义务兵家庭优待金、大学生入伍奖励金 500 余万元，届时将按规定及时发放。

（三）典型意义

一是军地跨区域联合办案，加强新时代军地检察协作。该案是某某军事检察院与贵州省检察院签订《贵州省人民检察院与解放军某某军事检察院协作工作实施办法》后办理的首起军人权益公益诉讼案件，也是省、州、县三级军地跨区域联动成功办理的首例涉军公益诉讼案件。针对跨区域军人权益受损害涉及监管部门多、相关信息不畅等问题，检察机关采用军地跨区域协作上下一体联动办案的方式，快速厘清部门职责，督促相关部门依法履职，及时快速保障军人合法权益。符合最高人民检察院《关于加强新时代军地检察机关协作若干问题的意见》对涉军案件依法快速受理、快速移送、优先办理的要求。

二是建章立制，增强服务强军水平。围绕新时代强军目标，该案件以"个案"推动相关部门联合建章立制，完善军人优抚工作机制，堵塞工作漏洞，畅通地方行政机关与军队沟通渠道，提高拥军工作水平，全面保障了军人的合法权益。

三是向党委政府专案报告，全面保护军人合法权益。检察机关在办理军人权益保护公益诉讼案件时，检察长亲自办案，主动向党委政府报告，争取党委政府的支持和肯定。党委政府从政府层面推动军人权益保护工作，督促相关部门积极主动履职、完善制度、堵塞工作漏洞、畅通工作渠道，全面提升拥军、爱军、护军氛围，形成保护军人权益的合力。

五、办案中需要注意的其他问题

（一）加强军地协作，解决线索发现难的问题

破坏军事设施、危害军事行动安全、侵占军用土地、侵害军人地位和权益等问题在实践中往往为军地互涉，公益损害结果的发生和侵害公益主体往往分属军队和地方，在办案过程中，需要加强军地协作，解决线索发现难的问题。同时，应当加强线索双向移送、共同调查取证、联合制发检察建议以及整改落实等环节均密切协作形成合力，有利于维护军人地位和权益，有利于形成保护国防和军事利益的整体合力。

（二）在办案和宣传报道中做好风险评估

检察机关在办案和宣传报道中，应当对案件线索、宣传报道前进行初步评估，据此来决定是否继续后续程序。评估一般重点围绕线索的真实性、可查性、宣传报道的风险性等来展开。

首先，评估线索的真实性。主要确定侵权事实是否真实存在。一般来说，从相关行政管理机关履职、新闻媒体报道和刑事案件中发现的线索真实性和可靠性相对较强。而从当事人的举报线索和网络曝光中所反映的问题，则可能受当事人主观臆断和动机影响，其真实性和可靠性，需要办案人员运用法律知识和办案经验进行判断，需要更审慎的核实和甄别。

其次，评估线索的可查性。主要确定是否属于检察机关依法提起的军人地位和权益保障、国防和军事公益诉讼案件范围，社会公共利益是否受到损害或者有重大损害危险，是否有其他合法主体提起诉讼等。

最后，宣传报道的风险性。军人地位和权益、国防和军事利益关系国家生存和发展，对军人军队领域的公益诉讼案件进行宣传报道，是为了树立典型，弘扬社会正气，让军人成为全社会尊崇的职业，促进全社会共同关心国防、尊崇军人的浓厚氛围，促进国防和军队现代化建设。因此，宣传报道的风险评估十分重要，要充分考虑宣传报道是否会引起社会舆情、信访风险，甚至引发群体性事件的风险等。

第二节　个人信息保护领域检察公益诉讼

一、公益受损情况及纳入保护的必要性

（一）公民个人信息保护领域公益受损的情况

随着大数据的兴起和应用，公民个人信息已成为一种重要的市场资源，成为市场刚性需求。但这种需求也成为一些不法分子实施违法犯罪的对象，他们利用行业服务便利非法收集各类公民个人信息进行出售，从中牟取非法利益。由于大数据时代为了更加便捷的工作生活，民众无法拒绝向互联网提供个人信息，针对当前个人信息泄露严重的实际情况，应当更加重视对公民个人信息的保护。当前，非法收集、使用、买卖、公开他人个人信息侵权行为呈现出产业化、规模化、专业化的发展趋势，使不特定个人的信息安全处于危险之中，严重损害了社会公共利益。一般来说，侵害公民个人信息安全造成社会公共利益受损主要有以下特点：

1. 侵害对象具有不特定性。侵害公民个人信息领域违法犯罪的主要手段，表现为违法行为人在从事特定的行业过程中，利用行业服务便利，将提供服务过程中收集到的公民个人信息出售给他人获利。如移动通信营业厅、租赁中介机构、房屋销售企业等行业，在开展业务过程中能获得大量公民个人信息，部分从业人员由于法律意识淡薄，将提供服务过程中收集到的公民个人信息出售给他人获利。这些行业，与人民群众生产生活息息相关，若不加以防范，将会给不特定多数人民群众的个人信息安全造成重大隐患。

2. 涉及范围广。互联网时代，科技接近了人与人之间的距离，给我们提供了巨大的便利，使我们足不出户就能享受到各种细致入微的服务，但同时，也使得一些危害信息传播更广更及时，危害范围不断扩大。如部分违法人员注册成立空壳公司，以招聘兼职人员为幌子，通过网络发布招聘信息，要求应聘人员下载各类 APP，并使用身份证、银行卡、手机号、支付宝、微信等个人信息进行实名认证后，将注册的 APP 账户、密码、电话号码、身份证等个人信息汇总并出卖给他人获利。表面上该违法行为侵害的

是特定应聘人员个人信息，但由于该招聘信息面向的是社会公众，危害的对象是不特定的求职者，社会危害性大。

3. 成为滋生衍生犯罪的温床。2022年3月2日，最高检发布"检察机关全链条惩治电信网络诈骗犯罪"一文中指出2021年检察机关起诉电信网络诈骗犯罪4万人，公民个人信息泄露问题较为突出，行业"内鬼"值得警惕。2021年，检察机关起诉侵犯公民个人信息犯罪9800余人，同比上升64%。公民个人信息泄露成为电信网络诈骗犯罪的源头行为。犯罪分子通过非法获取的公民个人信息注册手机卡、银行卡，作为诈骗犯罪的基础工具；或利用这些信息对诈骗对象进行"画像"，实施精准诈骗。

（二）立法修订的沿革

由于侵害个人信息的违法行为取证难、耗时长，权利人都很难通过自身力量成功维权，只能自认倒霉。而这种个人维权难的现状也助长了不法分子的侥幸心理和嚣张气焰，导致侵害公民个人信息事件时有发生。因此，加大对侵害公民个人信息违法犯罪行为的打击力度实有必要。在《个人信息保护法》颁布实施以前，对公民个人信息的法律规定主要散见于《民法典》《消费者权益保护法》等多部法律法规和司法解释中。

1. 个人信息的行政保护。2003年6月28日颁布、2011年修正的《居民身份证法》第6条第3款规定，"公安机关及其人民警察对因制作、发放、查验、扣押居民身份证而知悉的公民的个人信息，应当予以保密"，这是我国首部提及"个人信息"保护的全国人大常委会立法。2010年，《统计法》和《社会保险法》相继修订和施行，均将个人信息纳入保护。2013年10月25日，第二次修订的《消费者权益保护法》第14条规定，消费者"享有个人信息依法得到保护的权利"，将个人信息保护的范围扩大至消费者权益保护领域。2021年1月1日开始施行的《民法典》，既继承了《民法总则》的立法精神，同时又做了相应的拓展和延伸。《民法典》设立专门章节，将个人信息保护和隐私权纳入其中，逐步完善了个人信息保护综合立法，规范了个人信息处理活动。2021年11月1日，《个人信息保护法》正式施行，在相关法律的基础上，进一步细化、完善个人信息保护应遵循的原则和个人信息处理规则，明确个人信息处理活动中的权利义务边界，健全个人信息保护工作体制机制。于2022年12月1日正式实施的《反电信网络诈骗法》第 25 条规定，"任何单位和个人不得为他人实施电信网络诈骗活动提供下列支持或者帮助：（一）出售、提供个人信息；……"并作出了相应的处罚规定，对公民个人信息安全和隐私保护具有重要意义。

2. 个人信息的刑事保护。2009 年 2 月 28 日审议通过的《刑法修正案（七）》规定，"国家机关或者金融、电信、交通、教育、医疗等单位的工作人员，违反国家规定，将本单位在履行职责或者提供服务过程中获得的公民个人信息，出售或者非法提供给他人，情节严重的，处三年以下有期徒刑或者拘役，并处或者单处罚金"。首次将个人信息纳入刑事法律保护范畴，也是首次将特定侵犯个人信息的行为认定为犯罪行为。2015 年 8 月 29 日审议通过的《刑法修正案（九)》规定，"违反国家有关规定，向他人出售或者提供公民个人信息，情节严重的，处三年以下有期徒刑或者拘役，并处或者单处罚金；情节特别严重的，处三年以上七年以下有期徒刑，并处罚金"。将个人信息保护义务相对人的表述从列举式调整为"违反国家有关规定"，处罚刑期也更重，进一步强化了个人信息刑事保护力度。

3. 个人信息的公益诉讼检察保护。《个人信息保护法》第 70 条规定："个人信息处理者违反本法规定处理个人信息，侵害众多个人的权益的，人民检察院、法律规定的消费者组织和由国家网信部门确定的组织可以依法向人民法院提起诉讼。"检察机关提起个人信息保护公益诉讼，加强了对侵犯个人信息行为的法律规制。自《个人信息保护法》实施以来，贵州省检察机关共办理了公民个人信息保护领域公益诉讼案件 62 件，涉及公民个人信息数万余条，且被侵害的对象均是不特定多数人，社会危害性较大。

（三）现有制度体系下个人信息保护难点

信息技术在不断发展的同时，也扩大了信息交互的规模以及频次，保护公民个人信息的形势已经越来越严峻，个人信息泄露的情况在全国范围内时有发生。在当前个人信息面临危险的大背景下，《个人信息保护法》应运而生，对个人信息保护提供了强有力的法律支撑，但仍没有形成一个完整的保护体系，且法条规定的内容较为原则性，在实践应用中还没有配套的切实有效的法律指引。

1. 法律制度体系不完善。《个人信息保护法》对个人信息的范围、收集、处理等都作了规定，但尚不完备。如第 4 条第 1 款规定，个人信息是以电子或者其他方式记录的与已识别或者可识别的自然人有关的各种信息，不包括匿名化处理后的信息。实践中，在一定范围内影响较大的事件或者个人，即使对其个人信息进行匿名化处理，也很容易被他人识别出来，若不加以保护，可能导致社会公共利益受到损害。又如第 51 条规定，个人信息处理者应当根据个人信息的处理目的、处理方式、个人信息的种类以及对个人权益的影响、可能存在的安全风险等，采取制定内部管理制度和操作规程，对个人信息实行分类管理，合理确定个人信息处理的操作权限，定期对从业人员进行安全教育和培训等方式进行处理，强调了个人信息处理者的义务，但相应的细化规定尚不完备，如怎么分类管理、操作权限如何确定、安全培训应包含什么内容等。检察机关在办案实践中发现，个人信息处理者虽然都经过了培训，但培训的内容多为业务知识，很少涉及个人信息保护等内容，另外，个人信息处理操作权限的确定比较随意，且监管不严格，个人信息随时处于被泄露的风险中。

2. 缺乏专门的监管部门。《个人信息保护法》第 60 条第 1、2 款规定，国家网信部门负责统筹协调个人信息保护工作和相关监督管理工作。国务院有关部门依照本法和有关法律、行政法规的规定，在各自职责范围内负责个人信息保护和监督管理工作。县级以上地方人民政府有关部门的个人信息保护和监督管理职责，按照国家有关规定确定。从执法司法实践来看，具体实施行政执法行为的主要集中在市、县两级，而法律只规定了国家网信部门负责统筹协调个人信息保护工作和相关监督管理工作，对省、市、县三级的行政监管只是原则性地规定了按照国家有关规定确定。实践中，个人信息的保护主要由相关行业主管部门负责，如房屋销售过程中的个人信息保护由住建部门负责，低保物资发放过程中的个人信息保护由民政部门负责，患者就医时的个人信息保护由卫健部门负责，但行政机关的主要职责和业务是行政管理和服务，个人信息保护在其工作职责中占比较小，一般不会受到重视，加上各行政机关之间信息沟通等方面的问题，个人信息保护工作仍然存在诸多问题。

二、案件办理的要点

（一）关于对个人信息的认定

2017 年 6 月 1 日起施行的最高人民法院、最高人民检察院《关于办理侵犯公民个人信息刑事案件适用法律若干问题的解释》第 1 条规定，"刑法第二百五十三条之一规定的'公民个人信息'，是指以电子或者其他方式记录的能够单独或者与其他信息结合识别特定自然人身份或者反映特定自然人活动情况的各种信息，包括姓名、身份证件号码、通信通讯联系方式、住址、账号密码、财产状况、行踪轨迹等"，这是首次对"个人信息"概念或定义予以明确。2021 年 1 月 1 日施行的《民法典》第 1034 条第 2 款规定，"个人信息是以电子或者其他方式记录的能够单独或者与其他信息结合识别特定自然人的各种信息，包括自然人的姓名、出生日期、身份证件号码、生物识别信息、住址、电话号码、电子邮箱、健康信息、行踪信息等"，正式以法律对个人信息进行定义。2021 年 11 月 1 日，《个人信息保护法》正式施行，在第 4 条第 1 款规定，"个人信息是以电子或者其他方式记录的与已识别或者可识别的自然人有关的各种信息，不包括匿名化处理后的信息"。取消了列举式的表述，范围更广。

个人信息处理行为，根据《个人信息保护法》第 4 条第 2 款规定，主要包括收集、存储、使用、加工、传输、提供、公开、删除等，而《个人信息保护法》第 10 条在此基础上，又明确规定了违法处理的七种行为，即非法收集、使用、加工、传输和非法买卖、提供、公开等。当前述七种行为危害了国家安全或者社会公共利益时，才能启动公益诉讼。在一些具体案件中，对一些处理个人信息的行为如过度收集个人信息，在通过上述具体行为模式难以判断处理行为的违法性时，检察机关亦可依据个人信息保护法规定的具有明确合理目的、正当、必要、诚实信用等原则予以界定。

（二）案件线索来源

侵害公民个人信息的违法行为，往往具有较强的隐蔽性，不易发现，甚至被侵权人自身往往也难以察觉。检察机关在办理公民个人信息保护领域公益诉讼案件时，自行发现线索的渠道有限，主要依托公安机关对刑事案件的侦查以及检察公益诉讼调查等方式发现。

1. 通过办理刑事案件发现。如检察机关公益诉讼检察部门在对刑事检察部门办理的案件进行梳理时发现，部分违法行为人利用在通信营业厅中为他人开办电话卡、维修手机等工作的便利，将提供服务过程中获取的个人信息违法提供给他人，从中获取利益，侵害了他人个人信息安全，损害了社会公共利益。因此，应注意就相关类型案件加强与公安机关、本院刑事检察部门的对接沟通，与公安机关建立衔接机制、定期开展座谈，与本院刑事检察部门加强沟通，参加检察官联席会议，通过案件讨论发现线索。定期与其他业务部门召开公益诉讼线索部门联席会议，梳理、分析及评估所承办案件中的公益诉讼案件线索。

2. 加强与行政机关对接。针对行政执法机关业务特点，结合检察工作实际，联合工信、市场监管等行政执法机关，就侵害公民个人信息案件线索发现、移送及检察机关提供法律帮助等方面建立协作机制，加强与行政执法机关协作配合。主动对接沟通，探索新方法，互派干部挂职锻炼，收集行政执法台账，认真梳理、分析，挖掘公益诉讼案件线索。

3. 检察公益诉讼调查发现。利用检察机关微博、微信公众号、抖音号等网络信息平台，探索建立公益诉讼举报 APP，加强与新媒体团队合作，运用好"益心为公"检察云平台，策划推出更符合时代要求和公众需求的公益检察宣传资料，对检察机关公益诉讼职能进行宣传，引导人民群众提供公益诉讼线索。

（三）对公益受损的判断

1. 侵害对象不特定。如某地办理的公民个人信息保护公益诉讼案件中显示，发生侵犯公民个人信息的案件多发于乡镇通信代理商，他们在提供服务过程中，能够轻松掌握不特定多数消费者的个人信息，受不法利益的驱使，将收集到的公民个人信息出售给他人，侵权对象是不特定多数人，损害了社会公共利益。侵害的对象多为农民、老人等群体，这类群体往往使用智能手机不熟练，文化程度不高，对个人权利受损状态并不知情，个人信息一旦泄露，更容易成为诈骗分子选中对象，社会危险性较大。

2. 具有损害危险。如前文所述，公民个人信息一旦泄露，极易造成衍生犯罪，公民个人信息泄露已成为电信网络诈骗犯罪的源头行为。犯罪分子通过非法获取的公民个人信息注册手机卡、银行卡，作为诈骗犯罪的基础工具；或利用这些信息对诈骗对象进行"画像"，实施精准诈骗。由于公民个人信息的特殊性，若违法行为人将收集的公民个人信息通过微信群等方式出售给他人，信息所有人就存在被侵害的危险，因此，提起公益诉讼的条件不需要造成实际损害，只需具有损害危险就达到提起公益诉讼的标准。

（四）对责任主体的认定

1. 对行政主体的认定。《个人信息保护法》仅对全国个人信息保护工作规定了由国家网信部门负责统筹协调，未对省、市、县三级主管部门进行规定。实践中，主要根据各行业相关的法律规定和行政机关"三定"方案确定责任主体。针对法律法规没有明确规定的行业，可以通过行政机关"三定"方案进行认定，但由于各地实际情况不同，可能存在不同地方对同一事项的监管部门不一致的情况，如对通信行业的监管，某地工信局"三定"方案规定为："联系电信运营企业有关工作"，而另一地工信局却明确为"监督管理"，此类差异对于实践中确定行政机关的法定职责带来很大不确定性。

2. 对侵权责任人的认定。侵犯公民个人信息的违法犯罪已经形成了完整的利益链，这些人员在非法收集、提供窃取、交易、交换等各个环节当中分工合作，利益共享，使这类犯罪进一步扩散蔓延。结合检察机关所侵犯公民个人信息案件来看，侵犯公民个人信息行为通常由组织者、实施者、收买者等人员共同构成：有专人负责收集公民个人信息，根据售卖个人信息情形用途不同，将手机号码用于注册有"拉新"返利的APP，有的将收集到的居民身份证、支付宝账号等注册淘宝店铺，且作案人员普遍在动辄上百人的微信群内交流收集到的个人信息情况，个人信息暴露情况令人堪忧。为彻底打击侵犯公民个人信息行为，应当就侵犯个人信息的利益链进行整体打击，提高违法犯罪成本，从根本上消除个人信息泄露风险。

（五）对行政机关违法或侵权事实的认定

1. 对行政违法行为的认定。根据《行政诉讼法》第25条的规定，行政违法行为主要包括违法行使职权或者不作为。一是违法行使职权，对行政机关来说，其职权的行使应当遵循"法无授权即禁止"的原则，若其超出法律授予的权限或明确违反法律规定而作出行政行为，损害了国家利益和社会公共利益，即属于违法行使职权。二是行政不作为，行政机关在其职责范围内，应当对存在的问题作出反应并取得成效，否则即属于行政不作为。如检察机关针对公民个人信息保护中存在的问题，向负有监管职责的行政机关发出检察建议后，行政机关虽然采取了一定措施，但仍然不足以保护个人信息安全，社会公共利益仍处于被侵害状态的，应当依法提起行政公益诉讼。应当注意的是，对于个人信息保护承担行政责任的主体，并不特指履行个人信息保护职责的部门，还包括《民法典》第 1039 条规定的国家机关等在履职过程中造成个人信息泄露或者其工作人员将个人信息非法提供给他人等情形。

2. 对民事侵权行为的认定。侵犯公民个人信息主要侵犯的是公民的人身权利和民主权利的行为。这类犯罪侵犯的客体，是公民的人身权利和民主权利，具体表现为公民个人信息泄露后，可能面临的是骚扰、财产等损失。个人信息一经泄露，即存在被侵害的现实危险，根据《刑法》规定，向他人出售或者提供公民个人信息达到一定数量的，即构成犯罪。因此，只要违法行为人将公民个人信息出售给他人，无论是否造成危害后果，都应当受到严厉打击。

（六）证明标准

1. 定性，即违法行为人已经将公民个人信息出售给他人，致使他人存在被侵害的危险。根据《个人信息保护法》第 69 条规定，个人信息处理者的损害赔偿责任实行过错推定责任，即事前推定其具有过错，然后采取举证责任倒置原则，由其对自己没有过错进行举证证明。

2. 定量，根据《民法典》《个人信息保护法》《消费者权益保护法》等法律法规的规定，公民个人信息被侵害的，可以要求侵害人承担停止侵害、赔礼道歉、赔偿损失的责任，其中赔偿损失的诉求，需要有计算基数，因此，在办理公民个人信息保护民事公益诉讼案件中，除了定性以外，还需要定量，即因侵犯公民个人信息造成他人的损失或者获得的利益。

（七）法律适用

检察机关针对侵害公民个人信息行为提起公益诉讼，主要依据的法律是《行政诉讼法》和《民事诉讼法》。

1. 行政公益诉讼。根据《行政诉讼法》第 25 条第 4 款的规定："人民检察院在履行职责中发现生态环境和资源保护、食品药品安全、国有财产保护、国有土地使用权出让等领域负有监督管理职责的行政机关违法行使职权或者不作为，致使国家利益或者社会公共利益受到侵害的，应当向行政机关提出检察建议，督促其依法履行职责。行政机关不依法履行职责的，人民检察院依法向人民法院提起诉讼。"检察机关办理行政公益诉讼案件的领域为生态环境和资源保护、食品药品安全、国有财产保护、国有土地使用权出让等领域，其中没有个人信息保护领域。《个人信息保护法》第70条规定："个人信息处理者违反本法规定处理个人信息，侵害众多个人的权益的，人民检察院、法律规定的消费者组织和由国家网信部门确定的组织可以依法向人民法院提起诉讼。"也是对民事公益诉讼的规定。实践中，检察机关发现行政机关在个人信息保护领域违法行使职权或者不作为，损害国家利益和社会公共利益时，一般通过《行政诉讼法》规定的"等"字，将其纳入行政公益诉讼办案领域。

2. 民事公益诉讼。《民事诉讼法》仍然没有将个人信息保护纳入民事公益诉讼办案领域，但《个人信息保护法》第70条规定，明确了检察机关提起民事公益诉讼的主体资格。

（八）诉讼请求的确定

1. 行政公益诉讼诉求。根据《公益诉讼办案规则》第83条第1款规定，人民检察院可以根据行政机关不同的违法情形，向人民法院提出确认行政行为违法或者无效、撤销或者部分撤销违法行政行为、依法履行法定职责、变更行政行为等诉讼请求。实践中，行政机关违法行为大多为行政不作为，诉讼请求为要求行政机关依法履行法定职责，若在法院审理过程中行政机关已对存在的问题全部整改到位，即变更诉讼请求为确认行政行为违法。

2. 民事公益诉讼诉求。《公益诉讼办案规则》第98条第1款规定，人民检察院可以向人民法院提出要求被告停止侵害、排除妨碍、消除危险、恢复原状、赔偿损失等诉讼请求。针对个人信息保护领域，提起的诉讼请求一般为停止收集、出售个人信息行为，对存储的个人信息依法处理，赔偿因侵害公民个人信息造成的损失，以及公开赔礼道歉。

三、贵州办案经验

贵州检察机关积极贯彻落实最高检公民信息安全保护政策，深入开展依法打击行业"内鬼"泄露公民个人信息违法犯罪工作，探索积累常态化监督办案的典型经验。聚焦重点行业、重点领域、重点群体开展监督办案，注重源头治理，充分发挥公益诉讼检察职能，依法追究违法主体的民事责任，维护社会公共利益，督促行政机关履职尽责，增强惩治预防效能，加强对内、对外沟通协调，形成和衷共济的良好局面。

（一）依法履职，严厉打击

一是对侵害公民个人信息的主体，依法提起民事公益诉讼，增加违法犯罪成本。二是对行业监管职能部门怠于履职的，依法发出检察建议，督促行政机关依法履职，保障行业监管到位。三是充分发挥刑事检察和公益诉讼检察合力，加强与刑事检察部门的协作配合，强化信息互通、资源共享、线索移送、人员协作和办案联动，推动侵犯公民个人信息犯罪源头治理。四是积极探索个人信息保护公益诉讼惩罚性赔偿，提高违法行为成本，降低个人信息泄露风险，切实保护公民个人信息。

（二）强化沟通，协同共治

一是加强内部沟通，与刑事、民事、行政、控申等业务部门形成常态化联系，参加其他业务部门召开的检察官联席会议，通过案件讨论发现线索。定期与其他业务部门召开公益诉讼线索部门联席会议，梳理、分析及评估所承办案件中的公益诉讼案件线索。二是加强外部沟通，主动与公安、工信、市场监管等部门对接沟通，就案件线索发现、移送及检察机关提供法律帮助等方面建立协作机制，收集行政执法台账，认真梳理、分析，挖掘公益诉讼案件线索，并就线索办理情况及时反馈。

（三）惩防结合，源头治理

积极探索开展预防性公益诉讼，推进溯源治理。一是诉前检察建议促进行政机关依法履职。针对行政机关监管不到位问题，通过检察建议促进行政职能部门依法整改。二是警示教育引导经营者依法合规经营。在个人信息保护公益诉讼案件庭审时，邀请经营者代表、行业主管部门等相关人员参加旁听庭审，通过以案释法引导经营者依法合规经营。三是社会治理检察建议促进源头治理。针对办案过程中发现的行业管理漏洞，向行政机关发出社会治理检察建议，促进行政机关采取措施堵漏建制，有效保护公民个人信息安全。

四、典型案例分析

2019年12月至2020年5月，被告人成某某、陶某某、李某、邹某某共谋，在某某市某某区注册成立某空壳科技有限公司，以招聘兼职人员为幌子，通过网络发布招聘信息，要求下载各类APP，使用身份证、银行卡、手机号、支付宝、微信等个人信息进行实名认证，窃取公民个人信息共计13895条，非法出售后获利人民币39664.8元。

某某区检察院在审查起诉成某某等人侵犯公民个人信息案时发现该案线索，于2020年8月27日立案并开展调查，查明成某某等人为非法窃取公民个人信息出售获利，共谋成立空壳科技公司，以招聘兼职人员为幌子，引诱他人按其提供的清单下载各类APP，使用公民个人信息进行实名认证的手段，共收集公民个人信息13895条非法出售给他人，获利人民币39664.8元，损害社会公共利益。2020年10月16日，某某区检察院向某某区人民法院提起刑事附带民事公益诉讼，诉请依法判令被告成某某、陶某某、李某、邹某某承担刑事责任，并在判决生效后30日内在省级以上主流媒体公开赔礼道歉。

2021年4月25日，某某区人民法院公开审判，以侵犯公民个人信息罪判处成某某、陶某某、李某、邹某某等人有期徒刑11个月至1年2个月不等，并分别对四被告人并处罚金人民币2万元，没收违法所得共计人民币39664.8元。但以成某某等人侵害的对象是本公司员工，是特定对象，并未威胁到不特定公民的个人隐私和财产安全，未对社会公共利益造成损害为由，驳回公益诉讼部分的诉讼请求。

某某区检察院经审查认为，成某某等人成立科技公司，目的就是假借公司招聘为名，通过网络发布招聘兼职信息，收集公民个人信息进行出卖获利，侵害的是不特定多数人的利益，一审判决部分认定事实错误，遂于2021年5月7日依法向某某市中级人民法院提出上诉。

2021年7月28日，某某市中级人民法院经审理后作出二审判决，撤销了一审关于刑事附带民事公益诉讼部分的判决，依法改判支持检察机关全部诉讼请求，判定原审被告人成某某、陶某某、李某、邹某某自本判决生效之日起30日内，在省级以上新闻媒体上公开向社会公众赔礼道歉。判决生效后，成某某等人履行了赔礼道歉的义务。

2021 年 11 月，该公司所保存在电脑、手机中的相关个人信息及相关物件，已被公安机关扣押、注销、或作查封处理。

五、办案中需要注意的其他问题

（一）加强沟通对接

实践中，法院与检察机关关于社会公共利益的认定、诉讼请求的金额、行政机关意见、专家意见的效力等有时会存在认识不一致的地方，需要加强沟通形成共识，若经过沟通仍不能达成一致被判决驳回诉讼请求的，在充分论证的基础上依法提起上诉，确保检察监督有力。如前文所述成某某等人侵犯公民个人信息刑事附带民事公益诉讼案，在一审法院判决驳回公益诉讼诉求后，检察机关依法提起上诉并成功促成二审改判，在确保检察监督刚性的同时，切实维护公民个人信息安全。

（二）加强释法说理

检察机关在办理个人信息保护公益诉讼案件中，通过从刑事案件获得线索，违法行为已承担刑事责任，没收了违法所得，检察机关再对其提起民事公益诉讼，要求承担民事赔偿责任，违法行为人大多不理解，需要检察机关耐心沟通，释明刑事处罚、行政处罚和民事赔偿的区别，引导违法行为主动履行义务，减少对抗性。

（三）强化证据收集

公民个人信息保护公益诉讼案件线索主要是从刑事案件获得，而公安机关和检察机关在查办案件时，取证侧重点不一致，公安机关主要侧重于定性，如侵犯公民个人信息犯罪案件，公安机关只需证实达到立案标准，不需要查明确切的犯罪金额。而检察机关提起民事公益诉讼，其中赔偿损失的诉求需要有确切的金额作为计算基数，因此，在办理公民个人信息保护民事公益诉讼案件中，不能仅以行政机关和公安机关调查的证据就向法院提起公益诉讼，对一些未查明的事实如涉案金额，需要自行补充收集，确保案件质量。

第三节 安全生产领域检察公益诉讼

一、公益受损情况及纳入保护的必要性

(一)制度背景：相关领域公益受损的情况

安全生产事关最广大人民群众的根本利益，事关改革发展和稳定大局。党的十八大以来，以习近平同志为核心的党中央高度重视安全生产工作，中央领导同志多次作出重要批示。当前，我国正处于经济快速发展的社会转型期，安全生产事故多发、频发，严重损害了社会公共利益。检察机关作为社会公共利益的代表，将安全生产纳入检察公益诉讼有助于破解安全生产公共利益保护困境、推动安全生产治理体系和治理能力现代化。

安全生产领域公益受损类型多样，包括但不限于：（1）道路、铁路等交通安全领域：未经批准，擅自挖掘道路、占用道路施工或者从事其他影响道路交通安全活动、"两客一危"车辆带隐患上路；铁路等设施沿线违法建筑、违法施工、私搭乱建等危及铁路等运输。（2）煤矿、非煤矿山生产安全领域：企业安全生产主体责任不落实、安全监控系统功能不完善、运行不正常、井下违规放炮、动火、瓦斯超限作业等。（3）危险化学品安全领域：危险化学品不按照规定生产、储存、使用、经营、运输、废弃；未落实安全生产主体责任、未建立健全重大危险源安全包保责任制等；乱搭乱建乱钻等危及油气顺送管道安全。（4）消防安全领域：违法占用消防通道；建设工程消防设计不符合要求；公众场所、工程建设不符合国家相关要求等。（5）特种设备安全领域：公众聚集场所的电梯、大型游乐设施、客运索道等未经检验或者检验不合格拖入使用，未进行经常性维护保养和定期检查。（6）其他安全生产领域：窨井盖破损、丢失等危及公众安全等。

(二)现实安全生产领域保护的问题

1. 法律体系较为庞杂，法律法规体系不健全。《安全生产法》是我国安全生产领域的综合性基本法，以《安全生产法》为核心，包括消防、危险化学品、民用爆炸品等行业法律法规规章，我国目前法律体系中安全生产领域

共 11 部法律、3 部司法解释、20 多部行政法规、30 多部地方性法规、100 多部部门规章以及 400 余部安全行业标准，以及数量众多的规范性文件，安全生产法律体系较为庞杂。同时，对部分存在较大安全隐患的新型事物无法律规定。比如全国范围内已发生多起新型能源（如甲醇、醇基燃料）使用、储存不当引发的安全事故，危险性较大，但部分新型能源缺乏国家标准和行业规范，尚未列入危险化学品目录，对于是否属于危险化学品没有明确规定。

2. 监管主体较为多元，部门职责权限交叉。安全生产坚持"管行业必须管安全、管业务必须管安全、管生产经营必须管安全"。根据《安全生产法》规定，安全生产行政监管部门包括综合行政监管部门和行业专项行政监管部门，涉及的行政机关主要有各级人民政府，应急管理部门，交通运输、住房和城乡建设、水利、民航等有关部门，公安机关、环境保护、卫生主管、工商行政管理、邮政管理等危险化学品安全监管部门，自然资源部门，消防救援机构，特种设备安全监管部门等。综合监管与专项监管是指导、协调和监督关系，但综合与专项监管部门之间、不同专项监管部门之间、上下级监管部门之间的职能常常难以清楚界定。部分地区因综合行政执法改革导致行政监管职责与行政处罚权分离，在具体执法监管工作中存在监督难点。

3. 安全隐患较为隐蔽，科学判断需专业支持。公益损害包括损害风险和实然损害，开展安全生产公益诉讼应从"避免安全生产事故"和"修复公益损害后果"两翼并行，安全生产法将安全生产领域纳入检察公益诉讼，尤其是预防性公益诉讼，即应更加关注安全生产公益损害的风险。然而安全生产事故隐患包括危险源、生产条件、管理体系、员工素质、行政监管等方面，基于生产经营单位的逐利性，对自身违法违规行为存在不同程度掩饰隐瞒的问题，重大安全生产公益受损的线索发现越来越难，同时安全生产领域如何评价和判断有害因素、危险因素和事故隐患类型等一般需要专业人员技术支持，一般是在安全事故发生后才能发现深层次的安全隐患、制度不足等问题，存在监督的滞后性。

（三）立法修订的沿革

党的十八大以来，以习近平同志为核心的党中央高度重视安全生产工作，中央领导同志多次作出重要批示。

2016 年中共中央、国务院《关于推进安全生产领域改革发展的意见》指出，要"研究建立安全生产民事和行政公益诉讼制度"。

2017 年修改的《民事诉讼法》第 55 条（2021 年 12 月 24 日修正后为第 58 条）第 2 款规定："人民检察院在履行职责中发现破坏生态环境和资源保护、食品药品安全领域侵害众多消费者合法权益等损害社会公共利益的行为，在没有前款规定的机关和组织或者前款规定的机关和组织不提起诉讼的情况下，可以向人民法院提起诉讼。前款规定的机关或者组织提起诉讼的，人民检察院可以支持起诉。"同年修改的《行政诉讼法》第 25 条第 4 款规定："人民检察院在履行职责中发现生态环境和资源保护、食品药品安全、国有财产保护、国有土地使用权出让等领域负有监督管理职责的行政机关违法行使职权或者不作为，致使国家利益或者社会公共利益受到侵害的，应当向行政机关提出检察建议，督促其依法履行职责。行政机关不依法履行职责的，人民检察院依法向人民法院提起诉讼。"2017 年修改的民事诉讼法、行政诉讼法正式确立了检察公益诉讼制度，在国家立法层面明确了损害社会公共利益四大法定领域及"等"外领域的办案范围。

2019 年党的十九届四中全会指出，要"拓宽公益诉讼案件范围"，为检察机关开展公益诉讼明确了发展方向。

2021 年 6 月 15 日，中共中央印发《关于加强新时代检察机关法律监督工作的意见》，明确提出"积极稳妥拓展公益诉讼案件范围，探索办理安全生产、公共卫生、妇女及残疾人权益保护、个人信息保护、文物和文化遗产保护等领域公益损害案件"。

2021 年 9 月 1 日，修改后正式实施的《安全生产法》，第 74 条增加第 2 款规定："因安全生产违法行为造成重大事故隐患或者导致重大事故，致使国家利益或者社会公共利益受到侵害的，人民检察院可以根据民事诉讼法、行政诉讼法的相关规定提起公益诉讼。"明确授权检察机关可以提起安全生产领域的民事、行政公益诉讼，为检察机关办理安全生产领域公益诉讼案件提供直接法律依据。

二、案件办理的要点

（一）如何发现案件线索

1. 强化检察内部协作。一是树立"一盘棋"思想，建立线索移送机制，与刑事、民事、行政检察高度融合，深挖安全生产领域公益诉讼线索。二是优化检察机关统一业务应用系统，重点筛查危害公共安全罪、妨害社会管理秩序罪、渎职罪等可能涉及安全生产公益受损案件，将关联案件推送给公益诉讼职能部门，实现线索资源内部大整合。

2. 用好外部工作联动机制。依托与应急管理、消防救援、住房建设和特种设备安全监督管理部门等涉及安全生产领域的行政机关签订的协作机制，逐步完善包括会商研判、专项行动、线索移送、调查取证和案情通报等内容的协作配合，形成公共安全领域的行政和检察保护合力。

3. 用好各类信息平台。一是利用"两法衔接"信息平台。"两法衔接"信息平台较为全面地反映了行政执法特别是行政处罚的全貌，检察机关可以依托此平台，主动发现涉公共安全领域的违法案件线索。二是利用新闻媒体信息平台。新闻媒体常会曝光一些社会影响力大、社会关注度高、事件涉及面广的事件，公益诉讼检察官要用法律监督和公益诉讼的视角去观察，敏锐洞察其可能涉及公共安全领域行政机关不作为、乱作为等问题，并对此作进一步的跟踪调查，挖掘行政公益诉讼的线索。三是利用数据平台。如最高检"益心为公"检察云平台，该平台志愿者通过平台即可实现公益诉讼线索提报、推送至检察机关业务应用系统的目的，极大提高了案件线索转化率和成案率；又如遵义市检察院研发的"遵检掌上拍"APP，人民群众通过微信小程序即可完成公益诉讼线索举报，极大拓宽了线索发现渠道。

（二）对公益受损的判断

根据《安全生产事故隐患排查治理暂行规定》第 3 条的规定"本规定所称安全生产事故隐患（以下简称事故隐患），是指生产经营单位违反安全生产法律、法规、规章、标准、规程和安全生产管理制度的规定，或者因其他因素在生产经营活动中存在可能导致事故发生的物的危险状态、人的不安全行为和管理上的缺陷。事故隐患分为一般事故隐患和重大事故隐患。一般事故隐患，是指危害和整改难度较小，发现后能够立即整改排除的隐患。重大事故隐患，是指危害和整改难度较大，应当全部或者局部停产停业，并经过一定时间整改治理方能排除的隐患，或者因外部因素影响致使生产经营单位自身难以排除的隐患。"对安全生产涉及的公益侵害，关注的重点不是已经发生的安全事故和实然侵害，而应是重大风险和事故隐患。与生态环境资源等领域公益损害相比，安全生产事故往往会造成复杂的公益损害后果，安全生产公益诉讼的制度价值在于防未病、治未然。

新修改的《安全生产法》第74条第2款规定"因安全生产违法行为造成重大事故隐患或者导致重大事故，致使国家利益或者社会公共利益受到侵害的，人民检察院可以根据民事诉讼法、行政诉讼法的相关规定提起公益诉讼。"该条款明确了公益诉讼介入安全生产领域的前提条件，即因安全生产违法行为"导致重大事故"或"造成重大事故隐患"，这也与最高检提出的预防性公益诉讼理念不谋而合。因此，检察机关开展安全生产领域公益诉讼着力点是对重大事故隐患进行预防。如何判定是否存在重大事故隐患，应当结合现场状况、专业意见、第三方机构评估意见等予以综合评估。

（三）主体认定

1. 对行政主体的认定。我国安全生产行政监管部门包括综合监管部门（应急管理部门）和专项监管部门（行业行政监管部门）。但综合监管部门与专项监管部门之间、不同专项监管部门之间、上级监管部门与下级监管部门之间的职能有时难以清楚界定。具体而言，安全生产领域行政公益诉讼案件涉及的行政机关主要有：属地人民政府、应急管理部门、消防救援机构、公安机关交通运输部门、建设行业主管部门、特种设备安全监督管理部门、其他负有安全生产监督管理职责的部门。

实践中，由于安全生产领域监管往往牵涉部门多，部门与部门之间的职能存在明显交叉。如何认定行政主体：一是要分清应急管理部门与各行业监管部门的履职界限。根据《安全生产法》第10条规定，我国实行综合监督管理与行业监督管理相结合的安全生产监管体制，应急管理部门对辖区内安全生产工作实行综合监督管理，交通、住建、水利等部门在职权范围对安全生产工作实行监督管理，意味着当出现某种安全生产违法行为时，行业监管部门先进行监管，只有没有行业管理部门或者该职权不由行业管理部门实施时，应急管理部门作为"兜底"部门才能督促企业履行安全生产义务。二是参照行政机关"三定"方案和权力清单、责任清单，并走访行政机关，了解具体操作情况，综合认定行政主体。

2. 对侵权责任人的认定。根据《民法典》第1165条、第1166条的规定，民事责任归责原则有三种情形：（1）过错归责原则，过错方是责任主体；（2）无过错责任原则，由法律规定的主体担责；（3）过错推定责任原则，一般由未履行特定职责或义务的人担责。在办理安全生产领域民事公益诉讼案件中，检察机关应当结合相关法律规定、侵权行为、民事责任归责原则等综合认定侵权责任人。

（四）违法行使职权和不作为、侵权行为的认定

1. 对违法行使职权和不作为的认定。对于行政机关是否依法履行职责的判断，是公益诉讼检察办案中的核心问题之一。如何认定行政机关违法行使职权或者不作为是办理安全生产领域行政公益诉讼案件的难点。根据《公益诉讼办案规则》规定，可以从行为要件、结果要件、职权要件三方面对行政机关违法行使职权和不作为综合认定：其一，行为要件方面，是否采取有效措施制止违法行为；其二，结果要件方面，国家利益和社会公共利益是否得到有效保护；其三，职权要件方面，若前两项不能实现，行政机关是否穷尽法定职能或手段，即是否全面运用法律法规、规章和规范性文件规定的行政机关手段。其中，"穷尽行政手段"是判断是否充分履职的最终标准。

2. 对侵权行为的认定。存在侵权行为是要求行为人承担侵权责任的首要前提。由于安全生产公共利益涉及众多主体，私益、公益往往交织在一起，加之安全生产行业门类众多，煤矿、非煤矿山、危险化学品、烟花爆竹等不同领域安全生产违法的具体形态千差万别，尤其是随着安全生产概念的内涵和外延不断拓展延伸，涉及安全生产公共利益的事项也越来越多。检察机关在办理安全生产民事公益诉讼案件中，应当综合行为人实施的行为是否是违法行为、是否可能造成重大安全事故、行为人实施的行为与安全事故之间是否存在因果关系认定侵权行为。

（五）证据标准

1. 行政公益诉讼的证据标准。根据《行政诉讼法》第 25 条第 4 款、《公益诉讼办案规则》第 71 条规定以及办案实践，检察机关办理安全生产领域行政公益诉讼案件中，应当提供：（1）有现场勘验、专家意见、证人证言等证据证明已发生重大事故或者存在重大事故隐患；（2）有法律法规

规章、"三定"方案、权责清单证明行政机关具有监督管理职责；（3）有证人证言等证据证明行政机关未依法履职；（4）有专家意见、第三方机构意见等证据证明行政机关不依法履行职责的行为与国家利益或者社会公共利益受到侵害存在关联性。同时，检察建议整改期满后，行政机关未整改，提起行政公益诉讼还应提供：已履行诉前检察建议、整改期已满的证据。

2. 民事公益诉讼的证据标准。在民事公益诉讼中，依照"谁主张，谁举证"的举证责任分配方式，公益诉讼起诉人在民事公益诉讼中主要对以下事项承担举证责任：违法行为人的基本情况、违法行为人实施了造成重大安全生产隐患或者重大安全事故、消除安全隐患的具体数额、违法行为与造成重大安全生产隐患或者重大安全事故之间的因果关系、违法行为人的主观过错情况、违法行为人是否存在免除或者减轻责任的相关事实。

（六）法律适用

安全生产领域法律法规数量多、涉及行业多、专业性强。《安全生产法》是我国安全生产领域的综合性基本法。我国安全生产法律体系以《安全生产法》为核心，包括消防、危险化学品、民用爆炸品等专项监管诸多行业法律法规规章，此外还包括数量众多的规范性文件、行业标准。比较常用的有《安全生产法》《矿产资源法》《煤炭法》《矿山安全法》《消防法》《建筑法》《特种设备安全法》《突发事件应对法》《建设工程消防设计审查验收管理暂行规定》《消防安全责任制实施办法》《危险化学品安全管理条例》《危险化学品登记管理办法》《危险化学品生产企业安全生产许可证实施办法》《危险化学品重大危险源监督管理暂行规定》《安全生产许可条例》《煤矿安全监察条例》《特种设备安全监察条例》《建设工程安全生产管理条例》《易制毒化学品管理条例》《安全生产违法行为行政处罚办法》《建设项目安全设施"三同时"监督管理办法》《尾矿库安全监督管理规定》《消防监督检查规定》《生产安全事故报告和调查处理条例》《使用有毒物品作业场所劳动保护条例》等。

（七）诉讼请求如何确定

1. 行政公益诉讼诉讼请求的确定。根据《行政诉讼法》第75条、第76条、第77条、第78条、《公益诉讼办案规则》第75条第3款"《检察建议书》的建议内容应当与可能提起的行政公益诉讼请求相衔接"的规定，且安全生产领域行政公益诉讼旨在突出预防性司法理念，安全生产领域行政公益诉讼的诉讼请求核心在于督促行政机关依法履职，消除安全生产隐患，一般具体包括：（1）确认行政行为违法或无效。（2）责令履行法定职责。值得注意的是对于行政机关违法行使职权的，在诉请确认违法同时一般应一并要求行政机关采取补救措施；对于行政机关不作为的，一般不能既诉请确认违法又诉请责令履行法定职责。同时，因安全生产问题牵涉面较广、整改难度较大、专业性较强，一般在该项诉讼请求中无须列明要求行政机关履行职责的期限，可由法院在裁判中确定合理期限。

2. 民事公益诉讼诉讼请求的确定。根据《民法典》第 179 条的规定，承担民事责任方式主要有停止侵害、排除妨碍、消除危险、消除影响、赔礼道歉等，鉴于安全生产领域的特殊性，检察机关在办理安全生产领域民事公益诉讼案件中，应当综合安全事故是否已产生、安全隐患能否消除等综合确定诉讼请求，主要可分为四类：（1）预防性责任，包括停止侵害、排除妨碍、消除危险；（2）恢复性责任，即恢复原状；（3）赔偿性责任，即赔偿损失；（4）消除影响责任，即赔礼道歉。以上责任可以视案件情况，单独适用或者合并适用。

三、贵州办案经验

为认真贯彻落实党的十九届四中、五中全会精神和中共中央、国务院《关于推进安全生产领域改革发展的意见》，督促落实安全生产有关法律法规，有效形成保护国家利益和社会公共利益的合力，促进解决贵州省安全生产领域的相关问题，防范化解重大安全风险，保障人民群众生命财产安全，2021年，贵州省检察院联合省住房和城乡建设厅、省交通运输厅、省应急管理厅、省市场监督管理局、省能源局、省消防救援总队，以安全生产领域严重损害公益以及人民群众反映强烈的违法问题为重点，在全省开展"安全生产守夜人"专项行动，依法履行公益诉讼检察职责和安全生产监督管理职责，为贵州经济社会发展提供良好安全环境。专项行动中，全省检察机关排查发现安全生产领域严重损害公益的线索 780 件，立案 769 件，其中民事公益诉讼 10件，行政公益诉讼 759 件；履行诉前程序 766 件，其中民事公告程序 10件，发出诉前检察建议 756 件；共提起公益诉讼 16 件，其中民事公益诉讼 5 件，行政公益诉讼 11 件，发出行业治理检察建议 32 份。

（一）沟通协调，达成公益保护共识

依法能动履职，主动加强与住房和城乡建设、交通运输、应急管理等职能部门的沟通和联系，通过上门听取意见、召开工作联席会议等方式积极沟通，厘清各部门监督管理职责、界限，促进协作配合，达成安全生产领域公益保护共识。

（二）多措并举，拓展案件线索来源

一是积极与相关行政机关健全信息共享平台，实现行政执法与公益诉讼检察的信息共享，实时互通信息，由行政机关向检察机关提供安全生产领域行政违法、处罚等信息；二是充分用好"12309""益心为公"等平台、互联网信息搜索、大数据等信息化手段、公益诉讼观察员，扩大安全生产领域公益诉讼案件线索来源。

（三）注重预防，消除安全生产隐患

聚焦重点行业重点环节，抓住防范遏制重大事故发生这个关键，助力有效消除安全风险隐患，最大限度预防安全生产事故、减少事故损失。针对因行政机关怠于履职导致安全生产中存在重大风险隐患，使国家利益或者社会公共利益处于受侵害状态的，通过办案督促行政机关依法履职，把安全隐患处理在萌芽状态。

（四）凝聚共识，确保案件办理质效

在办理重大敏感、有影响的案件及时向当地党委政府主要领导汇报，争取支持。加强与人民法院的沟通和联系，对拟提起的安全生产领域公益诉讼案件，就案件相关程序、案件管辖、证据规则、法律适用等问题形成共识，加强协作配合，确保案件办理质量与效果。

四、典型案例分析

此处主要围绕某某区人民检察院办理督促整治电梯维保乱象行政公益诉讼案展开。

（一）基本案情

某某市某某区辖区部分电梯维保单位存在挂靠维保、形式维保、虚假维保等问题，扰乱了电梯维保市场的正常经营秩序，对辖区在用电梯的正常运行造成较大安全隐患，威胁人民群众人身安全，社会公共利益受到侵害。

（二）调查与诉讼

某某市某某区人民检察院（以下简称某某区院）在履行安全生产检察监督职责中发现该线索，于 2022 年 6 月 2 日立案，经实地走访居民小区、询问物业管理人员、电梯维修人员、咨询特种设备检验检测机构专业人士等方式，查明部分电梯维保单位未按安全技术规范要求进行电梯维护保养、维保记录填写不规范或虚假填写，如负责对某某区某某路某某小区 19 部住宅电梯进行维保的贵州遵商众一电梯工程有限公司存在两位维保人员在同一时间段内对多部电梯进行维保；部分跨区域经营的电梯维保质量较低，如负责某某大道某某小区的贵州某某机电有限公司注册地在某市某区，虽然该公司在某某市某某区某庄设立办事处，但因距离较远，其负责维保的天然居小区发生电梯困人事故后，未能按照规定在 30 分钟内到达现场开展救援工作；电梯维保行业挂靠现象普遍，挂靠公司对工作人员管理松散，未按要求对员工开展日常业务培训工作，导致维保人员业务技能和专业素质参差不齐，如贵州某某电梯工程有限公司挂靠人员较多，提供的跨区域电梯维保服务质量参差不齐，工作人员规范维保意识和安全意识较差。为进一步调查辖区电梯维保行业的经营状况，2022 年 6 月 9 日，某某区院与某某市某某区市场监督管理局召开诉前磋商会，并邀请电梯维保企业、特种设备检验检测机构、"益心为公"志愿者参加，经磋商确认电梯维保行业存在经营不规范行为、行政机关对电梯维保行业存在监管漏洞、下步治理方案。2022 年 6 月 21 日，某某区院向某某市某某区市场监督管理局制发检察建议，建议其依法履行特种设备安全监督管理职责，联合相关主管部门，对辖区电梯维保单位存在的行业乱象开展专项治理，督促电梯使用、维保单位严格履行电梯安全主体责任。

收到检察建议后，某某市某某区市场监督管理局开展专项整治，下发

《关于进一步强化电梯安全工作的通知》，实现对全区 52 家电梯维保单位检查全覆盖，发现问题隐患 23 家次，下达《特种设备安全监察指令书》21 份，约谈维保单位 1 家，共淘汰区外许可维保单位 5 家，淘汰区内维保单位 2 家，消除全部安全隐患问题。

（三）案件办理中的相关问题

一是调查取证方面。电梯作为特种设备之一，其具有专业性强、使用场景多、涉及面广的特点，上述特点都增加了案件调查核实的难度。某某区院制定调查方案，明确调查内容，第一，主动借助"外脑"，咨询具有特种设备检验检测专业知识的人员，了解目前电梯维保行业存在的普遍性问题，如形式维保、虚假维保等；第二，主动与行政机关对接，调查辖区电梯维保企业概况、电梯维保单位监管情况；第三，走访辖区电梯制造和维保行业的标杆企业，调查电梯维保行业存在的经营乱象；第四，走访电梯使用单位和小区居民，调查核实电梯维保安全责任落实情况。

二是检察建议方面。第一，依法能动履职，助推诉源治理，针对查明的案件事实，做到提出的检察建议内容既治已病，又治未病；第二，确立"诉前实现保护公益目的是最佳司法状态"的目标追求，积极发挥公益诉讼职能，以诉前检察建议的方式督促行政机关自我纠错、依法履职，协同整治规范电梯维保行业乱象。

五、办案中需要注意的其他问题

（一）注重"外脑"支持

安全生产领域涉及危险化学物、消防安全、固体废物污染、矿山、道路安全等诸多专业性强的问题，检察机关要实现精准监督，就必须借助"外脑"，主要是通过检察官助理、第三方有资质机构对相关专门性问题提供意见。

（二）注重机制制度建设

安全生产无小事，一旦发生安全事故，必将造成人民群众生命财产损失。检察机关在办理安全生产领域公益诉讼案件中，应当结合执法办案，针对发现的共性问题，及时进行分析研判，向相关部门发出立法立规、建章立制检察建议，推动行业领域源头治理，从源头上杜绝重特大案件的发生。

（三）注重与各部门的协调

检察机关要与行政机关建立经常性、多样化的交流沟通机制，定期召开安全生产工作联席会，及时反馈和共同协商解决工作中存在的疑难问题，避免"单打独斗"，推动形成安全生产监管合力。且在办理安全生产领域公益诉讼案件中，要通过听证、磋商、圆桌会议等形式，争取诉前工作效果最大化。

第四节 未成年人保护领域检察公益诉讼

一、公益保护的背景及纳入保护的必要性

（一）背景

当前侵害未成年人的现象较为严重，未成年人的生长环境也面临着巨大挑战。在现实生活中经常会发生这样的情况：生产者、销售者向未成年人生产销售假冒伪劣产品、违规向未成年人销售烟酒等，严重影响未成年人身心健康；广告、影视节目中出现大量少儿不宜的内容；网络、媒体中充斥着色情、暴力内容；未成年人随意进出网吧、酒吧等娱乐场所。造成类似情况的原因在于对侵害未成年人权益的行为惩罚或者追究的力度较小，即违法成本较低。在未成年人保护的问题上就会出现"人人有责"，但无人负责的局面。

党和国家历来高度重视未成年人健康成长，习近平总书记指示"全社会都要了解少年儿童、尊重少年儿童、关心少年儿童、服务少年儿童，为少年儿童提供良好社会环境"。"孩子们成长得更好，是我们最大的心愿。"社会各界对未成年人保护高度关注，涉及未成年人的事件很容易发酵为舆论焦点。这种重视和关注表明，未成年人权益从来都不是单纯的个人利益，它关系着国家和社会的整体利益。

我国早在 20 世纪 90 年代就加入了联合国《儿童权利公约》，之后制定的《未成年人保护法》体现了公约精神，明确规定了未成年人享有生存权、发展权、受保护权、参与权等权利，国家根据未成年人身心发展特点给予特殊、优先保护，保障未成年人的合法权益不受侵犯，并从家庭、学校、政府、社会、网络、司法保护六个方面做了专章规定。法律将保护未成年人规定为国家机关、武装力量、政党、社会团体、企业事业组织、城乡基层群众性自治组织、未成年人的监护人和其他成年公民的共同责任，任何未成年人的成长都不是孤立的事件，都是国家和社会共同参与的成果，这足以表明未成年人保护的公益属性。

因此，公益性是未成年人保护本身固有的属性，将未成年人这一特殊主体整体性地当作一种公益范畴，纳入公益诉讼保护范围成为一种普遍共识。

（二）必要性分析

未成年人公益诉讼检察，是专门以未成年人为服务主体、保障对象的公益诉讼检察工作。未成年人一词，按照宪法、民法典、刑法、未成年人保护法等法律中的规定，是未满 18 周岁的公民。侵害未成年人权益的行为，以及负有监督管理职责的行政机关违法行使职权或者不作为，妨害未成年人保护的，就可以认定为"损害公共利益""造成国家和社会公共利益受到侵害"，检察机关运用公益诉讼方式，通过行使公益诉讼检察职权，依法维护未成年人合法权益的活动。故而，开展未成年人检察公益诉讼工作，既是全面综合保护未成年人的客观需要，也是检察机关推进社会治理现代化的重要途径。

开展未成年人公益诉讼检察，是实现未成年人全面综合司法保护的必然要求。未成年群体缺乏权益被侵害的自知力，群体处于维权的"集体无意识"状态，而全社会保护未成年人的共同责任所导致的责任稀释，容易造成无人问津的情形。通过检察机关履行未成年人公益诉讼检察职责，及时发现、消除侵害未成年人合法权益的问题，利用司法手段对公共利益进行全面维护，可以有效实现对未成年人的全面综合有效保护。

开展未成年人公益诉讼检察，是落实最有利于未成年人原则的必然要求。新修订的未成年人保护法中，首次明文规定"最有利于未成年人"这一"帝王原则"，最有利于未成年人，要求有关于未成年人的一切行动，均应以未成年人的最大利益为首要考虑，作出影响未成年人利益的决策时，必须考虑未成年人的最大利益。未成年人公益诉讼检察制度，正是立足于未成年人的身心、行为等特征，积极探索多元化的权益保障方式，为未成年人健康成长营造良好的社会环境，提供强有力的法治保障。

开展未成年人公益诉讼检察，是监督落实国家亲权的必然要求。国家亲权理念，是指国家是未成年人的最终监护人，在父母不能、不宜担任监护人的时候，国家有权、有责任进行监护干预，未成年人公益诉讼检察制度蕴含了国家亲权的内在逻辑。在未成年人保护工作中，对相关行政部门的乱作为、不作为，对于侵害未成年人合法权益的行为，检察机关在调查核实的基础上，履行诉前检察建议、公告等诉前程序后，可以提起公益诉讼促进实现未成年人保护的国家责任，担当起最终的监护责任。

开展未成年人公益诉讼检察，是完善法律监督体制的必然要求。在未成年人保护方面，检察机关有着深厚的工作基础和丰富的实践经验，形成一系列符合未成年人身心特点的办案机制，具有业务较强的专业化检察队伍。因此，检察机关办理未成年人公益诉讼案件，更能发挥检察机关的法律监督作用，不断推动未成年人司法保护的专业化水平，切实保护未成年人的合法权益。[①]

（三）立法修订的沿革

2017 年最高人民检察院《关于依法惩治侵害幼儿园儿童犯罪全面维护儿童权益的通知》（高检发未检字〔2017〕5 号）提出："对于因幼儿园食品安全、教育设施质量等问题，需维护儿童群体利益的，要依照法律规定提起公益诉讼。"这是最早规定未成年人保护公益诉讼的文件。

2017 年 12 月，最高人民检察院出台《关于开展未成年人刑事执行检察、民事行政检察业务统一集中办理试点工作的通知》（高检发未检字〔2017〕6 号）中只提出"发现食品药品安全、产品质量等领域侵害众多未成年人合法权益的，可以依法提出检察建议，探索开展支持起诉等工作"，并没有用"公益诉讼"一词。最高人民检察院 2018 年在北京、辽宁等 13

---

① 最高人民检察院组织编写：《未成年人检察业务》，中国检察出版社 2022 年版。

个省份（后来又增加 8 个省份，贵州是第一批）部署开展统一集中办理试点工作，公益诉讼成为其中一项重要内容。从集中办理试点的办案实践情况来看，检察机关聚焦未成年人食品药品安全、环境保护领域，依法发出公益诉讼诉前检察建议，各试点检察机关积极稳妥开展公益诉讼"等"外领域探索，围绕群众密切关注、严重损害未成年人权益的校车安全、景区票价、向未成年人售烟等问题，制发诉前检察建议，得到多方认可。

2020 年 4 月最高人民检察院《关于加强新时代未成年人检察工作的意见》（高检发办字〔2020〕31 号）（以下简称《意见》）明确规定："对食品药品安全、产品质量、烟酒销售、文化宣传、网络信息传播以及其他领域侵害众多未成年人合法权益的，结合实际需要，积极、稳妥开展公益诉讼工作。"《意见》的出台，明确了未成年人检察公益诉讼的领域范围，以及开展此项工作的基本原则，也平息了未成年人检察部门能否开展公益诉讼工作的争议。

2020 年 12 月，最高人民检察院印发《关于加快推进未成年人检察业务统一集中办理工作的通知》，要求积极、稳妥开展未成年人公益诉讼检察工作，并于 2021 年起未成年人公益诉讼工作由未检部门独立开展。

2021 年 6 月，新修订的《未成年人保护法》正式施行，第 106 条增设公益诉讼条款，明确规定："未成年人合法权益受到侵犯，相关组织和个人未代为提起诉讼的，人民检察院可以督促、支持其提起诉讼；涉及公共利益的，人民检察院有权提起公益诉讼。"这一制度设计，为司法办案明确了法律依据，赋予检察机关在未成年人保护领域开展公益诉讼的职责，使未成年人保护公益诉讼正式成为检察机关的法定职责。[①]

二、案件办理的要点

（一）未成年人"公共利益"的判断标准

虽然未成年人作为一个整体，可以被视为公共利益，但只要涉及未成年人为主体的案件，就以公共利益的名义介入并不妥当。在未成年人保护

---

① 张宁宇、田东平：《未成年人检察公益诉讼的特点及案件范围》，载《中国检察官》2020 年第 6 期。

领域，公益诉讼的保护目标不是抽象的，而应聚焦需要相对具体的不特定多数的未成年人利益，只有发散性地归属未成年人不特定成员权益形成的一致性侵害才属于未成年人保护公益诉讼的保护范围。因此，对于未成年人这一"公共利益"，必须要把握好未成年人群体的不特定性与开放性，针对维护未成年人个体的甚至人数较多但特定的情形，不宜界定为未成年人公益诉讼检察保护的案件范围。

（二）未成年人公益诉讼监督重点

未成年人保护法没有限制未成年人检察公益诉讼的具体范围，根据当前未成年人保护的现状和检察公益诉讼的实际，以下为与未成年人保护最为密切的领域。

1. 危害不特定未成年人的食品、药品安全。食品、药品与人的基本生存需要密切相关，特别是处于生长发育关键阶段的未成年人，一旦被不安全的食品、药品侵害，会造成不可逆的伤害。除法律列举的食品、药品领域之外，相关组织或个人生产、销售或向未成年人提供不符合行业标准或安全标准的儿童玩具、文具、护肤品、电子产品等产品或服务，直接关系到未成年人的身心健康，理应是未成年人检察公益诉讼关注的重要范围。

2. 危害未成年人主要活动空间场所安全。（1）校园安全，重点针对校园的选址、校舍建筑、教育使用危险化学物品存放、学校周边生态环境和资源保护等隐患；（2）校园周边交通安全，重点针对交通设施缺失、占道经营等问题；（3）校园周边居住房屋安全，重点针对私自搭建简易板房、私拉电线、煤气罐燃气管随意摆放等；（4）校外培训机构场所安全，重点针对校外机构的场所设置是否符合行业标准，消防、环保、卫生、人员是否符合规定要求，证照是否齐全，收费是否标准，教材是否规范等；（5）校车安全，重点针对校车质量隐患、校车超载、司机不合格等问题；（6）其他未成年人经常活动的场所安全。

3. 危害未成年人身心健康的商业活动。（1）违反法律禁止性规定，如违反烟草管理条例、酒类商品销售管理办法中禁止向未成年人出售烟酒的规定，违反网吧管理条例中网吧不得接纳未成年人的规定，违反出版物市场管理规定中不得向未成年人出售含有不良信息的图书等；（2）不落实法律规定的注意义务，如旅馆在接纳未成年人住宿时不实名登记，或者收留夜不归宿的未成年人，没有征得监护人同意或者履行报告义务；（3）禁止经营的区域内开展经营活动，如违反规定在校园周边特定范围内开设营业性歌舞娱乐场所、电子游戏场所、网吧、香烟专卖等；（4）其他损害未成年人身心健康的行为，如向未成年人提供文身服务等。

4. 落实未成年人社会福利保障政策不到位的情形。如学校是否依法保障未成年人的受教育权，是否免除义务教育学杂费，是否落实对困难学生的优抚政策等；图书馆、青少年宫、博物馆、科技馆、动植物园等场所，有无按照规定对未成年人免费或优惠开放等；非法招募童工；等等。

5. 危害不特定多数未成年人的网络权益。随着时代发展，网络已为未成年人学习知识、交流思想、休闲娱乐的重要平台。但与此同时，未成年人也较容易受到网络淫秽、色情、暴力、恐怖、引诱自杀等不良信息的侵扰，危害身心健康。根据修订后的未成年人保护法，网络产品和服务提供者有义务采取有效措施避免未成年人接触不良信息或产品；以未成年人为对象的在线教育网络产品和服务，不得插入网络游戏链接，不得推送广告等与教学无关的信息，反之则可能侵害未成年人的公共利益。

6. 其他权益侵害类。其他侵害或可能侵害众多未成年人合法权益的情况，包括新闻媒体的采访报道侵害未成年人的名誉、隐私和其他合法权益；相关组织或个人非法获取、买卖未成年人的个人信息等。检察机关应予重点关注并积极探索扩大公益诉讼范围。

（三）如何发现案件线索

对于未成年人公益诉讼案件线索，应当具备以下三种意识，才能及时发现问题，办成案件。一是权利意识，公益诉讼是发现侵害权利、违反规则的行为，因此首先要知晓相关权利与规则，如果连权利与规则都不能熟悉掌握，对于未成年人权益遭受侵害的问题，也会无动于衷；二是侦查意识，办理未成年人公益诉讼案件与刑事侦查活动模式相近，是一个从无到有的过程，因此要具备敏锐发现问题的侦查意识；三是证据意识，案件能否成功办理，在于证据是否搜集到位，是否形成证据锁链，因此对于发现案件线索后，要及时固定证据，并以证据锁链、证据标准的要求，去搜集、固定证据。

案件线索发现主要来源四个方面：一是检察机关在办案中发现案件线

索。在办案过程中发现问题和线索，既是特点，也是优点，要求未成年人检察工作更应当坚持求极致的工作态度。二是履职中主动挖掘案件线索。自行发现线索有传统模式与信息化模式两种。传统模式指的是检察机关借鉴职务犯罪侦查经验，在开展法治巡讲、开展专项监督、参与社会治理、关注社会热点事件等过程中，发现侵害未成年人合法权益的线索，继而搜集证据、固定事实、展开监督。三是人民群众举报、控告、申诉、信访等。对于该种方法，有被动主动模式。被动模式指的是被动地接受群众来信来访、反映问题，通过内部流转进行研判，并发现问题。主动模式，是主动向社会公开检察机关参与未成年人权益保护监督的路径，积极地向公众获取线索。四是有关社会组织和团体提请检察机关进行监督的线索。

（四）办理未成年人行政公益诉讼的难点

未成年人行政公益诉讼案件属于行政诉讼的范畴，应符合行政诉讼的相关法律规定，它虽然是一种拓展和探索，但应当在法律的规范下，稳妥慎重地办理，只有在立案上守好"入口关"，才能确保后面的诉前建议、提起行政诉讼不出问题。

1. 履职主体的适格性。公益诉讼必须针对具体的行政机关提出，这是前提条件。由于行政机关职责繁杂，职能互有交叉，找准适格的主体，明确负有监管职责的行政机关是第一步。按照"专管优先"的原则确定怠于履职的行政机关，对于行政机关互有职能交叉的情形，一定要明确谁是专管部门。按照"一事不二立"的原则确定唯一的主体，公益诉讼立案尽量仅针对一个行政机关，这样更有利于减少矛盾，推动工作。按照"抓小放大"的原则明确能"管事"的主体，行政机关管理职责越明确，管理事宜越具体越适合认定为公益诉讼的主体，也更有利于后期的整改落实。

2. 履职行为的法定性。未成年人行政公益诉讼属于对行政机关法律监督的范畴，与一般推动社会治理的检察监督不一样，应当按照行政公益诉讼案件的标准来办理，因此，行政主体是否应履职，应当有法定性。这种法定性包括两方面的含义：一方面，行政机关应当监管的事项具有违法性。认定行政机关怠于履职，前提是未查禁的事项属于法律法规的明确禁止性规定；另一方面，行政机关的查禁职责有明确授权。根据行政诉讼法的相关规定，负有监管职责的行政机关违法行使职权或者不作为，才能启动行政公益诉讼。行政机关监管职责的法定性是公益诉讼的前提条件。这个法定性可以是法律法规明确规定的，也可以是有职权的机关如地方政府授权。因未明确而不作为不能认定为怠于履职。

3. 违法行为的普遍性。要区分违法行为是侵害极少数个体的利益还是侵害众多未成年人利益，是个别现象还是普遍现象。只有违法行为有一定的普遍性，才能认定为侵害或可能侵害众多未成年人合法权益，从而进行立案监督。当然这个普遍性是结合证据综合判断得出可能存在的结论，而非要充分证明这种普遍性已经存在。

4. 危害后果的严重性。公益诉讼案件是否立案，关键看社会公共利益受损是否达到较为严重的程度。

5. 公共利益受损的关联性。公共利益受损关联性是指违法行为与侵害众多未成年人利益结果之间的紧密性达到一定程度。如果关联性不紧密，就不宜以行政公益诉讼案件立案监督。

对未成年人的保护是无止境的，但未成年人检察公益诉讼是有限度的。未成年人检察公益诉讼是检察机关加强对未成年人保护的一项新举措，也是一项法定监督职能。它应当体现权威性、规范性、示范推动性，通过典型案件的办理助推国家治理能力现代化建设，推进未成年人国家法律保护全面落实落地。①

（五）办理未成年人民事公益诉讼的难点

民事公益诉讼是对加害人以提起民事公益诉讼的方式请求法院判令加害人承担民事法律责任，即要求其承担赔偿损失、恢复原状等责任。开展未成年人民事公益诉讼检察工作，要抓住公益这一关键词，保护的是社会公共利益，代表的是不特定主体，主张的并非是特定人的财产损失。主要包括：

1. 民事公益诉讼。未成年人民事公益诉讼案件一般集中在：一是破坏生态环境和资源保护、食品药品安全领域、产品质量领域、儿童游乐场所设施等侵害众多未成年人合法权益并损害社会公共利益的行为；二是侵害未成年人英雄烈士的姓名、肖像、名誉、荣誉的行为，未成年人英雄烈士

---

① 陈萍：《未成年人行政公益诉讼初探》，载《中国检察官》2020年第12期。

没有近亲属或者近亲属不提起诉讼的，检察机关依法对侵害英雄烈士的姓名、肖像、名誉、荣誉，损害社会公共利益的行为提起民事公益诉讼；三是涉及众多未成年人利益的文化宣传、网络信息传播、娱乐游戏等的网络保护领域。未成年人民事公共利益的保护，往往需要让侵权者承担相应的民事责任，也需要相关职能部门的履职，因此未成年人民事公益诉讼与未成年人行政公益诉讼案件可以同时进行。未成年人民事公益诉讼中，如果需要侵权者承担经济赔偿、惩罚性赔偿，需要从最有利于未成年人的角度，保管、使用好赔偿款。如果是未成年人实施违法行为需要承担公共利益赔偿责任的，应当根据《民法典》规定，将其监护人一并作为被告，由监护人承担恢复原状、经济赔偿等，共同承担赔礼道歉等后果。对于承担的民事责任程度，不应参照刑法中关于刑事责任能力的规定，不减轻、减免应当承担的民事责任。

2. 刑事附带民事公益诉讼。检察院在对破坏生态环境和资源保护、食品药品安全领域侵害众多消费者合法权益等损害社会公共利益的犯罪行为提起刑事公诉时，向人民法院一并提起附带民事公益诉讼。刑事附带的民事公益诉讼，则是对犯罪事实侵害民事公益行为的民事责任的追究，也同样属于私法上的请求权。因而刑事附带民事公益诉讼，在属性上归属于刑事附带民事诉讼，本质上都属于司法机关在刑事诉讼过程中，在追究被告人刑事责任的同时，由于被告人的犯罪行为引起公益利益的损害，附带要求追究民事责任的诉讼。刑事附带民事公益诉讼案件，也需履行诉前公告程序，还要注重各个环节的隐私保护。当前未成年人刑事附带民事公益诉讼的范围集中于食品药品安全领域与个人信息网络保护领域。对于侵权人的民事赔偿责任，检察机关提起刑事附带民事公益诉讼主张的损失含义更广，因为公共利益损失并非简单的财产损失，尤其是在一些案件中的财产损失是不可预估、具有滞后性的。需要注意的是，食品安全法规定了惩罚性赔偿。惩罚性赔偿请求权作为一种私权，需要优先得到保障，因此在刑事附带民事公益诉讼中，分别判处惩罚性赔偿与罚金后，先执行惩罚性赔偿责任，如果惩罚性赔偿金额高于罚金数额，罚金刑在惩罚性赔偿中得以全部抵扣，不再执行；如果惩罚性赔偿金额低于罚金数额，先执行惩罚性赔偿金额，然后执行扣除惩罚性赔偿数额后的罚金刑。

三、贵州办案经验

贵州检察机关围绕落实新修订的《未成年人保护法》要求，加大办案力度，通过刑事案件办理、法治进校园等方式发现公益诉讼线索，稳妥拓展未成年人公益诉讼案件范围，办理校园食品及周边交通安全、无证幼儿园运营、未成年人文身治理、娱乐场所违规接纳未成年人等公益诉讼案件736件，发出诉前检察建议611件，提起公益诉讼10件，推动行政机关开展专项治理行动，取得良好效果。沿河县检察院办理的针对校园周边食品安全问题，督促相关部门履行监管职责一案，入选最高检第三十五批指导性案例。

四、典型案例分析

贵州省沿河土家族自治县人民检察院
督促履行食品安全监管职责行政公益诉讼案

（检例第 144 号）

【关键词】

行政公益诉讼　校园周边食品安全　线索发现　跟进监督　提起诉讼

【要旨】

检察机关在履职中可以通过多种渠道发现未成年人保护公益诉讼案件线索。消除校园周边食品安全隐患，规范校园周边秩序，是未成年人保护公益诉讼检察的重点领域。对于易发多发易反弹的未成年人保护顽疾问题，检察机关应当在诉前检察建议发出后持续跟进监督，对于行政机关未能依法全面、充分履职的，应依法提起诉讼，将公益保护落到实处。

【基本案情】

2018年秋季学期开学后，贵州省铜仁市沿河土家族自治县（以下简称沿河县）民族小学等7所中小学周边存在流动食品经营者占道制售肠粉、炒粉、油炸土豆、奶茶等食品，供周边中小学生食用的问题。流动食品经营者在未依法办理食品经营相关手续的情况下，以车辆为餐饮作业工具，未配备食品经营卫生设施，未按规定公示健康证明，未穿戴清洁的工作衣帽，所售卖食品存在安全隐患，影响中小学生身体健康，同时占道经营行为严重影响交通安全和社会管理秩序。

【检察机关履职过程】

（一）调查核实和督促履职

2018年9月，检察机关接到人大代表和家长师生反映，沿河县民族小学等学校周边存在流动食品经营者以车辆为餐饮作业工具，违法向未成年学生售卖食品的现象，影响未成年人食品安全、交通安全和校园周边秩序。获取该线索后，沿河县人民检察院经调查认为：流动食品经营者未经办理经营许可或备案登记等相关手续即以车辆为餐饮作业工具进行食品经营活动，存在食品卫生安全隐患，危害未成年人身体健康，对校园周边交通安全和社会秩序造成影响。沿河县市场监管局怠于履行食品安全监督管理职责，导致食品经营者在中小学校园周边占道经营、制售食品的行为形成多发乱象，侵犯了未成年人合法权益，遂决定作为行政公益诉讼案件予以立案。

9月13日，沿河县人民检察院依法向沿河县市场监管局发出行政公益诉讼诉前检察建议，建议其依法履行职责，依法调查处理城区学校周边的流动食品经营者违法经营行为。11月12日，沿河县市场监管局书面回复称，已取缔了所有学校周边以车辆为餐饮作业工具的食品经营活动，对校园周边环境联合开展了专项执法检查。沿河县人民检察院对诉前检察建议落实情况进行跟踪监督，发现沿河县市场监管局在检察机关发出检察建议后，虽采取了取缔、劝离等措施，但食品经营者以流动作业方式在校园周边向未成年学生制售食品的问题仍时常反弹，未能得到有效遏制，社会公共利益持续处于受侵犯状态。

（二）诉讼过程

2019年8月8日，沿河县人民检察院根据贵州省高级人民法院关于行政案件集中管辖的规定，向贵州省铜仁市思南县人民法院提起行政公益诉讼，请求确认被告沿河县市场监管局对城区校园周边无证食品经营者的违法经营行为怠于履行监督管理职责违法，判决沿河县市场监管局对城区校园周边无证食品经营者的违法经营行为依法履行职责。

12月27日，思南县人民法院公开开庭审理本案。沿河县市场监管局辩称，其不具有划定临时区域和固定时段供食品摊贩经营的职责，无直接管理流动食品摊贩的职权。沿河县人民检察院答辩指出，食品摊贩是食品经营者的类型之一。对食品安全的保护是未成年人保护的重要内容，不应因食品经营者无固定经营场所而放松对食品安全的监管。根据《中华人民共和国食品安全法》《贵州省食品安全条例》及市场监管局"三定"方案等规定，市场监管局承担食品生产经营监督管理职责，负有食品安全监督管理，组织实施食品生产经营许可管理，指导食品生产小作坊、小餐饮登记管理和食品小摊贩备案管理的职责，对违法情形应当由其责令改正、给予警告、处以罚款及没收违法所得等。2020 年 8 月 1 日，思南县人民法院作出判决，支持沿河县人民检察院全部诉讼请求。沿河县市场监管局未提出上诉。

判决生效后，沿河县人民检察院持续监督判决的执行，并促成沿河县人民政府牵头制定《沿河土家族自治县城区校园周边食品安全综合治理实施方案》，组织沿河县市场监管局、城市管理局、公安局、教育局、街道办事处开展城区校园周边食品安全综合治理专项行动，加强法治宣传，划定经营区域，引导流动食品经营者进行备案登记、规范经营。该县中小学校园周边流动食品经营者的经营和生活得到保障，校园周边环境秩序和交通安全得到有效治理。

【指导意义】

（一）全面正确理解"履职中发现"的含义，多渠道拓展案件线索来源。未成年人保护公益诉讼案件线索，既可以在办理其他涉未成年人案件中发现，也可以通过人大代表、政协委员转交、新闻媒体反映以及法治副校长送法进校园、开展未成年人保护主题检察开放日活动、参加未成年人保护联席会议等渠道发现。要立足法律监督职能，注意拓展未成年人保护案件线索发现渠道，通过依法履职，切实维护未成年人合法权益。

（二）校园周边食品安全涉及未成年人合法权益，是未成年人保护检察公益诉讼的工作重点。食品安全事关未成年人身心健康。消除校园周边食品安全隐患，维护校园周边秩序和交通安全，是未成年人保护检察公益诉讼的工作重点。负有监管职责的行政机关不依法充分履职，致社会公共利益持续处于被侵犯状态的，检察机关应当认真分析研究行政机关监管职责，合理确定监督对象，以促使全面履职、有效整改。

（三）检察机关履行公益诉讼职责，应当持续跟进监督，推动问题整改落实到位。对于校园周边食品安全等易发多发易反弹的未成年人保护顽疾问题，检察机关发出公益诉讼诉前检察建议后，要持续跟进落实。行政机关根据诉前检察建议采取了监督管理措施，但未成年人合法权益受侵犯状态尚未得到有效遏制或隐患尚未消除的，要结合行政机关的职责范围、履职条件、履职方式、履职效果等进行综合分析，行政机关未依照法律规定全面、充分履职的，检察机关应当依法提起诉讼。

【相关规定】

《中华人民共和国未成年人保护法》（2020 年修订）第一百零六条

《中华人民共和国食品安全法》（2018 年修订）第二条、第三十三条、第三十五条、第三十六条、第一百二十二条、第一百二十六条

《中华人民共和国行政诉讼法》（2017 年修订）第二十五条

《最高人民法院、最高人民检察院关于检察公益诉讼案件适用法律若干问题的解释》（法释〔2018〕6 号）第二十一条（现为 2020 年修订后的第二十一条）

五、办案中需要注意的其他问题

在探索支持性侵害犯罪未成年被害人及其法定代理人提起精神损害赔偿诉讼案件中，需注意三个方面：

第一，不宜直接督促、替代未成年被害人及其法定代理人启动提起精神损害赔偿诉讼程序。

第二，不宜以开展专项活动的方式办理性侵害未成年人犯罪精神损害赔偿支持起诉案件。

第三，不宜以追究宾馆、酒店等住宿场所未履行强制报告义务责任的名义支持对住宿场所经营者提起精神损害赔偿诉讼。对宾馆、酒店未履行强制报告义务的，应当注重诉源治理，加强以案释法，开展典型案例教育，通报案件情况，推动行政机关严格执法。

第八章 新领域检察公益诉讼

第一节 概　　述

一、拓展公益诉讼案件范围的必要性

党的十九届四中全会通过的《中共中央关于坚持和完善中国特色社会主义制度推进国家治理体系和治理能力现代化若干重大问题的决定》明确强调要"拓展公益诉讼案件范围"，为检察机关拓展公益诉讼案件范围提供了坚实的制度依据，成为检察机关拓展公益诉讼新领域的根本遵循。可以从以下两个方面来理解拓展检察公益诉讼案件范围的必要性。

第一，拓展公益诉讼案件范围是推进国家治理体系和治理能力现代化的需要。习近平总书记在向党的十八届四中全会作说明时指出探索建立检察机关提起公益诉讼制度，"目的就是要使检察机关对在执法办案中发现的行政机关及其工作人员的违法行为及时提出建议并督促其纠正"。可以这么说，设计检察公益诉讼制度就是为了弥补行政违法侵害公共利益缺失司法监管的治理漏洞，有效地发挥司法在监督行政、维护公益方面的治理效能。从这个意义上讲，拓展公益诉讼案件范围势必能够更加充分地发挥公益诉讼检察制度效用，更好地维护公共利益，促进国家治理现代化。

第二，拓展公益诉讼案件范围是为了更好地保护人民利益的需要，是对人民群众呼声的积极回应。近年来，公共卫生老年人权益保护、网络治理、保健品欺诈、知识产权、红色文化资源保护等领域侵害国家利益和社会公共利益的问题屡见不鲜，且随着社会的发展，这些现象还将不断升级，将公益诉讼受案范围限定在《行政诉讼法》《民事诉讼法》明确的法定领域，显然不能达到全面维护国家利益和社会公共利益的目的。因此，检察机关可以在更大的范围、更多的案件中发挥检察公益诉讼作用，依法扩大

公益诉讼案件范围，以便更好地维护国家利益和社会公共利益，提升人民群众获得感、幸福感、安全感。

二、新领域案件的涵义

对"新领域案件"的概念和范围界定，直接关系到新领域检察公益诉讼的受案范围。我国现行《行政诉讼法》《民事诉讼法》没有直接对新领域案件进行明确界定，但是根据《行政诉讼法》《民事诉讼法》对检察行政或民事公益诉讼有关规定可以推导出来。

《行政诉讼法》第 25 条第 4 款规定："人民检察院在履行职责中发现生态环境和资源保护、食品药品安全、国有财产保护、国有土地使用权出让等领域负有监督管理职责的行政机关违法行使职权或者不作为……"《民事诉讼法》第 58 条第 2 款规定："人民检察院在履行职责中发现破坏生态环境和资源保护、食品药品安全领域侵害众多消费者合法权益等损害社会公共利益的行为……"该两个条款分别在明确检察机关提起行政公益诉讼、民事公益诉讼法定领域时，在后面用了一个"等"字。在《现代汉语词典》中，"等"字用作助词时用在列举后有两种释义，一种表示列举未尽，此即"等外等"；另一种表示列举后煞尾，此即"等内等"。将"等"字规定为"等内等"，在法律中有体现，例如《刑法》第 309 条关于扰乱法庭秩序罪的规定中，立法机关将扰乱法庭秩序的行为严格限定为已列举的情况，司法适用时不能任意扩大。在《行政诉讼法》第 25 条第 4 款和《民事诉讼法》第 58 条第 2 款规定中的"等"到底该采用"等内等"还是"等外等"的解释呢？从立法技术来看，按照《民事诉讼法》《行政诉讼法》规定，检察机关履行公益诉讼职责的范围是生态环境和资源保护、食品药品安全、国有财产保护、国有土地使用权出让四个领域。《行政诉讼法》第 25 条第 4 款和《民事诉讼法》第 58 条第 2 款规定中的"等"，应理解成为"除这些法律明确规定的领域之外，其他需要同等保护公共利益的领域"即为"新领域"。因此，"等"在这里应作"等外"解释，从而为拓展公益诉讼范围预留立法空间。党的十九届四中全会通过的《中共中央关于坚持和完善中国特色社会主义制度推进国家治理体系和治理能力现代化若干重大问题的决定》明确要"拓展公益诉讼案件范围"，充分印证了上述立法原意。

近年来，为顺应人民群众对公益保护的新需求，公益诉讼案件范围不断地拓展，截至目前，《英雄烈士保护法》《未成年人保护法》《军人地位和权益保障法》《安全生产法》《个人信息保护法》《反垄断法》《反电信网络诈骗法》《农产品质量安全法》《妇女权益保障法》《无障碍环境建设法》等 10 部法律先后制定、修改，以特别授权的方式赋予检察机关提起英雄烈士权益保护、未成年人保护、军人地位和权益保护、安全生产、个人信息保护、反垄断、反电信网络诈骗、农产品质量安全、妇女权益保障领域公益诉讼的重要职能，因此，上述 10 个新增领域已经属于法定领域。我们把法律明确规定的"4 + 10"领域，即生态环境和资源保护、食品药品安全、国有财产保护、国有土地使用权出让领域，以及英雄烈士权益保护、未成年人保护、军人地位和权益保障、安全生产、个人信息保护、反垄断、反电信网络诈骗、农产品质量安全、妇女权益保障、无障碍环境建设以外的其他领域公益诉讼案件称为新领域案件。

三、新领域案件主要范围和认定

（一）新领域案件的主要范围

近年来，全国各地检察机关围绕人民群众新需要，对公益受损严重、人民群众反映强烈的新领域开展了积极探索，取得了一些成绩。与此同时，最高检提出要积极、稳妥办理新领域案件，并明确指出了拓展公益诉讼案件范围的方向，结合各地司法实践以及地方人大常委会通过的专项决议中明确支持探索的领域看，目前公益诉讼新领域案件主要在网络治理、金融证券、知识产权、文物和文化遗产保护，消费者权益（产品质量、霸王条款、产品召回、虚假广告），扶贫，老年人、儿童权益保障等领域。

（二）新领域案件的认定

在具体公益诉讼案件办理时，通常需要将案件归属对应领域。判断一个案件是否属于新领域案件，只需要判断其是否属于法律明确规定的公益诉讼领域即可，如果不是，则该案件属于新领域案件。

司法实践中，经常会遇到一个案件的违法行为侵害多个领域公共利益的情形，此时判断是否属于新领域案件，应分情况进行区别对待。第一种情况是侵害的多个领域公益包含法律明确规定领域，则通常按法律明确领域案件进行认定，需要注意此时监督对象是对法律明确领域负有监督管理职能的行政机关。如某县检察院办理的虚假医药广告整治公益诉讼案，县电视台持续播放"鼻清堂""腰息痛胶囊"等药品广告，夸大疗效，误导消费者。该案中同时侵害两类公共利益，一是电视台播放虚假广告，误导广大电视观众，这属于文化部门的监督管理范围，属新领域；二是药品质量存在问题，侵害人民群众的生命财产安全，属食品药品安全领域。又如某区检察院办理的李某夫妻俩网售不符合食品安全标准的"减肥产品"侵害消费者权益案，该案同时侵害两个领域的公共利益，一是通过网络销售不符合食品安全标准的"减肥产品"，属互联网侵害公益，可归为新领域案件；二是"减肥产品"质量存在问题，属食品药品安全领域。但在办理该类案件时，我们通常将其归入食品药品安全领域，将案件归入法律明确领域，更有利于后续各项工作的顺利开展。第二种情况是侵害的多个公益均未涉及上述法律明确领域时，则属于新领域案件，至于归属哪个具体领域，通常以受损的主要公益和维护公共利益的紧迫性等情况来进行认定。

四、新领域的实践探索

（一）新领域司法实践

公益诉讼作为一项新的制度，需要在丰富的实践中积累经验、解决问题。"检察机关提起公益诉讼"自2017年6月正式入法以来，全国检察机关在着力办好法律明确授权领域的基础上，努力尝试办理受损公益严重以及人民群众反映强烈的新领域案件。对涉及安全生产、互联网侵害公益、妇女儿童权益保护、文物和文化遗产保护、个人信息保护、扶贫以及国防等领域公益损害问题，积极以对党和人民高度负责的态度慎重履职、担当作为。

在公共安全领域（新《安全生产法》实施前），河南省检察院郑州铁检分院针对郑西高铁某段高架桥下设堤筑坝等重大安全问题立案，会同某市政府积极督促整改工作，消除高铁安全隐患；甘肃省敦煌市检察院针对该市某公司未经许可购进高纯度甲醇，非法存放，存在较大安全隐患问题立案，督促该市应急管理局等相关单位妥善处置危险化学品甲醇18吨，并在全市范围内开展危险化学品领域安全生产专项治理。在红色文化资源保护领域，贵州省检察机关对烈士陵园、遗（旧）址等红色文化遗址进行了专项排查，针对存在的年久失修、管护不到位，致使红色资源损害的，及时向负有监督管理职责的行政机关发出检察建议，督促依法履职。在个人信息保护领域（《个人信息保护法》实施前），南京市溧水区检察院针对胡某利用木马程序侵入淘宝商家电脑，窃取在该淘宝商家有过网购经历或者浏览记录的消费者的公民个人信息达 5 万余条并出售牟利的行为，向同级法院提起附带民事公益诉讼。此外，全国检察机关在涉众型侵害公民隐私领域（如骚扰电话、垃圾短信等）、妇女儿童权益保护、扶贫与国防等方面进行"等外"领域的实践探索也有不少效果良好的案例。

（二）地方立法支持

全国各地检察机关在拓展办理新领域公益诉讼案件的基础上，积极主动向当地人大常委会报告工作，推动地方立法支持。2019 年 1 月 7 日，黑龙江省第十三届人民代表大会常务委员会第九次会议通过了黑龙江省人大常委会《关于加强检察机关公益诉讼工作的决定》，这是国家立法正式确立检察公益诉讼制度以来，全国首个由省级人大常委会出台的关于落实和完善检察公益诉讼制度的专项决议。此后，湖北、内蒙古、吉林、广西、河南等 26 个省（自治区、直辖市）级人大常委会相继通过专项决议的方式出台了加强支持公益诉讼工作的决定，支持检察机关积极探索公益诉讼新领域。截至 2022 年 7 月，湖北、内蒙古等 22 个省（自治区、自辖市）在专项决定中对严重侵害公益，人民群众反映强烈的新领域进行了明确（见表 1），只有黑龙江、吉林、湖南、重庆 4 个省市在专项决议中没有明确新领域案件的具体范围。各省（自治区、直辖市）人大常委会通过专项决定方式授权检察机关开展公益诉讼"等外"探索，为检察机关拓展公益诉讼案件范围提供了合法依据，也解决了新领域检察公益诉讼的合法性问题。

表 1　各省（自治区、直辖市）人大常委会决议明确的新领域案件情况表

序号	省份	通过时间	新领域
1	黑龙江	2019.1.7	未明确具体范围
2	湖北省	2019.7.26	安全生产、文物和文化遗产保护、电信互联网涉及众多公民个人信息保护

续表

序号	省份	通过时间	新领域
3	内蒙古	2019.9.26	安全生产、进出口商品质量安全、铁路交通安全、互联网侵害公益和文物保护；违反《中华人民共和国国旗法》《中华人民共和国国徽法》《中华人民共和国国歌法》的公益诉讼案件
4	吉林省	2019.9.26	未明确具体范围
5	广西壮族自治区	2019.9.27	安全生产、历史文化古迹和文物保护、互联网侵害公益、众多公民信息保护、大数据安全、损害国家尊严或者民族情感
6	河南省	2019.9.27	生产安全、产品质量安全、公共交通安全、文物和文化遗产保护、不特定公民个人信息保护
7	山东省	2019.9.27	教育、就业、安全生产、道路交通安全、文物和文化遗产保护、网络信息安全、金融
8	云南省	2019.9.28	安全生产、旅游消费、文物和文化遗产保护、公民个人信息保护、未成年人保护、老年人权益保护以及互联网、农业农村
9	湖南省	2019.9.28	未明确具体范围
10	河北省	2019.9.28	安全生产、防灾减灾、应急救援、文物和文化遗产保护、个人信息保护、大数据安全、互联网侵害公益、弘扬社会主义核心价值观
11	辽宁省	2019.11.28	安全生产、互联网、妇女儿童权益保护、扶贫、涉众型侵害公民隐私、文化遗产保护
12	陕西省	2020.3.25	防灾减灾和应急救援、公共卫生安全、历史文化古迹和文物保护、危化品管理、个人信息安全、英烈纪念设施、野生动物保护
13	青海省	2020.3.25	公共卫生和应急管理、野生动物保护
14	重庆市	2020.3.26	未明确具体范围

240

续表

序号	省份	通过时间	新领域
15	新疆维吾尔自治区	2020.5.14	安全生产、卫生健康、公共安全、产品质量、农产品质量、互联网公益、文物和文化遗产、未成年人保护、妇女儿童和老年人权益保护、扶贫开发
16	浙江省	2020.5.15	安全生产、个人信息保护、公共卫生安全
17	宁夏回族自治区	2020.6.9	安全生产、个人信息安全、公共卫生安全
18	上海市	2020.6.18	城市公共安全、金融秩序、知识产权、个人信息安全、历史风貌区和优秀历史建筑保护
19	广东省	2020.7.29	安全生产、公共卫生安全、特殊群体合法权益保护、互联网个人信息保护、文物和文化遗产保护
20	海南省	2020.7.31	旅游消费、公共卫生安全、金融安全、反不正当竞争、网络侵害、未成年人权益保护、妇女权益保护、知识产权保护、文物和文化遗产保护、扶贫、安全生产
21	甘肃省	2020.7.31	安全生产、消防安全、交通安全、公共设施安全、公共卫生安全、个人信息安全，残疾人、老年人、未成年人、妇女权益保护，网络侵害、乡村振兴、扶贫攻坚，文物和文化遗产保护、红色文化资源保护
22	福建省	2020.9.29	安全生产、公共卫生、生物安全、妇女儿童权益保护、残疾人权益保护、网络侵害、扶贫、文物和文化遗产保护、个人信息安全、铁路交通安全、国防军事
23	安徽省	2020.11.13	安全生产、公共卫生安全、文物和文化遗产保护、个人信息保护
24	江苏省	2020.11.27	安全生产、公共安全、文物和文化遗产保护、个人信息安全
25	江西省	2022.7.26	公共卫生、妇女及残疾人权益保护、文物和文化遗产保护

续表

序号	省份	通过时间	新领域
26	西藏自治区	2022.11.15	农民工劳动报酬保护、老年人权益保护、残疾人权益保护、消费者权益保护、文物和文化遗产保护、公共卫生、公共安全

注：1. 以通过时间先后排序；2. 各省（区、市）人大常委会决议（定）中明确探索的案件范围均在相应法律出台（修订）前，当时均为新领域案件。

第二节　新领域检察公益诉讼案件的办理

一、工作原则

目前，公益诉讼发挥的作用还十分有限，没有全面发挥出公益诉讼制度的理想效能，公益诉讼制度的设计初衷要求检察机关在更大的范围内、更多的案件中、更充分地发挥公益诉讼的作用，这要求检察机关拓展公益诉讼受案范围，同时，检察职能的行使必须在法治的轨道上运行，因此，在拓展公益诉讼领域时要在保护公共利益和合理行使检察权之间找到平衡点。

"积极、稳妥"是最高人民检察院关于公益诉讼新领域案件拓展的指导性原则，既包含着对拓展公益诉讼案件范围秉持的工作态度，也蕴含着对具体开展公益诉讼的工作要求。"积极"与"稳妥"，并不矛盾。一方面，检察机关是我国的法律监督机关，要努力践行"检察官是公共利益代表"的职责使命，勇于担当公益保护的职责，对于法律实施过程中，由于缺少法律监督而导致公共利益受损的新领域案件线索，要善于发现，充分发挥政治智慧和法律智慧，保护好公共利益。对于中央、最高检明确要求拓展的领域以及地方人大常委会根据当地实际以地方性法规支持探索的领域，要积极开展探索实践，从这方面理解是要积极的。另一方面，根据现有法律的规定，公益诉讼的法定领域范围是生态环境和资源保护、食品药品安全、国有财产保护、国有土地使用权出让4个领域，以及英雄烈士保护、未成年人保护、军人地位和权益保护、安全生产等10个领域。目前检察机关公益诉讼工作的首要任务仍然是把法律明确规定领域案件办好办实，在抓好这些案件的同时，适当去拓展公益诉讼案件范围，并不是可以随心所欲、毫无原则地去拓展，而是要求稳妥、慎重，把准分寸尺度。可以从两个方面理解：

（一）拓展新领域公益诉讼案件必须做到合法

检察机关的任何一项司法行为都必须做到依法、合法。在办理新领域案件时，必须遵守宪法法律规定，并且有相应的法律法规等作为支撑。目前检察机关办理公益诉讼案件的主要法规依据有《宪法》《行政诉讼法》《民事诉讼法》《人民检察院组织法》《检察官法》《英雄烈士保护法》《未成年人保护法》《军人地位和权益保障法》《安全生产法》《个人信息保护法》《反垄断法》《反电信网络诈骗法》《农产品质量安全法》《妇女权益保障法》《无障碍环境建设法》《公益诉讼办案规则》，以及地方人大常委会根据当地实际作出的专项决定等。检察公益诉讼是一项新的制度设计，在推进国家治理体系和治理能力现代进程中，公益诉讼制度将不断完善，将会有更多涉及公益诉讼领域的法律规定出台，这些都将是检察机关办理公益诉讼案件的法律依据。值得注意的是，即使目前没有法律、司法解释、地方决议决定的明确规定，我们也应尽量从《宪法》《民法典》等法律中找到原则性规定。例如《宪法》第22条第2款规定："国家保护名胜古迹、珍贵文物和其他重要历史文化遗产"，这个原则上的规定为检察机关探索文物和文化遗产保护领域的公益诉讼案件提供法律依据和支撑。

（二）拓展新领域公益诉讼案件必须考虑必要性

检察机关在公益诉讼监督范围上具有有限性，与法定领域办案相比，办理新领域案件时要求对是否纳入监督范围进行准确判断，检察机关即仅能对严重损害公益、人民群众反映强烈，目前无更好途径解决且作为公共利益保护无明显争议的领域案件作为公益诉讼新领域进行拓展。其一，要考虑该领域违法行为损害的是国家利益或者社会公共利益，不能将私益或者部分群体的利益混同于公共利益。其二，只有对严重损害公共利益的行为，且普通诉讼缺乏适格主体的才纳入公益诉讼的范畴来探索。公益诉讼检察职能是有限的，需要理性、客观、全面地思考和探讨公益诉讼的适当范围，不能毫无边际地找寻公益诉讼案件线索，从而造成公益诉讼职能的滥用，影响行政机关的正常履职。

二、需要注意的问题

（一）依靠党的领导

公益诉讼制度，是党中央和习近平总书记决策部署、推进的一项重大改革举措，是加快推进国家治理体系与治理能力现代化的一项重要制度安排。党的十八届四中全会提出探索建立检察公益诉讼制度以来，经历顶层设计、法律授权、试点先行、立法保护、全面推开五个阶段。可以这么说，公益诉讼制度设计来源于党的政策，体现的是党和国家的意志，各级党委的重视是公益诉讼检察制度的直接保障，同时也是公益诉讼检察工作的方向指引。只有坚持党的领导，依靠党的领导，公益诉讼制度才能更好地完善和发展。拓展公益诉讼案件范围，一方面要以党和国家政策作为指导，就是要在中央、最高检、当地党委的政策指导下积极稳妥探索办理新领域公益诉讼案件。另一方面要努力争取政策层面支持，要积极向当地党委、人大、上级检察机关汇报，争取支持，形成公益保护合力。

（二）坚持人民至上

我国社会主义国家的政体性质与国家利益、社会利益、人民利益根本上是一致的。公共利益，说到底是人民的利益。公益诉讼新领域案件探索，归根到底就是要更好地保护广大人民的利益。因此，在拓展公益诉讼案件范围时，应从人民群众对美好生活新需求把握拓展公益诉讼范围的时代背景，以人民呼声为指针，坚持以人民为中心的理念，充分考虑人民群众的因素，紧紧围绕人民群众的需求，积极稳妥进行公益诉讼新领域探索，通过办理案件让人民群众有更多的幸福感、获得感、满足感。如宁波市"骚扰电话"整治公益诉讼案，宁波市海曙区检察院在办理该案时，委托第三方机构开展问卷调查，结果显示，90%的受访者反映强烈，认为广告推销电话已成为"骚扰电话"，对居民正常生活和工作产生了较大或很大影响，侵犯了公共利益。同时，该院向海曙区 400 余名人大代表、政协委员发放实名调查问卷，反馈结果与公众调查结果一致。海曙区检察院在办理该案时，紧紧围绕人民群众的需求，充分考虑了人民因素，得到了人民群众的支持，取得了较好的社会效果。

（三）因地制宜拓展新领域

我国幅员辽阔，不同地区间由于发展水平不同，存在的公益受损现状也大相径庭。例如，在一些较发达地区，知识产权、违法群租引发公共安全等问题比较突出；在经济欠发达地区，老年人权益保护、扶贫等领域损害公共利益现象比较普遍；而在红色文化资源较为发达的省份，红色文化资源未依法得到保护的现象也屡见不鲜。因此，在公益诉讼案件范围拓展过程中，不应搞一刀切、一窝蜂，而应根据各地实际，将需要保护的重点领域以及公共利益受到严重侵害的、人民群众反映强烈的问题纳入司法监督，通过履行公益诉讼职能促使公共利益得到有效保护。如广西壮族自治区结合少数民族自治区的特点，把损害国家尊严或者民族感情等列入新领域案件办理范围；云南省、海南省结合文化旅游资源得天独厚的实际，将旅游消费列入新领域案件办理范围；上海市结合当地经典历史建筑资源丰富的特点，将历史风貌区和优秀历史建筑保护列入新领域案件办理范围。

三、重点问题

（一）精准把握相关法律政策

只有对相关法律政策精准把握，才能确保公益诉讼检察工作的重心和方向不偏不倚。政策层面上，要关注中央、最高检对拓展公益诉讼案件范围的新动向、新要求，准确理解、把握；法律层面上，要在全面、准确把握公益的内涵和外延的基础上，加强对案件所涉法律、法规等知识的把握，并将法律监督权力纳入法治的轨道上运行，防止随意外延公共利益范围，造成公益诉讼职权滥用。在具体案件办理中，根据公共利益损害的调查结果，查询相关法律法规，明确具有行政管理职责的行政执法部门，固定行政执法部门不作为致使公共利益遭受损害的证据，精准适用法律法规，切实履行检察法律监督职责。

（二）积极拓展案件线索来源途径

从司法实践看，新领域案件线索发现难、转化难、成案难是各地检察机关在拓展公益诉讼案件范围时遇到的共同难题，社会组织、普通群众对新领域侵害公共利益的现象缺乏认知能力，难以向检察机关提供有价值的案件线索。因此，努力解决新领域案件线索来源问题是拓展公益诉讼领域工作的重中之重。

拓展新领域案件线索来源的常见途径：一是提高公益诉讼检察人员发现案件线索的能力。因新领域案件涉及较广，发现案件线索需要具备较为全面的知识，特别是专业性比较强的领域，如互联网侵害公益保护领域，需要办案人员具备信息技术方面的知识。二是完善线索移送机制。对内，加强与刑事、民事、行政、案件管理等部门联系，建立公益诉讼线索发现和移送协作机制，明确探索的重点领域，达成共识，形成"一盘棋"的理念；对外，建立与人大、监察委员会及相关行政机关的案件移送协作机制，并在联合行政执法机关建立公益诉讼案件信息共享平台的基础上，完善行政执法信息和数据库，将侵害公益的新领域案件线索，也通过案件信息共享平台进行相互移送，拓展线索来源。三是开展相关领域专项行动，从中发现更多的新领域案件线索。在新《安全生产法》实施前，湖北省检察院组织开展高铁沿线安全公益诉讼专项行动，办理了一批影响铁路运行安全的案件，取得了较好的效果。此外还可以综合运用大数据、互联网、人工智能等提高线索的发现能力，通过强化媒体宣传畅通新领域案件线索举报机制等，全方位发现公益诉讼案源，共同助推公益诉讼新领域的积极探索。

（三）构建诉前沟通协调机制

通过诉前检察建议，督促行政机关依法履职，促进受损公益及时得到有效修复，实现诉前保护公益目的是最佳的司法状态。但在司法实践中，发出检察建议后，行政机关不整改或者整改不到位的，需要通过提起诉讼督促行政机关依法履职，此时需要在提起诉讼前与法院沟通，就公益损害事实证据、行政机关不依法履职情形、诉讼请求等达成共识。对新领域案件而言，除了事实清楚，证据确实、充分外，办理该案件的法律依据也应获得法院认同，这也是办理新领域案件时最大的障碍。对地方人大常委会已通过决议明确支持探索的新领域案件，与法院沟通时自然不会遇到阻碍，但在办理地方人大常委会未明确支持的新领域案件时，则需要在提起诉讼前与法院进行讨论研究，解决分歧，达成共识。因此，办理新领域案件更应注重做足做实研究论证、民意舆情研判、调查取证、诉前检察建议等相关工作，构建诉前沟通协调机制，争取地方党委、人大、政府等各方面和人民群众的支持和理解，共同推动公益诉讼活动顺利进行。

第三节 典型案例分析

一、贵州省人民检察院督促保护某红色遗址行政公益诉讼案

（一）基本案情

贵州省某某市某某区某某红色遗址是中央红军长征途中成功阻击敌人进犯、保卫遵义会议胜利召开的重要战斗遗址。但该遗址除立有两块标牌外，没有任何保护标识和设施。遗址内杂草丛生，作战堡垒墙体风化严重，严重破坏了战斗遗址整体风貌。某某历史文化街区全长约1公里，除立有"某某县重点文物保护点某某历史文化街区"牌子外，其余10余处红色遗址均未有保护标识。加之多数红色遗存旧址因产权归私人所有，随意拆除、改扩建行为时有发生。遗址年久失修，自然损毁十分严重，许多建筑破败不堪，甚至面临垮塌的危险。

（二）调查和督促履职

2020年初，贵州省人民检察院（以下简称贵州省院）结合长征文化公园建设要求，对某某革命老区红色遗址进行摸底排查，发现某某红色遗址损毁严重，于5月11日作为省院自办案件立案调查，成立了由省院检察长任主办检察官，贵州省院、某某市检察院、某某区检察院共同参与的联合办案组，启动三级检察院一体化办案机制。办案组通过实地走访、向相关单位调取文史资料、向行政主管部门调取履职情况资料、询问相关当事人、咨询文史专家等方式进行调查取证，详细调查红军长征期间某某红色遗存的范围、产权归属、居住使用、管理保护情况。经调查查明，当地党政部门虽然成立了某某红色文物保护与开发工作领导小组，但未投入足够资金加以保护，保护力度及保护意识不够。相关行政机关没有对某某红色遗址依法设置保护标识，没有对受损的红色遗址进行修复并采取相关保护措施。办案组多次组织某某市、某某区政府及相关职能部门召开圆桌会议，督促

相关单位对某某红色遗址保护依法全面履职。办案组与省文旅厅召开磋商会，研究制定某某红色文物保护方案，经督促，某某历史文化街区文物重新安装了保护标识，在某战斗遗址安装了某某阻击战说明牌，19处文物点抢救性修复修缮工作已全部完成。并促成某某市人大常委会将公益诉讼检察保护红色资源纳入《某某历史文化名城保护条例（草案)》。

结合本案办理的成功经验，贵州省院与贵州省文旅厅于2020年10月联合部署了《长征国家文化公园贵州重点建设区文物保护专项行动》，贯彻落实中央、省委关于建设长征国家文化公园贵州重点建设区的相关要求，更好地保护长征国家文化公园建设区文物。

（三）案例典型意义

贵州某地是红色文化之都。传承红色基因，教育后辈敬仰英烈，是红色文化遗址保护的应有之义。针对革命文物受损问题，贵州检察机关充分发挥公益诉讼法律监督职能，检察长亲自领办，整合省、市、区三级院力量，通过一体化办案，加大与行政机关的沟通协商，推动省、市相关行政执法机关加强对红色资源文化保护力度，促成地方立法和专项整治，发挥了公益诉讼职能在保护红色资源文化方面的积极作用。

（四）办理红色文化资源案件的重点

1. 理解公益保护的重要意义。红色文化资源是不可再生的红色历史文化资源，承载着革命历史、革命事迹，蕴含着丰富的革命精神和厚重的历史文化内涵，是革命老区的宝贵资源，是精神财富。党的十八大以来，以习近平同志为核心的党中央高度重视革命文物等红色资源保护利用工作。习近平总书记指出，加强革命文物保护利用，弘扬革命文化，传承红色基因，是全党全社会的共同责任。2021年6月25日，中共中央政治局就用好红色资源、赓续红色血脉进行第三十一次集体学习，习近平总书记在主持学习时强调，红色资源是我们党艰辛而辉煌奋斗历程的见证，是最宝贵的精神财富。保护好红色文化资源，无论是对于继承革命文化、弘扬红色传统和传承红色基因，还是对培育和发扬以爱国主义为核心的民族精神，建设和巩固新时代中国特色社会主义思想文化阵地都具有重要的文化传承意义。

2. 准确把握行政机关相关的监督管理职责。对红色文化资源负有行政管理职责的职能部门主要有退役军人事务部门、文化和旅游部门以及其他相关部门，具体由哪个部门负有监督管理职责，则需要分情况进行研判。根据《文物保护法》第 8 条第 1、2 款规定，"国务院文物行政部门主管全国文物保护工作。地方各级人民政府负责本行政区域内的文物保护工作。县级以上地方人民政府承担文物保护工作的部门对本行政区域内的文物保护实施监督管理"，由此可知，如果案件中损害的红色文化资源属于文物，如战斗遗址、旧（遗）址等，包括已被当地政府列为文物保护单位，或者属未核定为文物保护单位的不可移动文物，则负有监督管理职责的行政机关是承担文物保护工作的文化和旅游部门。如果案件中侵害的是烈士荣誉、公墓、烈士纪念建筑物、设施保护等公共利益，根据《英雄烈士保护法》，地方人民政府负责英雄烈士保护工作的退役军人事务部门则负有行政管理职责。在具体认定行政监管部门时，还应当结合当地的机构编制"三定"方案予以确认。

3. 红色文化资源公益受损主要表现形式。新中国成立以来，中央和各省区高度重视红色文化资源的传承保护与发展，各级各部门做了大量工作，收到了良好效果。但部分地区依然存在因保护不力、管理不善，导致一些重要的革命历史旧（遗）址遭到破坏、毁损，一些具有重大革命历史价值的文化资源濒临灭失，造成难以弥补的损失。红色文化资源遭受损害的主要情形：一是红军烈士墓保护性设施不完善，零散红军烈士墓存在破损、未设立标志等现象。二是部分红色革命纪念遗址未纳入监督管理范围，或者虽纳入监督管理范围，但未依法采取保护措施、未按规定进行管理修缮，导致遗址杂草丛生，破坏了遗址的原貌。三是未对红色旧（遗）址、旧居悬挂文物保护单位牌子加以保护，或者虽悬挂有文物保护单位牌子，但未定期进行管理修缮，导致年久失修、自然毁损严重，甚至面临垮塌的危险。四是散布于农村的革命旧（遗）址，随着房屋翻修改造、搬迁等，造成大量革命旧（遗）址或者原貌不存或破旧坍塌，亟须采取有效措施，实施抢救性保护。

4. 红色文化资源案件检察公益诉讼思路。由于革命的特殊性，大部分红色文化资源，如战斗遗址、旧（遗）址、红军烈士陵园分布在偏远山区、贫困地区，因自然环境恶劣、设施条件落后、经济基础薄弱、贫困人口密集，红色文化传承保护与发展存在诸多困难。解决红色文化资源保护与发展问题的一般方案是，引入市场和社会机制，形成多元主体参与开发的模式，在保护中谋发展，在发展中促保护。

检察机关在办理该领域案件时，可以采用"司法办案 + 调研分析 + 立法立规检察建议→推进社会治理现代化"的工作思路。通过案件办理，调研分析红色文化资源保护现状、存在问题、监管漏洞及对策建议，形成保护与发展红色文化资源的检察建议，推动文物保护主管部门开展红色文化文物和旧（遗）址普查、划定保护范围、开展旧（遗）址修复，推动建立并完善相关保护机制甚至立法，让检察行政公益诉讼的个案监督发挥出类案监督、集中规范的功效，促进规范治理。扩大并延伸公益诉讼检察工作的作用，推动红色文化资源发展，增强红色文化活力，充分发挥其在革命传统教育、经济社会发展和乡村振兴战略中的积极作用。

二、贵州省某某县人民检察院督促保护残疾人盲道安全行政公益诉讼案

（一）基本案情

2021 年 4 月，贵州省某某县人民检察院（以下简称某某县院）在履职中发现，某某县城区内东环路、解放中路、河滨路、斛兴路等多个路段上的多处盲道缺失、毁损；拐弯及尽头处未按要求铺设提示砖、盲道与路口衔接处未设置缓坡；部分盲道建设未避开树木、电杆等障碍物；其中两处盲道上还压有配电箱、消防栓等危险物品。盲道建设问题影响了残疾人交通安全，侵害了残疾人合法权益，损害了社会公共利益。

（二）调查和督促履职

2021 年 5 月 10 日，某某县院对上述线索依法立案办理，针对辖区内盲道铺设不连续、未避开障碍物、不同砖块混用、被违法占用的问题，全面排查固定证据、查找相关法律法规、厘清盲道监管责任部门职责。某某县院认为，根据《道路交通安全法》《残疾人保障法》《无障碍环境建设条例》《贵州省残疾人保障条例》等法律法规规定，某某县住房和城乡建设局（以下简称某某县住建局）对城区内道路无障碍设施（盲道）负有管理和维

护的职责，并于 2021 年 5 月 20 日向某某县住建局发出诉前检察建议，建议该局及时对城区的盲道等无障碍设施建设情况进行全面排查，对存在问题积极进行整改，保障残障人士出行安全。2021 年 7 月 19 日，某某县住建局回复称部分路段已整改完毕，部分路段因客观原因暂不能整改，另有部分路段陆续安排整改中，预计 2021 年 8 月 10 日前整改完毕。某某县院分别于 8 月 3 日、8 月 11 日实地跟进监督，发现东环路、河滨路、商业街等路段均未全面整改。8 月 13 日，某某县院发函致某某县住建局，要求该局于 8 月 16 日前回复最新整改情况。8 月 25 日，某某县住建局复函称已对县城内河滨南路、湖滨大道、兴华路等路段盲道进行全面整改，现已整改完毕。2021 年 9 月 6 日，某某县院再次派员到现场勘查，发现东环路、河滨路、斛兴路等路段盲道仍然存在不连续、未避开障碍物、不同砖块混用等问题。同年 9 月 14 日，某某县院到某某县残疾人联合委员会（以下简称某某县残联）了解县域内盲人有关情况及盲道设施建设情况，某某县残联向某某县院提交了《关于县城区盲道建设使用中存在有关问题的建议》。9 月 15 日至 16 日，某某县院联合某某县残联走访了县城区部分盲人，他们反映盲道上有许多障碍物、许多应该铺设提示砖的地方没有铺设和一些地方盲道只铺了部分。9 月 17 日、10 月 12 日，检察机关又先后派员到上述路段进行现场勘查，发现盲道存在的问题依然没有整改，社会公共利益仍持续受到侵害。

（三）诉讼过程

2021 年 10 月 13 日，某某县院按照行政诉讼集中管辖规定，向某县人民法院提起行政公益诉讼，请求判令：（1）确认某某县住建局对辖区内多处盲道缺失、设置不合理等问题未依法全面履行监管职责的行为违法；（2）某某县住建局继续采取有效措施对城区内问题盲道依法履行监管职责，保障视障群体的出行安全。

2021 年 11 月 29 日，某某县住建局申请延期开庭，表示现已完成 5 条主干道无障碍通道改造，还剩 8 条路段盲道还未整改，已制定整改计划逐步推进整改，并致函某某县院要求撤回起诉。12 月 3 日，某某县院联合县残联就某某县住建局履职情况、问题盲道整改效果、是否符合撤回起诉条件等问题进行公开听证，并邀请县人大代表、政协委员、律师代表、行政机关代表、盲人代表参加，听证员及盲人代表对某某县住建局采取有效措施对 5 条主干道盲道进行整改予以认可，但认为县城区内仍有 8 条问题盲道仍未能得到全面整改，残疾人出行交通安全隐患仍然存在，检察机关诉讼请求未能全部实现，不符合撤回起诉条件。

2022 年 3 月 31 日，某县人民法院公开开庭审理本案，庭审围绕某某县住建局是否已依法全面履职展开辩论。某某县住建局辩称，已对主干道盲道问题进行整改，其余路段问题盲道在持续整改中。检察机关认为某某县住建局已部分履职，但未全面履职到位，法院完全采纳检察机关意见。于2022 年 5 月 9 日依法判决：责令被告某某县住房和城乡建设局对审理查明的某某县城区内仍未整改的 8 条道路盲道 35 处问题自本判决生效之日起两个月内整改完毕。某某县住建局表示不上诉，正积极整改中。

同时，某某县院结合个案办理，与某某县残联、某某县住建局、某某县综合执法局联合会签《关于在残疾人权益保障公益诉讼中加强协作配合实施办法》，从信息共享、线索移送、联席会议、协同协作等方面作了具体规定，形成了对残疾人权益保护合力，从源头上筑牢残疾人权益保护机制。

（四）案例典型意义

盲道建设是城市无障碍建设的重要组成部分，事关残疾人交通出行安全，进而影响残疾人其他权益保障。本案中，检察机关针对行政机关对盲道安全监管不到位的情形，在发出检察建议的同时，加强与当地残联协作配合，持续跟进监督。因行政机关未全面履职整改，依法提起行政公益诉讼，针对诉讼过程中行政机关申请延期开庭、要求撤回起诉的问题，检察机关通过公开听证让第三方参与评价整改效果，对诉讼请求未能全部实现的，继续通过诉讼判决督促问题盲道全面整改，建立完善工作机制，以公益诉讼职能作用助力溯源治理。

（五）办理无障碍环境建设行政公益诉讼案件需要注意的问题

1. 主要政策和法律依据。对于残疾人等特定群体权益保护，公益诉讼的探索主要集中在无障碍环境建设方面。党的十八大以来，党和政府对涉及残疾人、老年人等特定群体的无障碍环境建设高度重视。习近平总书记强调，无障碍设施建设问题是一个国家和社会文明的标志。国务院总理在近几年的政府工作报告中一再强调，要加快无障碍环境建设。截至目前，有 150 多部法律法规包含直接保护残疾人权益的内容。《民法典》中直接涉及残疾人权益保护的条文有近 30 条。涉及无障碍环境建设领域法律法规和制度规范主要有：《民法典》《残疾人保障法》《道路交通安全法》《老年人权益保障法》《无障碍环境建设条例》《残疾人教育条例》《残疾预防和残疾人康复条例》等。

2. 关于监督对象的问题。无障碍环境建设公益诉讼涉及的行政机关主要有：（1）各级人民政府，残疾人联合会和负责老龄工作的机构。《老年人权益保障法》第 64 条和第 65 条的有关规定，各级人民政府和有关部门应当按照国家无障碍设施工程建设标准，批先推进与老年人日常生活密切相关的公共服务设施的改造。国家推动老年宜居社区建设，引导、支持老年宜居住宅的开发，推动和扶持老年人家庭无障碍设施的改造，为老年人创造无障碍居住环境。《残疾人保障法》第 5 条第 1 款规定："县级以上人民政府应当将残疾人事业纳入国民经济和社会发展规划，加强领导，综合协调，并将残疾人事业经费列入财政预算，建立稳定的经费保障机制。"（2）《残疾人保障法》第 27 条规定："政府有关部门、残疾人所在单位和有关社会组织应当对残疾人开展扫除文盲、职业培训、创业培训和其他成人教育，鼓励残疾人自学成才。"（3）住房和城乡建设部门。《老年人权益保障法》第 32 条规定："地方各级人民政府在实施廉租住房、公共租赁住房等住房保障制度或者进行危旧房屋改造时，应当优先照顾符合条件的老年人。"第 40 条规定："地方各级人民政府和有关部门应当按照老年人口比例及分布情况，将养老服务设施建设纳入城乡规划和土地利用总体规划，统筹安排养老服务设施建设用地及所需物资。公益性养老服务设施用地，可以依法使用国有划拨土地或者农民集体所有的土地。养老服务设施用地，非经法定程序不得改变用途。"（4）交通运输部门。《残疾人保障法》第 50 条规定："县级以上人民政府对残疾人搭乘公共交通工具，应当根据实际情况给予便利和优惠。残疾人可以免费携带随身必备的辅助器具。盲人持有效证件免费乘坐市内公共汽车、电车、地铁、渡船等公共交通工具。盲人读物邮件免费寄递。国家鼓励和支持提供电信、广播电视服务的单位对盲人、听力残疾人、言语残疾人给予优惠。各级人民政府应当逐步增加对残疾人的其他照顾和扶助。"

3. 无障碍环境建设领域的办案重点及方向。一是聚焦重点领域，推动实现无障碍环境建设治理系统化。无障碍环境建设涉及诸多硬件设施的搭建和制度体系的配套完善，检察机关以重点领域突出问题为切入点，解决社会关注度较高的难题，并适时探索以系统化方式助力无障碍环境建设。二是结合实际，以多种手段促进检察建议社会效果最大化。残疾人等特定群体的权益保护，很难通过单个机关或部门的职责履行得以实现，而且从长远来看，特定群体更加需要全社会多方位的关注。三是回应社会关切，以专项监督推动无障碍环境建设综合治理。检察机关对于残疾人等特定群体，注重从整体角度推动对无障碍设施建设的综合治理。四是延伸监督领域，构建更加完善的信息无障碍环境机制。随着科技的不断进步，信息化以各种方式触及人们的日常生活，对于老年人和残疾人等特定群体而言，信息无障碍能够以信息化手段弥补身体机能、所处环境等存在的差异，使任何人都能够平等、方便、安全地获取、交互、使用信息。检察机关可以尝试在信息无障碍领域深化公益诉讼监督，重点监督纠正出行、办事、文化等公共场所在信息无障碍建设中存在的问题，对无障碍环境建设检察公益诉讼作拓展延伸。

（六）法律文书

贵州省某某县人民检察院

行政公益诉讼起诉书

公益诉讼起诉人：某某县人民检察院

被告：某某县住房和城乡建设局，地址：某某县龙坪镇环城东路，统一社会信用代码：略。

负责人：邓某，系该局局长。

诉讼请求：

判令某某县住房和城乡建设局继续采取有效措施对城区内问题盲道依法履行监管职责，保障视障群体的出行安全。

事实和理由：

本院在履行公益诉讼检察职责中发现，某某县住房和城乡建设局对辖区内盲道怠于履行监管职责的行为致使社会公共利益受到侵害。本院于2021年5月10日立案，2021年5月20日履行检察建议程序。

经依法审查查明：2021 年 4 月，本院发现某某县城区内东环路、解放中路、河滨路、斛兴路等多个路段多处盲道存在不连续、未避开障碍物、不同砖块混用、被违法占用等问题，导致视障群体的正常出行得不到基本保障，社会公共利益遭到侵害。2021 年 5 月 20 日，本院向某某县住房和城乡建设局发出检察建议，建议该局及时对县城区内的无障碍设施建设情况进行全面排查，对存在的问题积极进行整改，保障残障人士的出行安全。

2021 年 7 月 19 日，该局回复本院称，部分路段已整改完毕，部分路段因客观原因暂时不能整改，还有部分路段在陆续安排整改中，预计 8 月 10 日前整改完毕。

2021 年 8 月 3 日、8 月 11 日，本院派干警前往实地查看，发现东环路、河滨路、商业街等路段均未全面整改。2021 年 8 月 13 日，该局承诺的整改期限已过，本院发函致该局，要求于 8 月 16 日前将最新整改情况回复本院，该局直至 2021 年 8 月 25 日才予以复函称，已积极开展县城盲道整改工作，并根据贵州省精神文明建设指导委员会办公室下发《2018—2020 年度省级文明城市、先进城市测评复核问题整改的通知》工作要求，已对县城内河滨南路、湖滨大道、兴华路等路段盲道进行全面整改，现已整改完毕。

2021 年 9 月 6 日，本院再次派员到现场勘查，发现东环路、河滨路、斛兴路等路段盲道仍然存在不连续、未避开障碍物、不同砖块混用等问题。2021 年 9 月 14 日，本院派员到县残疾人联合委员会了解我县盲道设施及盲人有关情况，该单位业务人员反馈称，目前我县的盲道设施根本不能满足盲人出行的需要，并向我院提交了《关于县城区盲道建设使用中存在有关问题的建议》。9 月 15 日至 16 日，本院走访了县城区部分盲人了解情况，他们均反映，平时几乎不敢独自不出门，因为盲道上有许多障碍物，害怕被撞伤，许多该铺设提示砖的地方没有铺，还有一些地方盲道只铺了半截，走着走着就找不到路。9 月 17 日、10 月 12 日本院又先后派员到上述路段进行现场勘查，发现盲道存在的问题依然没有整改。

认定上述事实的证据如下：

1. 书证：立案决定书、检察建议书、某某县住房和城乡建设局对检察建议的回复、某某县人民检察院关于跟进县城区盲道整改落实情况的函、某某县住房和城乡建设局关于县城区盲道整改落实情况的复函、某某县残疾人联合委员会关于县城区盲道建设使用中存在有关问题的建议等材料；

2. 证人证言：证人王某旺、陆某富、林某贤、袁某力、冉某友的证言；
3. 现场勘验笔录；4. 视听资料：走访林某贤、冉某友的视频及现场照片。

　　本院认为，盲道是专门帮助盲人行走的道路市政设施，是城市基础设施的重要组成部分，盲道的建设和维护是城市管理的重要内容，关系到视障群体的出行安全。根据《中华人民共和国道路交通安全法》第五条第二款、《中华人民共和国残疾人保障法》第五十三条第三款、《无障碍环境建设条例》第三十一条及《贵州省残疾人保障条例》第五条第三款、第五十一条的规定，某某县住房和城乡建设局作为我县城市管理行政主管部门，负责全县市政基础设施的建设、管理、维护和监督工作。本院发现某某县住房和城乡建设局对县城区内多处盲道存在不连续、未避开障碍物、被违法占用等问题怠于履行监管职责后，于 2021 年 5 月 20 日依法向该局发出检察建议，经过检察建议程序，该局虽按期回复，但仅进行部分整改即回复本院称已整改完毕，经本院继续跟进调查发现，某某县城区内问题盲道仍然普遍存在，某某县住房和城乡建设局仍未全面依法履行职责，社会公共利益持续处于受侵害状态。现根据《中华人民共和国行政诉讼法》第二十五条第四款、《最高人民法院、最高人民检察院关于检察公益诉讼案件适用法律若干问题的解释》第二十一条第三款和《人民检察院公益诉讼办案规则》第八十一条的规定，向你院提起诉讼，请依法裁判。

　　此致
某某县人民法院

2021 年 10 月 13 日

第九章　检察公益诉讼的贵州经验

第一节　概　　述

2014 年以来，贵州省检察机关努力践行习近平总书记提出的"检察官作为公共利益的代表"的职责使命，敢于担当、勇于探索、积极作为，牢固树立双赢多赢共赢理念，在融入、服务和保障大局中找准发力点，在回应人民群众的现实关切中找准着力点，公益诉讼办案力度持续加大，工作取得明显成效，赢得各级党委政府和社会各界充分肯定。2017 年 3 月 13 日，在十二届全国人大四次会议上，《最高人民检察院工作报告》在"探索检察机关提起公益诉讼"部分，浓墨重彩介绍了贵州省贵阳市某县检察院诉该县环保局怠于履行职责行政公益诉讼一案。在 2019 年的全国两会上，时任最高检检察长张军在最高人民检察院工作报告中提到贵州检察机关公益诉讼工作：对英烈纪念设施保护不力的，贵州等地检察机关向有关部门发出检察建议，均获纠正，维护了英烈尊严，让英灵得以安宁。

一、贵州检察公益诉讼的主要举措

（一）先行先试、开拓创新，积极贡献公益诉讼"贵州样本"

1. 试点前，大胆探索、开启先河。2014 年，贵州在全国率先探索检察机关提起公益诉讼制度，金沙县检察院提起了共和国历史上首例以检察机关为原告的行政公益诉讼案件，得到了最高检、省委领导的充分肯定，受到了《人民日报》、《检察日报》、新华网等主流媒体的广泛关注，该案入选最高检 2014 年度全国十大法律监督案例，该院检察长作为全省政法系统唯一代表，入选"改革开放 40 周年政法系统新闻影响力人物"。2014 年，全省检察机关探索开展督促起诉专项行动，督促负有国家和社会公共利益监管职责的职能部门向法院提起诉讼，保护国资安全，促进依法行政，为党的十八届四中全会提出探索检察机关提起公益诉讼制度提供了贵州样本。

2. 试点期间，有序推进、创造经验。2015 年 7 月至 2017 年 6 月，贵州作为开展公益诉讼试点省份之一，紧紧围绕生态文明试验区建设大局，牢牢抓住公益这个核心，稳步扎实开展公益诉讼检察工作，发现公益诉讼案件线索 2095 件，发出诉前检察建议 1528 件，提起公益诉讼 153 件，参与土壤污染防治专项提起诉讼 33 件，省检察院审查公益诉讼案件 172 件，批复同意 149 件，法院审结 92 件。以上 7 项公益诉讼主要数据均位居全国第一。

锦屏县检察院诉该县环保局案，是授权试点以后法院判决的全国首例检察机关提起的公益诉讼案件，被最高检评为 2016 年度十大法律监督案例。省检察院原民行处荣立全国检察机关公益诉讼检察工作集体一等功。贵州省公益诉讼检察工作得到最高检、省委充分肯定，《人民日报》《检察日报》等各大媒体对贵州省试点期间工作情况高度关注，对贵州开展公益诉讼工作进行了深度报道，公益诉讼工作"贵州经验"在全国打响叫响，为检察机关提起公益诉讼制度正式写入民事诉讼法和行政诉讼法提供了贵州实践。

3. 全面推开后，不断拓展、再创佳绩。2017 年 7 月，检察机关提起公益诉讼正式立法以来，全省检察机关明确监督重点，进一步加大公益诉讼案件办理力度，继续深入办理了一批质量高、效果好的公益诉讼案件。共发现公益诉讼案件线索 12384 件，办理诉前程序案件 11222 件，提起公益诉讼 110 件，全部支持检察机关诉讼请求。根据最高检通报，贵州省办理公益诉讼案件的线索数、立案数、诉前程序数均位居全国前列。2019 年 3 月，六盘水市六枝特区检察院诉某市某县某镇政府环境行政公益诉讼案是全国首例跨行政区划管辖提起的案件，入选"推进中国法治进程十大行政诉讼案例"。《检察日报》《贵州日报》等媒体多次对贵州省公益诉讼工作进行专题报道。

（二）立足办案、强化监督，充分体现公益诉讼"贵州力度"

1. 注重发挥诉前程序作用，督促行政机关依法履职。牢固树立"通过诉前程序实现维护公益目的是司法最佳状态"的理念，既针对问题提出具体的整改内容，又结合实际提出履职要求，帮助行政机关及时解决制度漏洞。试点以来截至 2019 年 7 月①，贵州省发现公益诉讼案件线索 14479 件，发出诉前检察建议 12750 件，采纳率达 95%。发出检察建议后，有关部门全力落实，共关停整改污染违法企业 710 家，恢复林地、耕地、水域等 17 万余亩，清理回收生活垃圾、固体废物 1000 余万吨，收回国有土地使用权出让金、人防工程易地建设费等 19 亿余元，力争问题解决在诉前，有效节约司法资源。某县检察院充分发挥诉前程序作用，督促该县自然资源局依法履职，仅在一个案件中，追缴国有土地使用权出让金 21569 亿元，诉前检察建议效果彰显。

2. 及时提起公益诉讼，彰显检察机关保护公益的刚性。对经诉前程序相关单位仍拒不履职，公共利益仍然受到侵害的，坚决提起诉讼，彰显公益保护刚性。截至 2019 年 7 月，共提起公益诉讼 263 件，位居全国前列。其中，刑事附带民事公益诉讼占 29.28%，行政公益诉讼占 68.44%，民事公益诉讼占 2.28%。

3. 加强后续跟踪，确保公益保护整改到位。主动回访行政机关履职情况，持续跟进法院判决执行情况，促成真整改、真落实，坚决防止权力"睡回笼觉"。2018 年，部署开展全省检察机关公益诉讼判决执行情况专项清理，对可能涉及公职人员违法违纪线索，及时移送纪委监委，已有 5 件启动了调查及问责工作。2019 年，开展了公益诉讼"回头看"专项活动，对 2018 年办理的 7258 件行政公益诉讼案件集中开展检查审视，对诉前整改不到位的，已督促行政机关履职整改 178 件，直接向法院提起诉讼 3 件，向纪委监委移送公职人员违法违纪线索 1 件，督促落实生效判决 2 件，避免一诉了之、一判了之。

（三）关注民生、直击痛点，致力打造公益诉讼"贵州特色"

1. 聚焦红色文化资源保护精准发力。贵州作为我国五大革命圣地之一，红色文化是我们精神上的"金山银山"。2020 年 5 月，贵州省检察院某红色遗址检察公益保护案作为 1 号案进行立案调查，由省院检察长直接担任主办检察官，并在红色资源富集地区开展相关公益保护检察专项，推动有关文物保护主管部门对红色文化、文物和旧（遗）址进行普查、划定保护范围、

---

① 本节不做具体说明时，均以此为截止时间。

开展旧（遗）址修复。采取"执法办案 + 调研分析 + 立法规章检察建议 + 制度机制建设"的工作思路，加大摸排、调研和总结，推动建立并完善相关保护机制甚至立法，加大红色文化资源的发展和保护力度，让红色文化永不褪色、红色基因薪火相传。

2. 聚焦中央环保督察精准发力。梳理中央环保督察反馈的 155 个问题，开展现场联合检查督察，与省公安厅、生态环境厅等对乌江、赤水河流域污染违法挂牌督办 40 件，在办理污染环境、非法采矿等刑事案件时，依法提起刑事附带民事公益诉讼 89 件。结合中央环保督察"回头看"等专项行动，组织涉案市州检察长、县区检察长召开案情通报会，责成检察长实地查看、督促整改落实，为中央环保督察问题提供司法解决方案。

3. 聚焦"舌尖上的安全"精准发力。围绕人民群众最关心最直接最现实的利益问题，加大对涉及食药领域特别是农产品、网络餐饮、饮用水水源等"三类案件"的办理力度，立案 2136 件，发出诉前检察建议 2088 件。积极应对"问题疫苗"，第一时间介入监督，第一时间启动全省范围摸排调查，联合市场监管（药监局）、疾病预防、医院等单位进行走访排查清理，召回封存狂犬疫苗 12978 支（非曝光批次）。安顺市检察院以小促大，专门开展了"网络餐饮""校园周边小餐饮、小摊贩食品安全"等专项监督，得到安顺市市场监管局的支持，并同步开展网络订餐"清网行动"，清理网络餐饮 118 家（次），携手共打"舌尖安全网络战"。

4. 聚焦百姓身边公益精准发力。开发运用手机 APP，建立微信"随手拍"，接受群众举报，依托"大数据"加强线索排查筛选。通过实地走访、深入排查，加强社情民意的收集、研判。2020 年初开展"碧水润家园""农村人居环境整治"两个检察公益专项，对饮用水安全、生活垃圾无序堆放、未经无害化处理等，提起"渣渣案"，① 解决村居环境大问题。望谟县检察院提起的怠于履行垃圾监管职责案，剑指 37 个垃圾堆放点，让人民群众住得更加舒心。对群众反映强烈的添加罂粟壳熬制羊肉汤、使用剩菜油脂炼制地沟油、利用硫磺熏制生鲜蕨菜、运用物流方式对外销售假茅台等行为，

---

① 指检察机关针对在本辖区负有垃圾管理职责的乡镇人民政府，因其怠于履行职责，造成生态环境破坏、人居环境污染的情形，依法提起行政公益诉讼，督促其依法履行职责。

在依法追究被告人刑事责任的同时,坚决提起刑事附带民事公益诉讼,法院判决责令被告人公开赔礼道歉,承担惩罚性赔偿和适用从业禁止令等民事、行政责任。

5. 聚焦恢复性司法精准发力。违法者必须为恢复受损公益"买单",全省检察机关积极追偿环境损害赔偿金、治理恢复费用391.87万元,单独或与有关部门共建"补植复绿"基地160个,持续落实生态司法修复。在双龙航空港经济区,贵州省检察院、贵阳市检察院挂牌落成全国首个省级层面生态修复示范基地。贵州省检察院与清镇市检察院建成全省生态环境保护警示教育基地,内容涵盖法治宣传、警示教育和工作成果展示,融合数字化与多媒体互动技术进行展示,让公益法治融入千家万户。

(四)注重沟通、多赢共赢,着力塑造公益诉讼"贵州形象"

1. 坚持主动请示汇报。党的领导和人大监督是做好公益诉讼工作的根本保证。认真落实省委省政府《关于支持检察机关依法开展公益诉讼工作的实施意见》,主动向各级党委、人大报告重大部署和重点案件情况328次。邀请人大代表、政协委员深入铜仁、黔东南、六盘水等地,视察异地补植复绿基地、垃圾填埋场恢复整改、古树名木挂牌、古镇和湿地公园保护等情况,自觉接受监督。毕节市委将检察公益诉讼制度纳入"法治毕节"创建工作,毕节市人大常委会将环境公益诉讼制度列为饮用水水源保护立法调研专题之一,为公益诉讼工作提供支持、创造条件。在省政协召开的协商座谈会上,向政协委员汇报检察机关公益诉讼工作,认真听取委员意见建议,把自觉接受民主监督落到实处。

2. 坚持区域协作。牵头召开渝川滇黔四省市检察机关赤水河、乌江流域生态保护联席会议,会签跨区域保护检察协作机制。推动建立渝川滇黔藏青六省市长江上游生态保护检察协作机制。同步开展四省三级检察长·河长"两长护河大巡察"活动,携手共推河湖生态治理和保护。遵义市检察院与四川省泸州市检察院联合建立赤水河流域司法保护协作机制。铜仁市检察院与梵净山、麻阳河、佛顶山三个国家级自然保护区管理局签订了加强生态环境保护协作配合的意见。

3. 坚持部门联动。依托大数据建设了"两法衔接"信息共享平台,与行政机关建立常态化沟通机制,通过采取联合督导、联合检查、联合挂牌督办等方式，达到与行政机关双赢多赢共赢的目标。安顺市检察院与市纪委监委联合出台《关于在公益诉讼中加强线索移送促进依法行政的若干意见》，形成维护国家利益和社会公共利益的合力。黔东南州检察机关高度重视传统村落保护，各个县检察院与传统村落所在乡镇政府签订《关于加强传统村落公益诉讼工作协作配合的意见》，用"检察蓝"添彩"贵州绿"。

（五）健全机制、强化保障，全力构建公益诉讼"贵州平台"

1. 完善制度机制助推公益诉讼工作创新发展。贵州省检察院出台了《关于全面加强新时代公益诉讼工作的意见》，从更新办案理念、明确工作重点、健全办案机制等方面提出 28 条措施，进一步厘清了思路、找准了方向、明确了重点。与公安、林业、环保等环境执法部门建立工作衔接机制，与省自然资源厅联合下发了《关于协同推进公益诉讼工作的实施意见》，有效聚集公益诉讼工作的合力。

2. 借助专家"外脑"助推公益诉讼工作创新发展。针对公益诉讼案件地域广、行业多、法律法规纷繁等特点，探索完善了生态环境保护专家咨询制度，选聘 5 名专家，参加重大、疑难、复杂案件研讨。成立了民事行政公益诉讼检察研究基地，推动培训、办案、研究三者的深层融合，共聘请 58 名专家作为基地特聘人员，推动"培训 ＋办案 ＋研究"协调发展、同步提升。召开公益诉讼一周年座谈会，邀请省人大内司委、省政协社法委、省纪委、省监委、省政府法制办、省公安厅等单位领导同志参加，通报工作情况，共商公益诉讼发展。

3. 依托大数据助推公益诉讼工作创新发展。加强公益诉讼类案线索智能化支持研究，开展检察智能辅助办案应用联合实验课题，探索水污染类型案件的线索采集、处理、分析及办案智能辅助。报送的《绿色卫士公益诉讼线索管理 APP》，获第二届全国检察机关信息化网络轻应用作品三等奖。贵阳市观山湖区、关岭县、天柱县等 40 余个检察院采用无人机协助公益诉讼调查取证 460 余次，人力节省 50％，效率提高 70％。贵州省检察院正在推进无人机辅助公益诉讼平台建设，将实行统一认证调度，强化图像数据的收集汇总、分析处理及证据转换，实现取证从"平面化"向"立体化"转变。

二、贵州检察公益诉讼的主要经验

贵州公益诉讼检察工作成绩突出，效果明显，有以下成功经验值得总结和肯定。

（一）始终坚持党的绝对领导

贵州省委高度重视公益诉讼试点改革，时任省委书记陈敏尔同志批示"要敢于向不负责任的政府机关'亮剑''叫板'，提起公益诉讼，为广大人民服务"。时任省委副书记、省委政法委书记谌贻琴同志要求"试点要出成效出经验"。省院党组多次向省委汇报公益诉讼检察工作重要部署、重大案件以及开展情况，依靠省委统一思想，推进公益诉讼检察工作。与此同时，各地党委加强领导，人大强化监督，也为公益诉讼检察工作的有效推进提供了保障。毕节市委将检察机关探索公益诉讼制度纳入"法治毕节"创建工作，毕节市人大常委会在《毕节市饮用水水源保护立法前期调研工作方案》中，将环境公益诉讼制度列为调研专题之一。黔西南州、铜仁市、六盘水市等党委对公益诉讼检察工作高度重视，主要领导亲自与市州院检察长共同研究部署公益诉讼检察工作，多次批示要求检察机关积极作为，对环境违法行为"零容忍"；要求行政执法部门积极配合，共享执法信息，为公益诉讼检察工作的顺利开展消除阻力。

（二）高度重视，组织有力

全省各级检察院将公益诉讼检察工作纳入党组议事日程，检察长靠前指挥，加强统筹和组织协调，为公益诉讼检察工作的顺利推进提供了强有力的组织保障。早在公益诉讼检察试点之时，省院及时研究制定了实施方案，明确阶段目标任务，坚持每半月调度通报。通过检察长督办令的形式加强督办，多次组织召开会议专题研究公益诉讼检察工作，解决困难和问题。基层院一把手挂帅，分管领导作为案件承办人全程参与案件审查及相关协调工作，保证案件顺利办理。

（三）注重与人民法院协调沟通

公益诉讼检察工作开展过程中，贵州省院及时向省高级法院通报了有关情况，共同交流了公益诉讼检察工作的重大意义和相关要求，就确保公益诉讼检察工作顺利进行达成诸多共识。目前，贵州公益诉讼案件判决数位居全国前列，也是得益于法院对中央这项改革决定重大意义的深刻认识，以及对贵州生态文明试验区建设重大意义的深刻认识。

（四）强化机制建设，规范案件办理流程

贵州省院在充分调研的基础上，率先制定了贵州省人民检察院《关于办理及审批公益诉讼案件的工作规定（试行）》《关于进一步加强和规范公益诉讼案件办理工作的通知》，明确了办案要点、审查期限、审批流程等，统一了审查终结报告等文书格式，对办案工作进行规范。各级检察院也纷纷出台案件办理规定，对办案流程、办案责任等内容进行细化和明确。为了规范办案和增强承办人员的办案能力和水平，省院多次组织公益诉讼庭审观摩，让承办人员直观感受和学习掌握调查取证、庭审应诉等操作技巧，规范办案行为，保证案件质量。

（五）实行"三同步"一体化办案工作模式，严格审查审批

成立了以独任检察官为主体的六个指导组，分别对应九个地区，"一竿子插到底"，对片区"同步跟进、同步指导、同步负责"，特别是案件审批权下放省级院后，坚持"每案诉前建议必须审核把关，每案必须有一个审结报告，每案必须进行一次检察官联席会议讨论"，上下随时保持联动沟通，同步对案件线索、诉前程序、拟起诉案件进行把关。设置三道程序关卡——员额制检察官审查、处室检察官联席会议讨论、分管检察长决定，尤其是在联席会议讨论或者分管检察长提出意见后，分片指导组第一时间联系传达指导意见，并保持沟通，跟踪督促落实，直到完成相关证据的补充后，再次提交联席会议讨论并向分管检察长汇报，经过数次反复打磨，严格案件质量标准。

第二节　检察公益诉讼专项监督

检察公益诉讼专项监督指在一定时期针对特定领域的公益损害，通过重点办理相关领域的典型案件，从而推动解决在该领域或某个行业存在的

普遍性问题，并将促进相关领域综合治理、行政机关建章立制、法律法规制度完善作为公益诉讼案件办理的延伸。专项监督与办理一般个案不同，专项监督重在通过系统性监督，全面发挥发现问题、提炼做法、总结成效、推广经验、建章立制各个流程的积极作用。开展公益诉讼专项监督有助于在监督过程中盯紧重点、抓好落实，发挥检察公益诉讼"办理一案、治理一片、警示一面"的积极作用。

公益诉讼检察制度确立以来，最高人民检察院在全国先后部署开展了"保障千家万户舌尖上的安全""公益诉讼守护美好生活"等公益诉讼检察专项监督活动。在此基础上，贵州省检察机关结合本地实际、体现本地特色，创新工作思路和方法，打造特色各异的贵州公益"子品牌"，推动形成贵州公益诉讼检察多元化品牌战略。

一、"碧水润家园"检察公益诉讼专项工作

为全面落实习近平生态文明思想和关于推动长江经济带发展的重要战略，进一步发挥公益诉讼检察"执法办案 + 调研总结 + 制度治理"的职能作用和工作优势，破解大江大河、湖泊水库保护"上下不同心、两岸不同行"等难题，护好水生态，打好碧水保卫战。2020 年 3 月 10 日印发《全省检察机关公益诉讼检察部门开展"碧水润家园"检察公益诉讼专项工作方案》，组织开展"碧水润家园"检察公益诉讼专项工作。

（一）"碧水润家园"检察公益诉讼专项工作产生的背景

水是生命之源、生产之要、生态之基。检察机关部署开展"碧水润家园"检察公益诉讼专项工作，是践行习近平生态文明思想的重要举措，是服务全省经济社会发展大局的重要举措，也是深耕拓面检察公益诉讼传统领域的重要举措。

1. "碧水润家园"检察公益诉讼专项工作是践行习近平生态文明思想的重要举措。2018 年 5 月召开的全国生态环境保护大会，确立了习近平生态文明思想。习近平总书记在会上作了《推动我国生态文明建设迈上新台阶》的重要讲话，强调生态文明建设是关系中华民族永续发展的根本大计。生态环境是关系党的使命宗旨的重大政治问题，也是关系民生的重大社会问题。水生态环境保护是习近平生态文明思想的重要组成部分。习近平总

书记在讲话中，就水生态环境保护作出重要指示："绿水青山就是金山银山"，"要深入实施水污染防治行动计划，打好水源地保护、城市黑臭水体治理、渤海综合治理、长江保护修复攻坚战，保障饮用水安全，基本消灭城市黑臭水体，还给老百姓清水绿岸、鱼翔浅底的景象"。

2. "碧水润家园"检察公益诉讼专项工作是服务全省经济社会发展大局的重要举措。"山多地少，石多土少，雨多库少"是贵州省情水情的典型特征，工程性缺水是贵州发展的主要短板。贵州是全国唯一没有平原支撑的省份，山地和丘陵占了贵州省土地总面积的92.5%。境内喀斯特地貌占贵州省土地总面积的73.6%，达13万平方公里，石漠化现象严重，大量岩石裸露，土地资源较少，土层较薄，留不住水。贵州境内河流众多，河网密布，水资源总量达到1062亿立方米，人均占有量2800立方米，高于全国平均水平，属于丰水地区。但由于水资源时空分布不均，河流切割深，田高水又低，加上水利工程欠账多，蓄水能力差，近70%的降水在雨季就流失了。通过近年来的努力，2019年底，全省水利工程年供水能力达到123.7亿立方米，但水资源利用率还不到全国平均水平的一半。

如何科学配置水资源、节约保护水资源、大力发展水生态是贵州高质量发展的关键所在。加快推进水生态文明建设，既是国家行动，更是贵州守好"两条底线"、守住两江上游生态屏障、实现后发赶超的重要途径。开展"碧水润家园"检察公益诉讼专项工作，助力水资源、水环境、水生态保护，是检察机关服务全省经济社会发展大局的重要举措，是检察工作主动融入全省工作大局的具体体现。

3. "碧水润家园"检察公益诉讼专项工作是深耕拓面公益诉讼传统领域的重要举措。生态环境和资源保护领域是检察公益诉讼"4＋1"传统领域之一，水生态环境保护是生态环境和资源保护领域的重点内容。近年来，全省检察机关主动履职作为，通过诉前检察建议、提起公益诉讼等方式，办理了一批涉水公益诉讼案件，促进负有水环境、水资源监督管理职责的行政机关依法履职、堵漏建制，落实违法者必须为恢复受损水生态"买单"，助力水生态环境保护，取得了较好成效。在科学分析总结全省办案实践的基础上，从公益诉讼主动融入国家治理的角度出发，贵州省检察院创造性提出了"执法办案＋调研分析＋立法规章检察建议→制度机制建设"的全省公益诉讼检察工作思路，安排部署了"碧水润家园"检察公益诉讼专项工作，为水生态环境保护公益诉讼深耕拓面指明了方向，即通过办理涉水公益诉讼案件，对带有普遍性、典型性、类案性、领域性、行业性公益损害行为和监管失位错位等问题进行分析研判，形成综合报告，向行业主管部门、政府监管部门提出改进工作检察建议。对需要立法解决的，提出立法建议，推动地方立法保护相关公益。把推动公益问题综合治理、行政机关建章立制、法律法规制度完善作为公益诉讼执法办案的自然延伸和重要组成部分。

（二）"碧水润家园"检察公益诉讼专项工作的主要经验

1. 建立了一批跨区域检察协作保护机制。

一是启动全省检察机关乌江流域保护检察协作行动。2020 年 7 月 28 日，为构建长江上游生态屏障提供有力的检察服务和保障，贵州省检察院组织省内涉乌江 7 个市州检察机关在遵义召开贵州省检察机关乌江流域保护检察协作行动启动会，共商乌江流域被保护检察工作。要求全省检察机关在乌江流域保护检察工作中，要在协作的主动性上下功夫，实现思想同步；要在协作的针对性上下功夫，实现无缝对接；要在协作的互补性上下功夫，实现资源共享；要在保护与发展上下功夫，助力落实"六稳""六保"。7 个市州检察机关签署了《乌江流域保护检察协作行动方案》，开启了贵州各级检察机关对"乌江流域"齐抓共管新模式。

二是黔渝两地签署跨省协作协议，共同守护乌江流域生态环境。2020 年 8 月 6 日，强化乌江流域跨区域生态环境公益诉讼检察协作意见会签暨人大代表视察联络活动在重庆市彭水县举行。重庆市院、贵州省院，重庆市院五个分院和贵州遵义、铜仁市院的部分领导干部，9 名全国和重庆市人大代表参加相关活动。遵义市院、铜仁市院、重庆市院第三分院、重庆市院第四分院共同会签了《关于强化乌江流域跨区域生态环境公益诉讼检察协作机制的意见》，将共同推进乌江流域生态环境治理与保护工作落地见效。

三是同步同行、真抓实干，再书长江上游保护检察协作新篇章。2020 年 9 月 24 日，第二届渝川黔滇藏青六省（区、市）检察机关长江上游生态环境保护检察协作联席会在四川省都江堰市召开，贵州省就开展长江上游保护检察协作的情况作了《同步同行真抓实干再书长江上游保护检察协作新篇章》的交流发言，提出了四点建议：坚持思想同步，进一步在协作的主动性上下功夫；聚焦公益核心，在协作的侧重点上下功夫；做好衔接互动，在协作的切入点上下功夫；加大培训交流，在协作的专业性上下功夫。

四是建立了一批跨区域协作机制。第一，围绕跨省主要河流，签订了一批跨省协作机制：赤水市院与四川省古蔺县院签订了《关于开展接壤地自然保护区野生动植物资源保护跨省检察协作意见》，天柱县院与湖南省会同县院签订了《清水江流域生态环境保护检察公益诉讼工作协作机制》，黔南州院与广西河池市院签订了《红水河流域生态环境资源保护协作配合机制》，黔东南州院和广西柳州市院签订了《柳江流域生态环境资源保护协作配合机制》。其中赤水市院与古蔺县院签订的协作机制被最高检官方微信、微博报道，被认为是"将跨区域保护司法协作全面升级为2.0版"。第二，围绕省级重点河流，签订了一批省内跨区域协作机制：仁怀市院与金沙县院签订了《关于开展九仓河生态环境保护的协作机制（试行）》，遵义市播州区院与金沙县院签订了《关于开展偏沿河生态环境保护的协作机制（试行）》。清水江黔东南州流域范围内9家检察机关会签了跨区域协作机制。修文县院与黔西县院签订了《关于开展野纪河流域生态环境保护检察工作的协作意见》。毕节市检察机关与相邻的云南省、四川省，贵州省贵阳市、安顺市等地检察机关建立10个跨流域公益诉讼协作机制，就线索移送、信息共享、协助调查、后续跟踪监督等达成一致意见。罗甸、长顺、紫云三县检察院会签了《关于开展蒙江源格凸河流域生态环境保护检察工作的协作机制》。通过建立一批跨区域协作机制，开启了流域齐抓共管的新局面。

2. 落实区域协作机制取得一定成效。全省各级检察机关根据跨区域协作机制，采取案件线索移送、联合巡察、两长巡河等方式强化区域协作，取得了一定成效。

一是办理了一批跨区域公益诉讼案件。如毕节市检察机关办理云南、遵义等相邻的省、市移送的涉水域公益诉讼案件线索6件，移送1件案件线索给云南省检察机关。遵义市检察机关按照协作机制，移送乌江、赤水河流域案件线索23件，接受案件线索5件。六盘水市院按照《乌江流域保护检察协作行动方案》，积极将摸排发现的黔中枢纽工程平寨水库涉毕节织金、纳雍的2件案件线索移送毕节市检察院；钟山区院根据《关于开展三岔河流域生态环境保护检察工作配合协作意见（试行）》向威宁县检察院移交涉三岔河流域案件线索2件。贵州省院、安顺市院、关岭县院三级联动，对关岭县与六枝特区跨行政区域饮用水水源环境污染案联合立案办理。省院从案件管辖、调查取证、监督节点、适用法律等方面对该案的办理切实加强督导，安顺市院与关岭县院加强与行政机关的磋商，并通过向负有监管职责的行政机关发出诉前检察建议等方式，切实推动问题整改。

二是组织开展联合巡察。各地采取"河长+检察长"巡河、与行政机关联合巡察、相邻检察机关跨流域联合巡河等方式，积极摸排水生态水环境公益诉讼案件线索。如2020年"贵州生态日"期间，安顺市检察机关联合各级河长办开展"保护母亲河水环境，共创安顺文明城市"为主题的"两长巡河护河"活动，安顺市各县（区）检察院和黔南州两个县检察院的检察长7人、各级河长10人及河长制各成员单位13个共计40余人参加，该做法获《检察日报》头版宣传报道。毕节市检察机关参加相邻省、市"两长"护河巡河7次，其中2次为跨流域护河巡河。遵义市检察机关主动加强与行政机关的协作配合，遵义市院联合市水务局等五家单位联合印发《遵义市生态环境资源行政执法与刑事司法衔接配合工作制度》，并牵头召开了市水务局、市综合行政执法局等参加的遵义市生态环境与资源保护领域"6+1"联席会议。道真县院牵头召开了县综合行政执法局、县水务局、县环保局等12家行政机关参加的联席会议，健全公益诉讼沟通协作长效机制。赤水市院联合古蔺县院、森林公安机关对接壤地赤水市丹霞世界自然遗产核心区和古蔺县省级自然保护区黄荆老林开展联合巡查。贵州省沿河、重庆市酉阳两县检察院根据会签的《关于开展乌江河流域保护生态环境检察工作协作意见（试行）》，邀请两县人大代表、政协委员联合开展"巡乌江、保生态"活动，并座谈交流，取得了较好的区域协作成效。天柱县院与湖南省会同县院召开联席会议，积极商讨清水江流域生态环境保护工作，并在交叉水域开展联合执法行动。黔南、六盘水、贵阳等地也积极结合"两长"护河巡查机制，对重要河流、湖泊开展巡河，全面排查案件线索，推动问题整改，取得较好成效。

3. 办理了一批涉水公益诉讼案件。专项工作开展以来，全省检察机关积极履职，推动解决了一批河流污染、水源地污染、工业废水污染、城镇污水处理设施建设管理不到位等水环境治理问题，促进负有水环境、水资源监督管理职责的行政机关依法履职、堵漏建制，落实违法者必须为恢复受损水生态"买单"。如遵义市检察机关聚焦"一江一河"生态环境与资源保护，发出诉前检察建议 83 件，提起刑事附带民事公益诉讼 15 件，通过办案督促补植林木 498 亩，共计 11 万株，增殖放流鱼苗 33 万尾。毕节市金沙县院在开展专项工作中，针对该县 18 个乡镇 281 个千人以下饮用水水源点存在未划定保区、无界标、农业面源污染等问题发出诉前检察建议 18 件，监督责任单位履职整改，通过公益诉讼助力农村饮用水安全。黔西南州检察机关紧紧围绕河湖污染突出问题，凝聚合力解难题惠民生，聚集多方合力守住碧波清水，以河湖违法水产养殖、违法设置排污口等切入点，督促行政机关清理河道 10 公里、清理水域面积 30 余亩、增殖放流 10 万余尾。普安县院办理的某镇历史废弃煤窑污水直排案，通过向相关职能部门发出诉前检察建议，推动政府积极聘请专家编制方案，并投入 200 余万元资金进行专项治理。黔东南州院针对跨区域某水库存在的环境污染问题，与州生态环境局进行联合调查，联合向分管副州长汇报，副州长主持召开该水库环保问题整改专题会议，州检察院、州生态环境局、州水务局、州生态移民局、州自然资源局及相关县政府及相关部门参加会议，明确各条线整改任务和时间，明确各部门职责，切实推进该水库问题整改，取得较好成效。

4. 主动服务大局，引领专项工作深化开展。

一是主动服务脱贫攻坚大局。如某县院在办理案件过程中，主动服务人民群众需求，在脱贫攻坚主战场上彰显检察担当，为全面决胜脱贫攻坚提供法治保障。该院在履行公益诉讼检察监督职能中发现，该县某部分居民在辖区内河流行洪河道内违法搭建临时建筑物，在码头上摆摊设点经营小吃餐饮，影响河流行洪安全，损害了社会公共利益。在依法向负有监管职责的县水务局和乡人民政府提出行政公益诉讼诉前检察建议后，检察机关充分考虑当地群众的具体困难，不能一拆了之，积极与县水务局、乡人民政府和当地社区对接沟通，共同协商，有效有序合理引导摊点经营群众将摊点迁移到政府修建的安全场所集中经营，既顺利拆除违章建筑，消除行洪安全隐患，又切实兼顾了人民群众的切身利益，取得了良好的社会效果。

二是主动服务疫情防控大局。如六盘水市检察机关主动强化重点水源污染监督，助力疫情防控。盘州院结合疫情防控工作实际情况，把水环境疫情防控作为一项重要内容来抓，重点对盘州市 3 个县级一级保护区水源和 23 个乡镇级一级保护区水源进行走访调查，了解饮用水水面是否存在漂浮医用口罩及生活垃圾等疾病传播污染源，督促相关部门加强饮用水水质监测，同时到各私立医院、乡镇卫生院摸排医疗废水处置问题，共发现医疗废水处置问题 5 个，摸排线索立案 5 件，发出诉前检察建议 5 件，预先防止因医疗废水处置不当可能带来的疫情扩散风险。钟山区院重点对辖区两个县级饮用水水源进行走访调查，了解饮用水面是否存在各类垃圾污染水面传播病毒、细菌问题，同时到周边各私立医院、乡镇卫生院摸排医疗废物、废水处置情况，共发现不规范处理医疗废物问题 1 个，摸排线索立案 2 件，并通过诉前磋商机制，协调相关部门进行解决，杜绝居民区医疗垃圾和生活垃圾混装、混同处理情况。凯里市院在 2020 年 3 月新冠疫情期间，针对市疾控中心发现乡镇中学末梢水总大肠菌群检出不合格、菌落总数超标、大肠埃希氏菌检出不合格等问题线索，立案 15 件，依法向教育局、乡镇人民政府、水务局等部门发出诉前检察建议 15 件，督促落实校园饮用水安全保障责任，助力疫情防控，有效保障乡镇中学复学。

三是聚焦《2019 年长江经济带生态环境警示片》所涉问题整改。六盘水市钟山区院制定出台《关于 2019 年长江经济带生态环境治理问题清单工作方案》，就实地走访、调查取证、检测与鉴定、案件分析研判等工作措施作出安排部署，市院联合钟山区院先后到钟山区机械肉联厂、钟山区金竹大道、月照金钟污水处理厂、月照养生谷景区、钟山区九洞桥污水处理厂等地开展现场走访调查，全面掌握问题整改进度。加强与水务、住建等行政主管部门沟通，确保问题如期整改完成，为水城河污染防治工作贡献检察力量。

此外，各级检察机关紧盯群众关注的热点、焦点问题，积极开展二次供水、黑臭水体等污染问题公益诉讼工作，取得较好成效。如某市和辖区内某区院联合办理的某河流污染案，举行公开听证会，听证员一致认为，该河道内水体污染严重，对周边居民特别是附近中学教学活动及师生身心健康造成恶劣影响，相关行政部门存在怠于履职的情形，建议检察机关尽快制发诉前检察建议，督促相关行政职能部门全面履行职责，使受损公益得到及时有效恢复。市检察院根据听证意见于 6 月 4 日分别向区住房和城乡建设局、市生态环境局制发诉前检察建议。

5. 多措并举，助推整改落地见效。专项工作中，各地检察机关充分利用增殖放流、补植复绿等修复生态环境的重要手段，促进整改落地见效。

如某县院办理的李某某等 7 案 8 人非法捕捞水产品刑事附带民事公益诉讼案，法院判处被告人向指定地点投放 474.7 公斤鱼苗。5 月 29 日，某县人民检察院联合县法院、县海事处、县农业农村局、某镇政府、某镇派出所 6 家单位对涉案的鱼苗进行投放，共在乌江水系增殖放流 2 万尾鲤鱼，及时督促行为人修复受损渔业生态环境资源。某县院针对贾某等 6 人在乌江流域非法毒鱼的行为提起刑事附带民事公益诉讼，法院判决 6 被告人承担 291609 元的渔业资源和生态损害修复费用，并在省级以上媒体公开赔礼道歉，《贵州日报》等媒体对该案进行了宣传报道，引起强烈的反响。钟山区院为保护三岔河上游生态环境，实现源头绿水青山，主动与钟山区自然资源局、钟山区森林公安局、钟山区大湾镇人民政府多次协商，在大湾镇大箐村韭菜坪景区范围内建立补植复绿基地 3000 亩，会签了《关于在涉林案件补植复绿修复生态工作实施方案》，并于 2020 年 4 月 13 日在钟山区大湾镇大箐村韭菜坪景区举行补植复绿基地揭牌仪式暨义务植树活动，实现复绿 35 亩，种植雪松 500 余株。黔西南州检察机关在生态环境领域针对行政机关怠于履行监管职责，发出诉前检察建议 51 件，督促清理生活垃圾、固体废物 2000 余吨，清理河道 10 公里，清理水域面积 30 余亩，增殖放流 10 万余尾，整治畜禽污染养殖场 1 个，开展补植复绿，种植苗木 14000 余株，恢复林地 60 余亩。

二、"农村人居环境整治"公益诉讼专项工作

为深入贯彻习近平总书记关于乡村振兴和改善农村人居环境的重要指示精神，以及贵州省委、省政府关于抓好"三农"领域重点工作确保如期实现全面建成小康的实施意见，充分发挥检察职能作用，助力改善全省农村人居环境，打好脱贫攻坚战，如期实现与全国同步全面建成小康社会。

2020 年 4 月 8 日印发贵州省人民检察院第八检察部《关于开展"农村人居环境整治"公益诉讼专项工作的通知》，在全省开展为期一年的"农村人居环境整治"公益诉讼专项工作。

（一）"农村人居环境整治"公益诉讼专项工作开展的背景

1. 农村人居环境整治是中央一号文件部署的重要工作。2019 年 2 月 19 日，中共中央、国务院发布 2019 年中央一号文件——中共中央、国务院

《关于坚持农业农村优先发展做好"三农"工作的若干意见》，部署了农村人居环境整治 3 年行动，全面推开以农村垃圾污水治理、厕所革命和村容村貌提升为重点的农村人居环境整治，确保到 2020 年实现农村人居环境阶段性明显改善，村庄环境基本干净整洁有序，村民环境与健康意识普遍增强。2020 年 1 月 2 日，中共中央、国务院发布 2020 年中央一号文件——中共中央、国务院《关于抓好"三农"领域重点工作确保如期实现全面小康的意见》，提出要扎实搞好农村人居环境整治。要分类推进农村厕所革命，全面推进农村生活垃圾治理，梯次推进农村生活污水治理，开展农村黑臭水体整治，推进"美丽家园"建设等。

2. 农村人居环境整治是省委部署的重点工作。贵州省 2018 年启动《农村人居环境整治三年行动》，提出到 2020 年，全省各地全部实现村容村貌整洁。加强村庄通组路、串户路建设；以庭院硬化和"三治"为重点，全面清理乱堆乱放、乱贴乱画、乱搭乱建；加强村庄农房风貌引导和管控；推进村庄绿化建设。加快推进基础设施、生活垃圾污水治理、厕所革命等方面提档升级。推进农村户用卫生厕所改造和建设，到 2020 年力争完成改造建设 172.76 万户，全省农村户用卫生厕所普及率达到 85% 左右；加快村庄污水处理设施建设，推广贵州省示范小城镇"1 + N"经验，推进县域农村生活污水治理统一规划、统一建设、统一管理；确定实现垃圾分类全覆盖和取缔垃圾露天堆放、简易填埋的时间表，到 2020 年力争实现 90% 的村庄生活垃圾得到治理。到 2020 年，基本建成生态宜居的美丽乡村。

2020 年是决战脱贫攻坚、全面建成小康社会目标决胜之年，也是农村人居环境整治 3 年行动收官之年，做好农村人居环境整治工作至关重要。部署开展全省检察机关"农村人居环境整治"公益诉讼专项工作，是检察机关主动融入乡村振兴战略大局，服务经济社会发展的重大举措。通过充分发挥公益诉讼检察职能作用，积极推行绿色发展方式和生活方式，加强农村水源保护，强化垃圾、污水治理，加强畜禽粪污治理和利用，减少农业面源污染，促进人与自然和谐共生、村庄形态与自然环境相得益彰，助力改善全省农村人居环境，为全省打好脱贫攻坚战、如期实现与全国同步全面建成小康社会提供有力司法保障。

（二）"农村人居环境整治"公益诉讼专项工作的指导思想和目标任务

坚持以习近平新时代中国特色社会主义思想为指导，充分运用政治智慧、法律智慧和监督智慧，主动担当作为，以建设美丽宜居乡村为导向，以整治农村生活垃圾污染、畜禽粪便污染、农药化肥污染、黑臭水体治理及基础设施等为主攻方向，切实改善全省农村人居环境，不断增强人民群众的幸福感、获得感、满足感，为决胜脱贫攻坚战、助力乡村振兴贡献贵州检察力量。

通过开展专项行动，促进负有监督管理职责的行政机关依法履职，提高对农村人居环境的治理能力；落实违法者必须为恢复受损公益"买单"，促进受损公益及时得到修复。并通过专项行动推动本辖区农村人居环境问题的综合治理，结合辖区内自然村寨生活污染、农业污染、公共基础设施建设等现状特点、危害后果、监管漏洞以及对策建议，形成农村人居环境检察保护专项报告，推动全省农村人居环境持续改善。

（三）"农村人居环境整治"公益诉讼专项工作的主要做法和取得实效

1. 多渠道拓展案件线索来源。全省各级检察机关聚焦公益保护，坚持主动出击，及时收集损害公益线索，有效制止损害公益行为，服务保障经济社会发展，多渠道拓展案件线索来源。一是黔西南州检察机关建立了公益诉讼特别检察官助理制度。聘请相关职能部门业务骨干人员作为特别检察官助理，积极提供案件线索。二是遵义市、黔西南州建立举报奖励制度，出台公益诉讼案件举报线索奖励办法，明确奖励条件、举报方式，根据案件性质、监督效果、挽回损失等情况给予举报人相应的经济奖励，并公布举报电话、举报邮箱、举报网站和微信公众号。如桐梓县院出台《桐梓县人民检察院公益诉讼线索举报奖励办法（试行）》，开展乡村巡察，设立举报信箱、公开举报电话。三是充分用好"两法衔接""12345"等平台。通过利用行政执法与刑事司法衔接平台、12345 热线、互联网信息搜索等平台，重点关注农村人居环境污染、行政执法等信息，及时发现问题，深挖案件线索。四是充分利用"无人机 +大数据"的方式，开展线索排查，最大限度地扩大线索来源。关注公益损害社会热点资讯，追踪挖掘涉及民生的公共事件。五是遵义市桐梓县院探索建立公益诉讼观察员制度，聘任200余名生态观察员，由生态观察员向检察机关举报生活垃圾任意处置等问题线索5件，经核实并立案3件。

2. 内外联动，形成专项合力。全省检察机关采取内外联动，多方式多参与，统一协调，抓好"一盘棋"的格局的方式做好"农村人居环境整治"公益诉讼专项工作。一是积极与行政机关沟通协调，建立健全长效监督机制。在办案中及时与环保、自然资源、林业等行政部门沟通，完善信息共享、线索移送、案件协查、结果反馈等工作机制。2020年7月，最高检与自然资源部确定贵州为耕地保护民事公益诉讼试点地区，省检察院与省自然资源厅联系协调，充分沟通，最终与省自然资源厅在信息共享、案件移送、技术咨询等方面达成协作共识，并根据全省非法占用耕地现状，选定两个县（区）作为耕地保护民事公益诉讼试点县。2020年9月，省院第八检察部、省自然资源厅执法部门联合到试点县对所涉案件进行分析研判，督促指导。截至目前，已立案耕地保护民事公益诉讼案件4件，均已发出诉前公告。黔东南州联合州人大、州住建委对传统村落存在的风貌破坏、污水治理、古树名木挂牌保护等问题进行专题调研。黔南州检察院与黔南州扶贫开发办公室签订了《关于建立扶贫领域公益诉讼线索移送及办案衔接机制的意见》。二是全面加强内部协助配合机制。积极探索关于建立公益诉讼内部协作机制的管理办法，统筹力量共同推进，打破部门界限，紧密联系，积极沟通，健全案件线索移送、办理、反馈机制，在线索摸排、证据收集等方面加强协作配合，共同促进公益诉讼工作的有效开展。如开阳县院制定了《关于加强公益诉讼工作内部协调配合的规定》，加强与本院各业务部门的联系配合，建立单位内部职能部门间的线索移送机制，从中拓展案源，发现案件线索。三是加强与管辖法院的沟通交流。扎实做好庭前准备工作，确保庭审效果，在庭审前对出庭人员安排、出庭预案制定、庭审过程模拟等环节均进行周密安排和部署，主动加强与管辖法院的联系，就公益诉讼案件事实和法律适用等问题进行沟通研判，为庭审工作顺利开展做好充分准备，进一步提升农村人居环境检察监督效果。

3. 注重协作配合，实现双赢多赢共赢的良好办案效果。专项工作开展以来，一是积极采取检察建议公开宣告送达、诉前公开听证、圆桌会议等多种形式举行公开听证，全面提升公众在监督案件办理、推动问题整改、评估检察建议整改成效等环节的参与度，增强检察建议刚性，彰显执法公信力。如安顺市镇宁县院办理的某村传统村落河道违法建筑清理案，检察机关依法向负有监管职责的县自然资源局、水务局、住房和城乡建设局以及市场监管局发出诉前检察建议后，主动邀请人大代表、政协委员与被监督的多家行政机关共同召开圆桌会议，充分听取意见建议，共商整改措施，最终推动该传统村落河道违法建筑全部予以拆除，取得较好的监督效果。二是积极督促磋商，实现诉前最佳司法状态。针对发出的检察建议积极与被监督行政机关沟通磋商，坚持监督与支持并重，把用诉前程序实现监督目的作为办案最佳状态，通过"对话"减少"对抗"，促进行政机关依法履行职责。如某区院办理的某镇人民政府怠于履行对某河河流环境管理职责案，在送达检察建议时同步与镇人民政府镇长加强沟通，就具体整改事宜进行磋商。检察长亲自带队到现场督促整改，促进该镇某村一组村居环境得到整治，垃圾收运规范，既维护了村民居住环境，也对河流的污染治理发挥了积极作用。

4. 主动服务疫情防控工作大局，助力农村疫情防控源头安全。专项工作开展以来，全省各级检察机关主动将疫情防控工作融入"农村人居环境整治"专项工作中，组织开展"疫情防控"检察公益诉讼专项监督活动，深入走访、排查乡镇、街道办和乡村，针对排查中发现的农村野生动物养殖点动物防疫中存在的监管漏洞和疫情期间农村生活垃圾、废弃口罩和乡镇卫生院等医疗废物收集处置不规范的问题，依法对负有监管职责的行政机关发出诉前检察建议。积极推动林业、农业农村、市场监管等加大对辖区内野生动物养殖点的监管力度，完善动物防疫制度，加强畜禽养殖污染防治；促使乡镇和街道办增设废弃口罩专用垃圾桶，积极助力农村地区的疫情防控工作。其中，安顺市某区检察院办理的区农林牧水局等怠于履行畜禽废弃物无害化处理监管职责案，入选全省"抗疫扶贫"六件典型案例之一。

5. 加大对下指导力度，确保专项工作落到实处。一是领导亲自办案。着力加强案件指导力度，各级院分管副检察长专门听取工作汇报，就相关工作进行部署和指导，并带队多次前往市行政机关沟通交流案件线索情况，为案件的办理提供了有力的组织保障。三级院分管领导直接参与案件办理，有力地推动了案件的办理，使案件取得了良好的监督效果。二是强化对下指导。专项工作开展期间，省、市（州）院充分发挥办案一体化制度优势，省院第八检察部对各市州院实行员额检察官分片区指导制度，明确责任到人，有针对性地指导各市州院开展专项工作；同时对办案人员严重不足的基层院，部分市州院直接抽调骨干力量到基层院帮助办案。如针对晴隆、安龙人员不足问题，黔西南州院公益诉讼检察部门分别抽调 1 名办案骨干到基层院帮助 3 个月，大大提高了基层院办案效率。

三、传统村落保护专项监督

传统村落，指保留了悠久历史沿革，具有独特民俗民风，与自然环境相连，虽经历久远年代至今仍为人居住生活的村落，是不可再生、不可复制的中华民族社会变迁"活化石"。党的十八大以来，习近平总书记多次强调，建设美丽乡村，"不能大拆大建，特别是古村落要保护好"。但随着农村发展，过度商业开发导致传统村落衰落，居民改善居住条件和传统村落保护之间矛盾凸显，代表传统村落特色的传统文化、自然生态遭到不同程度破坏，私搭乱建、无序开发频频发生，导致村容村貌受损、环境污染严重，危及传统村落的存续和发展，传统村落保护面临困境。因此，通过检察公益诉讼实现对传统村落文化的保护，势在必行。

（一）传统村落文化保护的必要性和紧迫性

目前贵州省累计有 725 个村寨列入中国传统村落名录，数量位居全国第一，尤其是黔东南州现有 409 个中国传统村落，占全国的 6.01%、占全省的 56.4%，是全国传统村落最多的自治州。这些传统村落具有深厚的历史信息，拥有丰富的人文文化与自然资源，在历史、文化、科学、艺术、经济、社会方面都蕴藏了不菲价值。可以说，传统村落不仅承担了传承历史文化的积极作用，而且对于推进生态文明建设等具有重要意义。但检察机关在监督中发现，与传统村落发展美好前景不符的是，传统村落建房缺乏规范引导，传统村落整体风貌不佳，污染破坏问题较为普遍，产业发展相对滞后等问题较为突出，村民对美好生活的需求与现实情况不对称，成为了传统村落保护和发展的瓶颈。对此，2018 年，黔东南州检察机关率先在全国创新开展传统村落保护和发展专项监督行动，深刻剖析和分析了当前制约传统村落保护的主要问题。

1. 传统村落规划设计不合理，"两违"问题突出。实践中发现，多数传统村落的规划设计不适合村落发展需要，不利于村落的保护和发展。群众以满足自身需要为前提，未按建房程序进行申请，不按传统村落保护要求随意建房，而对于目前农村普遍存在的"两违"现象，由于种种原因导致执法力度不强，"两违"问题特别是公路沿线传统村落占用农田建房现象严重。

2. 人文、自然资源遭受破坏的情形仍然存在，生态环境保护迫在眉睫。贵州省传统村落大多数具有风光秀丽、景色宜人、民族风情浓郁的特点，具有发展旅游业的天然优势。但长期以来，农村基础设施不完善，环境综合整治建设项目建设落后，生活污水随意排放、生活垃圾处理不及时、不规范的情形较为普遍，导致村容村貌遭受严重破坏，严重影响了群众的正常生产生活。代表传统村落文化的特色建筑、古树名木、历史遗迹未得到有效保护，致使传统风貌破坏严重。有的虽然以传统村落为招牌发展旅游业，但由于缺乏规划、缺乏配套基础设施，严重影响了传统村落景区整体形象和声誉。

3. 传统村落村民参与缺乏主动，产业发展引导不够。村民作为传统村落的主人，理应是传统村落保护的参与者，但现状不容乐观。村民参与保护的渠道和机会较少，主动参与意识不强，没有意识到传统村落保护的价值和意义。由于产业发展引导不够，村民得到的实惠少，反而在建房等方面受到诸多限制，慢慢地对传统村落保护失去了热心、信心和耐心。

（二）传统村落保护的公益诉讼检察模式

对此，贵州省检察机关结合地方特点，深入研究发展需要，走出一条有贵州特色的传统村落保护道路。

1. 坚持多方发力，形成传统村落保护合力。传统村落保护是一个系统性工程，需要多方发力，形成合力才能有效。检察机关在公益诉讼办案中敦促各级政府及有关部门要严格对照相关法律法规，认真梳理各自法定职责，严格执行法律规定的保护和发展措施，逐条逐项对照落实推进。如针对传统村落易发火灾这一问题，促使应急管理部门强化消防安全隐患排查，提高火灾防控能力。在传统村落集中的地区成立专门的管理机构，统筹安排传统村落规划、建设和资金使用，确定权责主体，建立保护责任追究机制。加大对村民新建改建住房的审批引导力度，切实防止村民拆旧建新破坏整体风貌。加大宣传，通过多种形式宣传传统村落保护相关知识，引导群众自觉遵守法律法规建房，进一步增强村民的荣誉感和自豪感，营造共同保护的良好氛围。

专项监督开展以来，黔东南州检察机关紧紧围绕州委提出的"民族文化和生态环境"两个战略，充分发挥公益诉讼检察职能，共发出诉前检察建议 577 件，通过专项活动，督促清理传统村落各类生活垃圾 591 吨，整改集中饮用水水源地 25 个，抢救传统村落古建筑、古文物 32 个，促进传统村落保护资金落地 1.57 亿元。某县检察院诉该县某镇人民政府怠于履行传统村落保护职责案，为全国首例保护传统村落行政公益诉讼案，得到住建部高度关注，入选最高检公益诉讼全面实施两周年典型案例，被最高法评为 2019 年度人民法院环境资源审判六个值得关注的案例之一。省检察院联合最高检影视中心在雷山县格头村拍摄了全国首部反映公益诉讼保护传统村落为主题的微电影《古寨新传》，该片已在 2020 年全国两会前夕播出，社会反响良好。运用公益诉讼保护传统村落的探索和实践，推动地方立法，2020 年 4 月 29 日，黔东南州人大表决通过修改《黔东南苗族侗族自治州民族文化村寨保护条例》，增加："检察机关针对行政机关违法行使职权或行政不作为，破坏传统村落、损害国家利益或社会公共利益的，可以依法提起行政公益诉讼"，在全国首次明确将传统村落纳入公益诉讼范畴。

2. 精准发展定位，激发传统村落活力。在开展传统村落公益保护专项过程中，检察机关没有仅仅停留在保护的目标上，更重要的是促进发展，贵州省检察院领导在黔东南州榕江县人民检察院调研时，明确提出："检察机关传统村落保护专项工作要把保护与发展结合起来。"加大对传统村落的保护力度，引导村民因地制宜，适度发展乡村旅游、特色产业，让村民从保护中得到实惠，增强村民"我要保护"的自觉，真正让传统村落的经济在保护中发展起来。

通过遵循保护优先、兼顾发展，合理利用、活态传承的原则，检察机关探索传统村落保护和发展创新模式，打造一批保护传承和环境整治效果比较突出的传统村落品牌，同时注意满足群众改善住房需求。因地制宜对每一个传统村落实际认真分析，精准定位，不盲目开发利用和轻视保护，找出一条适合自身的发展路子，激发传统村落活力。如黔东南州检察院在探索传统村落保护发展新模式过程中，通过精准定位，突出保护与发展特色元素，在雷山现有的 68 个传统村落中最终选择了素有"中国秃杉之乡"的中国传统村落———雷山县方祥乡格头村作为试点，由州检察院倡议发起，相关行政职能部门、旅行社、格头村民委员会等共同参与下，黔东南州检察院与州文体广电旅游局、州住房和城乡建设局、雷山县人民政府共同签订《黔东南州传统村落保护和发展（雷山试点）框架协议》及格头村村民委员会分别与五家旅行社签订《格头村传统村落旅游战略合作协议》，形成"政府 + 文旅公司 + 合作社"的传统村落发展新模式，书写了生态环境公益诉讼检察新篇章。

传统村落往往有成百上千年历史，留存到今天非常不容易，必须在全面梳理、深度认识、尊重认同的基础上开展保护，不能急功近利。在保护传统村落的同时要注重适度发展，因地制宜，打造传统村落特色品牌、特色产业，为村民带来实实在在的好处，让村民主动参与传统村落保护，自觉保护好传统村落。

四、红色文化保护专项监督

红色是中华人民共和国的底色。红色文化遗址是中国共产党领导各族人民进行新民主主义革命的历史见证，是革命精神、红色基因的重要载体，是激发爱国热情、振奋民族精神的浓厚滋养。2018 年 5 月 1 日正式实施的《英雄烈士保护法》以特别法授权的方式赋予检察机关提起英烈保护民事公益诉讼的重要职能，对捍卫英烈姓名、肖像、名誉、荣誉发挥了积极作用。最高人民检察院随即下发了《关于贯彻〈中华人民共和国英雄烈士保护法〉捍卫英雄烈士荣誉与尊严的通知》，要求检察机关要注意督促负责英雄烈士保护工作的部门和行政机关依法履行监管职责。

（一）当前贵州省红色文化保护存在的问题

2019 年以来，全省检察机关对全省近百处革命遗址、革命烈士纪念设施进行了摸排调查，深刻分析了当前贵州省红色文化面临的困境，遵义等地还结合丰富的红色文化资源特点，在全市组织开展了"红色文化资源专项保护工作"。

1. 专项管理和保护资金欠缺，产权问题未解决。一些革命遗址、旧址缺乏专人管理与维护，长期受自然影响容易出现损坏。由于历史原因，部分革命旧址、遗址产权为私人所有，属地政府受资金制约，无法将其购买为国有资产或集体资产，导致部分私人产权人为满足现代生活需要，对旧址、旧居进行改造，影响建筑原始面貌。

2. 部分地方对红色文化遗址保护不善。部分红色文化遗址保护性设施不完善，部分地区红军墓及革命遗址未修建保护性措施，无人维护管理，革命遗址如红军医院等改造开发进度缓慢。纪念花圈花束无人清理，未对红色文化遗址进行挂牌宣传等。损害革命烈士形象，不利于红色文化传承及发展。

3. 地方职能单位缺乏合理规划，修缮保护不力。红色文化遗址的保护，必须与开发利用相结合，部分职能单位对本行政区的红色革命文物底数不清。对一些破旧和损毁严重的旧房没有进行排查的基础上就采取避险手段进行拆除。对一些长征同时期保留较好的民房没有核实就进行了一些改造，破坏了民房原有的外貌。

4. 未合理发挥红色文化遗址的文化品牌及宣传价值。部分地区未将红色文化遗址进行宣传及合理开发，造成部分遗址无人知晓，在发展乡村旅游规划上未把红色文物、红色路线纳入总体规划。在经济发展中，反而是文物为项目让路，没有充分发挥文化品牌和带动作用。

（二）红色文化专项保护监督的举措

在专项工作中，检察机关切实加强保护工作举措，强化与相关职能部门的沟通联系，对本地红色文化资源进一步调查核实并开展研究，摸清红色旅游资源保护具体情况，找准贵州省红色文化资源利用和保护存在的问题，深入摸排公益诉讼线索，对符合规定的情况发送检察建议，监督纠正负有管理职责的行政机关依法有效履行职责，有效保护贵州省红色文化资源。

1. 围绕红色文化资源保护，加强与相关职能部门的协作配合。检察机关针对工作中发现的问题，联合相关职能部门对辖区重点保护、亟待修缮的革命遗址、革命烈士纪念设施进行实地走访，了解各地红色文化资源的保护现状，共同探讨红色文化遗址保护与修复等工作。加强与职能部门沟通协调，通过召开联席会议，共同会签文件等形式从制度上保障监督效果，把红色资源利用好、把红色传统发扬好、把红色基因传承好，加强对红色文化资源的保护利用和传承弘扬。在加强保护的同时注意排查和发现红色文化资源领域存在的问题，对于发现因红色资源保护职能部门违法行使职权或不作为导致的红色资源遭受破坏的情形，依法发出检察建议督促行政机关依法履职，必要时提起公益诉讼。

2. 积极探索，进一步推动红色文化保护工作做深做细。由于英雄烈士保护法只明确了检察机关就侵害英雄烈士的姓名、肖像、名誉、荣誉的行为提起民事公益诉讼，对因行政机关怠于履职造成英雄烈士权益受损，污蔑、诋毁恶搞红色文化的情形，检察机关只能在行政诉讼法规定的现有范围内找切入点，监督存在一定局限性。随着党的十九届四中全会提出了"拓展公益诉讼案件范围"的指示精神，全省检察机关为贯彻落实相关要求主动作为，围绕人民群众反映强烈的突出问题，积极稳妥拓展公益诉讼新领域。贵州省检察院研究制定了《关于办理新领域检察公益诉讼案件的工作意见（试行）》，将包括红色文化基地的"文物和文化遗产保护领域公益诉讼"以及"英烈设施保护领域行政公益诉讼"作为拓展公益诉讼新领域案件范围的工作重点之一，在全省积极稳妥开展探索。

3. 及时分析总结全省各地在保护红色资源工作中发现的问题，进一步推动机制健全。检察机关在监督中注意总结开展保护工作的相关经验、做法，对好的经验、做法进行提炼，形成保护红色文化资源的检察样本。同时立足检察职能，从保护公益、保护贵州省红色文化资源、充分发挥红色文化资源的纪念教育作用等角度，向各级人大、政府提出可行且有效的立法、立规建议，为红色文化资源保护提供刚性保障。2019 年 7 月 24 日，中央全面深化改革委员会会议审议通过《长城、大运河、长征国家文化公园建设方案》。其中，贵州被列为长征国家文化公园重点建设省份，在 2021 年底前完成。为积极支持和配合贵州省长征国家文化公园建设，充分体现检察机关作为法律监督机关的责任担当，在全省长征国家文化公园的建设中贡献出检察力量、提供好司法保障。贵州省检察院及时与相关部门联系，结合检察职能就《贵州省长征国家文化公园条例（草案）》发挥检察公益诉讼作用提出了修改意见。2020 年 10 月，省检察院与省文化和旅游厅共同会签了《贵州省人民检察院、贵州省文化和旅游厅开展长征国家文化公园贵州重点建设区文物保护专项行动方案》，进一步贯彻落实中央、省委关于建设长征国家文化公园贵州重点建设区的相关要求，更好地保护长征国家文化公园建设区文物，督促各职能部门依法履行监管职责。《贵州省人民检察院、贵州省文化和旅游厅开展长征国家文化公园贵州重点建设区文物保护专项行动方案》坚决落实中央、省委坚持保护优先、强化传承的原则，厘清各有关部门、单位和个人的保护责任，健全和完善长征文物保护机制，努力形成各有关部门、单位和个人对长征文物的保护合力，推动贵州省长征文物的保护状况在中国共产党成立 100 周年时实现根本性好转。

五、"安全生产守夜人"检察公益诉讼专项工作

安全无小事，责任重于泰山。为认真贯彻落实党的十九届四中、五中全会精神，中共中央、国务院《关于推进安全生产领域改革发展的意见》和省委省政府关于安全生产方面部署安排，2020 年 3 月 9 日，贵州省检察院联合省住房和城乡建设厅、省交通运输厅、省应急管理厅、省市场监督管理局、省能源局、省消防救援总队，以安全生产领域严重损害公益以及人民群众反映强烈的违法问题为重点，在全省开展"安全生产守夜人"专项行动，依法履行公益诉讼检察职责和安全生产监督管理职责，为贵州经济社会发展提供良好安全环境。

（一）"安全生产守夜人"检察公益诉讼专项工作的背景

1. "安全生产守夜人"检察公益诉讼专项工作，是全省检察机关落实习近平总书记关于安全生产系列论述的重要举措。习近平总书记指出，全国安全生产事故总量、较大事故和重特大事故实现"三个继续下降"，安全生产形势进一步好转，但风险隐患仍然很多，这方面还有大量工作要做。生命重于泰山。各级党委和政府务必把安全生产摆到重要位置，树牢安全发展理念，绝不能只重发展不顾安全，更不能将其视作无关痛痒的事，搞形式主义、官僚主义。要针对安全生产事故主要特点和突出问题，层层压实责任，狠抓整改落实，强化风险防控，从根本上消除事故隐患，有效遏制重特大事故发生。

2. "安全生产守夜人"检察公益诉讼专项工作，是全省检察机关以人民为中心、切实维护人民群众生命财产安全的重要举措。当前，我国正处

在发展机遇期和矛盾凸显期并存的发展阶段，处在工业化和城镇化快速发展、生产安全事故易发的特殊阶段，全国安全生产形势总体保持稳定，但重大事故和较大涉险事故时有发生，一些行业（领域）事故频发，非法违规生产经营建行为屡禁不止，安全生产形势依然严峻。树牢安全发展理念，切实做好安全生产工作，是加快转变经济发展方式，推进经济社会全面、协调、可持续发展的重要任务，是保障人民群众生命财产安全、进一步促进社会和谐稳定的必然要求，是实现全面建设小康社会目标、加快改革开放和现代化进程的重要保障。

3. "安全生产守夜人"检察公益诉讼专项工作，是全省检察机关服务安全生产专项整治三年行动的重要举措。为了统筹做好当前复工复产安全防范工作，党中央、国务院部署开展了全国安全生产专项整治三年行动，坚持系统治理、精准施策，扎实推进危险化学品、矿山、交通运输、工业园、城市建设、危险废物等重点领域安全整治。贵州省委、省政府闻令而动，聚焦整治工作的 2 个专题和 14 个重点领域，深化源头治理、系统治理和综合治理，推进安全生产责任落实、工作落实、举措落实，梳理和根治一批老大难问题，管控一批重大风险、消除一批重大隐患、惩戒一批违法行为，加快完善从根本上消除事故隐患的责任链条、制度成果、管理办法、重点工程和工作机制，扎实推进全省安全生产治理体系和治理能力现代化，推动贵州安全生产形势实现根本性好转。

开展"安全生产守夜人"检察公益诉讼专项工作，真正把安全生产作为重大政治问题、重大民生问题，以极端有力的行动助推全面推进安全生产专项整治，督促落实安全生产有关法律法规，有效形成保护国家利益和社会公共利益的合力，促进解决贵州省安全生产领域的相关问题，防范化解重大安全风险，保障人民群众生命财产安全，为推进国家治理体系和治理能力现代化贡献贵州实践和贵州经验。

（二）"安全生产守夜人"检察公益诉讼专项工作的监督重点

坚持以安全生产领域严重损害公益以及人民群众反映强烈的违法问题为重点，依法履行公益诉讼检察职责和安全生产监督管理职责，努力形成安全生产领域公共利益的保护合力，重点关注以下领域：

1. 道路、铁路交通安全领域。（1）道路交通安全方面。是否存在未经批准，擅自挖掘道路、占用道路施工或者从事其他影响道路交通安全活动；是否存在"两客一危"车辆带隐患上路。（2）铁路运输安全方面。铁路沿线违法建筑、违法经营、违法施工、私搭乱建、乱排乱放等行为对铁路运输存在安全隐患的。

2. 煤矿、非煤矿山生产安全领域。（1）企业安全生产主体责任不落实、安全责任制不完善、安全管理人员不符合规定、主要负责人履职不到位、安全投入不到位、安全培训不到位、应急管理预案编制不完备等。（2）安全监控系统功能不完善、运行不正常、违规管理和使用民用火工用品，井下违规放炮、动火，瓦斯超限作业的。（3）已公示列入当年煤炭行业化解过剩产能方案应淘汰退出，仍以"过渡期""回撤期"等名义违规组织生产的；停产停工矿井违规复工复产，技改矿井不按设计方案和批准工期施工等。

3. 危险化学品安全领域。（1）危险化学品管控方面。各有关部门是否按职责对危险化学品的生产、储存、使用、经营、运输和废弃处置各环节进行管控。（2）危险化学品重大危险源管控方面。是否督促有关企业、单位落实安全生产主体责任，运用风险监测预警系统巡查重大危险源预警信息，要求新建或拟恢复运行的重大危险源投运前接入系统；是否督促有关企业建立健全重大危险源安全包保责任制，严格落实主要负责人、技术负责人、操作负责人责任。（3）危险化学品运输安全管控方面。是否严格按照我国有关法律、法规和强制性国家标准等规定的危险货物包装、装卸、运输和管理要求；是否督促危险化学品生产、储存、经营企业建立装货前运输车辆、人员、罐体及单据等查验制度。（4）危险化学品行政审批方面。重点监管的危险化工工艺、重点监管的危险化学品和危险化学品重大危险源（包括新建、改建、扩建）建设项目是否经过审批许可等。（5）油气输送管道安全方面。是否严格按照相关法律法规和标准规范对油气输送管道沿线违章占压进行及时处置；是否对油气输送管道沿线乱挖乱建乱钻及未落实相关管道保护措施的违法第三方施工行为进行及时制止和依法打击；是否对油气输送管道沿线规划项目与管道安全保护相冲突事项进行安全评估，以及是否存在未落实安全评估提出的管道保护措施等情况。

4. 消防安全领域。（1）是否定期实施"双随机、一公开"抽查，并向社会公示抽查计划和结果。在办理公众聚集场所投入使用、营业前消防安全检查过程中是否严格依法依归审批，经消防救援机构予以行政许可的公众聚集场所是否存在不符合国家工程建设消防技术标准强制性规定的先天性问题和隐患。是否依法、依规对群众举报投诉的消防安全隐患和违法行为核查处理。（2）在实施建设工程消防设计审查、消防验收和备案过程中，是否依法依规严格办理，压实相关建设单位消防安全责任。是否依法落实建设单位对建设工程消防设计、施工质量的首要责任；是否依法落实设计、施工、工程监理、技术服务等单位对建设工程消防设计、施工质量的主体责任；是否依法落实建设、设计、施工、工程监理、技术服务等单位的从业人员对建设工程消防设计、施工质量承担相应的个人责任。经消防设计审查合格的设计文件，是否存在违反国家工程建设消防技术标准强制性条文的问题；经消防验收或者备案抽查合格的建设工程项目，是否存在违反国家工程建设消防技术标准强制性规定的先天性隐患和问题。（3）市、县（区）级政府、乡镇街道办、相关行业部门是否按照《贵州省消防安全责任制实施办法》履行消防安全职责。

5. 其他安全生产领域。（1）公众聚集场所的电梯、大型游乐设施、客运索道等特种设备未经检验或检验不合格投入使用，未进行经常性维护保养和定期自行检查存在安全隐患的。（2）对城市窨井盖疏于管理和维护，存在安全隐患的。（3）其他存在重大安全风险隐患的。

（三）"安全生产守夜人"检察公益诉讼专项工作的做法和成效

全省检察机关紧紧围绕安全生产领域严重损害公益以及人民群众反映强烈的违法问题为重点，依法履行公益诉讼检察职责，防范化解重大安全生产隐患，保障人民群众生命财产安全，保护国家利益和社会公共利益。

1. 抓紧抓实四个领域，坚决防范化解重大风险隐患。贵州检察机关紧紧围绕矿山生产安全、交通安全、消防安全、燃气安全等领域，从"避免安全生产事故"和"修复公益损害后果"两方面入手，推动安全生产从"安全管理"向"风险治理"转变，实现公益损害从原因到结果的全过程监督。一是聚焦道路交通安全，全力守护群众出行安全。针对未经批准擅自挖掘道路、占用道路施工或者从事其他影响道路交通安全活动，铁路沿线违法建筑、违法经营、违法施工等对铁路运输存在安全隐患的行为开展监督，发出诉前检察建议 68 件，督促相关部门整改纠正问题 56 个。如，安顺市关岭县院针对城区违法占用人行道和机动车主干道从事经营活动等违法行为，以诉前检察建议依法督促相关行政机关及时履职，共清理商铺、流动摊贩占道经营、机动车违法占道停放等影响交通安全的违法行为20余起。二是聚焦矿山生产安全，全力守护群众生命安全。针对矿山开采安全生产主体责任不落实、管理不规范、安全监控系统功能不完善等隐患问题开展监督，发出诉前检察建议26件，督促相关部门整改纠正问题23个。如，六盘水市检察机关立足地方实际，对煤资源开采引发的安全问题开展摸排，针对六枝特区关寨镇猴子田煤矿开采导致山体开裂、房屋开裂等情况进行调查，发现因煤炭开采导致的山体裂缝、公路和房屋开裂严重威胁周边居民的人民财产安全的问题，对此形成全面的调查报告送六枝特区猴子田煤矿，煤矿负责人表示将尽快支付房屋拆迁款、及时修复受损生态。三是聚焦消防安全，全力守护公共安全。针对占用消防通道、消防报警装置未配备齐全等消防安全隐患问题，督促相关行政机关积极履职，确保杜绝消防安全事故发生，发出诉前检察建议93件，督促相关部门整改纠正问题95个。如，紫云县院针对私家车占用、堵塞消防车通道引发消防安全隐患、影响火灾救援的突出问题，督促县消防救援大队、应急管理局、公安局和街道办事处等多个职能部门联合开展消防监督专项检查，共完善消防警示标牌12处，发出《责令改正通知书》322件，对堵占消防通道的违规停车行为作出行政处罚决定10件。又如，毕节市织金县院针对织金洞景区周围民宿客栈存在无消防报警装置等消防器材或消防器材不完备等问题，向织金县应急管理局以及织金县官寨苗族乡人民政府发出诉前检察建议，督促问题得到全部整改，并以此为契机推动应急管理部门在全县范围开展民宿客栈消防安全专项整治工作。四是聚焦燃气安全，全力守护生命财产安全。针对瓶装燃气充装、储存、销售、运输、配送等环节存在的安全隐患问题，依法办理了一批督促整治燃气安全领域行政公益诉讼案，立案19件，发出诉前检察建议18件，督促主管行政机关履职尽责，督促消除燃气安全隐患，守护百姓生命财产安全。如，贵阳市乌当区院针对西南燃气有限公司新添寨销售站储存大量瓶装可燃气体，对贵开城际铁路运行造成严重安全隐患的问题，就行政机关违规颁发经营许可证向乌当区住房和城乡建设局依法发出诉前检察建议，督促及时对燃气站整改搬迁，解决铁路运行造成的安全隐患。

2. 全力聚焦四个重点，推进解决群众"急难愁盼"问题。全省检察机关通过开展校园安全、我为群众办实事、护航企业发展等专项工作，确保公益诉讼检察职能在安全生产领域实现全覆盖、不留死角。一是聚焦校园安全，全力守护学生安全。扎实开展校园及周边安全专项整治工作，发出诉前检察建议145件，督促相关部门整改纠正问题122个，全方位守护校园安全。如，贵阳市检察机关深入乡镇中、小学及幼儿园周边道路交通基础设施进行全面排查，针对校园周边未按规定规范设置红绿灯、减速带等、校园食堂食品安全、校园周边摊贩餐饮卫生、"黑校车"及未成年人骑行电动自行车等安全隐患，及时督促相关部门整改纠正。又如，六盘水市钟山区院针对青林乡大土学校使用危险性评定为D级（承重结构承载力已不能满足正常使用要求，房屋整体出现险情，构成整栋危房）的教学楼用于教学存在严重安全隐患的问题，教育主管部门未能及时整改到位，依法提起行政公益诉讼。钟山区政府高度重视，专门召开工作协调会，研究解决大土学校新教学楼建设问题。目前，新教学楼项目进展顺利，投入使用后将彻底解决师生安全问题。二是聚焦群众关切，推进"我为群众办实事"走深走实。我们重点关注"高空抛物"从天而降、窨井盖"吃人""爆胎"等人民群众关切的问题，先后召开专项推进会、座谈交流会60余次，建立工作机制、联络机制6项，联合下发规范性文件5件，制发检察建议30件，公益诉讼立案26件，督促整改问题窨井、消除井盖安全隐患2177个，安装防坠网、防位移等改进装置15个，全省无涉窨井盖刑事案件发生，切实保护了人民群众"头顶上"和"脚底下"的安全。如，安顺市检察机关深入辖区内公交站台、校园周边、超市、农贸市场、城市主干道、住宅小区等公众集中的重要区域、事故多发地段，针对窨井盖存在的长期缺失、破损、松动等不符合安全标准的情况，向住建等部门发出诉前检察建议后，推动全市存在安全隐患的540余块窨井盖得以及时更换和维修。三是聚焦企业生产安全，全力护航企业平稳有序发展。围绕全省工作大局，深入开展"四大检察"护航"十大产业"高质量发展专项工作，发出诉前检察建议322件，督促相关部门、企业整改纠正安全生产风险隐患173个，为企业健康发展贡献检察力量。如，贵阳市息烽县院针对龙泉磷肥厂危险化学品设备未经验收投入使用的问题，向息烽县应急管理局提出检察建议，督促其依法履职。又如，中交一公局第四工程有限公司在修建G211国道（榕江县境内）过程中，未经批准擅自在河道上铺设涵管修建施工便道，造成雨后形成堰塞湖，掩埋了部分房屋，便道垮塌后，将下游部分房屋、路基冲垮，给生态环境和当地村民造成重大损失。由于涉案单位以没有作出侵权认定为由，不愿意承担赔偿责任，导致相关群众多次上访。黔东南州院及时对该公司损害社会公共利益的行为立案调查。四是聚焦电动车"飞线充电"，防患于未"燃"。密切关注辖区内小区业主从住宅高层接拉电线至楼底对电瓶摩托车进行充电现象，因电线及插板均长期裸露在楼房墙面，有的充电板还悬挂在空中，"飞线充电"存在极大的消防安全隐患。贵阳市花溪区院在履行公益监督职责中发现，花溪区贵大南苑小区存在多处电瓶车"飞线充电"现象，私拉的电线、插板暴露在室外，风吹日晒，存在安全隐患，小区内也未设置相关禁止"飞线充电"的标示牌。遂邀请相关行政部门、小区物管部门、人大代表、政协委员召开听证会，明确各家职责，向相关行政部门下达检察建议书。安顺市西秀区、普定县、镇宁县检察院针对城区住宅小区普遍存在私搭电线为电动自行车违法充电"飞线充电"的违法行为，依法督促应急管理部门牵头组织公安、住建、消防、供电局等多个行政机关开展联合执法，在13个乡镇集中开展"飞线充电"专项整治。

3. 深入实施四大举措，有力推进专项工作走深走实。全省检察机关针对安全生产领域案件线索发现难、存在职能交叉、法律法规极其繁杂、专业性较强等特点，通过深入实施四大举措，拓宽案件线索来源，准确适用法律法规，形成工作合力，有效推动专项工作顺利开展。一是主动走访沟通，形成工作合力。全省检察机关主动走访住建、应急管理、交通运输、能源、市场监管、消防等部门，针对辖区内生产领域突出问题进行摸排，实地走访相关企业，查看生产车间，查阅有关资料，详细了解本地区重点领域、重点环节相关企业安全生产和监管情况，做到底数清，情况明。清镇市院围绕重点领域、重点环节等问题与相关部门进行了交流，与清镇市住房和城乡建设局、交通运输局等6家行政机关签订专项行动方案。二是通过开展案例评选，形成争先创优氛围。黔东南州检察机关通过开展典型案例，优秀法律文书"月见评审"活动，建立办理典型案件数据库。共建共享加强内部交流，形成办理典型案例优秀案例的良好氛围。截至12月底，黔东南州检察机关共开展月间评审活动7次，共评选安全生产优秀文书6份，推动形成争先创优的良好氛围。针对凯里、台江办理的移民小区飞线为电动摩托车充电，存在重大安全隐患案件，州院及时总结推广，并在此基础上安排部署了消防公益诉讼检察监督专项。三是强化办案指导，破解办案困难。在安排部署专项工作后，省院第八检察部在充分调研的基础上，配套制定专项工作指导意见，明确了工作原则、工作重点和工作方法，同时收集27个安全生产领域相关法律法规及规范性文件作为专项工作办案指引，帮助下级院厘清地方各职能部门职责，防止片面适用法律法规。黔南州院通过"智慧检务助手""检察内网"等平台分门别类收集安全生产领域公益诉讼案件类型的案例，为办理案件如何适用法律和准确提出诉求提供直接参考。四是通过公开听证会的形式推动案件落实。在办案中坚持对一些疑难案件、分歧案件、办案阻力较大的案件、具有较大社会教育意义的案件"应听尽听"，把听证作为提前的"庭审"，使其成为化解疑难阻力、守护公平正义、扩大教育意义的助力。如六盘水市盘州市院针对行政机关在电动车"飞线充电"治理中存在的职能交叉、权责不清、履职不到位等问题，检察机关通过组织公开听证，厘清行政机关的职能职责，分别发出行政公益诉讼诉前检察建议，督促负有监管职责的行政机关依法履职，行政工作合力，推动"飞线充电"问题彻底整治，消除群众生命财产安全隐患。

4. 建立完善四项机制，着力构建安全生产综合治理格局。全省检察机关充分利用国家法律监督机关和社会公共利益代表的"双重属性"优势，注重在监督办案中推进源头治理，帮助堵漏建制，促进相关部门依法履职，最大限度预防和减少安全生产事故，推动形成完善的安全生产综合治理格局。一是修改完善走访调查机制。专项监督工作部署开展后，全省各级检察机关进一步修改完善公益诉讼检察调查走访机制，重点围绕道路交通安全、煤矿、非煤矿山生产安全、危险化学品安全、消防安全等领域开展走访调查工作，主动与住建、交通运输、应急管理等职能部门沟通联系，对辖区内安全生产情况、部门履职情况进行全面调查了解，排查损害国家利益和社会公共利益的安全隐患。遵义市院结合实际梳理出"安全生产专项整治三年行动发现的重大隐患清单"等相关资料指导全市围绕应急管理、能源、消防救援、住房城乡建设等部门在煤矿、非煤矿山、危险化学品、消防安全领域的履职情况开展工作，重点关注公众聚集场所电梯等特种设备是否合格、定期维护保养检查等方面着手推动工作。毕节市检察机关加大走访调查力度，针对辖区内生产领域突出问题进行摸排，实地走访相关企业，查阅企业安全生产有关资料，查看生产车间等，详细了解重点领域、重点环节相关企业安全生产和监管情况，做到底数清，情况明。二是建立健全联动协作机制。全省检察机关积极与住建、交通运输、应急管理等部门沟通协作，加强对影响道路交通安全、危险化学品安全、消防安全等领域安全管理防控，开展协商座谈52场次，牵头制定了线索移送、定期会商、信息通报等工作制度17个。贵阳市检察机关推动应急管理、市场监管等部门，对辖区内企业安全生产情况进行安全生产检查，重点针对企业是否落实安全生产主体责任、是否按照有关法律法规和国家强制性标准等包装、卸载、运输和管理危险货物，危险化学品生产、储存、经营企业是否建立落实装货前查验运输车辆、人员、罐体及单据等制度，并针对履职过程中发现的问题依法提出检察建议，督促整改落实。安顺市院联合相关部门对省院《工作方案》进一步细化，并牵头召开"安全生产守夜人"专项行动联席座谈会6次，共同建立协作机制2个，对辖区内的道路交通安全、消防安全、危险化学品安全等重点领域、重点行业的安全生产情况进行全面排查，列出问题清单，建立线索台账。三是探索建立专业人员辅助办案工作机制。针对当前监督技术手段落后、技术人才匮乏、技术运用不充分等问题，积极聘请行政机关专业人员担任特别检察官助理，并建立健全专家咨询委员会人才库，选聘一些涉及安全生产监管方面的专业人才，协助解决专业难题，不断提高办案专业化水平。四是推动建立行业长效机制。检察机关在办理安全生产公益诉讼案件过程中，通过个案办理，进一步用活诉前"磋商"程序，推动开展系统治理、综合治理，实现诉前维护公益目的最佳司法状态，解决社会治理中存在的深层次问题42个，督促形成行业长效机制7个。黔西南州贞丰县院针对辖区道路破损失修，影响行车安全，向相关部门分发出诉前检察建议，推动行政机关及时制定了《贞丰县城市人行道、城市道路修复工作方案》，组织工作队排查安全隐患86处，修复坑洼路面及盲道80余处3200平方米，涉及资金400余万元。黔东南州天柱县院针对违规停车等影响交通安全问题向该县综合行政执法局发出行业治理检察建议，助推新增机动车停车位173个，摩托车停车位457个，缓解了停车难、行车难问题。

六、"检察蓝牵手夕阳红"检察公益诉讼专项工作

尊老敬老，是中华民族传统美德，是中华民族优秀传统文化的重要组

成部分，是中国特色社会主义核心价值观的必然要求，事关全面建设社会主义现代化凝心聚力。随着我国步入老龄化社会，养老矛盾日益突出，积极应对人口老龄化成为国家战略。为充分发挥公益诉讼检察职能，加强新时代老龄工作，依法保护老年人合法权益，提升广大老年人的获得感、幸福感、安全感。2022 年 3 月 22 日，贵州省人民检察院第八检察部印发《"检察蓝牵手夕阳红"检察公益诉讼专项工作实施方案》，决定开展为期一年的"检察蓝牵手夕阳红"检察公益诉讼专项工作，着力推动并引领一批老龄问题解决，切实守护最美"夕阳红"。

（一）"检察蓝牵手夕阳红"检察公益诉讼专项工作产生的背景

1. 根据国家统计局发布 2021 年国民经济数据显示，人口出生率连续两年跌破 1%，在出生人口持续下降的同时，我国的老龄化程度也在不断加深。2021 年我国 60 岁及以上人口 26736 万人，占全国人口的 18.9%，其中 65 岁及以上人口 20056 万人，占全国人口的 14.2%。按照国际通行划分标准，当一个国家或地区 65 岁及以上人口占比超过 7% 时，意味着进入老龄化；达到 14%，为深度老龄化；超过 20%，则进入超老龄化社会。按照这个标准，2021 年，我国已经进入深度老龄化社会。

2. 党的十八大以来，以习近平同志为核心的党中央高度重视老龄工作，先后印发了中共中央、国务院《关于加强新时代老龄工作的意见》《"十四五"国家老龄事业发展和养老服务体系规划》等重要文件。习近平总书记多次作出重要指示批示，强调要"让老年人共享改革发展成果、安享幸福晚年"，充分体现了党中央对老龄工作的高度重视。但是，在老龄事业不断发展的同时，以养老为名侵犯老年人合法权益、破坏老龄事业发展的违法犯罪也呈现高发多发态势。这些违法犯罪侵犯了老年人的合法财产，严重影响老年人的身心健康和安全感、幸福感，也关系到千家万户的生活安宁和社会的和谐稳定。

部署前，省检察机关开展系统调研分析论证。先后走访老龄委、民政局和部分敬老院，面对面座谈问需，广泛收集媒体报道的老年人热点难点问题，整理形成专项工作重点，下发实施方案和案件范围清单，强化个案办理、机制建设、典型案例培育、办案经验总结等对下指导，统一全省认识和步调。

（二）"检察蓝牵手夕阳红"检察公益诉讼专项工作的监督重点

聚焦损害老年人切身利益的热点难点问题，重点针对养老机构监管、消费权益保障、养老资金监管、出行生活便利、解决"数字鸿沟"、老年人赡养扶助等社会公共利益受损的行为，注重网上网下相结合，依法履行检察监督职责。

1. 养老机构监管。根据《养老机构管理办法》规定，进一步促进养老机构建设和完善，加大对养老机构运行的监督管理。严格落实民政部、住房和城乡建设部、市场监管总局《关于推进养老机构"双随机、一公开"监管的指导意见》工作规定，对养老机构资质标准、消防安全、特种设备、服务质量、资金安全等方面加强监督，为推动营造公平竞争的市场环境和法治化、便利化的营商环境提供法治保障。防范养老服务领域非法集资，促进健全养老服务领域防范、监测、预警和化解金融风险的相关机制。

2. 消费权益保障。随着经济水平的不断发展，老年人在健康、生活品质等各方面有了更高的要求。根据老年人消费群体的特殊性加大权益保障，强化老年人食品药品安全监管，严厉打击虚假宣传等违法经营活动，净化市场环境、规范经营行为。重点针对向老年人洗脑式推销保健药品、食品，推销金融理财产品，推销旅游出行服务、养老服务等经营活动中存在的违法行为开展监督，为老年人提供更加合法、安全、放心的消费环境。

3. 养老资金监管。结合国有财产保护公益诉讼，加大对养老保险基金管理、支付和运营监督，守护好百姓的养老钱，有效防止国有财产流失，使百姓的"养老钱"真正成为"放心钱"。针对养老服务政策兑现落实管理不到位问题，切实加强对养老保险金、高龄补助等政策资金的发放和管理的监督。加大对单位或者个人采取虚报、隐瞒、伪造等手段，骗取政府养老服务补贴、补助、奖励等违法行为的办理力度。

4. 出行生活便利。积极应对人口老龄化，促进老年人友好宜居环境建设，为老年人提供便利化服务渠道。进一步推动无障碍设施的健全完善，重点关注居民小区、休闲广场、公园景区、医院、车站、商业网点等出入口、楼梯等设施，落实新建、改建和扩建城镇居住区应当符合国家无障碍设施工程建设标准的要求，围绕解决"悬空老人"问题开展积极探索，为老年人创造无障碍居住环境，加大对老年文化娱乐、体育活动设施安全监管。

5. 解决"数字鸿沟"。认真落实国务院《关于切实解决老年人运用智能技术困难的实施方案》，促进落实涉老重点领域公共服务信息化无障碍改造，推动解决老年人在运用智能技术方面遇到的困难。面对"数字鸿沟"问题，研究完善辅助、替代措施，确保"数智时代"的老年人获取衣食住行和医疗等方面的生活便利，使老年人群体真正获得"实体"和"数字"上的双重便利，充分保障老年人权益。结合老年人在数字信息领域风险防范意识较弱的特点，加大对老年人信息安全保护的宣传力度，提升老年人自我保护和防骗意识，加大对违法处理个人信息损害社会公共利益行为的惩处力度。

6. 老年人赡养扶助。对具备赡养能力的赡养人不履行赡养义务，被赡养人生活困难而又不提起诉讼主张权利的，探索通过民事公益诉讼保障老年人权益，以案释法让敬老爱老成为全社会的普遍观念和自觉行动，让家庭成为社会和谐的有力基点。严格落实居家社区养老、农村养老服务的相关要求，督促相关部门依法落实老年人福利及特困老年人工作的相关政策，加强对留守老人、空巢老人、独居老人的关爱。

（三）"检察蓝牵手夕阳红"检察公益诉讼专项工作的做法和成效

专项工作直面老年人急难愁盼，聚焦损害老年人切身利益的热点难点问题，通过诉前磋商、检察建议、跟进监督整改情况、提起公益诉讼等方式，督促行政机关依法全面履行监督管理职责，堵塞履职漏洞；通过民事公益诉讼追究违法主体公益损害责任；充分发挥检察公益诉讼在推动溯源治理、长效治理方面的效能，实现"办理一案，治理一片"的效果，强化老年人权益司法保护，积极维护老年人合法权益。

1. 落实三项举措，多层次深化老年人权益检察保护。全省检察机关立足法律监督职能，围绕刑事打击和公益保护职责，延伸治理损害老年人合法权益的违法乱象问题。一是扎实开展"检察蓝牵手夕阳红"公益诉讼专项监督工作。将"检察蓝牵手夕阳红"专项工作作为贯彻落实打击整治养老诈骗专项行动的一项重要措施，省检察院先后下发工作提示函、工作情况通报，要求各县市老年人权益保护案件做到全覆盖。各级院检察长高度重视专项工作的部署开展情况，提高站位、加强组织、创新举措、主动作为，推动专项工作做深做实。二是发挥刑事公益诉讼协同整治的积极作用。围绕打击整治养老诈骗专项行动工作要求，结合"检察蓝牵手夕阳红"检察公益诉讼专项行动工作监督重点，认真分析研究两个专项的契合点，发挥刑事打击与公益保护的协同作用。通过探索建立公益诉讼部门与刑检部门的联系配合机制，形成线索共享、信息互通、协同办理、整合发力的良好配合，实现"1+1>2"的最大效益。三是全面依托"益心为公"云平台提质增效。通过"益心为公"检察云平台，加强公益诉讼与志愿服务的互相衔接，积极拓宽侵害老年人案源渠道，邀请志愿者深度参与办案环节，助力提升案件质效。铜仁市玉屏县检察院根据"益心为公"志愿者关于县城内涉及老年人的保健品经营店存在违规使用疾病治疗用语、夸大产品功能进行虚假宣传，误导和欺骗消费者等问题线索，督促县市场监督管理局联合相关部门开展涉养老保健药品专项清查活动，检查保健品相关门店、会销场所、销售场所各类经营场所90余个。行政立案1件，查处涉及保健品刑事犯罪案件2件，有效地整治了当地保健品市场乱象。

2. 聚焦六个重点，多维度维护老年人合法权益。立足检察监督职能，紧紧围绕老年人权益保护，从"打击侵害老年人权益违法犯罪"和"强化老年人权益保障"两方面入手，在加大对各类侵害老年人合法权益违法犯罪行为打击的同时，对办案中发现行业监管的问题和漏洞开展诉前磋商、制发检察建议等，推动权益保障从"打击违法"向"源头治理"延伸。

一是防范非法集资养老诈骗。围绕打击养老诈骗专项行动，对检察机关办理非法集资养老诈骗案件发现的行政机关履职漏洞发出检察建议，切实守护好老年人的"钱袋子"。黔西南州晴隆县检察院办理某旅游文化（集团）有限公司集资诈骗案，该公司自2015年以来以支付高额利息名义向群众非法集资高达1900余万元，120余名受害人中60岁以上的受害老年人95名，后期资金链断裂，所欠受害人本金无法兑付，严重侵害老年人合法权益。县检察院向县民政局发出检察建议，建议该局依法对养老领域存在的管理漏洞和风险隐患加强溯源普法宣传，提升老年人识骗防骗能力。县民政局对各类涉养老诈骗问题开展全面摸排并进行风险评估，以"扎实开展打击整治养老诈骗，促进老年人事业健康发展"为主题，联合检察机关、公安部门等集中开展普法宣讲及老年人防诈骗交流活动，与100多名老年人共同探讨老年人防骗识骗话题，共计发放宣传资料300百余份。通过检察机关、民政部门宣传引导，已有 8 名老年被害人主动到公安机关举报其被骗参与投资的情况，公安机关已立案查处涉养老诈骗犯罪案件 8 件，涉及被害人 60 余人，涉案金额达 700 万余元，已追赃挽损 54 万余元。

二是强化消费者权益保护。通过净化市场环境、规范经营行为，为老年人提供合法、安全、放心的消费环境，共办理相关案件 27 件。黔西南州兴义市某锻炼器体验中心通过虚假宣传和诱导消费者采用免费体验等方式，向中老年妇女特殊群体消费者高价推销产品，严重损害消费者合法权益。兴义市检察院立案后与兴义市市场监督管理局、兴义市公安局开展磋商，建议两单位切实加强协作配合，形成工作合力，对该体验中心相关违法行为及时依法进行查处。兴义市市场监督管理局随即会同兴义市公安局对该体验中心相关经营行为开展联合执法专项检查，对其存在的虚假宣传、误导消费等违法行为依法进行立案，责令停止宣传和销售活动。

三是加大信息安全防护。针对老年人在数字信息领域风险防范意识较弱的特点，加大对老年人信息安全保护的宣传力度，提升老年人自我保护和防骗意识，加大对违法处理个人信息损害社会公共利益行为的惩处力度。毕节市检察机关在办理多起侵犯老年人个人信息刑事案件时，查明 20 余名从事手机销售、维修、业务办理的经营者利用老年人对智能手机操作不熟悉的空子，在老年人来乡镇集市办卡、交话费、修手机、贴膜或请求帮忙处理手机小毛病的过程中，私自将这些老年人的手机号码发给特定的微信群，然后由群里的业务员接单，并将号码用于注册电子商务、社交媒体、短视频等 APP，非法获利达 10 万余元。据不完全统计，已有近万名老年人的个人信息被侵害，其中年龄最大的有 80 岁。以上人员为谋取个人利益，将提供服务过程中获取的客户手机号码和所接收的验证码出售牟利的行为，侵犯了老年人等不特定多数人的个人信息安全，损害了社会公共利益。毕节市检察机关对相关人员提起侵犯公民个人信息民事公益诉讼 9 件，要求其承担赔偿责任，并在省级以上媒体公开赔礼道歉。

四是护航食品药品安全。针对老年人食品药品安全保护的薄弱环节，加大对相关群体的保护力度。六盘水市六枝特区人民检察院在开展政法大走访过程中发现，当地乡镇大部分白酒小作坊都存在生产、经营中存在未办理营业执照、未办理食品经营许可证、所销售的白酒未定期送检等食品安全隐患问题。遂根据相关法律规定，向六枝特区市场监管管理局发出检察建议，督促其依法履行食品安全监督管理职责，全面规范白酒小作坊生产销售行为。并以此形成以个案推动类案监督，督促乡镇（街道）和市场监督管理局在全区开展专项执法检查，对全区 18 个乡镇对管辖范围白酒小作坊进行全面排查、全面监督，从源头把好产品质量安全的第一关，为推动老年人食品安全、企业发展、乡村振兴提供了强有力的司法保障。

五是落实养老福利政策。严格落实养老服务的相关要求，督促相关部门依法落实老年人福利政策。高龄津贴是国家额外发放给老年人的一种福利待遇，保证老年人的晚年生活能够更加幸福。安顺市镇宁县检察院在开展养老资金监管排查时发现，2022 年元月以来，镇宁自治县民政局未依法落实老年人高龄津贴发放制度，至今尚未发放年龄在 80 周岁及以上老年人的高龄津贴，老年人群体依法应当享受的社会保障和社会优待未得到落实，损害了社会公共利益。镇宁县检察院向县民政局发出行政公益诉讼诉前检察建议并抄送市民政局。安顺市民政局高度重视并向分管市领导进行专题汇报，市政府决定将"80 周岁以上老年人高龄津贴发放"工作纳入"安顺市人民政府高质量发展目标"专项行动，并成立专班到镇宁县实地督导，限期要求整改。镇宁县民政局及时将高龄津贴纳入财政预算匹配相应资金，截至目前，镇宁县已陆续为 6361 名老年人发放高龄津贴 321780 元。

六是构建老年友好型社会。加大对老年人依法享有的出行便利、公共服务和社会优待保障供给力度，为老年人提供便利化服务渠道，让老年人参与社会活动更加安全方便。安顺市西秀区、关岭县等地检察机关针对汽车客运站和多家医院、银行未设置"老年人优先"标志，未提供"老年人绿色通道"等服务，依法督促负有老年人健康服务体系建设工作的卫生健康部门履行职责，推动两地卫生健康部门立即采取整改、完善措施，推动关岭县汽车客运站等 14 家公共交通、金融、医疗等单位共增设"老年人优先窗口标志""老年人等候专区""老年人绿色通道"等 48 处。清镇市检察院对辖区内部分餐饮店实行无人工点餐服务，针对老年人因不会使用智能手机或未绑定银行卡无法正常消费点餐问题，通过诉前磋商促使市场监管局组织 26 家餐饮企业召开"扫码点餐"服务集体约谈和行政指导会，纠正未保留传统点餐方式，在强制消费者扫码过程中获取用户地理位置、手机号码等个人信息，强制关注微信公众号、推送广告等问题。并组织餐饮经营者现场签订《扫码消费行业自律承诺》，要求在保留人工点餐服务的同时，不强制或变相强制消费者"扫码点餐"获取消费者个人信息。

3. 实现"三个效果"，全方位提升老年人权益保护效能。全省检察机关在办案过程中注意发掘具体问题背后的体制性、机制性问题，提出社会治理类的检察建议，以法治方式推动社会治理体系和治理能力现代化。一是推动社会治理。主动加强与民政、市场监督管理、卫生健康等部门的沟通联系，实地走访乡镇、街道办、社区等基层组织，对辖区内养老机构运行管理、老年人高龄补助等政策资金发放、出行生活社会服务体系建设等情况做到心中有数，对负有监管职责的部门怠于履职致使老年人群体合法权益未得到有效保障的情形，综合运用诉前磋商、检察建议的多元化监督方式推动行政机关依法履职，将检察监督优势转化为社会治理效能。紫云县检察院依法向县民政局、市场监督管理局发出诉前检察建议，督促对 3 家养老机构及时办理食品经营许可证及从业人员健康证，并将 6 家位于偏远乡镇、设施条件较差的敬老院集中搬迁至县城中心敬老院，确保 20 余名老年人获得更加全面有效的照料和护理。兴义市检察院积极推动市市场监督管理局以开展老年保健器材销售专项监督活动，成立了打击整治养老诈骗专项行动工作领导小组，针对整治养老诈骗专项行动已出动执法人员 132 人次，检查辖区内经营食品、保健品、药品、医疗器械、养身馆等涉老领域行业 21 家。黔西南州普安县检察院积极联系法院、民政局、公安、妇联等部门，对如何妥善解决辖区赡养老人纠纷等问题，联合制定了《普安县关于妥善处理赡养老人纠纷问题协作机制（试行）》。二是促进社会共识达成。在加强检察职能、成效宣传的同时，大力弘扬中华民族孝亲敬老传统美德，营造良好敬老社会氛围。安顺市检察院原创拍摄制作了《预防养老诈骗公益诉讼宣传微视频》，在安顺检察"两微一端"、官方抖音平台、乡镇 LED宣传屏滚动播放，宣传专项工作做法、案例，提高检察公益诉讼工作社会知晓度，营造老年人权益保障良好氛围。黔南州龙里县检察院通过进村入户、发放宣传资料、现场解答法律等方式，警醒家庭成员增强赡养老年人的责任意识，精准普法提高老年人自我保护意识，筑牢防范犯罪的"免疫屏障"。兴义市检察机关为进一步提升老年人权益保护的认知度，与行政机关积极做好宣传工作，共走访群众 1663 户开展宣传工作制作发放宣传手册6700 份。三是树立良好风尚。加强与民政、公安等相关职能部门协调配合，动员村居"两委"等社会力量共同参与，让敬老爱老成为全社会的普遍观念和自觉行动，推进司法与社会的良性互动。普安县检察院对 70 岁老年人守某某的 4 个成年子女不依法履行赡养义务，支持守某某提起民事诉讼，牵头联系法院、公安、民政、妇联、街道社区等单位，多次组织双方当事人进行调解，最终促成守某某与其子女达成民事和解。同时，积极联系民政部门，为守某某争取到困难生活补贴和临时救助，解除了老年人后顾之忧。通过民事支持起诉保障老年人权益，推动相关职能部门依法履行职责，发挥以案释法、促进法理相融、实现"老有所养"，从源头上化解老年人赡养纠纷问题，让家庭成为社会和谐的有力基点。

第三节 跨区域河流污染治理的公益检察协作

跨区域水生态是指河流流经多个行政区域的水生态，跨区域水生态是由河流本身特质决定的，基本上所有河流都属于跨区域的，全国七大水系——珠江水系、长江水系、黄河水系、淮河水系、辽河水系、海河水系和松花江水系都跨越了全国多个省份。水生态污染是指人类活动排放的污染物进入水体后，其数量超过了水体自净的能力，使水和水质的理化特性和水环境中的生物特性、组成等发生改变，造成水质恶化或者流入水中外来物质的含量已经超出了此物质于水体当中正当的含量，或是进至水中外来的物质数量已达到破坏水体的原本用途，导致水本身质量发生改变。

一、跨区域协作必要性

（一）水环境污染问题日益严重

近年来，随着经济的快速增长和人口的迅速增加，城市化进程加快，中国的水环境污染问题越来越严重。我国人均水资源只达到世界人均水资源的 1/4，全国大约一半的城市缺水，然而水质恶化问题让本就困乏的水资源问题更加雪上加霜。目前，我国很多江河湖泊遭受污染，大部分的湖泊出现了不同程度的富营养化，涉及的污染物种类繁多，污染主要集中在工业废水、生活垃圾、农业面源污染物、畜禽水产养殖排泄物、跨界倾倒危险固体废物等几个方面。据统计，这些排放物及其排放量的增加速度是每年 18 亿立方米，我国工业生产的废水以及人们的日常生活污水每日的排放量约 1.64 亿立方米。在上述的污水排放量中，有 80% 的排放物未经处理，这些城市生活污水和工业废水的任意排放污染了城市周边河流和地下水源，一些有机污染物如三氯甲烷、氯乙酸及重金属等含量较高，严重地影响人们的健康。而农村用水仍存在着深井取水的模式，这种取水方式水源流动性差，更易造成重金属富集，危害人体健康。

（二）水污染治理成效不明显

近些年来长江、珠江等众多河流污染事故频发，我国河流水污染现象日趋严重，虽然国家和地方采取了一系列措施提升水污染控制与治理的综合科技支撑能力，但由于水区域环境的特殊性，不同于某个矿区、山林的治理，水具有流动性，一条河流常常流经多个行政区域，其治理需要多个行政区域共同发力，联合整治。目前，对水污染的治理常常因为监管部门多，监管主体职责不清等问题导致治理措施不统一，治理成效不明显。

二、跨区域协作机制

近年来，由于贵州省黔西南州万峰湖库区生态环境的恢复和保护、污染防治工作滞后以及湖中网箱养殖的盲目发展，致使万峰湖水质逐年恶化，湖区总氮、总磷超标，水体富营养化程度日趋严重。2017 年，根据中央环保督察反馈的系列问题和最高检万峰湖专案组对万峰湖流域治理的系列部署，贵州省三级检察机关立足检察职能，开展万峰湖水生态环境专项整治工作，积极探索跨区域案件的办理和协助机制的建立运行，主要方法有：

（一）集中开展线索摸排，全面查清污染源

在最高检的统一指挥下，联合广西、云南两地检察机关统一行动目标、时间、内容，集中对万峰湖流域干支流境内的工业污染源、农业污染源、生活污染源以及湖面网箱养殖和钓鱼棚等问题进行深入摸排，摸清具体污染隐患，排查万峰湖生态环境受损情况，及时向最高检呈报。

（二）强化组织保障，检力下沉督促履职

为确保治理工作落到实处，黔西南州兴义市挂牌设立了万峰湖生态环境保护检察工作联络室，对渔业、海事、市场监督管理、环境保护等万峰湖行业主管职能部门、沿湖各乡镇人民政府履职情况开展调查摸底，及时发出督促履职检察建议或诉前检察建议，同时积极摸排职务犯罪线索。

（三）积极参与行政机关开展的专项活动，推动万峰湖综合整治

在督促治理过程中，黔西南州检察机关积极参与行政机关"清源""清网""清岸""清违"的专项活动，依法督促行政机关拆除养殖网箱、拦截非法运输鱼苗、拆解钓鱼棚、水上餐厅、超市，取缔"三无"船舶等，不断推动万峰湖的综合治理。

（四）全面调查取证，启动诉前程序

根据最高检案件任务分配情况，对符合条件的案件线索及时予以立案，全面开展调查取证工作，查清案件事实，根据调查取证情况，分清相关主体违法责任，启动行政公益诉讼诉前程序，分别向相关职能部门统一发出检察建议，督促相关部门依法整改，对行政机关履职不充分的，依法提起行政公益诉讼，促进万峰湖全域生态环境的全面恢复。

（五）强化沟通协调，督促建立机制

为加强协作和联动有效治理，三省（区）检察机关根据案件办理情况，共同对破坏万峰湖流域案件的基本规律和特点进行分析研究，查找行政管理、行政执法等方面的漏洞，深度剖析万峰湖生态受损的原因，在最高检的统一指挥、协调、调度下，加强与相关部门沟通协调，推动三省（区）相关行政机关建立万峰湖全流域、跨区域的生态环境联合保护管理机构和区域合（协）作发展新机制以及水资源生态补偿机制。2019 年 11 月 15 日，贵州省黔西南州兴义市检察院、安龙县检察院，广西壮族自治区隆林各族自治县检察院签署《关于开展珠江源生态环境和资源保护公益诉讼工作框架协议》，将万峰湖生态环境保护列入国家生态补偿机制建设项目，纳入国家江河湖泊生态环境保护试点，建立治理保护投入长效机制，共护一江碧水，确保一湖清水碧波荡漾。

（六）加强跟进监督，提起公益诉讼

切实抓好诉前程序案件的跟踪落实，根据行政机关回复、跟进监督情

况，对检察建议期满后，行政机关没有纠正违法行为或者没有全面依法履行职责，敷衍整改的或经公告无社会化组织提起诉讼的，综合考虑全案情况，依法向人民法院提起公益诉讼。加大打击生态环保领域违法犯罪活动，积极依法办理涉及犯罪的立案监督案件。

三、跨区域监督难点

党的十八大以来，习近平总书记多次就保障国家水安全发表重要论述，明确提出"节水优先、空间均衡、系统治理、两手发力"的新时期水利工作方针。党中央、国务院对生态文明建设和环境保护，特别是大气和水污染防治工作高度重视，出台了一系列重大战略和部署。相比于 2012 年，2017 年全国地表水的水质情况，好于Ⅲ类水质比例提高了 6.3 个百分点，劣于Ⅴ类水质比例下降了 4.1 个百分点。但水污染控制与治理将是一项长期、复杂和艰巨的系统工程，水污染控制与治理未得到根本解决，水污染日益严重的发展趋势尚未得到根本扭转。根本原因及困难主要有以下几个方面：

（一）法律法规尚不健全，治理标准不统一

2014 年以来，国务院相继出台了《大气污染防治行动计划》《水污染防治行动计划》《土壤污染防治行动计划》。在各方共同努力下，水污染防治以及"水十条"实施取得了很明显的成效，对治理水生态有积极的作用。

但是，由于水生态跨区域的特点，出现跨县、市、省的问题，行政辖区内各方的经济社会发展水平差异很大，省际间市县两级行政各方就全流域水环境保护工作的协调与合作机制态度不一，具体执行差别较大，导致不同省份、不同地区、不同县域很难形成合力进行综合执法全面治理，全流域整体角度下进行水环境保护衔接协调的机制和模式运行不畅，难以实现整个流域水环境保护工作的统筹协调。如万峰湖水域涉及贵州省黔西南州兴义市和安龙县、云南省曲靖市罗平县、广西壮族自治区百色市隆林县和西林县 5 个县（市），各省、县（市）对万峰湖库区生态功能区保护、国土空间布局、主导产业发展、基础设施建设等无统一规划，功能定位和发展方向存在差异。如，贵州省兴义市近几年已投入大量人力物力对万峰湖水域污染进行修复治理，禁止网箱养殖等，大力开展"四清"行动，治理成效明显，但省外个别地方则允许渔民进行网箱养殖，区域规划发展不统一。

滇桂辖区治理不同步，治理标准不一致，贵州辖区虽然拆除了网箱，但是贵州辖区外仍有成片网箱养殖等情况，水流交换导致污染扩散至已治理的贵州辖区，致使中央环境保护督察反馈的万峰湖治理问题难以达到彻底整改效果，且因为水域划分、功能定位等原因，贵州辖区治理打击中，一些违规主体通过转移管辖地迁至其他辖区水域等方式逃避整治、躲避处罚，而一方职能部门不能跨区域监管和执法，"捉迷藏""打游击"现象仍然存在，检察机关法律监督难度较大，难以达到根本性治理、高效化管理效果。

（二）监管主体执法权责不清，缺乏统一协作机制

一是权责不清导致治理推进不力。水生态治理因为涉及的污染问题有垃圾、工业污水、畜牧养殖等，污染物不同涉及的监管主体不同，一个行政区划内涉及多个职能部门，如水务、生态环境、综合行政执法、农业农村、自然资源等多个行政部门，开展工作中出现互相推诿情形。尤其是现在机制改革以后，各部门涉及整合分设等问题，很多部门在实际工作中对权责还存在分歧，导致相关工作推进不力。如万峰湖治理中畜牧养殖问题就是农业农村局监管，垃圾问题是乡政府监管，污水排放又涉及环保和水务，最终出现垃圾清理了，生活污水又排入，任何一个问题没有解决都无法彻底治理万峰湖的污染问题。二是未形成统一协助机制，导致治理不深入。跨区域水生态污染存在信息不对称、多地多种监管措施情况。一方面，各地对具体项目、企业的环评审批、污染源、两岸企业数、水质监测等没有实现共享，治理措施和标准不统一，不能实现精准监管。另一方面，跨界污染涉及跨界取证、管辖权移送、适用证据和法规标准的问题，可能出现同一案件有多个部门管辖、多地执法问题，影响整体治理效果。

（三）转产缺乏政策支持，补偿机制尚不统一

河流治理最大的问题就是对沿岸产业合理处理的问题，周边传统产业转产难度大影响了治理推进。如万峰湖周边农户主要经济来源为网箱养殖，网箱拆除后对农户影响较大，虽然贵州省兴义市通过各种方式进行产业结构调整，但万峰湖岸上产业缺乏相关政策支持，实施难度较大。而在整治过程中，网箱、钓鱼棚等水上建筑设施的拆除不可避免，如何补偿则事关群众利益与社会稳定，但整治工作存在三省（区）步调不一、整治力度不

同、惩处松紧各异的问题，使已经治理的贵州辖区违规主体对本地整治政策有异议。当前，如何统一治理和补偿标准，如何进行政策解读、释法说理，避免群众情绪化加剧，防止污染问题反弹和排除社会矛盾隐患，建立补偿机制统一补偿标准，也是万峰湖流域污染治理应高度重视并提前谋划的要务。

（四）污染种类繁杂，覆盖面广，治理难度大

基本上每条河流的污染都涉及污水、垃圾、养殖等各种问题，有些与地方产业发展息息相关，要推进治理工作对周边百姓、企业、经济发展都有深远影响。比如贵州省赤水河流域污染问题就涉及酿酒、造纸、化工等工业废水以及城镇生活污水和垃圾排放，甚至部分工业污水和生活污水未经处理直接排入河中。沿赤水河干流及茅台镇区域内酿酒企业集中的元木岩、兰家湾等地分布了上千家白酒企业，其排污管道和市政管网交错密布，责任单位不清，加之执法覆盖地域过广、河流污染具有流动性、执法人手经费有限，管理难度较大。万峰湖涉及沿岸煤矿企业污水排放、生活垃圾、养殖产业等，这些问题治理尤其是工业污水的治理难度非常大，一是有的企业为了逃避监管，私设排污口、暗沟、暗管，监管部门很难及时发现。二是治理成本大，治理成效不明显。如与万峰湖同属长江水系的赤水河流域在治理中投入3.8亿元修建，并投运了苍龙等4座白酒废水集中连片处理厂，但设施调试运行效果不佳。一方面，因沿岸规模不等的各类酒厂有2000余家，生产排放废水量逐年增加，目前已达数千万吨，除茅台酒厂等少数企业对污水进行了处理外，大多数小型酒厂生产废水未经处理直接排放。另一方面，因进水水质、水量变化、运行成本和管理体制等问题，污水处理厂一直未能正常运行，导致废水长期超标排放。

（五）跨生态水污染的司法保护力度不够

一是缺乏完善的司法保护机制。由于跨区域水生态存在的污染情形复杂，生态环境部门与公安机关、检察院、法院没有形成打击合力，在案件的定性、证据的收集上都存在多种分歧。环保部门对案件认定与公安机关不一致，导致环境污染类案件进不来，或者立案以后对证据标准意见不一致，最终造成打击合力不够。二是行政执法与刑事司法衔接不够。行政执

法机关与司法机关信息不共享，不能及时掌握行政机关在行政执法中可能存在的犯罪线索，不能提前介入，影响案件证据的收集工作，影响案件的打击效果。如中央环保督察反馈的贵州某黄金矿业公司环境污染一案中，检察机关介入后发现，行政机关虽然多次对该公司下达整改通知书，但是该公司未按照要求整改，行政机关未将该企业以涉嫌环境污染罪移送公安机关，最终造成环境污染的严重后果。环保督察反馈问题后，公安机关、检察院立即介入，建议公安机关对相关责任人员采取强制措施，追究刑事责任。后该公司认识到事情的严重性，立即配合整改，投入大量的财力人力推进整改工作，最终按照督察组要求全部整改到位。

四、跨区域治理建议

近些年来，国家层面相关部门都在不断探索跨区域水生态治理，也取得一些有益的尝试，但要彻底治理水生态污染问题，还需要统筹多方力量，完善法律法规等多方面的努力，可以从以下几方面健全和完善跨区域水生态治理方法：

（一）健全法律法规，明确治理部门的职责

一是完善法律法规，水污染和水资源立法是当前我国水环境管理的主要法律形式，在这些法律当中，水污染与水资源立法中的一些内容是冲突或者交叉的，严重影响了水环境管理效率的提高。同时，各部门间又有不同的规章制度管理模式，适用标准不一致影响治理效果。因此，想要提高水环境管理的效率，相关部门应当积极健全水环境管理制度，立法上要做好生态环境保护地方性立法与国家法律法规的一致性，解决好政策与法律的不一致问题。明确区分生态环境、水利、自然资源等部门的职能职责，明确各部门应承担的责任。各省可以针对具体的跨区域水生态出台专门的规划，统一管理模式。如万峰湖流域涉及的贵州省、广西壮族自治区、云南省可以共同编制《万峰湖流域利用总体规划》，以及生态功能区保护、国土空间布局、主导产业发展、基础设施建设等专项规划，实行统一规划、统一监测、统一防治。成立万峰湖环境监管执法机构，三省联合立法，共同制定《万峰湖管理条例》等地方性法规，真正从行政、法律、经济、技术等多个层面综合施策，突出三省（区）共治共管共享，统一执法力度和

标准，让污染得到有效、彻底治理。二是明确权责，强化责任追究。跨区域水生态保护能否落到实处，关键在各级主管部门。要落实各级主管部门的权责，明确责任追究情形，各部门按照监管职责认真贯彻"依法依规、客观公正、科学认定、权责一致、终身追究"的原则，对造成生态环境损害负有责任的主管部门及领导干部必须严肃追责。各级党委和政府要切实重视、加强领导，纪检监察机关、组织部门和政府有关监管部门要各尽其责、形成合力。

（二）构建共治共管的监督格局，形成监管合力

一是创建信息共享平台，促进区域间法律适用的统一性和协调性，做到上下游、左右岸、干支流联动，完善跨区域执法机制，健全"信息互通、数据共享、联防联治"的环境联合执法体系，提升办案质效。二是实现多元主体共治格局，治理跨界污染，需要党委政府、企业主体、社会组织和公众的参与，既要强调党委政府的主导作用，又要强化沿岸企业的主体作用。一方面，政府要依法承担本行政区域环境保护的总体责任，提高治污投入和治污能力，完善治污措施等；另一方面，沿岸企业、单位、群众要积极践行绿色环保的生产生活方式，严禁向河流排放污染物。三是实现辖区县级部门的联动，具有管辖权的县市要积极发挥主动作用，共同研讨治理方案。如黔西南州在治理万峰湖流域中，兴义市河长办、司法机关均与广西隆林等县签订了协作机制，定期开展巡河工作等。

（三）强化司法保障，形成司法保护合力

一是进一步完善行政执法与刑事司法"两法衔接"机制。司法机关是推动规范、严格执法，提升执法公信力的重要主体，行政机关与司法机关要建立协作配合机制，不定期召开联席会议，解决协作配合中存在的问题，做好日常联络工作。行政机关在开展行政执法专项检查时，对立案查处的违法案件和发现的案件线索，应当形成问题清单及时移送司法机关。二是构建信息共享平台，司法机关和行政机关要进一步完善行政执法信息共享渠道，推进行政执法信息和司法监督信息资源共享。行政机关要积极支持配合司法机关开展跨区域水生态污染的调查取证工作，及时主动向司法机关提供行政执法信息平台中涉及水生态保护领域的行政处罚信息和监测数据。三是加大办案

力度，强化责任追究。习近平总书记在党的十八届中央政治局第六次集体学习的讲话中强调，要用最严格制度最严密法治保护生态环境，加快制度创新，强化制度执行，让制度成为刚性的约束和不可触碰的高压线。因此，公安机关、检察院、法院要强化对跨区域水生态污染行为的查办、起诉和审判工作，建立司法办案协作机制以解决跨界取证难等问题，对证据收集、认定等细化，实现各地人员共用、信息共通，形成司法办案合力。尤其是检察机关要充分发挥公益诉讼检察职能作用，加大对跨区域水生态污染案件的办案力度，对损害公共利益的行为及时提起诉讼。

（四）完善生态补偿和生态恢复机制

进一步完善生态补偿机制，让付出者得利，让享用者出钱。在以区域性补偿的前提下，对当地高耗水和高排放企业收取生态资源费，可采用税费形式按比例收取，以生态效益补偿形式直补到人，并引出第三方效益评估机制，真正通过生态补偿调动保护者的积极性。同时充分利用石漠化治理、退耕还林还草、退耕还湿、土地整治等工程项目，加强沿岸治理和生态河堤修复，改善流域生态环境，增强水源涵养和水体净化能力，促进上游地区植被恢复。进一步优化工业结构和布局，调整农业种植业结构和布局，控制面源污染。要以优化空间、源头控制为抓手，倒逼产业结构转型升级，推动污染减排目标实现。发展低耗能、无污染的高科技、环保型产业及现代服务业。城区现有重污染企业要倒排时间表，有序搬迁改造入园，逐步减轻城区水环境压力。

第四节 公益诉讼一体化办案机制

随着《行政诉讼法》《民事诉讼法》《人民检察院组织法》从立法层面上对检察机关提起公益诉讼的职能进行了确立，检察工作的格局发生重大变化，所承担的同级监督职能日益增多。2019 年 3 月 15 日，十三届全国人大二次会议审议通过关于最高人民检察院工作报告的决议，"四大检察"写进全国人大决议，以内设机构改革为突破口，提出刑事检察、民事检察、行政检察、公益诉讼检察"四大检察"全面协调充分发展，破解"重刑轻民"，提升公益诉讼检察质效，加强检察内部的协作与配合，对探索建立一体化办案机制具有重大意义。

一、一体化办案的必要性

公益诉讼检察工作是一种新生事物，不能用传统的刑事检察、民事检察、行政检察工作来看待它。其涉及立案、调查取证、诉前程序、提起诉讼、出庭起诉等，可以说是"一条龙"办案，这导致公益诉讼检察工作逐步形成自己的独有特点，并呈现出从"粗放型"转向"集约型"、从"分散式"转向"一体化"、从"单向思维"转向"多向思维"三个趋势。如何顺应这些发展趋势，加强公益诉讼检察的内部协作与配合，构建公益诉讼检察一体化办案，显得极为必要。

（一）从"粗放型"转向"集约型"

在公益诉讼检察中，常常讲求加大办案力度、优化办案结构。具体而言，"办案力度"是一个综合概念，包括数量、质量、分量、效率和效果。强调加大办案力度，就是要在保持办案规模的基础上，不断加大办案分量，集中查办大案要案，体现公益诉讼检察的锋芒和震慑力，而不是加在一些可上可下的小案上，否则效果会适得其反。然而当前的检察公益诉讼，存在一种"粗放型"的发展态势。这种"粗放型"的发展态势体现在线索案件比例结构失衡等诸多方面。如线索数量与立案数量的"亲近"、立案数量与起诉数量的"疏远"，以及起诉案件中刑事附带民事公益诉讼案件的巨大占比。若任由这种"粗放型"发展模式，于内部而言，案件质量难以保证；于外部而言，检察机关权威也会受到减损；于长期而言，会将置检察公益诉讼制度于危险境地。最高检显然也已经认识到这种"粗放型"发展理念亟须纠偏，明确提出要正确把握办案数量规模与质量效果之间的关系，在保持办案力度的同时，不片面追求办案的数量规模，而要更加注重办案的质量和监督的精准性，切实保障办案的实际效果。为此，检察机关只能从创新办案模式上入手，通过一体化办案整合办案资源和力量，以个案办理推动行业区域相关问题集中解决，做到办理一案、警示一片、教育引导社会面，实现标本兼治，才能有效地提升公益诉讼案件的办案效率和效果。

（二）从"分散式"转向"一体化"

检察一体化原则是我国检察制度的一项基本原则，检察工作一体化是检察一体化的机制体现，是指检察机关在行使检察权的过程中形成的整体统筹、上下一体、内部整合统一行使检察权的机制。相较于传统的民事行政检察工作，检察公益诉讼对于检察人员的素能要求更为综合，既要能够开展调查取证，还要能够出庭公诉，而当前这类人员也较为紧缺。过去在职务犯罪侦查一体化中，通过突出省级检察院侦查指挥中心的地位、整合侦查机构等，加强统一指挥、协调和监督的力度，采取交办、提办、参办、替办为主要办案方式，来实现职务犯罪侦查专业化、信息化、一体化为目标。然而，不同于以往的职务犯罪侦查一体化，公益诉讼检察具有自身的办案特点，"诉前实现维护公益目的作为最佳司法状态"要求在维护国家利益和社会公共利益上结合当地实际作出一些差异化处理，一体化的着重点在于对下指导及局部或特定时间段的办案力量整合。

（三）从"单向思维"转向"多向思维"

从公益诉讼一线办案人员"一条龙"的形象比喻可以看出，检察公益诉讼工作内容包括调查取证、提起公诉、出庭公诉和监督审判活动，范围之广涵盖了类似于侦查、公诉和诉讼监督的业务范围。只具有一种思维模式怕难以适应新形势下公益诉讼的办案需要，集多种思维于一体日益成为公益诉讼办案人员的"标配"。一是要具有侦查思维模式，围绕犯罪构成积极调查取证，是一种从无到有、做加法的思维模式。二是要具有起诉思维模式，有别于侦查思维模式，起诉思维模式是一种带有挑剔的眼光看证据，是一种做减法的思维模式，在以审判为中心的诉讼制度改革背景下，这种思维模式亦为所需。三是要更新传统以审查中心"坐堂办案"的思维模式，要更加积极主动作为。在积极取证，确保证据确实充分的同时，坚持底线思维，确保符合证据合法性要求。

二、一体化办案的可行性分析

（一）法理基础

《宪法》第 137 条规定"最高人民检察院是最高检察机关。最高人民检察院领导地方各级人民检察院和专门人民检察院的工作，上级人民检察院领导下级人民检察院的工作"，《人民检察院组织法》第10条作了同样的规定。这表明上级检察院对下级检察院的领导关系，意味着上级检察院有权指挥下级检察院的调查工作，有权调动使用下级检察院的人员和装备，这是检察机关建立、实现公益诉讼一体化办案的法律依据。

（二）实践基础

公益诉讼职能初期由民事行政监督职能部门行使，在创建新的部门之后仍然存在配备人员不足、业务不熟、办案人员业务素质参差不齐的情况。公益诉讼作为一个新生事物，从哪个领域入手调查，如何取证，如何成功起诉并推进最终执行，所有办案流程都要从头做起，不同的检察院在同一领域所取的证据会有切入点差异，证明力也存在差距。特别是面对法院的集中管辖，如何在办案过程中形成较为统一的办案标准、统一的证据标准，都是探索公益诉讼办案一体化的意义所在。

实践也证明，积极探索公益诉讼一体化办案模式，统筹规划，能在较短时间里充分整合资源，干警各司其职，将案件高质效办理完毕，在很大程度上缓解公益诉讼办案的困境。

三、一体化办案模式的构建

（一）主要路径

1. 对下指导模式上的创新。实行"三同步"一体化办案工作模式，进一步严格审查审批。成立以独任检察官为主体的片区指导组，分别对应9个市州，一竿子插到底，对片区"同步跟进、同步指导、同步负责"，上下联动，对案件线索、诉前程序、拟起诉案件认真把关。如在锦屏县检察院诉锦屏县环保局案件的办理过程中，"三同步"一体化办案工作模式的作用得到有效发挥。贵州省院先后6次组织州、县院进行案件研究，对起诉书、审查终结报告、出庭预案进行了数次修改，对案件事实、证据材料、适用法律反复论证，对分组示证、起诉意见、质证意见、辩论意见仔细推敲，促成了该案成为全国首例作出生效判决案件并胜诉，取得了良好效果。

2. 人财物的统一管理与使用。黔西南州检察院实践了州院统一调度指挥，基层院协作、全州一盘棋的办案模式。州院由公益诉讼检察部门负责人牵头，经过慎重考虑，从个人能力较强、业务水平整体较高、公益诉讼线索较多的基层院抽取两名基层院干警，与州院骨干干警一起组成专案组，以督办、合办、参办等形式开展办案工作。一是筛查线索。对全州上报的公益诉讼线索进行筛查，从中选取线索质量好，成案可能较大的，要求各基层院重点开展调查，并将调查情况及时反馈专案组。二是统一调度。各基层院经济发展不一，地域不一，公益诉讼线索必然有多有少，为避免有的院线索不足，有的院线索空置浪费，专案组统筹规划，以交办等形式，指定线索较少的基层院跨区域办案。

3. 内部多层次衔接实行"一案三查"。以信息共享、证据共享、线索移送、协同配合为主要内容，在检察院内部建立刑事检察与公益诉讼检察的多层次衔接和联动协作机制。改变过去公诉、公益诉讼"单线"作业，缺乏联动的工作模式，实行"三检并行"或"一案三查"模式，即在办理有关涉公益罪名的同时进一步从民事、行政领域来研究是否可以作为民事公益诉讼或者行政公益诉讼案件办理。

（二）运行机制

1. 案件线索处理阶段。一是分析研判。分析研判组接到公益诉讼案件线索后，应立即启动分析研判程序并制作线索评估报告。研判期限从收到案件线索之日起不得超过 1 个月。需要延长研判时间的，可由主要负责人批准适当延长。二是决定调查。调查决策组对研判报告进行审查，有疑问的可以责令分析研判组进行二次研判。根据研判结果作出以下决定：认为符合提起公益诉讼条件且属于本院管辖的，批准开展调查，由相应单位制作调查决定书；认为事实不清、证据不足、不符合提起公益诉讼条件的，不批准开展调查；认为可能存在公共利益损害，但证据不充分的，报请缓查。

2. 调查活动实施阶段。一是调查主体。以本系统办案人员为办案核心，本系统其他部门人员为辅助，必要时商请纪委监委部门联合监督办案的方式进行办案。二是调查范围。下级院办理上级检察机关批准或交办的案件，其权限和工作范围以案件交办函记载为准。办理本辖区内的案件，可依据举报线索开展周边涉案事实的调查。三是调查方式。办理管辖范围内的公益诉讼案件，调查过程中可以采用询问、查询、咨询、委托鉴定等方式，但必须符合法定程序。办理上级交办案件，应根据交办函内容实施调查。四是调查终结。调查终结后，应出具调查终结报告。下级检察机关应将调查结果报告上级机关，上级机关认为符合起诉条件的，批准调查终结，进行审查起诉；不符合起诉条件的，责令负责单位制作撤销案件决定。

（三）制度保障

1. 在线索的管理和分流方面。一是线索统一管理。公益诉讼案件线索应遵循"三个统一"原则，主要是由省、市两级检察院负责对本辖区案件线索统一管理。在管理上坚持以发案地为基点，适当上、下或平行移动使用的原则，视线索情形予以区别对待。一般案件线索，以地域经营为主要方式，实行动态监控；地方阻力大的上行移交经营；对因管辖地办案人需要回避，办案有一定阻力、相对复杂的线索，平行移交其他院经营。二是案件分类办理。一般简单案件，交发案地办理，上级院适时指导；相对复杂案件，进行小规模集中，上级院领办；对地方阻力较大、地方影响较大、关系错综复杂的案件由上级院办理，抽调熟悉案件情况的基层院干警加入专案组；对于重大疑难案件，实施上下联动，由上级院统一指挥，采用大兵团作战的方式集中办理。

2. 在公平公正考核与落实司法责任制方面。从线索来源、案件性质、挽回损失、认定事实、结案时间、起诉数额、诉讼时限、判决刑期、难易程度等方面对案件进行基础考核。结合专项工作和繁简分流等实际工作情况确定动态考核加分项，有效引导公益诉讼工作方向的正确性，形成公益办案工作一盘棋。在抽调人员办理专案时，办案主要责任还是归于案件线索地的基层院员额检察官，案件以其名义进入办案系统，贯穿全部案件流程，从发现线索、调查取证到诉前程序，直至起诉，承担全部责任。被上级院抽调参与办案的其他基层院检察官，不直接承担协助办理案件的司法责任，也不以协助办理的案件为考核目标，而是上级院经共同研究报分管领导后以抽调专案视工作参与度和完成办案工作的作用为加分项，酌情为其所在基层院考核加分。

3. 在抽调前后工作衔接方面。为确保不因抽调影响各院的办案，反而影响公益诉讼办案一体化的效果，在抽调干警时，可采用灵活抽调的方式，基层干警不用随时身处上级院待命，在没有重大案件线索必须现场取证或提供其他支持的情况下，上级院可以与基层院均采用电话沟通、邮件来往等方式，完成初期调查和案件系统流程，其间抽调干警在自己的岗位正常工作，不影响其完成自己的工作职责。如果经判定需要现场参与办案的情况下，上级院可提前制定部署办案计划，集中抽调力量，提升办案效率和办案强度，用较短时间完成工作。推进一体化工作的同时不占用基层院干警的大量时间，确保基层工作的正常运转。

4. 在办案经费方面。为避免申请财政专款繁杂琐碎程序延长办案时间，上级院可采用分别报账的方式，抽调的基层院干警应文件要求参加出差办案期间，由上级院统一报销食宿费用，办理案件的当地基层院自行承担自己办案产生的经费，案件办理中必须支付的鉴定费等，按照规定由承办检察院自行解决处理。

第五节　科技助力检察公益诉讼

随着公益诉讼检察工作范围的不断扩大，先进科技助力检察工作的重要性日益突出。公益诉讼工作需要把司法体制改革和现代科技应用结合起来，充分借助智慧检务，把互联网、大数据、人工智能和公益诉讼工作深度融合，让检察公益诉讼工作插上科技的翅膀。

一、科技助力检察公益诉讼的重要性

（一）公益诉讼检察的快速发展对科技辅助提出了迫切需求

检察机关公益诉讼工作从试点到全面实施，成功办理了大批案件，社会影响力、社会认知度等都有巨大的提升。在这些案件中，很多都有技术部门的身影，许多重要的证据来源都需要技术部门提供相应的技术支持。党的十九届四中全会提出"拓展公益诉讼案件范围"，二十大报告强调"完善公益诉讼制度"，对公益诉讼工作提出了更高的要求。公益诉讼检察工作的快速发展，对检察技术工作提出了更加迫切的需求。公益诉讼检察部门需要主动加强与检察技术工作的沟通、协调、协作，充分发挥检察技术部门专业技术优势，深度挖掘无人机取证、卫星遥感数据分析、全息摄影等技

术，探索构建快速检测实验室，有效利用技术勘验、技术性证据审查等手段，找到与检察技术助力公益诉讼发展的有效路径。

（二）科技助检有利于实现办案资源的有效整合和检察职能的优势互补

由于公益诉讼检察工作的特殊性和调查取证手段的局限性，科技手段为公益诉讼保驾护航的必要性也逐步凸显并日趋重要。实践证明，检察技术人员参与办理公益诉讼案件，一方面，缓解了检察官办案力量薄弱的现实压力，另一方面，也促使检察技术人员职能作用得到更大程度的发挥。检察技术部门紧跟发展步伐，积极运用现代高科技手段，增强发现公益诉讼案件线索的能力，并充分利用专业优势努力提升辅助决策能力，实现办案资源的有效整合和检察职能的优势互补。

（三）科技助检是依法规范办案、确保案件质量的客观需要

《公益诉讼办案规则》明确规定，人民检察院办理公益诉讼案件，应当依法、客观、全面调查收集证据。这既是证据合法性、客观性、关联性"三性"的必然要求，也是检察官履行职责秉持客观公正立场的义务。在此原则下，进一步明确了证据的种类、调查和收集证据的方式、调查程序等，更加凸显了检察技术对确保公益诉讼办案规范和办案质量的关键作用。可以说，科学技术的严谨性是公益诉讼更趋能动性的有力保障，是我们办案的底气所在。

二、"公益诉讼＋技术支持"办案模式的构建

2018年7月最高检下发《关于做好公益诉讼技术支持保障工作的通知》，提出要积极为公益诉讼办案提供技术支持和保障。

（一）积极配合办案部门开展勘验取证工作

针对公益诉讼工作中存在的取证难问题，检察技术部门要充分发挥技术优势，在检察官指挥下，按照相关法律法规、技术标准和技术规范进行勘验取证。积极探索利用无人机、倾斜测量、卫星图片、机器人、区块链等新技术获取、保全技术性证据。对大气、地下水、海洋生态等专业性较

强的取证工作，可以聘请相关领域有专门知识的人参与取证工作。

（二）积极协助办案部门开展检验鉴定工作

生态环境和资源保护、食品药品安全领域的检验鉴定涉及面很广、专业性较强，检察技术部门在充分利用现有设备和技术开展微量物证检验、图像测量检验、电子数据取证等项目的同时，对于需要检验鉴定的其他项目，应当积极协助办案部门按照有关规定委托有资质的鉴定机构进行检验鉴定。

（三）积极开展技术性证据审查工作

对于检察公益诉讼案件中涉及的检验报告、鉴定书、勘验笔录、侦查实验笔录、评估报告、电子数据、技术手段获取的物证以及行政执法活动中取得的技术性证据，检察技术部门应当按照办案部门的需要和要求，积极通过技术咨询、技术性证据审查等方式提供技术服务。必要时可以聘请相关领域有专门知识的人参与技术性证据审查。在审查中遇到疑难复杂问题，要及时向上级院检察技术部门汇报，上级院检察技术部门应给予支持和协助。

（四）积极借助社会资源为公益诉讼办案提供技术服务

各级检察技术部门要加强调研，按照开放、共享的新发展理念，创新思维，主动作为，积极联系大专院校、科研机构、检测机构以及环保、国土、农业、林业、水利、海洋、食药监等政府部门下属的监测、研究单位，多方面开展技术合作，建立公益诉讼相关专业领域的技术专家库、监测机构名录、鉴定机构名录，构建公益诉讼办案技术保障体系。

贵州省检察院技术部门按《公益诉讼办案规则》《关于做好公益诉讼技术支持保障工作的通知》要求，及时作出安排部署，依据《贵州省检察技术部门与检察业务部门建立协作配合工作机制的规定（试行）》，加强部门协作沟通，完善技术辅助公益诉讼工作制度，分阶段按步骤开展工作，推动全省公益诉讼技术支持保障工作发展。全省检察技术部门适时通过勘验取证、照相拍照、录音录像、无人机勘查等技术手段协助公益诉讼检察部门开展证据收集、固定、完善工作，积极为公益诉讼工作提供技术支持。

同时加大调研指导力度，围绕公益诉讼工作技术需求，鼓励、指导、支持有需求、有条件的市州院因地制宜建设公益诉讼快速检测实验室。通过以上工作举措，贵州省初步形成了"公益诉讼＋技术支持"办案模式，有效整合了检察机关内部资源，有力促进了公益诉讼业务与检察技术的整体协同和互动融合，增强了监督合力。

三、科技辅助公益诉讼的具体运用

（一）无人机取证在办案实务中的运用

无人机航拍由于具有覆盖范围广、精准定位、立体航拍、高清摄像、全景扫描、动态跟踪等诸多优势，被誉为开启了"上帝视角"，有效解决了传统摄影摄像设备拍摄中存在的地形限制、视角局限、效率低下、前后对比不明显等问题，得到了各级检察机关的高度重视和充分认可，无人机航拍取证技术在公益诉讼线索排查、实地调查、勘验取证等方面的应用越来越多。

1. 检察公益诉讼无人机航拍取证技术的支持体系。检察机关开展公益诉讼工作以来，特别是在生态环境和资源保护领域，无人机航拍取证技术在发现线索、实地调查、勘验取证等方面的应用越来越多。最高检技术信息研究中心会同第八检察厅积极开展工作，基本建立了以空域申请审批机制、管理制度、应用规范、人才储备为框架的检察公益诉讼无人机航拍取证技术支持体系。

2019 年 1 月，最高检技术信息研究中心组织 6 个省（市）的技术骨干及无人机专家，围绕无人机航拍技术应用相关法律法规、空域申报程序、现场勘查标准规范及应用场景、民用无人机驾驶员基础知识等内容，编制了《无人机技术辅助公益诉讼现场勘验参考资料汇编》，并根据各地的意见建议，编入了部分无人机航拍现场勘验取证的典型案例，使《无人机技术辅助公益诉讼现场勘验参考资料汇编》更加贴近实践，为各级检察院无人机航拍技术应用和管理提供了工作指引和参考案例。

2019 年 11 月，最高检第八检察厅、检察技术信息研究中心与中科院空天信息创新研究院签署了战略合作协议，依托空天信息创新研究院所属国家遥感应用工程技术研究中心，探索应用卫星遥感数据和技术为公益诉讼检察提供技术支持。

2. 贵州省无人机取证的具体实践。贵州省检察机关公益诉讼工作在无人机取证方面已形成一定规模，也已开始探索卫星遥感取证等新技术、新手段的运用。据不完全统计，全省三级检察机关目前已有 200 余架无人机，具备专业无人机操作资格证有 8 人。

黔西南州册亨县院运用无人机协助公益诉讼检察部门对全县辖区内 11 处一级饮用水水源地进行了摸排、调查取证工作，详实地掌握了水源地存在的问题，给饮用水水源地保护专项行动提供准确检察建议依据，并及时向相关监管单位下发了督促履职检察建议。

黔南州瓮安县院采用无人机摄影技术，对辖区内的主要河流上空进行三百六十度无死角排查。经无人机航拍查明，整条河流两侧涉及违法排放污染物的工矿企业共计 11 个，违法占用农用地的企业 2 个，涉及煤矿企业 4 个，磷化工及冶金企业 4 个，废旧塑料加工企业 2 个，养殖场 1 个，农家乐 2 个。所涉违法行为有私设排污口 6 个，违法堆放矿渣堆场 9 个，面积为 5000 平方米，涉嫌违法行为 30 余个。发现行政公益诉讼案件线索 30 余件。

六盘水市钟山区院办理的一起环境污染公益诉讼案件，通过无人机的有效使用，固定了现场证据，通过诉前检察建议，促使行政机关积极整改。

黔东南州检察机关 2019 年共开展无人机航拍取证 4400 余次，拍摄照片 1 万余张，通过航拍取证发现案件线索 300 余个，成功办理行政公益诉讼诉前程序案件 210 件。

早在试点时期，检察技术就为公益诉讼调查取证立下了汗马功劳。被评为推动中国法治进程的十大行政诉讼典型案例的六枝检察院诉丁旗镇政府案，技术部门就充分发挥技术优势，帮助公益诉讼检察部门、证人取证、现场照片拍摄，安装摄像头拍摄丁旗镇堆放垃圾的行为，为案件成功办理提供了极大帮助。全面实施后，公益诉讼检察部门与检察技术部门进一步强化协作配合，办理了榕江县检察院诉栽麻镇人民政府不依法履职公益诉讼案、紫云县检察院办理的紫云县饮用水水源地保护行政公益诉讼案等一批全国公益诉讼典型案例，具体如下：

榕江县检察院诉栽麻镇人民政府不依法履职公益诉讼案件。栽麻镇人民政府未对辖区被列入"中国传统村落"名录的村寨做好保护工作，榕江县检察院对栽麻镇人民政府依法提起行政公益诉讼，2019 年 10 月，该案被最高检评为检察公益诉讼全面实施两周年典型案例。该案在办理过程中，榕江县检察院技术部门在接到公益诉讼检察部门的委托要求后，积极主动了解案情及详细技术支持要求，制定了取证方案，首先，对被破坏的传统村落古建筑局部进行实地勘查、现场录像、拍照以固定证据。其次，为证明传统村落整体村容村貌被破坏后与被破坏前的差别，技术部门利用无人机在空中选定合适位置后进行摄影摄像，视觉效果一目了然，清晰反映了破坏全貌，为公益诉讼检察部门办理案件提供了有力证据，保证了办案工作顺利进行。

紫云县检察院办理的紫云县饮用水水源地保护行政公益诉讼案件。紫云县环保局明知该水源地是省政府批准并划定的饮用水水源一、二级保护区，违规审批某公司的《建设项目环境影响登记表》，同意该公司在水源地保护区内选址和建设养殖场。同时，该水源地保护区内还有 8 家烧结砖厂、8 家水泥厂、2 家木材加工厂和 8 个炸药仓库点，上述企业在保护区内均有排污口，未按照《水污染防治法》的规定进行整治和搬迁。紫云县环保局未依法采取有效措施对上述违法行为实施监督管理，怠于履行职责，对群众饮水安全造成重大安全隐患。2018 年 5 月，生态环境部全国集中式饮用水水源地保护专项督查组发现该环境违法问题，并列入第五批环境违法问题清单曝光。2018 年 7 月，最高检对该案件挂牌督办。2018 年 8 月，紫云县检察院依法向紫云县环保局发出检察建议。在最高检、贵州省院的指导督办下，该案得到妥善处理。2019 年 10 月，该案被最高检评为"保障千家万户舌尖上的安全"公益诉讼专项监督活动典型案例。在案件办理过程中，从现场勘查到测绘、鉴定，图片均由县检察院技术部门保障。公司养殖场占地面积较大、地形复杂，如果按照以往固定证据的方法，无法拍摄全貌。技术部门运用无人机航拍技术对该现场进行调查取证，立体化、全方位展示了养殖场的全貌，精准定位了养殖场位于饮用水水源一级保护区内。到环保局、水厂、养殖场等取证时，技术人员运用了执法记录仪、照相机等通过照相、摄像固定证据。技术部门提供的技术支持保障了该案的顺利办理，既提高了办案效率，也增强了办案效果。

3. 无人机取证的体系化建设。要想更好地发挥无人机的作用，同时切实保障无人机使用安全，还应当着重加强相关复合型人才培养，使得无人机操作人员在具备职业能力的基础上，也能熟悉无人机原理、法规等各种理论知识和操作技能。此外，对于无人机飞行安全与数据安全也必须更加重视。

一是要进一步加强装备保障，解决"够用"的问题。要以各地实际需求为导向，加大无人机配备，满足日常工作需要。

二是要强化专业人才培训，解决"会用"的问题。根据相关法律法规，无人机驾驶人员应参加驾驶技术相关培训并通过考核。要定期组织开展无人机操作技能和水平的培训，解决"会用"的问题。组织开展交流学习、分享典型案例、探讨操作规范和技巧等，进一步提升操作技术，提高调查取证能力水平。

三是要规范无人机管理，解决"安全"的问题。负责飞行任务的无人机驾驶员应提前对飞行现场进行勘查，明确飞行空域范围、使用时间，制定飞行计划，向空域管理部门提出申请，使用部门有义务配合申报工作。要严格按照飞行任务的内容执行，严格遵循申请计划的内容飞行，特别要注意在铁路沿线、飞机场、军事基地、国家机关、人群聚集地以及生产、储存易燃易爆危险品等区域的飞行控制。

四是要严格持证上岗，解决"能用"的问题。无人机驾驶人员应参加驾驶技术相关培训并通过考核，拿到无人机驾驶员证才能进行无人机操作。实践中一定要严格审批把关，杜绝"无证"驾驶。

五是要建立无人机人才库，解决"谁来用"的问题。以市州院为单位，建立本辖区内无人机人才库，并定期更新数据信息，包括但不限于证照等级、飞行机型、飞行时间、协助次数等信息。统筹管理本辖区内无人机设备，按需调用。

（二）快速检测在办案实务中的运用

1. 建立公益诉讼快速检测体系的必要性。公益诉讼快速检测与以往的检察技术辅助工作相比，从受理举报线索即可启动介入并贯穿诉前、诉讼环节，甚至向前延伸起到主动发现线索的作用。立案前的快速检测可以成为决定环境公益诉讼成案的基础。在调查核实阶段，快速检测可以到现场取证并为违法确认提供数据支撑。从间接辅助办案环节转向直接参与关键办案环节，在环境资源、食品安全等领域的办案中都有广泛需求。快速检测，重点在一个"快"字，能有力提升公益诉讼调查取证的及时性、时效性。从全国其他先进地区的经验来看，快速检测技术具有广阔的应用前景，助力公益诉讼检察工作大有可为。

2. 贵州省快速检测保障体系的建设。目前，贵州省通过实地调研，选取部分市州院及基层院试点推进快速检测实验室建设，培养相关技术人才，结合无人机、卫星遥感、全息摄影等技术应用，探索构建相对完善的技术辅助公益诉讼体系。并借助大专院校、科研院所、社会鉴定机构的技术力量，为全省检察机关公益诉讼检察部门办理生态环境、食品药品案件提供专业技术支持。已联系相关鉴定机构在检察机关办理公益诉讼案件需要开展污染物性质鉴定、地表水和沉积物环境损害鉴定、空气污染环境损害鉴定、土壤与地下水环境损害鉴定、其他环境损害鉴定（噪声）等专业技术支持时保证予以配合并提供专业技术支持。

3. 贵州省快速检测实践。目前全省各级院在办案中，主要通过委托第三方检测机构或依托相关行政机关技术检测部门开展快速检测，但在及时性、机动性及办案成本等问题上受限。一些市州院及基层院进行了探索，与技术部门紧密合作，建起了自己的快速检测实验室，辅助办理了一批案件，取得一定效果。当然，全省在专业人才、设备等投入上还有待加强。

天柱县人民检察院公益诉讼快检实验室建立于 2020 年 11 月，建成至今，天柱县人民检察院利用公益诉讼快检实验室成功办理生态环境领域案件 1 件；协助丹寨、台江摸排生态环境领域案件线索 3 件。如 2021 年 4 月，天柱县检察院携公益诉讼快检设备前往丹寨，协助丹寨县人民检察院开展传统村落的污水检测，经提取两处污水排放样本，利用"公益魔法"进行现场检测，当场得出污水氨氮数值检测参考报告，摸排生态环境领域公益诉讼案件线索 2 件。

2021 年 12 月，安顺市平坝区人民检察院建成"检察公益诉讼快速检测实验室"。自成立以来，共对安顺市检察机关办理的生态环境和资源保护领域、药品安全领域公益诉讼案件开展快速检测 16 次，广泛运用于案件调查取证、跟进监督、"回头看"等办案全过程。在开展最高检安排部署的"消"字号抗（抑）菌制剂非法添加专项监督工作中，平坝区院利用实验室试剂检测出违法违规添加禁用成分的"消"字号抗（抑）菌制剂，对市场监督管理、卫生监督管理等部门立案办理行政公益诉讼案件 3 件。

2021 年 11 月下旬，贵阳市院成立了公益诉讼快速检测实验室，配备公益诉讼案件中常见的水污染、大气污染、噪声污染、食品添加剂等快速测试仪器，并邀请从事专业测试的信息技术人员对贵阳市院信息技术处、公益诉讼部分干警快速检测进行培训，为公益诉讼案件定性配强硬件支撑。快速检测实验室建成后，开展取样检测工作 20 余次，主要针对水体、土壤等标准开展检测。如在小理乌江干流构皮滩水电站河段行政公益诉讼案中，对开阳县乌江干流清水江构皮滩水电站河段洛旺河渡口对清水江水质问题进行勘验采样，并进行地表水常规指标快速检测。

2021 年 4 月，六盘水市院建成公益诉讼快速检测实验室，共配置 19 个主要专业设备，覆盖水质、土壤、空气、食品安全、噪音检测 5 大领域，涵盖百余项指标数据。自实验室建成以来，共运用无人机勘查、快速检测等方式辅助办案 20 余次。

（三）数字检察的探索实践

1. 贵州数字检察有发展的基础。人类经历了三次工业革命后，随着信息化、计算机、互联网等科技革命的日新月异，我们已经进入了一个大规模产生、分享、应用数据的新时代，这是一个可以创造无限可能的时代。大数据已经成为经济社会巨变的"钻石矿"，谁抢抓了大数据先机，谁就占领了人类历史发展的新高地。2015 年 11 月，党中央正式提出实施国家大数据战略。贵州顺应这一历史趋势，充分发挥气候环境优良、水煤资源丰富、电力价格低廉、地质结构稳定、基础设施完备等自身优势禀赋，敢闯敢试，敢为人先，成为全国实施大数据战略最早的省份之一，有 3 个标志性事件：2016 年获批建设全国首个国家大数据（贵州）综合试验区，2017 年提出实施"大扶贫，大数据，大生态"三大战略行动"，2019 年正式实施我国大数据安全保护层面第一部地方性法规——《贵州省大数据安全保障条例》。可以说，这一发展战略在党中央、国务院的关心支持下不断发展、初显成效。当前，全省上下正按习近平总书记 2021 年视察贵州时给我们指出的"在实施数字经济战略上抢新机"的道路上奋勇前行。

与此同时，在最高检和省委的坚强领导下，贵州检察机关也把大数据赋能作为一项探索性、创新性重要工作狠抓不懈，并取得了一些成绩。主要体现在三个方面：一是为办案提供新工具。2016 年率先研发了大数据司法办案辅助系统，先后试点推出阅卷笔录等 15 个应用工具。二是为领导决策提供新模块。2020年率先上线试点检察业务应用系统2.0，研发了大数据分析服务系统，被吸纳到数据应用模块。三是为监督考评提供新方案。2020年率先研发业绩考评系统，通过数据采集将办案人员的办案行为固定下来，通过数据比对体现办案绩效，成为面向全国推广的三大考核样本之一，获全国15省市选用。

2. 贵州数字检察面临的问题。过去的探索成果无疑是为全国检察大数据发展打了基础、作了贡献。但是，就它本身的定性应该叫"信息化的升级"或者"数字化的雏形"。在大数据迅猛发展的今天，不进、慢进都将成为后进，在看成绩的同时还要看到背后存在的差距及问题。一是数据来源渠道窄。一般我们获取数据主要有两条途径，一靠"等"，二靠"要"。"等"来的数据就是被动受案得到的数据，是经过过滤筛选的，个案特性更为突出。去"要"的数据也存在被动接受的无奈，在数据获取量，数据原生态上无法保障。二是数据提取窗口小。其一，数据提取人的视野小，不知道数据背后有哪些要素，每一数据要素的价值所在，数据与数据之间的关联是什么，致使抓不准。其二，数据通道为我们开启的窗口小，数据共享使用的授权小，只看到各种数据都在高速通道上跑，但就是不符合在我们这个匝道下站的条件，只能望"数"兴叹。三是数据使用效率低。这主要是数据使用者的理念陈旧和能力不足所致，没有形成"个案办理—类案办理—社会治理"的系统的大数据法律监督思维和有效的解决路径。一方面，固执认为数据是死的、人是活的，司法办案不应受制于数据模型，进而简单把数字检察作为助推办案工具，放在可用可不用的位置，甚至还有抵触使用的想法。另一方面，也缺乏比对、分析数据的能力，只是就案办案，去做个别、偶发、被动、人力的监督，而放弃通过大数据分析实现全面、系统、主动、智能的监督。四是数据碰撞效果差。对于数据要素的梳理不全面，致使构建的监督模型不闭环、有漏洞，很多数据仍在"沉睡"状态，动着的数据之间擦肩而过或者轻微碰撞，也擦不出火花，得不到有效监督线索。总之，这些问题既有理念上的，又有机制上的，还有能力上的，在公益诉讼检察工作中都有不同程度存在，需要进一步统筹解决。

3. 贵州数字检察的展望。习近平总书记强调："推动大数据、人工智能等科技创新成果同司法工作深度融合。"2022年6月29日，最高检在浙江杭州召开了全国检察机关数字检察工作会议。会上演示了大数据法律监督模型竞赛部分优秀作品，让我们更加直观体会大数据赋能是什么、做什么、怎么做，切实感受到大数据赋能检察监督的无限前景。要加强新时代检察机关法律监督工作，就必须正视和适应大数据带来的深刻影响，以"数字革命"驱动检察工作高质量发展，为我们指明了大数据赋能检察监督的目标和路径，让我们进一步增强了深化落实检察大数据战略的紧迫感、使命感。

贵州检察机关更应该用好用足最高检出台《关于支持和服务保障贵州在新时代西部大开发上闯新路的意见》，明确支持贵州设立全国检察机关大数据法律监督研发创新基地、深化检察大数据赋能法律监督的政策红利。以"三个自觉"深入实施"检察大数据战略"，并努力为丰富全国检察机关大数据法律监督模式提供贵州样本。为此，贵州省院党组高度重视，成立检察长担任组长的数字检察工作领导小组，党组书记、检察长亲自抓、抓具体，组织制定我省检察大数据法律监督工作规划，实施项目化运作，明确数字检察建设的具体路线图、倒排工期、落实责任人，真正把这项工作落小落细落实。具体来讲就是做好四项工作：一要全方位汇集数据，"让池中鱼多起来"。要通过线上线下、系统内外的数据交融，尽可能全覆盖、大体量汇聚各类数据。国务院印发的《关于加强数字政府建设的指导意见》，要求加快推进全国一体化政务大数据体系建设，明确提出"实现政府信息系统与党委、人大、政协、法院、检察院等信息系统互联互通和数据按需共享"。检察机关要在各级党委政府统筹推进下，依托各地政府和政法各家建立起来的数据池，通过一般授权、特殊授权等方式，拿到更安全更便捷更多更大的数据。二要全链条运用数据，"让池中鱼游起来"。唤醒"沉睡"的数据，最有效办法就是运用，关键在于领导干部带头。要深刻认识数字检察、大数据法律监督是检察机关更深更实贯彻习近平法治思想，实现监督办案理念、模式、机制深刻变革，是法律监督提质增效的关键变量和科技翅膀，自觉把大数据思维融入谋划和推进"四大检察"的各方面全过程。三要全要素分析数据，"让池中鱼长起来"。大数据赋能法律监督，能否实现提质增效，从个案到类案、从特殊到一般、从单一到系统、从治标到治本，很重要的一个环节就是依据什么数据要素构建怎样的监督模型。就要深入分析个案、全面梳理数据要素，要让数据精准碰撞、比对、分析，进而建立无缝闭环的数据模型，让数据反应变成"2×2＝4"，深度揭示出违法要素基本规律。四要全地域融合数据，"让池中鱼鲜起来"。大数据赋能法律监督，不是一个概念，还要落实到解决一个个具体的问题。所以，各地要发挥优势资源，有针对性的建模型、用数据，打造具有地域特色的大数据法律监督样板。这项工作的关键在于因时因地制宜，不落俗套、敢于探索。贵州检察机关可以依托国家大数据（贵州）综合试验区、贵阳大数据科创城、全国检察机关大数据法律监督研发创新基地等优势，在矿产资源、民族村寨保护等方面深入发掘数据、积极探索模型，走出一条具有贵州特色的大数据法律监督新路子。